アメリカ新古典派経済学の成立
J.B.クラーク研究

Toshihiro Tanaka
田中敏弘【著】

名古屋大学出版会

まえがき

　一般にアメリカ経済学史研究は，ヨーロッパ経済学史研究に比較して大きく遅れている。なかでも，アメリカ経済学が最初に国際的に認知された，アメリカ新古典派経済学の起源を示す経済学者であるジョン・ベイツ・クラークの研究はそうである。

　わが国では，クラーク研究は最初1920年代に，林要訳『富の分配』（1924年）が示唆しているように，最新の理論の紹介・研究という形で現れた。とくにその限界生産力的分配論と静学（動学）問題を中心としていた。

　クラークの経済学史的研究は，第2次世界大戦後はじめて小原敬士によって始められた（1949年）が，この他には皆無といってもよい状態であった。

　アメリカでさえ，クラーク研究は少なく，その本格的な経済学史的研究は，J. F. ヘンリーによって1981年に始められ，1995年にはじめて単行本（Henry, 1995a）としてまとめられたに過ぎない。総じて研究のたち遅れと偏りが大きいと言わざるをえない。

　今回，筆者のクラーク研究を一書にまとめるに当たって，はじめに研究の経緯について簡単にふれておきたい。というのは，それが本書の特徴を物語ることになると思われるからである。

　まず，なぜクラークに関心をもったのか。私は若い頃に2年間アメリカの大学院に学んだ。最初の1959～60年にシラキュース大学大学院でMAコースを修了した後，アメリカ経済学史研究を志し，コロンビア大学大学院で（1960～61年），J. ドーフマン教授のもとで研究を開始した。私は建国以来のアメリカ経済思想史をひろく学んだが，研究の中心はアメリカ制度派経済学の研究であった。しかし，ヴェブレン，ミッチェル，コモンズ，J. M. クラークらを中心とする制度学派の理解には，それが批判の対象とした正統派のアメリカ新古典派経済学の理解が不可欠と思われた。そこでとりあえず，J. B. クラークに焦点を合わせることにした。これが私がはじめてクラークに出会った経緯であ

る。

　このコロンビア大学大学院でのクラーク研究の開始から数えると，既にほぼ45年が経過している。アメリカ留学から帰国し，最初にクラークについて書いた論文——本書第1章のもとのもの——が発表されたのは1966年のことであった。したがってそれ以降でも約40年経過していることになる。

　むろん，筆者の経済学史研究は，クラーク研究に限定されたわけではなく，広くアメリカ経済思想史を対象とすると共に，他方でイギリス古典経済学の研究や，ヨーロッパを中心とした限界革命の研究にも時間をとられてきた。

　しかし，それにしても，40年という研究期間の間には，一方でアメリカを中心とした海外でのクラーク研究が進展すると共に，筆者自身の研究も次第に展開されていった。私のクラーク研究が始まった1960年当時のコロンビア大学では，スティグラーとドーフマンが経済学史研究をまったく異なる方法論のもとにすすめていた。筆者は当時のスティグラーの単純で機械的な新古典派流の経済学史方法論に従ったクラークの読み方を批判することから始めねばならなかった。社会経済史的背景と経済思想史的背景を基礎に，クラーク自身の著作に内在した理解を研究の軸にすえたのであった。

　このようにして，クラーク経済学の形成と展開をさまざまな観点から内在的・批判的に検討してゆくなかで，どうしても避けて通れない大きな問題があった。それは，筆者が1979年にはじめて名付けた「J. B. クラーク問題」という，初期クラークと後期クラークとの経済学・経済思想上の変化の理解と評価をめぐる問題である。

　筆者は早くからこの問題に注目していたが，これをはじめて正面から論じたのは1979年の論文（本書第6章に当たる）であった。検討の結果，筆者は「クラーク問題」を単なる力点の相違や方法論上の変化ではなく，初期から後期へのクラークの経済思想・理論における「根本的変化」とみるに至った。

　その後，この「クラーク問題」を根本的変化とみない J. F. ヘンリーの見解が現れたので，それを批判したのが1988年の論説（本書第8章，英文ではTanaka, 1990）となった。

　1979年の段階で，筆者のクラーク研究はひとつの段落を迎える形となり，

一応出版のためのとりまとめが考えられた。ところが，ちょうど1988年に関西学院大学から半年間の海外研修の機会を与えられ，コロンビア大学客員研究員として仕事ができることとなった。そこで，以前から気になっていたJ.B. Clark Papersの調査・研究に専念することにした。クラーク文書のすべてに目を通すこととなった結果，筆者はこの調査・研究をなんとか生かした形で研究をとりまとめる必要を痛感するに至った。

また，筆者のクラーク研究史上のもうひとつの出来事を記しておかねばならない。それは，1995年にロンドンの古書店を通じて，クラークとF. H. ギディングズとの未公表往復書簡を関西学院大学図書館が所蔵することとなり，その解読・研究を行うこととなったことである。

他方，建国期以来のアメリカ経済学史に関する論文や講義ノートをもとに，筆者は2002年にアメリカ経済学史の概説書，『アメリカの経済思想——建国期から現代まで』（名古屋大学出版会）をまとめることとなった。これを背景に，クラークをアメリカにおける経済思想発展のパースペクティヴのうちに，あらためて位置づけることを確認しえたのであった。

およそ以上のような，ほぼ5段階を経過した研究経緯から，本書の出版に至ったと言える。

本書は，伝記的観点からクラークの人と業績の全体を見渡した序章に引き続き，第I部と第II部から構成されている。第I部は8章からなり，クラーク経済学の形成と展開を取り扱う。ここでは，まず『富の哲学』を中心とした初期クラークの経済思想（第1章），社会的有効用価値論としてのクラークの価値論（第2章），クラーク限界生産力理論とその倫理的インプリケイション（第3章），クラーク限界生産力的分配論の形成過程（第4章），およびクラークに特有な固有生産力的分配論をめぐる問題（第5章）が扱われる。これに，クラークにおける競争と独占，彼の反独占政策を論じた第6章と第7章が続く。ただし，第6章と第8章とは，いわゆる「J. B. クラーク問題」に関する筆者の理解と評価を示したものである。

第II部は経済学史におけるクラークの位置を探るもので，6章からなっている。未公表往復書簡を中心としたクラークとマーシャルとの関連（第9章），

クラークとヴェブレン（第10章），クラークが一貫して最も厳しく批判したヘンリー・ジョージとの関連（第11章），未公表往復書簡を中心としたクラークとギディングズ（第12章），同じくパッテンの自筆書簡を中心としたパッテン，ギディングズ，クラーク（第13章），そして最後に，第12章で取り上げたクラーク＝ギディングズ往復書簡を利用して見た，クラーク経済学の展開過程（第14章）が扱われている（第II部で「クラークとベーム=バヴェルク——資本・利子論争」を新たに加える予定であったが，これは都合により別の機会にゆずることとなった）。

　以上の本文に付け加えられた文献目録のうち，クラーク自身の著作をあらためて整理した "New Bibliography of the Writings of John Bates Clark" は，これまでの欠陥の多いホランダー・ビブリオを大幅に補正する新しいビブリオであることを，ここに特記しておきたい。国内外の研究者に少しでも役立てば幸いである。

　クラーク研究を一応とりまとめるに当たって，実に多くの方々のお世話になった。筆者の研究過程において多くの教示と刺激と支援を与えてくださった方々や組織に，あらためて心から感謝申し上げたい。

　まず，コロンビア大学大学院での指導教授，故 Joseph Dorfman 教授，次いで後に J. B. Clark Papers の調査・研究のためコロンビア大学客員研究員となって以来，貴重なアドヴァイスをいただいた故 Donald Dewey 教授，そして筆者の「クラーク問題」を論じた英文論文を高く評価していただいた D. E. Moggridge 教授に感謝したい。また，クラーク＝ギディングズ往復書簡の出版に，序文まで書いて支援してくださった Warren J. Samuels 教授にお礼申し上げたい。さらに，忘れることのできないのは，筆者の研究成果の英文論文化についていつも有益なアドヴァイスをいただいた故 Eugene Rotwein 教授である。

　長い研究期間中，とくにアメリカ滞在中に資料の入手に関して多くの図書館のお世話になったことを，感謝の心をこめて以下に特記しておかねばならない。

　Library of Congress, New York Public Library, Mineapolis Public Library,

California State Library, State Historical Society of Wisconsin. 大学図書館では，Columbia University, Syracuse University, Cornell University, Michigan University, University of California (Berkeley), Ohio State University, Claremont College, Carleton University. 国内では，関西学院大学，同志社大学，関西大学，慶應義塾大学の各図書館。

さらに，研究過程にあって何かと刺激を与えていただいた，アメリカの経済学史学会（HES），アメリカ経済思想史研究会，経済学史学会，アメリカ学会，および関西学院大学を中心とする経済学史研究会のメンバーの方々に，この場を借りてお礼を申し上げたい。

なお，クラーク研究に当たっては，これまでクラーク゠ギディングズ往復書簡の研究のため，文部省科学研究費（1996, 97年度）と関西学院大学特別研究費（1996年度）を受けた。さらに今回，本書の出版に対して日本学術振興会より，2005年度科学研究費補助金（研究成果公開促進費）を与えられた。記して感謝したい。

最後になったが，この研究成果の出版を快く引き受けて種々励ましていただいた名古屋大学出版会の橘宗吾氏にお礼申し上げる。とくにワープロ処理の点で大変ご迷惑をおかけすることになった。辛抱強く努力していただいたことに，あらためて感謝したい。また，編集実務においてお世話になった長畑節子さんにお礼を言いたい。

2005年9月

田 中 敏 弘

目　次

まえがき　i

序　章　ジョン・ベイツ・クラーク………………………………I
　　　　——その人と業績

第 I 部　クラーク経済学の形成と展開

第 1 章　初期クラークの経済思想 …………………………… 23
　　　　——『富の哲学』を中心に

　1　はじめに　23
　2　クラーク経済学の歴史的背景　26
　3　クラークと倫理的先入観念　29
　4　『富の哲学』　31
　5　『富の哲学』から『富の分配』へ　43

第 2 章　クラークの限界効用価値論 ………………………… 45
　　　　——社会的有効効用価値論

　1　はじめに　45
　2　その形成過程（1）　46
　3　その形成過程（2）　50
　4　"The Ultimate Standard of Value"　55
　5　『富の分配』における価値論——オーストリア学派価値論の修正　59
　6　むすび　64

第3章　クラーク限界生産力理論とその倫理的インプリケイション …………67

1　はじめに　67
2　『富の分配』の中心課題とクラークの問題意識　68
3　クラークの限界生産力理論　73
4　クラークの限界生産力的分配理論とその倫理的インプリケイションの問題　82

第4章　クラーク限界生産力的分配論の形成過程 ……………86

1　はじめに　86
2　クラークにおける限界主義の展開　87
3　限界生産力的分配理論の形成過程　88
4　むすび　105

第5章　固有生産力的分配論をめぐる諸批判 ……………108
　　　　──限界生産力理論批判史のひとこま

1　クラークの固有生産力的分配論　108
2　固有生産力理論をめぐる反応と諸批判　110
3　固有生産力的分配論の諸問題点　121

第6章　クラークにおける競争と独占 ……………126
　　　　──「J.B. クラーク問題」と独占形成

1　はじめに　126
2　「J.B. クラーク問題」とそれをめぐる諸見解　129
3　クラークと独占形成──「J.B. クラーク問題」の一解釈　139

第7章　クラークの反独占政策論 ……………147
　　　　──1つの有効競争論

1　クラークと独占　147
2　潜在競争・有効競争と反独占政策論　151
3　クラーク反独占政策論の影響　160

4　クラーク反独占政策論の特質　164
　　5　「クラーク問題」と反独占政策論　167

第8章　「J.B. クラーク問題」の一解釈 …………………………172
　　　　──J.F. ヘンリーの所説にふれて

　　1　「J.B. クラーク問題」とその解釈をめぐって　172
　　2　初期クラーク　176
　　3　後期クラーク　180
　　4　反独占政策論者としてのクラーク　188
　　5　社会改革家クラーク　190
　　6　むすびにかえて　192

第II部　経済学史におけるクラークの位置

第9章　クラークとマーシャル ……………………………………197
　　　　──未公表書簡を中心に

　　1　はじめに　197
　　2　マーシャル『経済学原理』（初版）に対するクラークの書評　203
　　3　『経済学原理』（初版）以後の書簡による交流　211
　　4　クラークとマーシャルの主要論点　216
　　5　The Correspondence between Alfred Marshall and J.B. Clark　220

第10章　クラークとヴェブレン ……………………………………234

　　1　はじめに　234
　　2　ヴェブレンのクラーク経済学批判　240
　　3　戦争と平和の経済学──クラークとヴェブレン　252

第11章　クラークとヘンリー・ジョージ …………………………264

　　1　はじめに　264
　　2　クラークによるジョージ批判の展開（1）　266
　　3　クラークによるジョージ批判の展開（2）　271

  4 むすび 283

第12章　クラークとギディングズ … 287
  ——未公表往復書簡を中心に

 1 クラーク経済学の展開とギディングズ 287
 2 クラーク=ギディングズ未公表往復書簡の概要 292
 3 クラーク=ギディングズ往復書簡の経済学史的意義について 294
 4 クラーク経済学の展開とギディングズの役割 296
 5 今後の課題 298

第13章　パッテン，ギディングズ，クラーク … 304
  ——パッテンのギディングズ宛自筆書簡を中心に

 1 パッテンのギディングズ宛自筆書簡について 304
 2 書簡にみられる重要な諸問題 306
 3 パッテンとギディングズ，クラーク 319
 4 SIMON NELSON PATTEN'S LETTERS TO FRANKLIN HENRY GIDDINGS, 1888-99 331

第14章　クラーク=ギディングズ往復書簡からみたクラーク経済学の展開過程 … 355

 1 往復書簡からみた理論経済学者としてのクラーク 355
 2 クラーク経済学の展開過程におけるギディングズの役割 366
 3 キリスト教社会主義，ヘンリー・ジョージの土地社会主義と進歩的自由主義 370

 文献目録 379
 人名索引 411

序　章

ジョン・ベイツ・クラーク
――その人と業績――

1）理論経済学者クラーク

　ジョン・ベイツ・クラーク（John Bates Clark, Jan. 26, 1847-March 23, 1938）は，コロンビアの D. デューイが言うように（Dewey, 1987），「国際的名声に値し，それを得た最初のアメリカの経済学者」であった。

　それまでのアメリカ人経済学者のうち，国際的に知られたのは，まず H. C. ケアリとヘンリー・ジョージくらいであった。しかしケアリもジョージも理論家としての評価は必ずしも高いものではなかった。クラークが活躍する直前のアメリカの理論経済学の状況は，F. A. ウォーカーによって代表されていた。このウォーカーを批判し彼にとって代わり，アメリカに「クラークの時代」を作り出し，アメリカにおける理論経済学をリードするだけでなく，ヨーロッパを含めた世界の第一級の理論経済学者としての最初の高い国際的名声を得たのがクラークであった。

　クラークがアメリカで主に活躍した 1880 年代から 20 世紀初めの 1910 年代は，イギリスではマーシャルが，そして大陸ではベーム-バヴェルクやヴィーザーなどのオーストリア学派が自己の理論を展開し，アメリカにもその影響が及びつつある時期であった。

　こうした近代経済理論の大きな革新がヨーロッパ，アメリカで生じつつあったときに，クラークはイギリスのジェヴォンズ，オーストリアのメンガー，スイス，ローザンヌのワルラスといったヨーロッパの「限界革命トリオ」とは別個に独立して限界効用価値論に到達し，さらにそれに基づく限界生産力的分配

論を完全競争静態における均衡理論として構築したのであった。クラークの限界主義理論は時期的に「限界革命トリオ」よりは遅れたものの，その限界生産力理論の整備において独自な地位を占めるものであった。

こうしたクラークの価値・分配理論を中心としたアメリカ新古典派経済学の中核は，結局のところ比較静学にとどまったが，静学と動学の区別を理論経済学に初めて明確に導入し，動学的要因を検討して，経済動学の重要性をあらためて認識し直し，それに向けての理論的発展を促すきっかけをつくったのであった。

2) ピューリタン的伝統

クラークは1847年ロードアイランド州のプロヴィデンスに生まれ，1938年に91歳をもってニューヨーク市で死去した。[1] 彼はニューイングランド・ヤンキーの血をひくピューリタン的伝統が強く残る環境のもとに育った。むろん19世紀にはピューリタンの厳格さは時代の推移と共に和らげられ，近代科学によって生み出された自由主義的思考を次第に反映するようになっていた。しかしそれでも，ピューリタン的な宗教的遺産とそこから生じる道徳的資質はまだ崩れてはいなかった。とくにその行動において良心的で，社会的公正および社会的利益のために個人的犠牲を惜しまない資質は，クラークに十分受け継がれていた。

クラークの先祖には農民もいれば，成功した商人もいて，牧師になった医者の成功者もいたとされている。クラークの父は結核のため病弱であったが，ロードアイランドのプロヴィデンスの農耕具工場に勤め，製品についての豊かな知識をもったセールスマンとなった。その後，健康のために転地を考え，ミネソタへ移り，そこで小さな耕作農具（スキ）販売業を営むこととなった。

3人の子供の長男に生まれたクラークは，はじめブラウン大学に入学したが，間もなくアマースト大学に移り，1869年度クラスに入った。しかし，父

---

1) クラークの伝記的事項については，主としてClark, A. H. and Clark, J. M. 1938とClark, J. M. 1952による。なおHenry, 1995a ; Goodwin, 1988 ; Johnson, 1895，および1938a ; 1938bなどが参考になる。

の病気再発のため，学業を中断し，父の仕事を手伝うためにミネアポリスに移った．このことは若いクラークにとって，当時発展しつつあったミネソタでの農業事情に直接触れる経験となった．ところが1871年に父が死亡し，クラークは24歳にしてアマースト大学に復学し，課程を終え，2度の中断にもかかわらず最優秀の成績をもって1872年度のクラスで卒業した．

　クラークははじめ牧師になることを志し，イェール神学校への進学を考えていたが，アマースト大学の学長，J. シーリーが行っていた道徳哲学の一部門だった経済学の講義を受けたことから，経済学への強い志向をもつこととなった．シーリーはクラークの才能を認め，彼が経済学の途に進むことを勧め励ました．こうしたシーリーの影響もあって，クラークは卒業と同時に経済学・哲学を学ぶために，当時の多くの優秀な学生と同じく，R. T. イーリーや H. C. アダムズらと同様，ドイツに学ぶアメリカの若い研究者グループ——いわゆる"young Germans"——の1人となった．

3) ドイツ留学

　クラークが留学したドイツの大学は，アメリカでは最も優れた大学の標準とみられていた．これにはドイツの大学だけでなく，オーストリアとスイスでのドイツ・モデルの大学も含まれていた．こうした大学では科目選択の自由度も大きく，ゼミナール制など制度化された教育体制に加えて，研究も活発で大学院に経済学における指導的人物を多数擁していた．ドイツ歴史学派やオーストリア学派の経済学者たちである．

　クラークは1872年から75年まで約3年間を主にスイスのチューリッヒとドイツのハイデルベルクに学んだが，とくに指導を受けた卓抜した教授は有名なカール・クニースであった．クラークはドイツ留学について余り多くを語っていないし，彼が受講したさまざまな講義について，残された筆記ノートからも，彼がドイツ留学からとくに何を得たかを判断するには慎重でなければならない．彼は理論的資質に恵まれ，強い理論志向をもっており，これが，歴史に偏向せず理論の意義を十分認めていたクニースを評価することになったと思われる．このことはクニースのゼミナールがベーム-バヴェルクやヴィーザーの

ようなオーストリアの有名な理論家たちをひきつけたことからも明らかであろう。しかし同時にクラークは理論一辺倒ではなく，歴史・統計にも理解と関心を寄せていたことは，彼ののちの著作からも明らかである。

　クニースとの出会いによって，クラークはキリスト教的社会有機体観の重要性を確認することができたであろう。また経済学の基礎に利己的人間を前提するイギリス古典派経済学への批判もクラークの共感を得たところであった。そして何よりも市場の競争にすべてをゆだねるのでなく，経済的・社会的公正を求めて社会改革の必要性を強調する傾向に心ひかれたに相違ない。これはやがて帰国後，クラークに『富の哲学』を書かせ，さらには社会的福音を中心とするキリスト教社会主義を支持させるものとなった。しかしそれにもかかわらず，後期クラークの中心課題は完全競争静態下の価値・分配理論の追求という純粋理論となったことも確かな事実であり，このことの意義は言うまでもなかろう。

4）カールトン大学時代

　クラークは PhD をとらなかったが，ドイツの大学院で訓練を受けたという学問的な信用証明を得て 1875 年に帰国し，同年に，女子大の名門校ヴァッサー大学の卒業生であるマイラ・スミスと結婚し，ミネソタ州ミネアポリス近郊のノースフィールドにある小さなリベラル・カレッジ，カールトン大学に新しく設けられた経済学・歴史学教授の職（はじめは講師として）を得ることとなった。

　帰国後，彼の主な著作活動が行われたアメリカ経済社会は，農業革命と産業革命が大きく進展し，生産力が飛躍的に高まったときであった。と同時に，これはアメリカ社会に多くの重要な経済問題と政治的動揺をつくり出すこととなった。農業問題，貨幣・金融問題，企業結合・独占問題，労働運動の昂揚が大きな社会問題となった。

　この時期は同時に農民・労働者を中心とし，中産層知識人の加わる社会改革を特徴とした。思想的にはさまざまな「社会主義的」思想を台頭させることとなった。ヘンリー・ジョージの土地社会主義，キリスト教社会主義——とくに

社会的福音（Social Gospel）——，そしてマルクス主義的社会主義も導入され始めた。これがクラーク経済学を生んだアメリカの経済社会であった。

カールトンに赴任後，クラークは不運にも最初の学期に2〜3週間入ったところで重い病気[2]にかかり仕事を続けることが出来ず，それから2年間は欠勤となり，その間はミネソタ大学で非常勤講師をしただけであった。ようやく1877年にカールトンに復帰し，1881年まで4年間実際の授業を担当したのであった。

当時のカールトン大学は，北東部ニューイングランドの方針に従い，中西部の良家の若者たちにピューリタン精神に基づいた教育を施し，良き市民に育てあげるための，厳格な教育方針で知られた大学の1つであった。

カールトン大学時代のクラークにとって重要な出来事の1つは，彼がヴェブレンに初めて経済学を教えたことである。のちにアメリカの生み出した最も独創的で革新的な理論家となったヴェブレンは，当時カールトンで最も精彩を放っていた学生であった。しかしヴェブレンはカールトンの固苦しいピューリタン的な雰囲気になじめずよく問題を起こした。他の教授たちがヴェブレンを厳しく非難するなかで，クラークはいち早くヴェブレンの才能を見抜き，彼の困難を幾分でも和らげることに努力したのであった。

ヴェブレンも，それまでのコモンセンス哲学に基礎づけられた自由放任主義的経済学を批判してようやく新しい経済学を模索し始めていたクラークの改革的精神に，ある程度の共感をもっていたことであろう。ヴェブレンはのちに「クラーク教授の経済学」を書いてその批判精神に応えることとなった。

カールトンでクラークは病弱と過剰な講義負担にもかかわらず，毎日少しずつ原稿を書く長年の習慣を身につけた。これらの原稿を彼は，当時経済学の学術専門雑誌が存在しなかったため，一般知識人向けの指導的な雑誌で *The Yale Review* の前身である，『ニューイングランダー』（*The New Englander*）誌に寄稿し始めた。彼はカールトン時代に論文7編，書評3編——これらはいず

---

[2] この病名については，クラーク家の *Memorial* (Clark, A. H. and Clark, J. M. 1938) では触れられていないが，クラークの弟子の1人，コロンビア大学のアルヴィン・ジョンソンはチフスだったとしている（Cf. Dewey, 1999）。

れも労働問題と社会主義に関する文献の書評である——，合計10編を執筆している。同時に4編の短い原稿が他の雑誌等に掲載されており，そのうちには *Christian Union* といった，当時よく知られた宗教雑誌も含まれていた。

このあとクラークは『ニューイングランダー』誌に3～4編の論文を寄稿しており，これらの論文が1886年の処女作『富の哲学』(*The Philosophy of Wealth*)[3] の中心部分をなすこととなった。クラークが若い革新的なドイツ帰りの経済学者としてはじめて名声を得ることになったのは，これらの論稿によってであった。

1881年[4]にクラークは当時創立後6年を経たマサチューセッツ州の名門女子大学，スミス大学に移った。そこで1892年まで政治学・歴史学教授としてとどまり，最後には学科長に選ばれた。

5) クラークとアメリカ経済学会

経済学は1880年代後半から90年代にかけて学問としてますます専門化・制度化されるに至るが，この過程でクラークはアメリカで重要な役割りを果たすこととなった。1865年に「アメリカ社会科学学会」(American Social Science Association: ASSA) が設立された。しかしこの学会はいわば社会改革家を中心とするアマチュア集団であり，牧師，実業家，社会活動家などが多く，彼らが大学の教師と共に参加する形をとっていた。したがって専門化が進むにつれて，それぞれの専門を強調する個別の学会を必要とするに至った。

1883年にペンシルヴェニア大学のS. N. パッテンとE. J. ジェイムズは，イーリーと共に，ドイツのJ. コンラートの示唆により，1872年に創立されたドイツ「社会政策学会」をモデルに，「国民経済研究学会」(Society for the Study of National Economy) という名称でアメリカ経済学会の創設を話し合っ

---

[3] クラークの最初の著作が『富の哲学』と名付けられたことについて息子のJ. M. クラークが次のように指摘していることは，重要である。「クラークはおそらくジョン・ステュアート・ミルがその『経済学原理』の副題に政治哲学を含ませたと同様の考慮に従ったものだろう」(Clark, J. M. 1952, 598, 邦訳240)。

[4] *Memorial* によれば1882年とあるが，これはJ. M. クラークが訂正したように，J. ドーフマンの考証により1881年が正しい。

ていた。翌1884年にパッテンとジェイムズが綱領草案を作成し経済学者たちに送付したが，イーリーは2人との行き違いもあり，2〜3日遅れで「アメリカ経済学会」(American Economic Association：AEA) の綱領を E. R. A. セリグマンらに送ったとされている。こうした混乱ののち，パッテンとジェイムズは自分たちの綱領を取り下げ，イーリーの提案を支持することとなった。

　このようにして AEA 創設の呼びかけは1885年9月にアメリカ歴史学会のサラトガ・スプリング大会時に出され，約50名の賛成を得て正式に結成・創設されることとなった。[5]

　イーリーが提案した綱領によれば，アメリカ経済学会は，経済に対する国家干渉を容認し，現実と大きくかけ離れた抽象理論を排して，歴史・統計的な制度研究を強調すると共に，キリスト教社会倫理に基づく経済社会改革をめざし，旧来の自由放任経済学を明確に批判する立場を示すものであった。

　このことは，旧学派を代表する W. G. サムナーや S. ニューカムおよびその支持者たちと，イーリーを代表者としパッテン，H. C. アダムズ，J. B. クラーク，社会的福音の中心的牧師，W. グラッデン，H. B. アダムズ，F. A. ウォーカーを含むその支持者たちとの対立を招くこととなった。また，イーリーを中心とした改革主義はラディカルな政治的社会主義と混同される懸念も生じるに至った。

　このようにイーリーの提案した綱領は余りにも狭量過ぎて自由放任主義的立場にたつ旧学派の入会を拒むことになる恐れが大きいということから，これを修正する意見が出，「原理の声明」(Statement of Principles) を作成することになった。この作成に，H. B. アダムズ，A. ジョンストン，グラッデン牧師と共にクラークも入ることになった。出来上がった「原理の声明」では，①「自由放任の学説は政治的には危険であり，道徳的には不健全である」という文言が削除された。②国家による干渉の強調が和らげられた。そして最も大きな変更点は，③新たに「注記」を挿入し，この声明は「個々の会員を拘束すると見なされるべきではない」とされたことであった。

---

[5] アメリカ経済学会の成立・展開については，Coats, 1960，および高哲男 2004 の第1章が参考になる。

クラークはイーリーと基本的に意見を同じくしていたが，公の学会はイデオロギーにとらわれずオープンであり，すべての経済学研究者の加入を拒まないのが本来の姿であると考えた。また同時にこの改革主義の学会がラディカルな政治的社会主義者の学会と混同されることを避けることも重要とされた。この改訂された綱領が採択され，会長に F. A. ウォーカーが，副会長に H. C. アダムズ，E. J. ジェイムズ，J. B. クラーク，事務局長にイーリー，そして会計にセリグマンが選ばれて発足したのであった。

ところがこの「原理の声明」に対しても学会の内外からの批判があり，学会の意見の不一致が続いたが，結局3年後に「原理の声明」は 1888 年 12 月の第3回大会において削除される規約改正が行われた。クラークはこのときにもセリグマンらと共に，AEA はすべての経済学者が自由に参加できるオープンな学会とすべきだというグループの中心となったのであった。のちイーリーを事務局長から排除しようとする動きが生じたさい，クラークはイーリーを弁護したが，結局，1892 年 8 月の第 5 回大会において，ウォーカー会長とイーリー事務局長が共に退任することによって，イーリーの 7 年に及ぶ指導的活動は終ることとなった。

こうした AEA の動きの中で，クラークは結局のところハーヴァード―イェールの旧学派に門戸を開く上で重要な役割りを担うこととなったと言える。これには単に学会はオープンであるべきだという信念に加えて，1886 年のヘイマーケット事件後の社会情勢の保守化と共に，クラーク自身の社会的福音からの離脱と限界生産力的分配論構築に向けての根本的な変化が背景にあったことは見逃がされてはならないであろう。結局のところ，ハーヴァード―イェール―コロンビアラインというアメリカ新古典派経済学の確立が背景となっていたと言えるであろう。クラークは 1893～95 年に第 3 代 AEA 会長となった。

6) 初期クラークから『富の分配』へ

スミス大学時代をなす 30 歳代半ばから 40 歳代半ばのクラークは，理論的に最も創造的な時期を迎えると同時に，1886 年以降の大きな転換期を経験する

こととなった。既述のように，クラークはカールトン時代にほぼその骨格を形成しつつあった『富の哲学』を1886年に刊行した。この著作の最終章が「教会の経済的機能」と題されていることからも明らかなように，この著作は全体として社会的福音の立場に立つことを示すものであった。

社会的公正を確保するために（プロテスタント）教会の覚醒を促すという点も，競争の安易な是認を退け，生産協同組合体制への進展に社会改革の夢を託す点においても，これは当時のキリスト教社会主義のうち，保守派でも，ラディカル派でもなく，その中間の改革派と呼びうる社会的福音に属すものであり，大学におけるその代表者としての友人イーリーと流れを同じくするものであった。[6] 事実，クラークはスミス大学に移ってのち，「当時コネティカット流域にひろがっていたキリスト教社会主義の流れに合流した」(Clark, J. M. 1952, 237) のであった。

『富の哲学』の第2版は翌1887年に出されたが，既に1886年5月のヘイマーケット事件によって政治的潮流は大きく変化してゆき，社会主義に対する恐怖が大きく取り上げられ，キリスト教社会主義者のクラークのような中産階層の知識人は，ラディカルな社会主義者と同列に批判されるのを避けるため，「進歩的自由主義」へと後退せざるをえなくなった。このような状況下で理論家クラークはキリスト教社会主義から次第に離れてゆき，理論家として限界生産力的分配論の構築にエネルギーを集中させることとなった。

この変化の端緒は，クラークが1887年3月に *Political Science Quarterly* (*PSQ*) に執筆した論文「競争の限界」(The Limits of Competition) であった。クラークは，『富の哲学』の刊行以来，親しくなったF. H. ギディングズと共同して作業をすすめ，クラークの上記論文はギディングズの同じく *PSQ* (March, 1887) に発表された論文「競争の持続」(The Persistence of Competition) によって補われることとなった。これら2編の論文に，それぞれ論文1編ずつが加えられたのち，これら4編の論文はクラークとギディングズとの共著という形で『現代の分配過程――競争とその限界の研究』(*The Modern Distribution*

---

6) Cf. May, [1949] 1963, part IV, ch. 2, 170–81.

Process. Studies of Competition and Its Limits, 1888) として出版されたのであった。

　このようにクラークは親友であり最初のよき理解者，批判者でもあるギディングズを得て，のち1899年のクラークの主著『富の分配』(*The Distribution of Wealth*) における限界生産力的分配論に結実する論文を次々と発表することとなった。この展開過程の中核を示す「資本とその稼得」(1888年)，「科学的賃金法則の可能性」(1889年)，「賃金・利子法則」(1890年)，「レント法則により決定される分配」(1891年) は，彼のスミス大学時代の産物であった。

　このようにして，「資本が生産したものは資本に，労働が生産したものは労働に」という分配的正義の法則が限界生産力理論によって基礎づけられ，自由競争市場を中心とする資本主義社会の存続は正当化され，その進歩の点からも擁護されることとなり，ここにクラークにおける反政治的社会主義，反ヘンリー・ジョージ主義の理論装備は完了することとなった。

7) クラークとマーシャル

　上述したように，1888年から91年にかけてクラークは限界生産力的分配論の中核部分を公表し，理論的整備に忙しかった。この時期の1890年7月にマーシャルの『経済学原理』(初版) が公刊された。アメリカではギディングズが早くもその10月に *Annals* に書評を書いて，その重要性を指摘し高く評価している。のち，タウシッグ，フィッシャー，ハドリーなどの書評・コメントが続き，マーシャルは1898年に *Economic Journal* 誌上でこれらに反論することとなった。

　こうしたマーシャルの『原理』の受容・批判の流れの中で，クラークはギディングズに次いで早く1891年3月に *PSQ* に長文の書評を書いた。クラークは『富の哲学』をマーシャルに送っていたが，マーシャルは『原理』(初版) でクラークのレント論，資本・利子論に注目し，注記に加えていた。

　『原理』(初版) に対してクラークは，それをリカードウ，マルサス，ミルなどの経済学上の古典と並ぶ画期的な著作であり，最近20年間の諸研究の再体系化を特徴とすると位置づけている。クラークはマーシャルの連続性の原理に

注目し，そのメリットとデメリットを指摘している。その上で彼はとくに重要な分配論を取り上げ，賃金法則，利子法則をめぐる批判を展開し，「純粋資本」，「純粋労働」概念を積極的に展開したのであった。

『原理』（初版）以後，改訂版が続くが，『富の分配』が1899年に出て，両者の親しい関係は1900年にクラークがマーシャルをケンブリッジに訪れてのち一層深まり，マーシャルとの往復書簡は11通に及んでいる。

クラークとマーシャルとの間の主要論点は，地代論の一般化をめぐる問題，資本・利子論での純粋資本，純粋労働問題，限界生産力理論は生産諸要因の供給側を無視した需要理論にとどまるか否かの問題，静学と動学の関連などの問題をめぐる相違・対立にあったと言える。クラークのマーシャルに対する尊敬は言うまでもないが，マーシャルはクラークをアメリカを代表する理論経済学者として彼に最大の敬意を表したのであった。

8）クラークとベーム-バヴェルク

マーシャルとの交流に加えて，クラークが加わったオーストリアのベーム-バヴェルクとの資本・利子の本質をめぐる論争が重要である。この有名な論争は限界生産力説と時差説との対決の形をとって，第1次論争（1893～95年）と第2次論争（1906～07年）の2回にわたって行われた。

クラークがまず *Yale Review* (Nov. 1893) 誌上の "The Genesis of Capital" で『資本と利子』の著者を批判したのに対して，ベーム-バヴェルクは *Quarterly Journal of Economics* (*QJE*) (9, Jan. 1895) の "The Positve Theory of Capital and Its Critics I, Professor Clark's Views on the Genesis of Capital" で反論した。これに対してクラークの "The Origin of Interest" (*QJE*, 9-3, April 1895) が公表された。さらにこれに対してベーム-バヴェルクが再度 "The Origin of Interest" (*QJE*, 9-4, April 1895) を書いて反論し，最後にクラークが再び "Real Issues Concerning Interest" (*QJE*, 10, Oct. 1895) で取り上げることとなった。これがクラーク対ベーム-バヴェルク資本・利子論争の第1ラウンドをなすものであった。

この論争で両者の対立は一応終ったかに見えたが，恐らく双方の追随者たち

による議論の対立に刺激されて，再び一段と激しさを増して論争が再開されることになった。

論争の第2ラウンドは1906年に開始され翌1907年に及び，それは次のような形で行われた。

(1) ベーム-バヴェルク

"Zur neuesten Literatur über Kapital und Kapitalzins", *Zeitschrift für Volkswirtschaft, Sozialpolitik und Verwaltung* (*ZfVSV*), Bd. 15, 1906, S. 443-61, und Bd. 16, 1907, S. 1-38. これらは *QJE*, 20, Nov. 1906, 1-21, および 21, Feb. 1907, 247-82 に英訳版，"Capital and Interest Once More : I, Capital vs Capital Goods"，および同上II，"A Relapse to the Productivity Theory" が出た。

(2) クラーク

"Concerning the Nature of Capital : A Reply", *QJE*, 21, May 1907. これのシュンペーターによる独訳版 "Über das Wesen des Kapitales. Eine Entgegnung von Prof. John Bates Clark" が同じく *ZfVSV*, Bd. 16, 1907 に出された。

(3) ベーム-バヴェルク

"Gegenbemerkungen zu Prof. Clark's Replik betreffend 'Das Wesen des Kapitales'," *ZfVSV*, Bd. 16, 1907. これの英訳版は "The Nature of Capital : A Rejoinder," *QJE*, 22, Nov. 1907。

いま複雑な論争の細部に立ち入ることを別にすれば，クラーク対ベーム-バヴェルク論争は，大きくは2つの論点をめぐるものであったと言える。ひとつはクラークの資本と資本財の区別に基づく純粋資本の立場に対する，ベーム-バヴェルクの資本財としての資本理解の相違であった。ベーム-バヴェルクは終始純粋資本概念の神秘性を強調して止まなかった。もうひとつは，これに関連して，ベーム-バヴェルクの生産期間概念のもつ単線的生産構造に対するクラークのより現実的な生産・消費の同時複線的構造——生産・消費の同時化——の主張であった。

クラークがハイデルベルクのクニースのもとに学んださい，ベーム-バヴェルクも出席しており，2人は相知り合っていた。2人の論争は激しいものではあったが，相手の力量を認め合っており，論争は折目正しいものであった。し

かしのちの1911年のベルンでの会合にもかかわらず，2人の卓越した理論経済学者の間に論争の結着をみることはなかった。

9) コロンビア大学へ

1892年にクラークはスミス大学から母校アマースト大学に移り，経済学教授として2年を過した。同時に2年目には彼はボルティモアのジョンズ・ホプキンズ大学の非在住講師となり，1892年から93年の学年にわたって25回の講義を行った。ジョンズ・ホプキンズは当時アメリカで最も実験的な大学のひとつであり，ドイツ・モデルに沿った最初の体系的な大学院の学位を提供する大学であった。H. L. ムーアはここでクラークに学んだ学生であった。

理論経済学者クラークの名声は高まりつつあったが1895年にジョンズ・ホプキンズと，次いでコロンビアの両方から招聘を受けた。クラークはこれからさらに発展しようとする前者よりも，既に大学院大学として確固たる発展を遂げつつあったコロンビア大学を選んだのであった。

コロンビアも早くより単なる紳士教育から研究を中心とする大学院大学への改革をめざしていたのであり，ことにJ. バージェス総長の大学改革によるところが大であった。1880年に経済学を含むSchool of Political Science and International Lawが創設され，1886年には*PSQ*が発刊された。これはハーヴァード大学の*Quarterly Journal of Economics*の発刊と同年であった。1890年にはSchool of Artsからの独立を達成し，独自の図書館が創設され整備されていった。1877年にバージェスは統計学者として有名なR. メイヨ-スミスを招聘し，Department of Political Economy and Social Scienceが創設されている。やがてセリグマンやギディングズが教授団に加わり，1895年にクラークを迎えることとなり，コロンビアは当時アメリカで最も強力な経済学部・大学院となり，アメリカの高等教育におけるトップの座を占めるに至った (Rozwadowski, 1988)。

クラークはコロンビアへの就任と同時に，*PSQ*の編集者としても活躍し，これは長く1911年まで続いた。このコロンビア大学時代に1887年から進められてきた価値と分配に関する新古典派経済理論のより本格的な著作である『富

の分配』（*The Distribution of Wealth*）が1899年に刊行されたのであった。またここでアルヴィン・ジョンスンがクラークの最初の門下生となった。

10）トラスト・独占問題

大著『富の分配』を著して以後のクラークの関心は大きく2つあった。そのひとつは，『富の分配』において導入された静態（静学）と動態（動学）の区別に従い，完全競争静態下の価値・分配論を整備すると共に，動学部門の検討へとすすむことであった。これは1912年の『経済理論の要点』（*The Essentials of Economic Theory*）において一応達成されることになった。ただし，この動学は動態的要因のそれぞれについて検討したにとどまり，彼のいう経済進歩の理論は，比較静学にとどまるものであった。

もうひとつクラークが最大の関心を払って取り組んだのはトラスト・独占問題であった。南北戦争後1870年代にプールが出現し，1882年にはスタンダード石油をはじめとするトラスト時代に入り，独占の形成が進んだ。これは，シャーマン独占禁止法（1890年）が制定されたにもかかわらず展開し，1898年から1904年に至るいわゆる「トラスト熱狂時代」を迎えるに至った。

クラークの反独占は1900年1月から9月にかけて矢継ぎばやに6編の論説となり，これらをまとめる形で彼の独占に関する最初の著書『トラストの統制』（*The Control of Trusts*, 1901）となった。

クラークによれば，潜在競争による競争力の有効な作用が確保できるならば，トラストの規模の経済を生かしつつ独占を抑制することが重要であった。これは，集中による効率と分配上の公正を両立させる彼の言う「自然的方法による独占抑制論」であった。

3年ののち，さらにクラークは『独占問題』（*The Problem of Monopoly*, 1904）を公刊した。そしてさらに独占問題の進展と共に，クラークは1912年には息子J. M. クラークの助力を得て『トラストの統制』の大幅な増補改訂版を共著として刊行することとなった。

クラークが著した単行本は9点であるが，以上ですでに触れた7点の他には，後期クラークが行き着いた彼の進歩的自由主義に基づく社会改革を簡潔に

述べた『社会主義によらない社会正義』(*Social Justice Without Socialism*, 1914) と，彼が晩年最も心血を注いだ戦争と平和をめぐるパシフィストとしての最後の見解が述べられた『平和の見張人』(*A Tender of Peace*, 1935) をあげなければならない。

11) モホンク湖会議——国際的調停論

クラークは経済学に関する多くの独創的な著書・論文を書いたが，そうした狭い世界だけで仕事をした学究ではなかった。彼は求められて一般向けの講演にしばしば応じたり，一般商業誌や新聞だけでなく，とくに宗教誌や教育関係の雑誌等にも広く原稿を寄せている。これらによって彼は，自らの研究成果を一般の人々に分かり易く説明したり，時事問題を自由に論じたりして啓蒙活動を重視したのであった。

また彼は，求められてクーパーユニオンのフォーラムやモホンク湖会議 (Lake Mohonk Conference) といった当時の最も影響力の大きなフォーラムで公衆に向けて，ヘンリー・ジョージの土地社会主義や黒人問題，とくに国際的調停に関する議論や討論にも積極的に参加したのであった。

さらにクラークはクリーヴランドの第2回大統領選挙のキャンペーンにおいて活躍し，多くの公共の委員会にも参加し貢献するところ大であった。そのうち有名なものとしては，ニューヨーク株式取引所の改革を検討する委員会や，1914年の Federal Trade Commission の設立に至る法案を準備した委員会などがある。

クラークの大学における専門分野を越えた活動のうち最も重要なものは，1911年に「カーネギー国際平和基金」(The Carnegie Endowment for International Peace) の経済学・歴史部門の理事に任命されたことであった（クラーク64歳）。これは1923年までつとめることになった平和と戦争問題をめぐる重要な活動であった。彼はコロンビア大学教授でありながら非常勤の形で理事に就任したのである。この理事に選ばれるに当たっては，むろん彼が当代一流の理論経済学者であることに加えて，彼が早くから戦争回避手段としての国際的調停の重要性を強調し，モホンク湖会議やニューヨーク平和協会 (New York

Peace Society) などを通して積極的に活動していたので，「理事となったのも不思議ではなかった」(Clark, A. H. and Clark, J. M. 1938, 12)。

　このモホンク湖会議はニューヨーク州北部の避暑地にあるモホンク山荘で，1880年代から1916年まで，さまざまなテーマについて開催された有名なフォーラムのひとつであった。これはホテルの所有者のクエーカー教徒によって組織されたもので，会議には学者，閣僚，政治家，軍人，その他の最も傑出した人々が集められた。議題には「黒人問題」や「インディアン問題」なども含まれていたが，なかでも最も重要なテーマは国際的調停をめぐる問題であった。クラークは1891年の第2回会議と，1896年から1915年までの国際的調停に関する9回の，計10回の会議に参加している。またこの会議に設けられたさまざまな委員会の委員を務めたのであった。[7]

　後期クラークは社会的福音の立場から遠ざかり，次第に調停をより重視するに至っていたが，これは国際関係では国際的調停を重視する立場として展開されることになった。

　彼がはじめに提案したのは，強制力をもたない国際裁判所の設立であった。しかし1897年の会議では議論をすすめ，最終的には世界政府ができるであろうと考えたのであった。この楽観主義の背景には，世界貿易の拡大と国際分業の発展が各国の経済的きずなを促進し，それがますます戦争を起こさなくするという考え方があった。国際裁判所が設立され，うまく機能するようになれば，諸国民は紛争解決を戦争に求めることはなくなるであろうと，クラークは考えたのであった。さらに1901年の講演では，彼は戦争が全体としていかに有利でないかを明らかにしようとしたのであった。

　しかし1914年，第1次世界大戦の危機に立ったとき，クラークは国際裁判所の本質と役割りに関して立場上の修正を行っている。彼はジョージ・ペイ

---

7) モホンク湖会議とそこでのクラークの動きについては，ヘンリーの著書に詳しい (Henry, 1995a, ch. 6, 99-109)。ただしこの問題をヘンリーが初めて取り上げた短い論説 "An Omission in the Semi-official Bibliography of John Bates Clark", 1981 で，ホランダー編の『J. B. クラーク祝賀記念経済学論文集』(Hollander (ed.), [1927a] 1967) に付されている半公式の文献目録では，モホンク湖会議でのクラークの講演がリストから落ちていると書いているのは明らかに誤りである。

シュ卿との共同講演で，世界裁判所にある種の権力をもたせる提案を行っている。さらに翌1915年の最後の講演では，彼は強力な国際連盟を提案するに至っている。これは彼を国際連盟（1919～46年）の強力な支持者に導くものであった。

12）カーネギー国際平和基金

クラークが理事に選ばれたカーネギー国際平和基金は，専ら国際関係の改善に当てられた最初の非政府研究制度であった。それは1910年にA. カーネギーによって，戦争にとって代わる平和外交および紛争解決の新しい機能を提供しようと当時行われていた研究を支援するために設立されたものである。[8] カーネギーによるこの基金の設立はとくに，国際紛争の解決手段としての国際的調停と国際法を擁護するタフト大統領を支持することを意図したものであった。ところが戦争をめぐる国際情勢が変化するにともない，タフトの調停に代表される基金の短期的計画はやがて放棄され，これに代わって戦争の原因，国際法の成文化，および広い基礎をもった国際的な対話の促進の研究を含む，いわば長期的な事柄が注目されるに至った。

基金の主要な目的は，このようにして「戦争の原因とそれを防止し回避する実際的方法の徹底した科学的調査を促進すること」となった。戦争の本質および結果と，現代文明における戦争と平和の力の相互関係を研究するために，「経済学と歴史」に関連する特別な部門が設けられたのであった。

この部門の理事としてクラークは，国際的衝突から生じる主要な損失は軍備に当てられる資源の機会費用であると考えた。彼は双方の軍事行動の準備のために使用される資源の代わりに，国際法の順守によって節約できる資源で交通，教育，保健，資源保存の改善などを行うことが可能となると考え，軍事費の削減と国際正義のための永続的裁判所の設立を求めたのであった。

クラークが理事として初めに行った仕事は，1911年8月にデータを集め平和を達成しうる基本原理を打ちたてるためにスイスのベルンで会議を開催し，

8） カーネギー国際平和基金とクラークの活動については，グッドウィン（Goodwin, 1988）とヘンリー（Henry, 1995a, ch. 6）に負うところが大きい。

11 カ国 17 名の経済学者，統計学者，法律家，歴史学者，政治家などを集めることであった。これは新しい国際的に知られた経済学者たちの最初の国際的な集合となった。

招待された代表の顔ぶれは次の通りであった。イギリスの『エコノミスト』誌の編集者，F. ハーストと The Statist の編集者，G. ペイシュ，フランスは Collège de France の P. ルロワ-ボーリューとパリ大学の C. ジイド，ベルギーはベルギー上院議員の H. ラ・フォンテーヌ，オランダからはライデン大学の H. B. グレーヘン，イタリアはローマ大学の憲法教授でイタリアの元首相の L. ルツァッティとローマ大学の M. パンタレオーニ，ドイツはミュンヘン大学の L. ブレンターノとベルリン大学東ヨーロッパ史教授の T. シーマン，オーストリアはオーストリア学派の指導者，E. von ベーム-バヴェルクとウィーン大学の E. フィリポヴィッチ，スイスはジュネーヴ大学の公法教授の E. ボレル，デンマークはコペンハーゲン大学の統計学者，H. ウェスタガール，日本からは京都大学の小川郷太郎教授[9]と阪谷芳郎男爵，[10] そしてアメリカからはクラークの同僚の P. ラインシュ。ただ，シュモラーとマーシャルは招待されたが，高齢と健康上の理由から出席しなかった。

クラークの野心的な企画のねらいは 2 つあった。①包括的な戦費の測定と軍事費の効率の精査，②軍事支出と社会財・用役への支出との関係の研究であった。クラークは，新しい限界分析が軍事部門に応用されること，とくに軍事目的に対する公的資金の支出から生じる限界費用と限界便益が検討されることを期待していた。

しかし第 1 次世界大戦の開始がこの研究企画を打ち砕くこととなった。大戦勃発のため，この会議には 4 名の代表しか集まらず，仕事を進めることはできなかった。そこで研究プログラムの変更を余儀なくされ，平和と軍備縮小から戦争の現実そのもの――戦争の経済史――へと方向転換せざるをえなくなっ

---

9) (1876-1945)。大正〜昭和時代前期の経済学者，政治家。京都帝国大学教授，同経済学部長，1917 年に衆議院議員となる。財政学，社会問題の著書多数。

10) (1863-1941)。明治〜昭和期の財政家・政治家。大蔵大臣をつとめ，のち男爵となる。東京市長，貴族院議員となる。

た。クラークは D. キンリーと共に，「戦争の予備的な経済研究」と題する 25 編のモノグラフを作成することになった。

　1917 年にアメリカが参戦したのち，クラークの理事としての最後の年である 1923 年には，第 1 次世界大戦の原因と結果に関する研究プログラムは順調に進んでいると彼は報告することができた。14 カ国の経験に基づく 150 巻の刊行という厖大な企画は成功だった。1923 年に J. T. ショットウェルによって引き継がれ，1933 年に経済・社会史プロジェクトが終了したとき，132 巻が刊行されていたのである。

　しかし，毎年 10 万ドルという巨額の費用を必要とする戦争の経済史研究に対して，基金の内外から反対の声が上り始め，結局，費用の点とそれに要する年月，その他の事情から，この戦争の経済史プログラムは未完成に終ることになった。

　以上述べたカーネギー国際平和基金でのクラークの思考と活動についてグッドウィンは，「クラークは新しい経済学の 2 つの要素を基金にもたらした。すなわち，ドイツの経済学者の経済史と限界効用学派の演繹的経済理論であった」と歴史に対するクラークの理解と貢献を評価している（Goodwin, 1988, 9）。

　これに対して，ヘンリーはクラークの歴史理解を全く低く評価し，クラークの戦争と平和をめぐる議論での新古典派的立場のみを指摘するにとどまっている（Henry, 1995a, 114-15）。

　クラークは 1923 年に基金での責任を終えたけれども，彼の戦争と平和の問題にたいする深い関心はけっして失われなかった。その最後の表れが，既に触れた，クラーク 88 歳のときの『平和の見張人』（1935 年）であった。

　これより前，1927 年 1 月 26 日，クラーク 80 歳の誕生日に，ニューヨーク市内の University Club で盛大な祝賀記念会が開催された。80 名のゲストが招かれ，セリグマンがチェアマンとなり，バトラー，コロンビア大学総長，フェッター，ギディングズ，セリグマンの 4 人が祝賀スピーチを行った。ゲストの中にはミッチェル，フィッシャー，シーガー，ハネー，ホランダー，タグウェル，J. M. クラーク等の名が含まれている。

記念会の翌年には，セリグマン，イーリー，ホランダー，J. M. クラーク，B. M. アンダスンの5名を刊行委員として『J. B. クラーク祝賀記念経済学論文集』[11] が刊行された。これには，クラーク経済学の広がりと交流の広さを反映して，ホランダーをはじめ，J. ボナー，T. N. カーヴァ，P. H. ダグラス，イーリー，J. M. クラーク，フェッター，フィッシャー，ギディングズ，ジィド，A. S. ジョンスン，セリグマン，C. A. タトルなど17名の論説が寄せられたのであった。

1938年3月21日にクラークは91歳で死去した。コロンビア大学はクラークの傑出した経歴と貢献にたいして名誉を称え，セントポール・チャペルで葬儀を執り行った。そしてミネアポリスのレイクウッドにあるクラーク家の墓地に葬られた。

---

11) Hollander (ed.), [1927a] 1967. 祝賀会の記録はこの最後に収録されている。

第 I 部

クラーク経済学の形成と展開

第1章

初期クラークの経済思想
――『富の哲学』を中心に――

1 はじめに

　クラークは限界効用理論と限界生産力理論を独立して発見した。もちろん，彼は限界生産力説を詳説したことで最もよく知られている。(Stigler, [1941] 1959, 296-97)

　このG. J. スティグラーの言葉は，アメリカが初めて生んだ独創的な近代理論経済学者，J. B. クラークに対する一般的評価をよく表しているといえる。しかし，既にクラークが没した年に，アルヴィン・ジョンスンが書いたように，クラークの限界生産力理論は以降の近代経済理論の本質に取り入れられ，今や旧式で時代おくれとなってしまった (Johnson, 1938a, 429)。したがって，クラークの限界理論への貢献をここに再び掘り起こして，従来の「純粋理論」的説明を再生産することは，若干の教育的効果を別にすれば，さして意味あるものとも思えない。

　ところで，以上のような通説を生み出した，従来の狭い意味での新古典派の理論史的アプローチでは，クラークの著作中，『富の分配』のみが評価の対象として分析に値する業績であった。あるいは，静態と動態の区別に関連して，せいぜい『経済理論の要点』が付随的に取り上げられるに留まっている。なぜなら，こうしたアプローチは理論史的研究とはいうものの，価値・分配理論から捉えようとするに過ぎないからである。

このようなアプローチは，その結果として，クラークの最初の著作である『富の哲学』の不当な軽視を生み出してきた。すなわち，『哲学』は，ドイツ歴史学派の誤った影響を濃厚に示しているに過ぎず，限界理論に関しては限界効用価値説が認められるに留まり，限界生産力分析は展開されていないため，特に取り上げるに足らぬ著作とみなされている (Stigler, [1941] 1959, 298)。

また，クラークは，倫理的論調を中心とした『哲学』から，『分配』における論理へと変化，または少なくとも力点を移し (Homan, 1928, 20)，本来の経済理論研究に向かったことが強調されている。このようにして，『哲学』から『分配』への展開は，歴史学派的倫理的色彩の稀薄化と限界生産力体系の構成過程としてのみ評価されるのが普通であった。あるいは，この過程は「哲学から科学へ」(Clark, J. M. 1952, 245) ともいわれており，この意味の「科学」だけがクラークの業績として重要だとされた。ここには「哲学」の低評価が含まれている。

『哲学』をこのように軽視した同じ理論史的アプローチは，それに留まらず，それがほとんど専ら対象とする『分配』じたいの分析においても，価値・分配理論という狭い新古典派的「純粋経済学」の観点にその分析を限定している。したがって，『分配』全体を通してクラークは何を意図していたのか，あるいは，その著作の経済学界に対する重要な貢献とみなされた政策論的，ないし倫理・イデオロギー的意味などは，重要な問題とはならない。[1] 例えば，さきのスティグラーは，「クラークの限界生産力理論が分析のみならず，処方をも含んでいた」ことを認めながらも，「こうした倫理体系のもつ疑わしげな功績にわれわれは係わるに及ばない」(Stigler, [1941] 1959, 297) としている。

ところで，いま，限界生産力理論という狭い理論史的視角を離れて，クラークの経済学上の主要著作をみれば，われわれは，クラーク経済学に最も本質的な特徴として，経済理論と倫理的インプリケイションとの間に興味ある独自な結びつきを見出す。そしてまたこの結びつきの現れ方が，初期クラークと後期

---

[1] Cf. Homan, 1928, 96. ホーマンは次のように述べている。「クラークの信奉者たちですら，その倫理的インプリケイションはクラークの思想体系の本質的部分ではないと一般に感じていた」。

クラークとの間に変化のあることが分かるであろう。本章では，さしあたり，初期クラークに焦点を合わせ，彼における経済理論と倫理的インプリケイションとの関係を考察することとしたい。これにより，クラーク経済学の特徴が明らかとなるからである。

さて，クラークの経済学上の仕事を全体として理解し，その全体的パースペクティヴの上にたってその学史的評価を試みるため，われわれは，以下においてまず，クラークの生きた時代，とりわけ，彼が仕事をした歴史的背景を簡単に考察しておこう。とくに，クラークの場合，19世紀後半から20世紀の初めにかけて，アメリカの経済発展のまさに動乱期ともいうべき歴史的コンテクスト（思想史的意味も含め）を抜きにしては，その十分な理解と評価は不可能だと思われるからである。

次に，われわれは，アメリカ経済の新しい諸現象を見たクラーク自身の基本的な心的態度を検討しておこう。諸現象を把握するさい，最も基本的な形で彼の思考を方向づけるのに作用した価値観もしくは先入観念を理解することは，とくにクラークの経済学説を理解する上で極めて重要と思われるからである。クラークの理論経済学は，アメリカにおける最初の「純粋経済理論」の試みであると一般に認められているにもかかわらず，価値観と独自の仕方で係わりをもつものであるから，とくにこの点の解明が必要だと思われる。[2]

---

2) クラーク研究のうち，ヴェブレンの特異なクラーク批判（Veblen, [1908a] 1930, 1961）が重要である。これについては本書の第10章「クラークとヴェブレン」を参照。クラークの優れた経済学史研究の1つにホーマンのものがある（Homan, 1928）。Hollander (ed.), [1927a] 1967も重要。息子J. M. クラークのクラーク論（Clark, J. M. 1952）は，父の残した仕事を成就しようとする優れた経済学者としての同情的解釈として重要である。なお，『分配』よりも『哲学』に大きな関心を示し，クラーク経済学を「論理と感情の衝突」として把握している，J. ドーフマンのクラーク論が参照されるべきである。ことに，『哲学』出版時の書評については詳しい（Dorfman, 1946-59, vol. 3, 188-205）。その他，参考となるものに，James (ed.), 1948；Schumpeter, 1906；Hutchison, 1953；Seligman, B. B. 1962がある。わが国の文献では，狭い理論的観点よりのものを除けば，次のものがある。古屋美貞『米国経済学の史的発展』（内外出版印刷，1932年）第10章。小原敬士，1951，第6章。北野熊喜男・黒岩洋昌，1956。その後のクラーク研究文献については，本書巻末の文献目録を参照。そのうちヘンリーの論文が重要であり，これらはまとめられて，クラーク研究の最初の単行本，Henry, 1995aとなった。ヘンリーの見解については，本書第8章および第14章で取り上げられる。

2　クラーク経済学の歴史的背景

　経済学に関するクラークの主な著作活動は 1870 年代から 1910 年代に行われた。なかでも，1880 年代および 90 年代は彼の経済学体系の構成にとり最も重要な時期であった。この約半世紀は，南北戦争（1861〜65 年）以降 1910 年代にいたるアメリカ経済の寡占・独占化が確立する歴史的な変動期であった。農業革命と産業革命が進展し，アメリカの生産力が飛躍的に増大したときである。

　それと同時に，この動乱期のアメリカ経済は多くの重要な経済的，政治的不安・動揺を生み出したのである。そしてこれはまたこの半世紀に，農民と労働者を中心とした経済的・政治的平等の確立をめざす社会改革期の性格をも与えたのであった。いよいよ激化する恐慌（1873, 83, 93, 1907 年）に見舞われつつ，問題はアメリカ経済社会のほとんどあらゆる方面にわたった。なかでも，農業問題，貨幣・金融問題，企業結合・独占問題，労働運動の昂揚，「社会主義的」諸思想の台頭に，この時期の重要な特徴をみることができる。以下，ごく簡潔に諸問題の輪郭だけを描き，クラーク経済学理解の一助としたい。

　南北戦争中の食料にたいする高需要とインフレ通貨とに支えられた農産物価格は，戦後，過剰生産と政府のデフレ政策により下落し，農民は土地を抵当に借りた農業設備資金の金利支払い等に大きな不利を蒙った。十分な信用制度に欠けていたため，貨幣不足は深刻な様相を呈した。そのうえ，農民は農産物の運搬において鉄道の高運賃と差別運賃に悩まされ，独占体からは高い工業品を買わされ，農産物の中間業者や投機家からも収奪され，さらに，工業保護を目的とした高関税は生活費を高め，食料輸出を妨げた。これに対して，農民は農業団体や，グリーンバック党および人民党といった政党を結成し，政府のデフレ政策，鉄道の濫用，独占に反対したのであった。

　資本の集中は，1870 年代に既にプール形態で開始され，1882 年にはスタンダード石油をはじめ，トラスティ方式によるトラストが発展し，その多くは独

占を生み出した。クラークの『哲学』はちょうどこの時期に出版された。トラストが 1890 年に有名なシャーマン独占禁止法により禁止される以前，1889 年には持株会社形態の近代的トラストが現れた。ことに，1898 年から 1904 年（最高裁による北部証券会社の解散）に至る期間には多数のトラストが設立され，いわゆる「トラスト熱狂時代」を現出した。周知の最大の独占体 US スティールの設立が 1901 年である。

この「熱狂時代」に，クラークは『分配』を刊行し，とくにトラスト・独占に関して，『トラストの統制』(1901 年)（1912 年の第 2 版は，J. M. クラークと共著）と，『独占問題』(1904 年) を著している。1914 年のクレイトン法および連邦取引委員会の設置等のトラスト抑制政策の強化にもかかわらず，資本の集中は進行し，さらに，産業トラストだけでなく，20 世紀初めには大規模な金融トラストを生み出して，市場の寡占・独占化の確立をもたらしたのであった。

南北戦争が労働運動に刺激を与え，1870 年代に労働組合の結成が進展し，90 年代には労働問題は政府が取り組まざるをえぬほどの重要問題となった。90 年代には多くの重大なストライキが続発したが，有名なプルマン鉄道ストライキは 1894 年のことであった。

1869 年には最も重要な労働騎士団（The Knights of Labor）が組織された。これは 1886 年以後衰退したが，1885 年にはその組合員は 70 万人にも達した。労働騎士団は職種を超えた統一的組合であり，社会問題の最終的解決策を協同組合に求め，それに多くの投資を行った。その指導者はキリスト教的社会改革者であり，キリスト教の倫理を取引行為に実践することをめざしていた。労働騎士団はさまざまな政策を唱えたが，賃金労働者に直接関心のある課題に対して明確な政策をもたなかった。

こうした労働騎士団に代わって，1886 年以後，アメリカ労働総同盟 AFL が純粋の組合主義を標榜して発展した。1870 年代に 10 万人であった組合員は，1914 年には 200 万人に増加した。とくに 1898～1904 年はその最盛期であった。1905 年には革命的社会主義のアメリカ版といわれる，産業別組合 IWW (Industrial Workers of the World) が結成されている。その組合員は 7 万人を超

えなかったが，1907〜17年にかけて活発に運動した。それは階級闘争主義に従い，統一ストライキ，ボイコット，サボタージュといった戦術をとったのであった。

労働者政党の結成においては，成功はみられなかったが，1892年には，人民党は農民だけでなく，都市労働者の支持をも得て議会に多くの議席を獲得するほどであった。

この動乱期は，同時にさまざまな「社会主義的」思想を台頭させた。思想の影響力の大きさからみて第一に挙げなければならないのは，ヘンリー・ジョージの土地単税論を中心とした急進的な土地社会主義の思想と運動である。1879年に出版された彼の『進歩と貧困』(*Progress and Poverty*)は，合衆国において極めて広汎な支持層を獲得し，伝統的経済学の批判において大きな役割を果たしたのであった。

次に挙げられるべきは，1870年代および80年代にとくに盛んであった，キリスト教社会主義——とくに社会的福音——である。既にイギリスのキリスト教社会主義の影響がアメリカにも及んでいたが，1889年にはW. D. P. ブリスにより「キリスト教社会主義者協会」(The Society of Christian Socialists) が組織された。これは，キリスト教的兄弟愛を目標とし，その手段としてあらゆる平和的な政治活動——協同組合，利潤分配制，8時間労働，労働組合主義，調停，自治体による「社会主義」の発展等——を主張したのであった。

また，当時のキリスト教社会主義者として有名な経済学者には，R. T. イーリーがいる。クラークと同じくドイツ留学から帰国したイーリーは，1884年に『経済学の過去と現在』(*The Past and Present of Political Economy*) において，伝統的経済学を批判し，極端な自由放任政策に反対して，経済学の人道主義化を提唱した。彼は労働騎士団を強く支持し，イギリスのキリスト教社会主義者と同様，生産協同組合および消費協同組合制度を主張した。社会主義と無政府主義を無神論的，唯物的にして残忍なものとみなして退け，社会改革においてとくに人々の倫理的進歩を重視したのであった。

最後に，マルクス主義的社会主義を挙げておかねばならない。もちろん，それはアメリカにおいてはごくわずかな支持者をもっただけで，けっして有力な

思想とはならなかった。『資本論』第1巻の英訳が出版されたのがやっと1887年のことであり，その本格的な研究は非常にたち遅れていた。1890年代の社会主義労働党（Socialist Labor Party）もけっして有力とはならなかったし，そのマルクス主義理解も高いものではなかった。

しかし，社会主義はアメリカ社会では絶えず反対されるべき極端な思想として取り上げられたのであった。のちに述べられるように，初期クラークは，キリスト教社会主義に依りながら，一方で伝統的経済学に疑問を投げかけつつ，他方，ヘンリー・ジョージ主義とマルクス主義的社会主義に反対することをもって出発したのであった。そして，クラークの最後の経済学書は，社会主義批判である『社会主義によらない社会正義』（1914年）となった。

3　クラークと倫理的先入観念

クラークはニューイングランドのピューリタン的伝統から，豊かな宗教的遺産と道徳的資質を与えられて育った。そして，このピューリタン的遺産はクラークの生涯に決定的な影響を与えるものであったといえる。彼が学んだブラウン，アマーストの両大学も，それらの強いピューリタン的伝統からして，クラーク自身のピューリタン的倫理精神をさらに育むのに，おそらく大いに役立ったことであろう。

1872年にアマースト大学を終えた若きクラークは，当時の多くの若い研究者と同じく，主にドイツ・スイスに3年間留学（1872～75年）し，主として歴史学派の碩学カール・クニースの指導を受けた。この歴史学派との出会いにおいて，クラークが具体的にどのような影響を受けたかというのは興味ある問題であるが，さしあたり，それはクラークの優れて倫理的な個人的背景にアピールするところ大であったと想像される。

このことを，息子 J. M. クラークは次のように述べている。「彼は，自分の倫理的背景にぴったりしたところの，また社会を個人の算術的総計とみなすイギリスの古典学派の傾向を捨て去らずにこれに修正を加えたところの，ドイツ

歴史学派のこうした諸特色に強く心をひかれたらしかった」(Clark, J. M. 1952, 595, 邦訳 236)。社会は 1 つの有機体だという歴史学派的思考は，ドイツ的形態そのままではないが，のち彼の体系構成に重要な役割を果たすにいたるものである。しかし，クラーク経済思想の展開過程全体からこれをみれば，われわれは，歴史派的思考の影響という視角よりは，クラーク本来の優れて倫理的な思考・生活態度への 1 つのインパクトとして，したがって，彼の倫理的色彩のさまざまな現れ方の 1 つとみる方が，彼に内在した見方のように思われる。

　帰国後 1875 年，クラークが初めて勤めたのは「固苦しいピューリタン的雰囲気」(569, 邦訳 237) をもつカールトン・カレッジであった。こうした雰囲気は，カールトンでの風変わりな教え子，ノルウェーの移民の子，ソースタイン・ヴェブレンにはなじみ難かったが，ヴェブレンを何かとかばったクラークにとっては，自分の倫理的気質に合致したであろう。

　1881 年に，これまた優れたピューリタン的教育で名高いスミス（女子）大学に移った頃，クラークはキリスト教社会主義の立場をはっきりと受け入れている。すでにみたように，キリスト教倫理の観点から社会正義——とくに分配上の公正——を説き，キリスト教会の社会問題への自覚的関心を強調した，優れて倫理的な運動は，クラーク本来のピューリタン的倫理観に強く訴え，彼の心をひきつけたのもごく自然な事柄であったと思われる。

　こうした背景により，クラーク本来の倫理精神は，経済社会における分配的正義を探究する倫理的アプローチとなって溢れ出た。1877 年以来一般知識人向けの総合雑誌『ニューイングランダー』誌に，次々と掲載された一連の経済学論文をまとめた『富の哲学』がそれである。『哲学』は分析的アプローチ以外に，彼の社会倫理に対するパッションに満ち溢れた特異な著作となった。

　クラークはスミス大学から，1892 年に母校アマーストに転じ，ついで 1895 年にはコロンビア大学に移った。『富の分配』が出版されたのは 1899 年だったが，この著作は，すでに指摘したように，初期の『哲学』と異なり，少なくとも外観は限界概念に基づく価値・分配理論の理論的綜合を内容とする理論的な著作であったが，倫理的色彩という観点からすれば，『哲学』と同じく，著者の優れた倫理的思考と密接に関連していた。

ただ，その倫理の現れかたは，『哲学』におけるのと異なり，彼の理論的研究の結果たる限界生産力理論との結合において極めて重要な意味をもつに至った。この事情はのちに詳しく明らかにされるはずであるから，さしあたり，ここでは，クラークの『分配』も彼の倫理的先入観念のうえに構成されており，それを離れては『分配』の十分な理解がえられないことに注意を喚起できれば十分である。

　社会正義とくに分配的公正を追い求めるクラークの倫理的関心は，『分配』以後の諸著作においても，とくにトラストや独占の問題に対するアプローチの根底にも横たわっている。企業結合や独占に対するクラークの立場は，その初期と後期においては，必ずしも同一ではないにもかかわらず，彼に広い意味の独占問題を取り上げさせる根本の動因が，彼の社会的公正を強く求めるピューリタン的倫理観に基づいていることに違いはない。

　1910年代以降，クラークを経済学の研究から離れさせたのは，平和促進連盟を基盤とする平和運動であった。カーネギー国際平和基金の経済学・歴史部門の理事として，戦争と軍国主義を客観的に研究しようとしたのである。ここにもわれわれは平和主義者としてのクラークの高い倫理的なリズムを見出すことができるであろう。要するに，クラークは遺伝，個人的環境ともにすぐれて社会倫理的精神に満ち，ピューリタニズムに基づく一貫した倫理的色彩との関連において，自らの経済思想を展開し，体系化しようと努力したといえるであろう。

4　『富の哲学』

　『富の哲学』は著者により「経済理論の再建」(Clark, [1886] 1887, iv)[3]をめざすものといわれている。しかし，いかなる意味においても，それは経済理論に関する体系的な著作とは言い難い。その大部分は，1877年以来『ニューイ

---

3)　邦訳として，田口卯吉序，浜田文治訳『哲理経済論』(メソヂスト出版舎，1895年)があるが，訳文はこれによらない。

ングランダー』誌に掲載された経済理論と経済組織に関するいくつかの独立した論文から成っており,[4] 形式上も,内容においても,著書としての統一性にやや欠けている。

『哲学』は次の諸章から成っている。

- I　富
- II　労働,およびそれと富との関係
- III　経済法則の基礎
- IV　社会的貢献(サービス)の諸要素
- V　価値論
- VI　需要供給の法則
- VII　分配法則
- VIII　結合の影響を受けた場合の賃金
- IX　取引（trade）の倫理
- X　協同の原理
- XI　非競争の経済学
- XII　教会の経済的機能

以上の12章を,序文で述べられたクラーク自らの説明を考慮に入れ,内容的に整理すれば,『哲学』はほぼ次の4つに分けることができよう。

(1) 古典派の富・労働観批判,およびその理論の諸前提の吟味（第1〜第4章）
(2) 価値・分配理論（第5〜第8章）
(3) 経済組織の問題（第9〜第11章）
(4) 教会の社会倫理的役割（第12章）

これらのうち,はじめの3分野がその主論題をなしており,(4)はむしろ全体の構成からみて付論とみなすのが適切であろう。[5]

---

[4] 著書にまとめるにさいして,クラークが言うように,「かなりの改訂がなされて」いる (iv)。しかし,これらはおおむね文章の修正や一部削除などに限定されており,全体として論旨の変更はみられない。

1) 古典派の富・労働観，およびその理論の諸前提の吟味

　まず，クラークは伝統的経済学における富概念の狭さを指摘し，その「拡張」を説く。彼によれば，「富は人間の物質的環境における相対的福祉を構成する要素にある。それは使用者にとり，物質的にして有用な占有しうる物である」(4)。したがって，物質物だけでなく用役もまた富を構成する。この富概念の拡張は労働概念と関連する。クラークは，労働とはさきの意味における富を創造する努力であると規定する。したがって，「すべての形態の労働は富を創出する」(13) と主張される。その結果，アダム・スミスや J. S. ミルの古典派における，生産的労働と不生産的労働との区別は誤りとして取り除かれてしまう (Cf. 2, 13 seq.)。

　さらに，同じ富の規定から，「スミス体系の中心学説」である「労働が富の唯一の生産者であるという教義」は「大きな誤り」として退けられる (23)。欲望充足力と占有性をもつものは，その起源が何であろうと，すべて富であり，起源は労働とは限らないと彼は言う。

　古典派経済学の諸前提は事実に合致しないとして，クラークが批判の対象としている第1は，利己的動機によってのみ経済活動を行うという，いわゆる利己的「経済人」にみられる人間観である。クラークは，古典派の前提する人間があまりにも機械的，利己的であり，現実に対応しないとする。そこでは，人間の高度な心理的諸力が無視されている。クラークは，人間性に関する正しい観念をもつことが「経済理論の再建」に極めて重要であることを，くりかえし強調している。彼は，道徳的原理と非利己的動機を重要な要素として前提する。彼にとっては，「人間はその経済行為において利他的なのである」(56)。

　クラークは，ドイツ歴史学派の発展が古典派経済学の前提の不適切さを明らかにしたことを指摘しているが，彼の批判は彼本来の倫理観に発するものであり，その宗教的基礎をも彼は隠しておかない。「経済学者が議論の主題として構成した人間像は，神が創造し給うた人間に似ていることもあれば，そうでな

---

5) 各章のこうした整理は大すじを示した便宜的なものに過ぎず，1つの章が他の問題を取り扱う場合もみられる。また，論文集の性質が強いため，叙述の重複もかなりみられる。

いこともあったが，後者だけが経済学の真の主題なのである」(34)。経済行動における「理想的欲望はすべて非利己的なのである」(44)。また，資本蓄積を行わせ，経済社会を発展させる最高の動機は，「普遍的にして飽くことを知らない」「人格的尊敬に対する願望」(46) なのである。このようにして，クラークによれば，「経済理論には利己心の神聖化は存在しない」(219) のである。

　吟味されるべき第2の前提は，社会を個人の単なる集合体とみる，いわゆる原子論的社会観である。クラークはこれに対して，スペンサー流の社会有機体観を一貫して強調する。人間は有機体としての社会の一員をなしているのであり，「各人は自らのためでなく，全体のために存在し，労働し，報酬を全体に依存している」(37-38)。クラークの社会有機体観の根本的特徴は，社会を構成する「各部分の普遍的相互依存関係」(37) への注目であり，ドイツ歴史学派の影響はあるものの，ドイツ的意味における，神秘的な民族的実在とは無関係である。社会の各員の分化は分業として現れ，それを基礎として人間は一般市場のために生産し，一般市場から購入するのである (Cf. 39)。要するに，これは，「消費者としての各成員に役立つように労働する生産者としての社会有機体の概念」(56) なのである。

　しかし，クラークの社会有機体観は，たんに市場機構の説明に終始しない。彼は，社会の各部分の相互依存関係のうちに道徳的要素を見出す。各人は社会全体の利益のために存在し，労働するのであるから，そのために経済生活を意識的に抑制しなければならない。この意味での道徳力の作用が有機的統一体の成長に必要だと考えている。クラークによれば，「社会構成員の間には同感的結合が存在して，災難の救助を促進する。正義感も存在して，社会有機体を同じ方向へさらに強力に動かす」のである (83)。

　問題の前提の第3は競争概念である。クラークは，現実の競争の抑圧，結合，独占の出現を背景に，伝統経済学が競争をもって経済活動の必然的調整原理とすることに疑問を提出する。彼によれば，競争には2つの要素がある。「漠然と競争と呼ばれているものは，第1に，戦闘でなく，競走に似た，社会の好意を得ようとする競合と，第2に，準戦闘となる資格をもつ取引過程とからなっている」。しかし，「前者の要素だけが真の競争 (true competition) なの

である」(65)。ところが現状では，「競争の堕落」(163) が生じ，それは準戦闘と化している。

　小規模な生産者の活動を背景として成立した「穏当な競争」(conservative competition) は，大規模生産者の出現を背景に「のど元を切るような激烈な競争」(cut-throat competition) (126)，または「破壊的競争」(destructive competition) (121) を生み出し，それは，ゆきつくところ，争いのうえで労資それぞれにおける団結を生み出している。こうした労資それぞれの内部競争の排除と，相互の敵意をもった団結は，「真の競争体制」(system truly competitive) (68) に反し，有機的統一体としての社会を危機に陥れている。そして，クラークのみるところでは，「こうした状態に直面させたのは，リカードウ主義，すなわち，人間の利己心の自然的行為をまさに『為すにまかせる』競争体制なのである」(68-69)。

　利他的な社会有機体観から，クラークにとっては，「与えることにおける競合が正当な競争の本質なのである」(155)。ここから，彼は，横行する不正な交換による金もうけを実質的強奪ときめつけ，そうしたさいの競争を「掠奪的競争」(predatory competition) (168) とさえ呼んでいる。「道徳的抑制のない競争は怪獣である」(151)。堕落した競争でなく，真の競争が行われるためには，「競争方法を正当にすることが最も重要である」(155)。

　交換の平等や分配の正義を回復するためには，道徳力の進歩が必要であるとクラークは主張する。「前時代の偉大な原理たる個人的競争は主要な分野で実際上消滅してしまった。それは，最近では正義を行いえないから，消滅するはずである。競争にとって代わるべき原理は道徳力であり，これは既に始まっている」(148)。

　以上から明らかなように，主要分野での個人的競争の消滅を背景に，クラークは競争原理を退け，それを経済理論の前提として利用することはできないとし，それに代わるものとして「道徳力」(moral force) (148) を主張している。しかし，他方では，競争を倫理的な「真の競争」と「堕落した競争」とに分け，後者を激しく非難するが，「真の競争」への信頼を全く失っているわけでないことに注意しておかねばならない。

2）価値・分配理論

　経済理論の前提としての競争原理に挑戦したクラークは，価値・分配理論においては，それを前提に理論化を行っている。これは一見して明らかな矛盾と思われる。しかし，ここでの競争を，彼が信頼を必ずしも失っていない「真の競争」と解すれば，それは彼にとっては必ずしも直接的矛盾と感じられなかったであろう。

　クラークの新しい価値論はいわゆる限界効用価値論である。それは，ジェヴォンズ，メンガー，ワルラスの限界革命トリオとは別に，1880年頃[6] 独自に到達されたものであり，[7] クラークはいわゆる限界革命の最初の貢献者の1人として早くから注目されており，改めて多く論ずる必要をみないであろう。したがって，ここでは，ただその特徴だけをみれば十分であろう。

　クラークによれば，欲望充足力たる効用は実在の量で，測定可能であり，その尺度は価値である。効用は，絶対効用（absolute utility）（ジェヴォンズの総効用に当たる）と有効効用（effective utility）（限界効用に当たる）とに区別され，「富と価値の基礎であるのは，有効効用であって，絶対効用ではない」(78-79) ことが明らかにされる。価値は市場における需給の結果であると考えられているが，市場価格は全体としての社会に対する財の効用の尺度とみなされている。すなわち，生産物の価値を評価するのは，個人ではなく，社会有機体であるとされる (Cf. 83)。

　「交換はいつも個人と全体としての社会との間になされる」(85)。自由競争下では各人は生産物を社会に売り，欲する物を社会から買うのである。価値評価が行われ，生産物が購買され，その生産物が一定の法則により各個人へと分配されると考えられている。

　なお，これらの特徴のほかにも，貨物を諸効用の束とみなす考え方——これはのち『分配』において展開される——の萌芽も既に現れている。

　分配問題は『哲学』におけるクラークの最も中心的な問題である。彼は分配

---

6) 価値論の章は，はじめ1881年7月『ニューイングランダー』誌に「価値の哲学」(The Philosophy of Value) と題する論文として発表されたものである。
7) クラークは自らこのことを『哲学』第2版の序文で明らかにしている (viii)。

現象を取り扱うのに，他の議論の場合と同様，2つのアプローチを必ずしも明確に区別せずに用いている。1つは分配法則探究の理論的アプローチであり，もう1つは分配における公正・正義という倫理的アプローチである。彼にとっては，「分配問題には道徳的要素が存在する」(108) というだけでなく，もともと，分配問題は「倫理・経済的問題」(109) なのである。彼によれば，分配上の公正に対する科学的解答がないため，利害が解答を命じ，これは諸社会階級間に対立をもたらし，それぞれ道徳的基礎を主張することを可能にしている。資本家と労働者の利害の争いは，公正の主張争いでますます激化している。

したがって，分配の問題は単に総額をいかに分配するかに留まらず，いかに権利を調整するかである (108-09)。クラークの出発点は，資本と労働をめぐる産業組織上の激動とそれがもたらす諸結果を背景に，分配の公正をいかに確保するかという倫理的な問題意識にある。ここから出発し，次に分配的正義を貫くための基準を与えるために分配法則が追求される。これがクラークの分配問題に取り組む根本的な姿勢である。

クラークは，分配法則，なかんずく賃金法則確立の重要性と緊急性とを次のように述べている。「もし，賃金法則に基づいて諸問題を解決することが人力で可能ならば，これほど直接的で広汎な利益のある科学的な仕事はありえない。これらの問題は，正しい解答が与えられれば公共の秩序に役立つが，間違った答えが与えられれば共産主義の助けとなり，解答が与えられなければ，動揺と危機をもたらす」(109)。

さて，「真の分配法則」を把握する方法として，クラークはまず「真の意味において自由な競争制度下」での分配法則を取り上げ，ついで，この法則が労資双方の団結の発展下で受ける修正を明らかにしようとする (Cf. 110)。分配論は，自由競争を基礎にすることに満足せず，無制限競争と労資双方の完全結束との中間という現実の「産業の事実に合致せねばならない」(110) とクラークは述べている。

さきに指摘したように，理論の前提として競争過程を退けたクラークが分配法則を競争条件下で取り上げるのは矛盾と思われる。しかし，彼は競争がなお

経済活動を支配する重要な原理であることを認めており，そのうえ，彼のいう「真の競争」への信頼が喪失されたわけではないから，競争体制下の分配法則を問題としても，あながち矛盾とは断定できない。彼は競争への信頼を次のように述べている。「社会は競争原理をまったく放棄していないし，またしないであろう。それは分配の一要因として今なお必要である。また，それは，分配すべき多量の生産物を確保するため，われわれが依存する唯一の手段である」(207) と。

　分配論の取扱いにおいて，クラークは，賃金，利潤，地代のうち，地代については，伝統理論を一応受け入れ，[8] 問題を生産物の賃金と利潤への分配に限定している。しかし，実際には，固有の利潤論（あるいは利子論）は論じられておらず，議論は賃金を中心に展開されている。

　クラークは，社会には「勝手に犯すことのできない」一定の分配法則が存在する (Cf. 87) と述べているが，その「法則」は，のちに『分配』において展開された限界生産力理論とは無関係である。彼によれば，競争条件のもとでは需給が分配を規制する。需給が原材料から完成財への各段階における社会的生産物の流れを，一般的生産集団，下部生産集団，および各下部集団内部での資本家と賃金労働者との間に分割する過程が描かれている。これは，『分配』において「群分配の理論」(theory of group distribution) として展開されるものである。彼は，「量的にみられた生産物を資本家と労働者との間に分割する過程」の分析の重要性を指摘するに留まり (115)，そこには限界生産力理論はまだみられない。

　第8章「結合の影響を受けた場合の賃金」において，クラークは，はじめに，ヘンリー・ジョージの『進歩と貧困』と賃金基金説とに言及している。彼によれば，ヘンリー・ジョージは，賃金の起源に関して，賃金が資本でなく生産物から生ずることを示した点で正しかったが，その生産物を労働だけの生産物と考え，資本の生産的活動を無視するという，より大きな誤りを犯した。ただジョージの唯一の正しい点は，「生産物は労働者がその生活資料を得る源泉

---

8) クラークはリカードウの地代法則が大きな補足を必要とするとみているが，この段階ではその展開はまだ行われていない (Cf. 125, fn.)。

である」(126) ということである。また賃金基金説については，それは賃金は前もって蓄積された資本額から支払われるとの誤った主張にすぎないとされている。このように，賃金の源泉が資本と労働の共同生産物であるとすれば，賃金の量的決定は，下部生産物の分量と，それが資本と労働間に分割される条件とによることになる。

　さて，ついでクラークは結合下の賃金を問題とするに当たり，競争から労資双方における結合の出現する過程を取り上げている。彼によれば，企業が小規模で「穏当な競争」が行われた場合でも，労働者は不利であったが，企業が大規模化し，結合が生ずるに至り，労資間の「不均衡な競争」(133) のために，分配上の不公正が生じ，労働者は絶えず不利にさらされ，賃金の長期的下落が生じた。ついでこの「一方的競争」は職種別労働組合によって均衡のとれた競争へとすすんだ。さらに，資本への対抗策としてストライキを含む各種の強制力，とくにボイコットと，職種を超えた労働階級の団結が現れた。ボイコットは社会に大きな害を及ぼすため彼により退けられているが，第2の方法については，クラークは職種を超えた全般的組合として，労働騎士団を高く評価している。「よりいっそうほぼバランスのとれた競争が以前の一方的な過程にとって代わった。集団化された労働が労働組合によって，全労働者階級の団結を確保することをめざす労働騎士団——どのような永続的結果をもたらすかは今後に残されているが——という最近の全般的な組合によって，集団化した資本に対抗するようになった」(136)。

　集団化された労働に対抗する集団化した資本の政策は，賃金にいかなる影響を及ぼすかが次に問題とされる。資本は，生産物価格の支配下で生産を減少させることにより，他の集団を犠牲にして利益をえる。このさい労働者は利益の一部にあずかることがあっても，生産物価格の騰貴により，消費者として損失を受けるであろう。生産の減少は労働需要の減少をもたらし，失業者を増大させ，それは一般労働者の賃金引下げ効果をもつであろうとされている。

　このようにして，クラークは，産業社会の現状を，一方で個人的競争が急速に消滅しつつ，他方で結束した資本と団結した労働との対立が進行しつつある，渾沌とした過渡期として的確に把握している。「産業社会の現状は過渡期

で渾沌としている。労働の統一は不完全だし，資本の結束もそうである……過渡的体制の未熟さは無法を生み出している。労働は資本家との争いにおいて不法な方法を用いており，一方，資本は社会との取引において有害な方法を使用している」(148)。こうした新しい状況のもとで分配上の公正を確保する真の賃金論が求められねばならない。しかしそれは，もはや分配的正義を行いえなくなった個人的競争を基礎にすることはできない。正義を確保するには，労働者と雇用者の所得を政府の調停によって規制するほかはない，というのがクラークの結論である。クラークにとって競争原理に代わるものは道徳力の原理でなければならない。

3) 経済組織の問題

既に述べたように，労働と資本双方の結束が進み，そのさまざまな弊害が現れ，もはや競争原理は分配の公正を確保しえなくなった。この認識にたって，クラークは，新たに分配的平等原理に訴える経済組織として，政府による調停，利潤分配制度，および協同原理を挙げて検討を加えている。

競争にとって代わる第1に利用可能な制度は，政府の調停による分配調整である。しかし，クラークによれば，調停は，それがいかに友好的になされても，利害の衝突へ向かう傾向は変わらないし，分配すべき最大量の生産物がそれによって確保されるわけでもない。

次に，利害の衝突を一部取り除くものとして利潤分配制度があげられる。しかし，これも，労働に与えられるべき利潤の割合をめぐって利害の対立を残すであろう。このようにして，クラークが理想的制度とみなすのは協同原理である。協同は異なる諸階級間の利害の一致と，分配されるべき生産物の増大という物的利点だけでなく，人々の間に友愛をつくり出すという道徳的利点をもっている (178 seq.)。

ところで，協同原理にたつ制度であっても，ロバート・オウエンによるロッチデイル式消費組合はクラークにより低い評価しか与えられていない。それは準協同組合に過ぎず，その導入は賃金制度にとって代わるものではなく，労働問題の解決とはならないと。ことにアメリカでは，イギリスに比べて競争が鋭

く，小売店が優れているためその必要性が少ないとされている（Cf. 190 seq.）。また，彼によれば，シェイカー教徒，完全主義者，アマナ共産主義者等の「農業における協同」，公益企業，刑務所産業，救貧院などは，ある意味における協同体であるが，いずれも労資関係に解決を与えるものではない。

　彼が最も理想的解決と考えるのは，完全協同である協同組合生産制度である。そこでは，労働者は雇主となり，利害の衝突はまったく消滅し，利益の共同と分配的正義が確立されるとされている。

　ところで，これらの，競争，調停，利潤分配，協同組合生産の間に将来の優位をめぐる競争が展開されるであろう。将来生き残る最適の制度についてクラークは次のように述べている。「産業組織の4制度が現在試みられているが，結局は最適なものが残るだろうと見込まれている。もし堕落した状態の競争制度がストライキやロックアウトに導くなら，これら労資の間にたつものとして，調停が生き残るであろう。もし調停が生産物の分配だけにあまり多くの注意を集中し過ぎると，利潤分配制度が生きのびるかもしれない。もし利潤分配制度が労働に与えるべき利潤の割合を争いの主題として残すなら，完全協同が多くの分野で究極的に生き残るであろう」(186-87)。そして，完全協同が生き残る条件は結局生産能率いかんであり，クラークは，こうした制度上の競争における完全協同の優位に明らかに希望をもっている（Cf. 188-89）。

　クラークは，協同組合生産と道徳的進歩を強調する「モーリス，キングズリー，ヒューズ，[9] および彼らの有力な協力者たちのキリスト教社会主義」(198) に大きな関心を示している。「それは人間の不可避の求めを満たし，確かに急速に——改革者たちがその進歩を計算しがちなほどではないにせよ——発展するに違いない。……それは間接的結果によって社会の救済をもたらすであろう」(198) と述べられている。とくにキリスト教社会主義の特徴である精神的道徳的覚醒に基づく漸進主義がそれにより強く支持されている。こうした立場から，クラークは，「政治的社会主義」(political socialism)（マルクス

---

9) F. D. モーリス (1805-1872) と C. キングズリー (1819-1875) と T. ヒューズ (1822-1896) とは，J. M. ルドロー (1821-1911) と共に，イギリスの有名なキリスト教社会主義の唱道者である。

主義的社会主義）に反対している（Cf. 199 seq.）。その社会主義では，人間の不完全性が忘れられており，個人の自由が破壊されるというのが彼の議論である。

　彼は一方で利己心により動く弱肉強食的な個人主義に反対すると共に，他方でヘンリー・ジョージ主義とマルクス主義的社会主義にも反対なのである。キリスト教社会主義は，経済のキリスト教倫理化と同時に，教会の社会倫理の覚醒に重点を置いていたが，『哲学』の最終章はこの立場をよく示している。堕落した競争制度が道徳力の進展を抑圧しているなかで，教会こそは経済関係の改善に努力すべきであり，争いや力によらず，キリスト教の愛によって労働問題を解決せねばならぬと，クラークは力説し，『哲学』にふさわしい結章としている。

　以上から明らかなように，『哲学』の中心テーマは分配問題であった。分配の公正を確保するため，その基準を科学的に明らかにしようとすることであった。諸問題は単に経済分析の観点からだけでなく，絶えず倫理的観点から捉えられた。こうした両面からする考察が必ずしも明確に区別されず，理論的分析が絶えず倫理的アプローチによって支えられ，浸透され，これがしばしば2つのアプローチの混同ともなった。しかし，『哲学』を理論と倫理との単なる混同として，倫理的アプローチを無視するならば，クラーク経済学本来の特徴を十分理解することは不可能となることを繰り返し注意しておかねばならない。

　分配問題を「倫理・経済問題」としながら，クラークは，分配法則の探究と分配的正義を求めての倫理的アプローチとの間を動揺している。また，彼の考察の対象であり基盤であった当時のアメリカ経済の質的変化と流動的状態を背景に，彼の議論も流動的性質を帯びていると思われる。分配と関係の深い競争原理に対する彼の態度は，分配的公正獲得からみた競争への不信と，堕落した競争から区別された「真の競争」との間で動揺している。そしてまた，このことは，経済組織の議論においても，協同組合生産を理想としながらも，彼に潜在的競争への信頼をまったく失わせるには至っていないのである。

5　『富の哲学』から『富の分配』へ

　最後に,『富の哲学』から『富の分配』への変化に関する簡単な展望を記してむすびにかえることとしよう。
　経済理論の諸前提の吟味は,『分配』においては確かに背後に退き, ほとんど放棄されてしまったようにみえる。『哲学』でみられたスペンサー流の社会有機体説がほとんどそのまま価値・分配論に受け継がれるのに対し, 競争の問題においては, それを前提に理論を構成することへの疑問は後退し, 「真の競争」への信頼が表面に現れてくる。理論の前提としての競争過程の復活は, 当然, 「経済人」をも, 方法論的仮説の性格を強めて復活させることになる。
　経済組織問題についても, 過渡期の流動的過程を研究対象とすることは最早行われない。協同組合生産と倫理的覚醒を強調するキリスト教社会主義は後退してしまう。これは, 一部, 生産協同組合運動がアメリカで実際に失敗し, キリスト教社会主義運動も変質し衰退したといった経験的事実に基づくものであろう。しかし, 同時に, 他面では競争のかなり広汎な残存の事実を背景に,『哲学』における「真の競争」への信頼が前面に現れてきているのである。しかし, ジョージの急進主義とマルクス主義的社会主義への反対は変わらずに受け継がれてゆくだけでなく, 事態の進展と共に, いよいよ前面に現れ, 激化してゆくことになる。
　クラークは, 結局, 価値・分配理論的研究に焦点を移していった。倫理的アプローチと理論的アプローチとの間の動揺はこのようにして一応解消され, 経済現象に関する一般法則を明らかにする方向へと向かった。『哲学』での限界効用価値論を基礎に, 限界分析を分配論に拡充する仕事へと向かった。それが, 限界生産力理論を中心とする『分配』となったといえる。
　このように, 一般法則の理論的研究が前面に現れ, なかでも, 彼の最大の関心事であった分配的公正の基準を提供する法則の理論的研究に向かったことは確かである。しかし, これをもって直ちに, クラークが分配問題を「倫理・経

済問題」として扱うという特徴的なアプローチを全面的に変えて，単に「純粋理論」としての分配論へ移行したといえるであろうか。『分配』じたいが示しているように，分配的公正を求めるクラークの倫理的先入観念は排除されてしまっていないのである。

　「哲学から純粋理論へ」という評価は，クラークにおける経済理論と倫理的インプリケイションとの係わりを度外視するという大きな犠牲においてのみ主張しうることである。倫理的インプリケイションは，『分配』においては異なった形態をとって現れることになる。

第 2 章

クラークの限界効用価値論
──社会的有効効用価値論──

1 はじめに

　周知のように，いわゆる限界革命トリオ──ジェヴォンズ，メンガー，ワルラス──が限界効用概念に基づく新しい価値論をつくりあげたのは1870年代初期のことであった。これら3人にくらべ時期的にはかなり遅れるが，アメリカ合衆国のJ. B. クラークはトリオとは別個に限界効用理論に到達したのであった。ハウェイも指摘しているように (Howey, 1960)，ジイド，リストの学説史やヘネーの学史もこのことを早く認めており，ロールやハチスンが同じ主張を繰り返し述べている。[1] わが国においてはクラークがトリオと同じほどよく論じられることはまだ少ないように思えるが，クラークを限界効用価値論の創始者に加えることは，ひろく承認されているといえよう。
　クラークの息子のJ. M. クラークは，父クラークがトリオの助けを借りず独自に限界効用理論に到達することができたことについて次のように述べている。

　　クラークは限界効用価値論を，ジェヴォンズやこうした理論の他の創始者たちよりはやや遅れて公式化したが，しかしそれは，まったく独自に行われたのである。こうした理論の素材は，すでに古典派経済学のうちに存在して

---

1) Gide and Rist, 1915, 607n.; Haney, [1911] 1920, 521; Roll, [1938] 1974; Hutchison, 1953.

いたが，そこでは効用と交換価値との関係についての未解決の問題に挑戦する機会が残されていた。……古典派経済学もまた，効用の合理的秤量という概念と限界的方法とを内包していたので，限界効用説を生み出すには，この2つを1つに集めさえすればよかったのである。(Clark, J. M. 1952, 605, 邦訳 251-52)

このようにクラークは，古典派経済学のうちにすでに一部分含まれていたものを独自に継承・展開するという過程を経て，限界効用価値論に達したとみることができる。クラークの批判者となったヴェブレンも，クラークにおけるこうした古典派の継承という側面を指摘している（Veblen, [1919] 1990, 180 seq.)。

2　その形成過程（1）

この章では，クラークにおける限界効用価値論の形成過程を明らかにしながら，その特徴について若干の考察を加えることとする。

1) "The New Philosophy of Wealth"

クラークは1877年1月に，彼の経済学関係の最初の論文「富の新しい哲学」(Clark, 1877a) を『ニューイングランダー』誌上に発表した。この論文はのちにかなり手を加えられて，1886年に公刊された彼の最初の著書『富の哲学』の第1章「富」(Wealth) と第2章「労働，およびそれと富との関係」(Labor and Its Relation to Wealth) とを構成している。

「富の新しい哲学」では，ほとんどもっぱらといってよいほど効用概念が取り扱われているにもかかわらず，限界効用に類似した概念にはまだ言及されていない。またそこには，ジェヴォンズ，メンガー，ワルラスなどの著作からの影響のあともまったくみられない。クラークは富の性質の問題を扱っているけれども，この段階でいえることは，彼が労働価値説からの離反に関心を示し，効用分析への傾きを現している点において，効用理論への端緒ともいうべきも

のがみられるということである。

　クラークは富を物質物に限定せず，用役もまた富とみなす。そして，すべての形態の労働は富を創り出すと主張し，したがって生産的労働と不生産的労働との古典派的区別の誤りを指摘している。彼にとっては，富とは欲望充足力 (want-satisfying capacity) と占有性 (appropriability) とをもつものであり，その起源は人間労働とは限らない。したがって，「アダム・スミスの体系の中心学説」である「労働は富の唯一の生産者であるという学説」は「大きな誤り」(Clark, 1877a, 180) であるとされる。このようにして，クラークは労働価値説の「批判的検討と本質的な修正」(180) とを求めている。彼によれば，「労働は生産物の価値の尺度であって，価値を創り出すものではない」(180)。彼はまた，「すべての富は労働によって生ずるものではないが，すべての労働は富を生み出す」(182) とか，あるいは「富はいつでも労働の原因であるが，労働は必ずしも富の原因ではない」(182) とも述べているのである。

　以上のように労働価値説を批判したのち，それにすぐ引き続いて，クラークは労働が与える欲望充足力たる効用の種類について説いており，効用理論への傾きを示している。彼は効用を4種類に分かち，それぞれの効用から生ずる「使用価値」として次のものを挙げている。①基本価値 (elementary value)，②形態価値 (form value)，③場所価値 (place value)，④時間価値 (time value) (182-83)。「交換価値」は，彼によれば，「特定の財貨が交換されうる財貨一般の分量を意味」(184) し，純粋に相対的な属性であって需給の法則により決定される。クラークはまた，「交換価値の本質は間接的な使用価値 (indirect value in use) である」(184) とみなしている。以上が「富の新しい哲学」における効用理論である。

2）"Unrecognized Forces in Political Economy"

　クラークの第2論文は，同じ1877年の10月に同じく『ニューイングランダー』誌に掲載された「政治経済学における未承認の諸要因」(Clark, 1887c) ——この論文はのちに『富の哲学』の第3章「経済法則の基礎」(The Basis of Economic Law) を構成している——である。この第2論文では，ドイツ歴史

学派経済学，ことにクラークの師カール・クニースの影響が顕著であり，人間性に関する古典派経済学の見解が人類学的事実と社会有機体の観点から批判されている。

こうした文脈において，クラークは欲望（want）を取り上げてかなり長い議論をしており，それは多くの点で効用概念と関連している。クラークによれば，欲望には低次のものから高次のものまであるが，「最低次の欲望は完全に飽満させうるが，高次の欲望は無限に拡大しうる」(714)。こうした両極端の場合には，欲望は消費が増大するにつれて著しく逓減するものではない。しかし，この両極端の中間には，欲望充足に利用しうる財貨量が増大するにつれて，その強度を減ずるような欲望が存在する。彼は次のように述べている。

> こうした中間の種類の欲望は無限に拡大しうるが，欲望の対象物が供給されるにしたがい強度を減ずる。この種の快楽は飽きがきがちである。第1の欲望充足は第2のものよりも，そして第2のものはその次のものよりも強度の高い欲望の対象物である。こうした獲得を無限に行えば，それはそれぞれある大きさの欲望満足を与えるであろうが，その程度は逓減するであろう。(66, fn. 4)

これは効用逓減の法則を述べたものにほかならない。

クラークはまた，欲望の考察を消費者の購入，したがって価格機構と結びつけている。彼は種々の欲望の対象を A，B，C，D，E で表し，それらに度盛（scale）において5から1までの欲望の相対的強度を与え，次のような度盛表を示している（720）。

A，B，C，D，E ＝相異なる欲望の対象
5，4，3，2，1 ＝相異なる欲望の相対的強度[2]

クラークは次のように述べている。

> 個人は欲望の強度の順に欲望を充足する。この用途のために利用しうる手段を1単位もつ人はAを購入し，2単位もつ人はAとBとを，そして4単

位をもつ人はA, B, C, Dを購入するであろう。各人の場合に，購入が停止するある限界点があるであろう。そしてその人はその限界以上のものを購入しないことは確実である。……人々はただ最も強度の高い未充足の欲望の対象であるものを購入する。欲望の性質および強度と所有している利用可能な手段とによって決定する購買限界点（purchase-limit）が常に存在する。(720)

つまりクラークは相異なる相対的強度をもつ欲望を考え，それが消費者の財購入の順序を規制するとしているのである。いまもし，ある商品の一定量が市場に売りに出され，その価格が，社会の一部の人々の購入限界に入るにすぎぬものならば，その価格は下落するに違いない。そしてその価格の下落の幅は，当該商品が充足する欲望の性質に依存しているのである（721）。このようにして，クラークは，価格の下落と需要増加との関係である需要の価格弾力性に事実上言及しているのである。比較的低次の種類の欲望の場合には，その対象物の「ある一定量が所有されると，それ以上は消費のために欲せられない。したがって，同じ人々がその商品をもっと多く購入するまえに，それは価格において大いに下落するに相違ない」(721)。ところがこれに対して，比較的高次の欲望の場合には，それはいっそう拡大しうるものであり，「したがって，わずかな価格下落がはるかに多量のものを購買限界内にもたらすであろう」(721)。

2）　クラークがここでscaleという用語を用いて表を描いていることは，われわれにメンガーの度盛表Scalaを容易に想起させる（Carl Menger, *Grundsätze der Volkswirthschaftslehre*, Vienna, 1871, S. 93）。しかしクラークの表はメンガーの度盛表の横欄を示したものにすぎない。すなわち，横欄のローマ数字I, II, III, ……Xに対応した第1行目の10, 9, 8, ……1の数字に照応したものであり，これはメンガーのいう相異なる種類の欲望充足間の意義の差異を示している。メンガーはこれに対して，同一種類の欲望の充足間にみられる意義の大小を示す縦欄の10, 9, 8, ……0を組み合わせて，彼の度盛表を構成したのであった。ここで初めて不十分ながら，各種の欲望充足間の意義の差異と効用逓減の法則とが結合されて，限界効用概念に基づく合理的な消費者行動の理論に接近しえたのであった。この観点からすれば，この段階でのクラークにおいては，相異なる欲望の相対的強度の把握は，効用逓減の法則の認識と理論的に結合されていないといえる。したがってこの点に関する限り，クラークにはメンガーの『国民経済学原理』の影響があるとは断定しがたい。

だから，彼は次のように述べている。「小麦に対する欲望は拡張的（expansive）ではない。その一定量が所有されると，消費のためにそれ以上は欲せられない。したがって小麦はその同じ人がそれをもっと購入するまえに価格が大いに下落するに違いない。これに対して，奢侈品の価格のわずかな下落はその売上げを大いに増大させるであろう」(721)。

以上から明らかなように，第2論文においても，限界効用そのものの考察には及ばず，それを将来の仕事として新しい価値論の方向を示しているにとどまる。ことに，クラークの議論は，効用よりはむしろ欲望（wants or desire）という用語ですすめられており，その限りにおいてドイツの文献の影響をみることができるであろう。なお，この論文でも，トリオあるいは他の初期の限界効用に関する著作は，直接にも間接にもまったく言及されていないのである。

3　その形成過程（2）

1)　"The Philosophy of Value"

第2論文から4年後の1881年7月に，クラークはもう一度効用に関する論文を『ニューイングランダー』誌上に発表した。[3] それは「価値の哲学」と題する論文（Clark, 1881b）であり，のちに『富の哲学』の第5章「価値論」（The Theory of Value）を構成している。[4]

「価値の哲学」の冒頭において，クラークは在来の価値論に対する不満を表明し，その欠陥として，全体としての社会有機体の観点の欠如を主張してい

---

3) この4年間にクラークは「企業倫理の過去と現在」（Business Ethics, Past and Present, *The New Englander*, March 1879）と「真の社会主義の本質と進歩」（The Nature and Progress of True Socialism, *The New Englander*, July 1879）の2論文を書いているが，これらの標題が示すように，クラークの関心はもっぱら経済倫理と社会主義・共産主義といった経済組織にあった。ちなみに，前者は『富の哲学』の第9章「取引の倫理」（The Ethics of Trade），後者はその第10章「協同の原理」（The Principle of Coöperation）として，かなりの字句の修正を加えたのち再録されている。

4) 「価値の哲学」は465頁の All difficulty vanishes にはじまる12行が『富の哲学』では削除されているほか，大きな変更はみられない。

る。

　社会は1つの有機体であるとの大きな事実がこれまで忘れられており，個人ならびに，財貨を価値評価し交換するさいの個人の個々の複雑な行為に注意が向けられてきた。……この〔価値の〕問題は，有機的全体が第1に注目する対象とされるまでは，けっして把握・理解されえないのである。(457)

　クラークは価値にたいする真の公式をこれまでの「おびただしい文献」に求めても無駄だと述べている。事実そうだったけれども，その反面では，彼の論文の内容からみる限り，彼が実際に文献的探索において徹底していたとはどうも考えがたい。それどころか，彼の論文は，価値に関する新しい文献に通じるところが少なかったことを示しているのである。それはともかくとして，その内容を以下に検討することにしよう。

　クラークはまず，効用（utility）とは有用性（usefulness）であるとしたのち，「価値は効用の量的尺度である」(459) という。価値と効用とは同一物ではない（Cf. 459）が，価値は効用を測るものであり，効用は価値によって測られるのであって，両者は不可分の関係にある。

　さらに価値と価格との関係については，価格は価値を表す1つの方法であり，伝統的な単位によって表された効用の尺度が価格だとされている。このように効用・価値・価格の関係について述べたのち，クラークは「アダム・スミスのダイヤモンドと水の例」における有名な価値のパラドックスを取り上げ，それを解決するものとして限界効用概念を次のように提出している。

　われわれはいまや1つの区別を行わねばならない。その区別は，私の知る限りでは，これまで経済学で用いられたことは一度もなかったものだが，この科学における明確な推論にとって絶対に不可欠な——それを私は論証したいのだが——ものである。効用という概念じたいは，分析を加えられない場合には誤りに導きやすい。この用語は明らかに簡単なものであるが，それには2つの大いに異なった意味がある。……評価の1つの様式は絶対効用（absolute utility）と名付けうるものの評価を与える。空気の場合には，これ

は無限大である。もう1つの評価は有効効用 (effective utility) と呼びうるものを測定する。空気の場合にはこれはゼロである。したがって，有効効用は，実際の状況下でわれわれの主観的状態を修正する力であり，われわれが所有する何かある物が消滅するか，あるいはわれわれが所有しない何かある物が獲得されることを想定することによって，精神的に測定されるのである。

　ところで，経済学が取り扱わねばならない効用は後者ではないのか。そうであるのに実際の諸論著がこれまで論じてきたものは前者すなわち絶対効用ではないか。なおそのうえ，この相違は根本的なものであり，それを区別しないことは，およそ学問にとって破滅的なことではなかろうか。……富と価値との基礎であるのは，有効効用であって絶対効用ではないのである。(461-62)

以上の章句は，クラークが限界効用概念とその重要性との理解に関する独立の発見者たることを示すものといえよう。

ついでクラークは有効効用の測定問題にすすんでいる。彼は3つの例を挙げて次のように説明している。まず第1例の空気の場合，「閉め切った住居内の空気は実際上無価値である。というのは，それが取り去られても不便は生じないからである。所有者の状態は空気が取り去られる前後で同じだからである」(462)。第2例は飲料水の場合である。いまある個人からコップ1杯の飲料水を取り除くと，彼の欲望満足は減少する。その減少はその水を補うに要する犠牲 (sacrifice) に基づくのである。このようにして，「彼の現在の享楽の大きさと，水が取り去られなかった場合に彼が得たであろう享楽の大きさとの差額がその水の有効効用を測定する」(463) のである。

さらに第3例として，クラークは取り去られた水が質において劣るもので代替された場合を想定している。この場合には「所有者の主観的状態にはいまや2つの修正が加えられる。1つは水を入れかえる犠牲により生じるもので，もう1つはその水の代わりにもたらされたものの劣等に原因する修正である」(463)。

クラークがあげている，ある個人から1着の上衣が取り去られる例でも同じことである。「1着の上着が取り去られると，それはその所有者の享楽を減少させる。この場合，その減少分は，上衣をもっている状態ともたない状態との差ではなくて，かりに上衣が取り去られなかったとした場合の享楽と，上衣を償うために必要な犠牲が払われ，そして完全にせよ不完全にせよ，代替物が使用されたのちの享楽量との差によるのである」(463)。つまり，クラークは有効効用を直接に測定せずに，いわゆる喪失の仮定を用い，喪失したものの回復のための努力の犠牲と代替財による欲望満足の可能な減少とを通して有効効用を測定しうるとしているのである。

個人はそれぞれ以上のようにして効用の測定を行うのであるが，ついでクラークは，「有機的全体としての社会」を「1つの大きな孤立した存在」(464)と考え，それが個人と同じく価値評価を行うものとみなしている。このようにして，個人と同じように考えられた社会によって評価される効用の尺度が，彼によれば，市場価値なのである。したがって，「社会的ないし市場の価値評価をなす効用の測定を行うのは社会であって個人ではない」(465)ことが強調されている。彼によれば，「交換は常に個人と全体としての社会との間で行われる」(466)のである。

以上のように，価値問題に有機的全体としての社会を結合して考察する考え方は，クラークの効用価値論の大きな特徴なのであり，それは，単にクラークの特徴というにとどまらず，一方での社会有機体的観点に対する批判にもかかわらず，アメリカ合衆国における限界効用価値論の特色をも形成したものであった。

2) *The Philosophy of Wealth*

限界効用価値論を説いた「価値の哲学」は，すでに述べたように，実質的な変更を受けることなく，『富の哲学』の第5章に収録された。

ところで，1886年に『富の哲学』が公刊されたとき，その書評を書いたクラークの友人 H. C. アダムズは，クラークの価値論とジェヴォンズのそれとの類似を指摘し，「ジェヴォンズ教授の著作を知っている者にとっては，この章

にはほとんど新しいものはない」「しかし，ジェヴォンズ教授を理解している人は，彼の見解が再び顕著にされたのをみて喜ぶであろう」と論評したのであった (Adams, 1886, 688)。

このアダムズの言葉に刺激されて，クラークは『富の哲学』の第2版（1887年2月）の序文でジェヴォンズへの依拠を否定し，自らの思考の独立性を主張し，自らの理論の特徴について次のように述べたのである。

> 本書の第5章に述べられている価値論とジェヴォンズ教授のそれとの間の関係を述べた，親切な批評家の示唆に私は同意するものである。私の理論はずっと以前に独立して達せられたが，効用と交換価値との間に密接な関連を確立するという一般的事実，および効用を精神的測定にしたがうものとみなす点において，ジェヴォンズ教授の理論と偶然にも一致していることがわかった。若干のいっそう特殊な論点においては，私の理論は，その理論とまったく偶然に一致しているのでなくて，それと類似していた。だがそれはこうした点のすべてにおいて変更せずに公刊されている。私の理論のうち，私がいまなお自分自身のものとあえてみなす特徴は，すべての形の価値を効用の尺度と同一視すること，絶対効用と有効効用との区別，および市場の価値評価過程において有機的全体としての社会によって果たされる役割の分析である。(Clark, 1887, vii)

3）トリオとの関連

そののち，クラークは1927年に宮島綱男教授に宛てた手紙の中で，限界効用に関する彼の見解とジェヴォンズの見解との相違点に再び言及している。[5]クラークの意見では，ジェヴォンズは，個人は消費に付加していき，消費された最後の，すなわち「最終の」増分が価値調整において重要な位置を占める増分であると想定した。これに対してクラークは，個人は財の完全なストックをすでに所有しており，個人はその価値を，彼の供給の一部にとって代えるためになしですまさねばならぬものによって測定すると想定したのであった。だ

---

5) 6) Cf. Dorfman, 1946-59, vol. 3, Appendix iii.

が，明らかに，すでに財のストックを獲得した個人の価値評価過程と，ストックの獲得に従事しつつある個人のそれとの相違は，結果に対して実質的な影響を与ええない。クラークはこれを認めている。そこで結論として，彼は「それは結局のところ最終効用理論（*final utility* theory）になるが，しかし多少異なった形で企てられたのである」[6]と述べている。

　クラークののちの著作をみれば，彼の理論はジェヴォンズ，メンガー，ワルラスの理論とくらべ，実際上の相違以上に異なっているとクラークが考えていたようである。

　ジョンスンによれば，[7]クラークは病弱だったため，広範な文献的詮索を避けて，自己の理論の体系化に許された少ない時間をさいていたということである。また，のちにヴィーザーやベーム-バヴェルクの著作の英訳が公刊されたときにも，クラークはそれらにあまり関心を示さず，数年後にそれらを読んだが，彼自身の理論とオーストリア学派のそれとの相違点に関してもとくにあらためて大きな関心を示さなかったといわれている。ハウェイは，こうしたクラークの個性的特徴は彼が効用と価値について初めて書いたとき，トリオの著作を知らずに書いたという見解を支持するものだと述べている（Howey, 1960, 117）。

4 "The Ultimate Standard of Value"

　『富の哲学』の刊行より6年後の1892年11月に，クラークは「価値の最終標準」と題した論文を *Yale Review* 誌上に発表した（Clark, 1892e）。[8]この論文は，彼自ら断っているように，われわれがさきに考察した1881年の論文「価値の哲学」の続きをなすものである。この事情をクラークは次のように述

---

7) Johnson, 1938a, 427. Cf. Howey, 1960, 117.
8) なおこの論文は，のちに『富の分配』の第24章「産業要因ならびにその生産物を測定する単位」を構成している。筆者の検討によれば，削除，追加，書きかえなどが若干みられるけれども，両者のあいだに主旨の変更はない（Cf. Clark, [1899], 376）。

べている。

　これ以前の研究ではあらゆる経済財に宿る力は「有効効用」と名付けられた。このように定義された実体は，ジェヴォンズ教授やオーストリア経済学者——彼らの研究は当時私には知られていなかった——の「最終」効用または「限界」効用とまったく一致している。価値法則に接近する弁証的方法はヨーロッパの経済学者が採用したものとは違っており，その法則の性質についてある独特の見解に導いたのである。市場の交換で自らを表す価値はつねに主観的でかつ社会的である。それは事物が全体としての社会に対してもつ力を測定するのである。(259)

　この論文では経済価値測定の最終的単位が問題とされている。すでにクラークは「価値の哲学」において，有効効用が価値の基礎であり，それが喪失の原理によって代替品に基づく損害とその代替品をえるに要する努力という犠牲によって測定されることを明らかにしたのであった。そしてまた彼は，有効効用は市場において純粋に量的な仕方で測定されるのであり，一体としての社会によって測定されることを強調したのであった。このようにして「社会的有効効用の尺度」(measure of effective *social* utility) (260) が価値であることが明らかにされたのであった。しかし，アクセントがつけられていた「社会的」という意味は必ずしも明らかではなかった。そこで，この「社会的」という言葉の内容を明確にすることが，この論文でのクラークの課題となった (260)。

　クラークによれば，財の効用がそれを獲得する主観的犠牲によって測定しうる場合には，その費用である労力の確定的単位がえられれば，個人は幾つかの異なった財の効用の総計をえることができる。そして，もし全社会が1人の人のように行動するならば，その社会はあらゆる財についてこのような測定を行うはずである。もっとも，クラークは効用の総計ということに関して，「1つの快楽がもう1つの快楽のちょうど2倍であるとはいえない」(262) ことを認める。しかし彼は1つの苦痛と1つの快楽とがいつ相互に相殺し合うかを決定することはできると考え，したがって多くの種類の快楽と1種類の苦痛との比較が可能ならば，その結果として快楽相互の比較も，また多くの異なった快楽

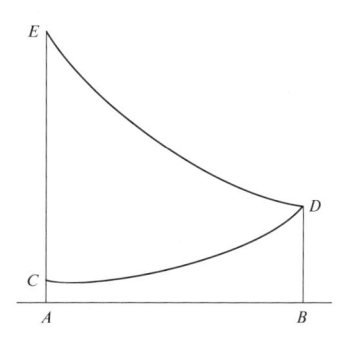

の総計も可能となる。そこでクラークは一方にあらゆる財に共通な効用または役立ちをおき，他方にあらゆる種類の労働に共通した要素として個人的犠牲または負担をおいてこれらの均衡点を問題としている。

まずクラークは，ジェヴォンズと同様に，自らの生産物を自ら使用する「孤立労働者」における「生産の利得と損失とが等しくなる」「均衡点」——この点で労働からえられる純利得が極大となる——を確定している。これをいまクラークの使用している図で示せば上図のようになる。横軸に労働時間，縦軸に労働による利得および犠牲をとれば，AB は1日の労働時間の長さであり，CD は労働の不効用曲線を示し，ED は生産物の効用曲線を示す。そして BD は一致した2つの線であって，1つは最終労働の負担を，もう1つは最終消費の利得を示している。面積 $ACDB$ は1日の労働の総犠牲を，$AEDB$ は総利得を表すから，CED は純利得を示している（265）。

この図はジェヴォンズの労働理論にみられるものと異なっているが，説明の論理的内容においてはほとんど変わるところがないと言えよう。[9] しかし，ジェヴォンズが孤立労働者の場合にとどまったのに対して，クラークはこれを直ちに「1単位とみなされた社会」にあてはめている。社会が生産物を生産し，それを消費することとなる。BD 線はいまや社会の価値単位であり，社会が生産するすべての生産物の有効効用を測定する。ED 間のどの生産物の有効効用も BD により測定される。「なぜならば，もしその生産物が失われたとすれば，そうでない場合にこの線〔BD〕により測定される重要さをもつ生産物を獲得すると思われる労働が，その生産物を償うために振り向けられるであろ

---

[9] ジェヴォンズが労働の不効用と労働生産物の最終効用度との均衡点を示すために用いた有名な図を比較のためにあげておく。

ただし，$abcd$ は労働の苦痛曲線，pq は労働生産物の効用曲線，$qm=dm$ である m が均衡点を示している（Cf. Jevons, [1871] 1957, 173）。

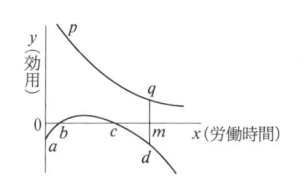

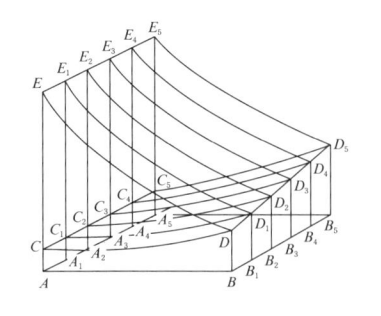

うからである」(266)。このようにして，「社会の最終労働の負担はその最終生産物の効用を測定し，そしてこれは同量の労働時間の支出によってつくり出される生産物のすべての有効効用と同一である」(266)。

次にクラークは，さきにあげた図を立体化することによって，「社会的価値単位」の提示を試みている。上の図 (271) の ED, E_1D_1, ……E_5D_5 は社会の各成員にたいする，その社会の諸消費財の逓減的効用曲線の一系列を示し，BD, B_1D_1, ……B_5D_5 はそれぞれの有効効用を示している。いまこれらの線の系列を連続的に考えれば，EDD_5E_5 の下降面は社会で消費されるあらゆる財の効用逓減を示し，垂直平面 BDD_5B_5 の面積は消費財の最後の社会的単位——クラークはこれを最後の補足分（complement）と名付けている——の絶対効用を測定するものであり，さらにそれ以前の社会的補足分の有効効用の尺度でもある。このようにして，面積 BDD_5B_5 が「社会的有効効用」(effective social utility) (268) と呼ばれるものである。次に，労働の犠牲あるいは不効用に関しても立体化して考えることができる。図において，CD, C_1D_1……C_5D_5 は社会のあらゆる人々の場合における労働の不効用ないし費用の逓増曲線の一系列を示し，DB, D_1B_1……D_5B_5 は労働の最終単位によって生ずる犠牲を測定する。同様にいまこれらの曲線の系列を連続的に考えれば，CDD_5C_5 という上昇彎曲面は全社会労働の費用逓増を示し，垂直平面 BDD_5B_5 の面積は，一体としての社会がこうむる労働の不効用を示す。これは社会的有効効用に等しいのであり，彼によれば「これが価値の終局単位なのである」(271)。

クラークはこのような社会的有効効用と不効用との単位が社会財に適用されると単純だが，それが単一貨物に適用されるならば，ある人の労働の最終不効用は社会財の最終効用に等しくならない。しかしクラークによれば，その個人の費用と利得との間には依然として等量関係が存在する。というのは，自らの生産物を生産するうえでこうむる彼の苦痛は，他の人々の生産物に対する支払

いである。それは彼の獲得するものの個人的費用だからである。同様に，彼のために生産物を生産するうえで他のすべての人々がこうむる苦痛は，彼らが彼からえるものが彼らに対してかかる費用を表すのである。かりに A, B, C, D がそれぞれ財 W, X, Y, Z を生産し，各人が各生産物のある部分を獲得し使用するとすれば，社会のミニチュアを得ることになる。A が W を B, C, D に売るとすれば，W の社会的有効効用はこれと交換される諸貨物の生産にさいして 1 日の労働の最終期間に B, C, D の受ける苦痛によって測定される。したがって，「価格は異なる諸貨物の社会的獲得費用（*social cost of acquisition*）の表示である」(270) とクラークは述べている。また，社会的有効効用の場合と同様に，1 つの特定財貨の価値の尺度はその財貨の獲得にさいして社会が支払う犠牲なのであり，その財貨を生産する人々の支払う犠牲ではないことになる。以上により，クラークは次のように結論を述べている。

「したがって，1 事物の価値は，その事物が一体としての社会に与える有効的役立ちの尺度である。この役立ちは主観的に評価される。それを測定する標準は，それの獲得にさいし，労働の最終期間に社会にひき起こされる犠牲である。社会は，種類の異なる諸貨物によって自らに与えられる欲望満足と，要素的な苦痛とのあいだの均等点を設定することによって，相互に異なる場合の欲望満足の分量を比較することができるのである」(272)。

5 『富の分配』における価値論
―― オーストリア学派価値論の修正 ――

『富の分配』では，前述の 1892 年の論文が大きな変化なしに収録された第 24 章を除けば，第 14 章から第 16 章までの 3 章が価値論に当てられている。この主著ではクラークは，価値，賃金および利子を決定する 1 つの包括的な一般法則を「経済的諸結果変動の法則」(law of variation of economic results) と名付けており，価値を決定する「最終効用法則」(law of final utility) と賃金および利子を決定する「最終生産力法則」(law of final productivity) とはいずれもこの一般法則の適用にほかならない (Cf. Clark, [1899], 208-09)。このように，

最終効用の原理を，限界原理で統合された一般法則の一適用として，最終生産力の原理と並んで位置づけたことは，限界生産力理論を一応確立しえたクラークにして初めて可能だったのである。

以上のような観点からクラークは最終効用法則を再検討し，[10] その適用上の修正[11]を主張している。彼は直接にはベーム‐バヴェルク[12]を念頭に置きつつ，「いわゆるオーストリア学派の価値学説」を基本的に認めたうえで，「しかしこの〔最終効用〕原理の適用の様式は修正される必要がある」(219) と述べている。修正点としてクラークは次の7点をあげている。

(1) 価値の規制に現れるものは，消費者の富そのもの，そしてそれのみの最終増分である。
(2) 貨物全体が消費者の富の最終増分あるいは価格形成的増分（pricemaking increments）に含まれることは稀である。
(3) 消費用途に用いる貨物は役立ちを与えるもの（service-rendering thing）であり，社会的消費におけるあるテストを受ける点において，その貨物が与えうる役立ちの分量にしたがって評価される。
(4) たいていの貨物は同時にいくつかの異なる役立ちを与える。この種の財貨は，1つの共通な物体に集合体現されることによって，異なる諸効用の

---

10) クラークは普通の最終効用法則を次のように図解している。

ただし，縦軸は効用，横軸は異なった種類の消費財を重要性の順に A, B, C, D ……H を並べたもの。A, B, C, ……H, それぞれの Y 座標の高さはそれぞれの消費財の第1単位の増分を示し，A_1, B_1, C_1, ……F_1 の Y 座標の高さは同じく第2単位の増分を示す。A_2, B_2, C_2 は同じく第3単位の増分を示すものとする。クラークはどの財の1単位にも1ダイムが支出されるものとして，各財の最後の増分が等しくなる点において合理的消費支出が行われることを示している（Cf. 222-23）。

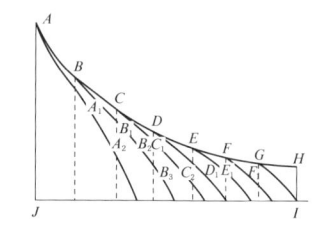

11) クラークはこれを価値論の修正（change）と考えており，単なる洗練（refinement）とはみていない（Cf. 227）。

12) クラークは Böhm-Bawerk, [1889a] をあげている。

束 (a bundle of distinct utilities) とみなされるべきである。
(5) 現実の市場のテストがこれらの諸効用を別々に評価し，その貨物の価値はそれらすべての評価の結果として生ずる。
(6) 1貨物を構成する諸効用のうちの1つだけが各人の消費的富の限界単位 (marginal unit) の部分である。その貨物の他の諸効用は限界内のものである。それらはより高い効用であり，この消費者の場合には，その貨物の価格決定に影響しない。
(7) 財の効用あるいは役立ちを与える力の各々に対して別々に最終効用原理が適用される場合にだけ，その原理は財が現実の市場でもつ価値を説明することができる。(228-29)

以上のように，クラークによれば，最終効用原理はある貨物そのものにではなく，その貨物を構成する「最終的富要素」(final wealth-elements)，すなわち「価値決定要素」(value element) に適用されねばならない。「最終財と財のうちの最終的富要素との区別は第一義的に重要である」(221)。なぜならば，「もし最終効用の原則がある貨物の全体に適用されるならば，それは，たいていの場合，市場の取引が設定する現実価値よりも何倍も大きい価値を与えるであろう。ところがこれと違い，もしそれが財のうちの価値決定要素に適用されるならば，それは市場が確定する結果を与えるであろう。ここにわれわれは理論を生活に調和させている」からである (229)。

一定量のある財の総価値はその各単位の効用の総和である総効用によって決定されるとなすベーム-バヴェルク[13]を批判して，クラークは，最終増分が財の価格を形成する増分なのであり，それ以前の効用の超過は価格形成に影響しないことを主張している。その超過分は消費者レントまたは「不償効用」(uncompensated utility) (225) であり，価格に入らないものである。

そこでクラークは，価格に影響するのは「消費的富の社会的最終増分 (final *social* increment) に入ってくる貨物」(227) であると主張する。このために彼は，1財の価値はその財を構成する諸効用が別々に社会的に評価されることに

---
13) Böhm-Bawerk, [1889a], 2 Ab., I. Bd., S. 191.

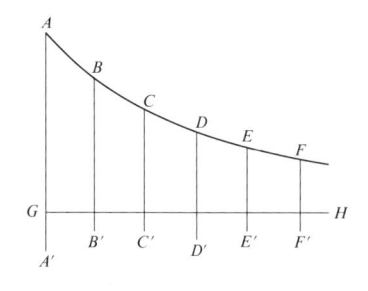

よって決定されると述べているのである。したがって、クラークは次にこれらの諸効用が現実の市場でどのようにして評価され、それによってその財の価値・価格がいかに決定されるかを明らかにせねばならない。これが『富の分配』第16章の課題なのである。

いま各財がただ1種の役立ちを与えるにすぎないと仮定すると、1財の第2単位の効用は負であって、通常の逓減的な効用曲線は存在しない。そこでクラークは相異なる財のそれぞれ1単位の効用を大きさの順に並べ、これを結ぶ1つの曲線を考える。かりに各財の価格を1ドルとすれば、最小の効用をもつF財の効用をちょうど1ドルの価値があると評価する一群の人々がいる。クラークはこれを「社会的価格形成階級」(social price-making class)（235）と呼んでいる。もしF財の価格が騰貴すれば、これらの人々はその購入をやめ、F財への需要が減少する。この低下した需要がF財の供給に見合うためには、その財を限界財貨とする人々を獲得するために、ちょうどいまの価格1ドルにされねばならないであろう。このようにして、F財の価格はその財を限界財貨とする人々によって規制され、これら限界購買者の効用評価に適応する（Cf. 234-35）。

次に財の第2単位が第2次的役立ちを与える場合には、それは異なる消費財と考えうるが、このような各財がさまざまな組合わせで一束として販売される場合にも、うえに述べたことは適用されうる。これらの財の各々の価格は、それぞれその財に対する異なる限界購買者の効用評価により、市場の需給過程を通じて決定されるのである（235-36）。

ところで、通常の財貨は「相異なる諸効用の一合成物」あるいは「効用の束」と考えられる。最終効用の原理はこれらの諸効用が別の財貨であるように作用する。効用の束全体は消費的富の最終単位ではない。諸効用のうちの各要素がある階級にとって最終効用なのであり、この階級（さきの限界購買者）がその要素に対してくだす心理的評価がその要素の価格を決定する。これらの諸階級の各々は、彼らにとって最終効用である特定の価値要素の社会的な評価者

とみなすことができる。このようにして別々に評価された各要素の価格の合計が束全体としての財貨の価格を構成する（241-42）。

このことをクラークのあげているカヌーの具体例で説明しよう。彼によればカヌーは次の5つの効用の合成物と考えられる。①人を浮かしておく力，②人に湖水を横断させる力，③人をぬらさず心地よく保ち，かつ彼の手廻り品を運ぶ力，④軽快に動き，安全に波を乗り切る力，⑤所有者の趣味を満足させる力。「最終効用の法則は，その小舟のもつ各々の役立ちを与える力が別々の貨物であるかのように作用する。事実上，異なる諸効用は束にたばねられた異なる諸効用なのであり，その束のあるものには5つの貨物全部が含まれ，あるものには4つ，あるものには3つというように貨物が含まれている。どの消費者に対しても，これらの実質的に異なるすべての事物は最終効用ではない。束は全体としてはけっしてどの人の消費的富の最終単位でもなく，それのうちの各要素がある階級にとって最終効用なのであり，この階級がその最終効用に対して行う心理的評価がもっぱらそれの価格を決定するのである。したがって，カヌーには5つの価格がある。それらの価格はカヌーが与える5つの異なる役立ちの価値を表しており，それぞれに25ドル，20ドル，15ドル，10ドル，5ドルである。したがってカヌー全体は市場で75ドルをもたらすのである」（241-42）。つまり，カヌー全体の価格は，カヌーのもつ5つの異なる諸効用のそれぞれに対する限界購買者層の心理的評価により市場の需給過程を通じて決まるそれら5つの構成要素の価格を合計したものとなる。

このようにして，クラークは，ここでも全体としての社会，あるいは社会有機体が財の価値を評価する点を強調し，次のように結論している。

> もしここに価値論を詳細に提示しようと企てるならば，われわれは価値が1つの社会現象であるという事実を大いに強調せねばならないであろう。事物はなるほどその最終効用に従って売れるが，しかしそれは社会に対する（*to society*）最終効用なのである。(243)

6 むすび

　以上において，われわれはクラークにおける限界効用価値論の形成過程を考察してきた。彼は1877年1月の「富の新しい哲学」において労働価値論からの離反を示し，同年10月の「政治経済学における未承認の諸要因」において，欲望と効用の理論に達し，効用逓減の法則化に事実上成功したといえる。しかし，クラークの限界効用価値論は，有効効用と絶対効用との区別を基礎とし，有効効用によって財の価値が決定されることを明らかにした1881年7月の「価値の哲学」において成立したのであった。

　それと同時に，当初からみられた社会有機体の観点が彼の限界効用価値論と明確に結合し，その不可欠な要素となった。やがてこれらの諸論文は1886年の『富の哲学』に収録されて反響を呼んだのであった。ジェヴォンズの価値論との類似性を指摘されたクラークは，一方で独立して別個にほぼ同じ理論に到達したことを明らかにし，彼の理論の特徴を確認すると共に，他方ではその特徴のいっそうの展開に努力したのであった。それはやがて1892年の「価値の最終標準」として発表され，社会的有効効用と社会的有効不効用の均衡点における価値の決定を論じて「社会的」の意味が彼なりに明確化され，「社会的有効効用価値論」[14] が確立されたのであった。

　ついで，この社会的有効効用の理論に基づいてその分析方法は，1888年の論文「資本とその稼得」に始まる諸論文にみられるように，生産・分配理論の領域に拡充・展開されて，有名な限界生産力理論となった。1899年のクラークの主著『富の分配』は，「社会的」観点にたった価値・分配の理論にほかならない。生産性逓減の法則および最終生産性の法則を定式化しえたクラークは，有効効用または最終効用による価値法則を，一般法則たる経済的諸結果変動の法則の消費過程における適用として位置づけることができたのであった。この

---

[14] J. M. クラークがこの言葉を使って父クラークの価値論を特徴づけている。筆者はこれに示唆をえている（Cf. Clark, J. M. 1968, vol. 2, 505）。

理論的段階でクラークは彼の理論の「社会的」特徴の観点から，再び効用価値論を検討し，オーストリア学派の主観価値論の修正を試みたのであった。

　以上の考察からクラーク理論の特徴として次の点を確認できるであろう。第1には，有効効用と絶対効用の区別である。彼はのちに『富の分配』においてはジェヴォンズの「最終効用」(final utility) や，「限界効用」(marginal utility) という用語を用いてはいるが，有効効用概念の確立が形成過程からみて彼の理論の基礎をなす特徴といえる。第2には，社会的有効効用の理論という特徴である。すなわち社会有機体の観点である。第3には，第1と第2との結合による「社会的有効効用価値論」という特徴である。

　クラークの限界効用価値論は，その形成過程の検討によって，ジェヴォンズ，メンガー，ワルラスなどの理論とは独立して別個に到達されたことは明らかであり，われわれはその独立性を確認できるであろう。しかし，クラークの限界効用価値論の成立を既述のように1881年とみても，ジェヴォンズおよびメンガーの主著の現れた1871年から約10年を経過している。この時期的な遅れは当然学史的評価に入れられねばならないであろう。しかも，こうした時期的遅れにもかかわらず，クラークの限界効用価値論には，これまで限界革命トリオについて指摘されてきた重要な理論的諸問題点が同じく含まれていた。クラークは効用の基数的可測性と，個人間効用比較の可能性を前提としていたのである。[15]

　ただ，クラークの社会的有効効用価値論はその特徴の1つとして，限界効用概念を市場価格の分析ときわめて密接に結びつけたのであり，これはメンガーやジェヴォンズと比較してみると顕著である。しかしこの過程で，クラークは，貨幣の限界効用にふれることなく，あるいは貨幣の限界効用一定という条件も明示せず，商品の限界効用を事実上の貨幣の限界効用によって説明しようとしている。クラークにおいては価値の理論と価格の理論との関係が不明確であるといわねばならない。また，価値の領域において，社会有機体が個人と同様に主観的価値評価を行うというのも，ジェヴォンズの取引団体に関するヴィ

---

[15] 限界革命トリオの限界効用価値論の相互比較と，この理論のもつ理論的問題点に関しては，Howey, 1960; Kauder, 1965 を参照。

クセルの批判（Wicksell, 1893）に耐えうるものではない。しかしいま，価値論プロパーについての評価を離れてみれば，『富の分配』における社会的な限界生産力理論への理論的拡充の基礎として社会的有効効用価値論が総合されたことは，ひろく限界理論の展開という観点から高く評価されるべきであろう。

第3章

クラーク限界生産力理論とその倫理的
インプリケイション

1 はじめに

　第1章において，筆者は次のことを示唆しておいた。すなわち，限界生産力理論という狭い理論史的視角——通説的取扱い——を離れてクラークの経済学上の主要著作をみれば，彼の経済学に最も本質的な特徴として，「純粋」経済理論と倫理的インプリケイションとの間に興味ある独自な結びつきが見出されることである。しかもこの結びつきの現れ方は，初期（『富の哲学』1886年）と後期（『富の分配』1899年）との間に大きな変化のあることを指摘しておいた。そこでは，さしあたり『富の哲学』を取り上げてこの問題の考察を行ったが，最後に『富の哲学』から『富の分配』への変化を展望し，あらためて問題を提起しておいた。つまり，所得分配の問題を「倫理・経済問題」として取り扱おうとする初期クラークにみられた特徴的なアプローチが『富の分配』において変更され，単に「純粋理論」としての分配論へ移行していったとする「哲学から純粋理論」へという評価は問題なしとしないということである。
　この章ではこの問題を主に『富の分配』における限界生産力理論とその社会倫理的インプリケイションとの関連に焦点を合わせ，この面からクラーク経済学の特徴をよりいっそう明らかにしようとするものである。
　いうまでもなく，クラークはアメリカ合衆国における新古典派経済学の基礎を築いた最初の理論経済学者である。したがって，クラークにおける「純粋理論」と規範的インプリケイションとの関連を問うことは，限定された視点から

とはいえ，アメリカ新古典派経済学の形成期における重要な特徴を解明する手がかりとなりうるであろう。そしてまた，このことは，彼の経済学とジェヴォンズ，メンガー，ワルラスといったいわゆる限界革命トリオの経済学との比較に1つの基礎を与えることともなり，さらにクラーク以後のアメリカにおける経済学の歴史的展開を展望するさいの一助ともなるであろう。

以下では，まず『富の分配』の中心課題とクラークの問題意識を明確にしたのち，彼の限界生産力理論そのものの特徴的構造を明らかにし，そのうえで最後にむすびとして，クラークの限界生産力的分配理論とそれがもつ社会的インプリケイションとの関連について述べることとする。

2 『富の分配』の中心課題とクラークの問題意識

狭い理論史的意味での限界生産力理論史の観点にとらわれずに『富の分配』を検討する場合，それが究極的に何を中心課題としていたのか，そこでクラークが限界生産力的分配理論を展開するにあたってもっていた根本的なヴィジョンは何であったかを，まず明らかにしておかねばならない。『富の分配』の第1章「分配に関する争点」は次の言葉で始められている。

「実際家にとって，したがってまた学徒にとって，最高の重要性が1つの経済問題に与えられている。それは相異なる要求者にたいする富の分配という経済問題である。社会の所得が賃金，利子，および利潤[1]に分割されるのに従う自然法則は存在するのか。もし存在するとすれば，その法則とはどのようなものか。これは解決を要する問題である」(Clark, [1899], 1)。つまり，現実に最も重要な所得分配の問題を解決するために「分配の自然法則」(3)[2]を明らかにすることが『富の分配』の目的とされている。

---

1) クラークは賃金，利子，利潤を「発生的分配分」とみなしており，地代についてはそれを利子に含めて論じている。というのは，クラークは土地を基本的には資本財の一種とみなしているからである。
2) クラークは古典派経済学者と同じく，所得分配に「自然法則」が存在することを確信しており，人為的にいかんともし難い自然の法則という点を非常に強調している。

ところで，クラークの結論によれば，労働の賃金，資本の利子，および企業者職能にたいする利潤は，それぞれの機能によって創出された生産物におのずから等しい。彼自身の言葉によれば，「自由競争は，労働には労働が生産する (creates) ものを，資本家には資本が生産するものを，そして企業者にはその調整機能が生み出すものを与える傾向をもっている」(3)。このようにして，各所得はそれに対応した生産要因が生産するものに等しいというのが分配の自然法則なのであり，これを研究するのが分配理論にほかならない。[3)]

さて，このように3所得の決定を左右する自然法則が，「各人が生産するものを各人へ」という原則 (the rule, "to each what he creates") (9) であるとするならば，このことは私有財産制社会とどのようなかかわりをもつものであろうか。われわれは，できるだけクラークに即しながら，『富の分配』にみられる彼の根本的な問題視角を確かめておく必要があろう。

クラークがさかんに著作活動を行った19世紀後半のアメリカ経済社会の状況については，簡単ながらすでに指摘しておいた。彼の限界生産力理論の体系化は，この歴史的背景を抜きにして理解することは困難である。独占段階にさしかかったアメリカ資本主義経済の諸矛盾の現れと，それを背景にした各種の「社会主義」思想——とくにヘンリー・ジョージ主義とマルクス主義的社会主義——の台頭は，アメリカ資本主義社会の存続に重大な疑問を投げかけていた。こうした状況のもとでクラークは，『富の哲学』以来一貫して分配の公正を追求してきたのであった。

いまや，『富の分配』において，クラークは資本主義社会の存立にたいする危機意識が分配問題をきわめて重要な争点にしていることをはっきりと自覚的に捉えていたのであった。それをクラークは次のように述べている。

> 社会が現在の形態で存在する権利，および社会が存立し続けるであろう蓋然性は危機に瀕している。こうした事実がこの分配問題に測り知れない重要性を与えているのである。(3)

[3)] クラークは，分配理論は各生産要因が「富を生産する作用」の分析であり，その意味において生産論の問題である，と考えている。

そしてこの重要な所得分配において，資本主義社会の安定は労働者階級が自己の生産したものをすべて取得しているか否かの問題にかかっているのだと，クラークは考える。初めに問題をこのように設定したのち，クラークは，労働者が自ら生産した生産物の一部を常に収奪されていると主張するいわゆる「労働搾取論」が正しいかどうか，したがって「労働搾取論」に基づく社会革命が是認されうるのかどうかをテストせねばならないと主張する。言いかえれば，自らが生産した生産物をその人がすべて受け取っているかどうかという意味において，分配の公正・不公正，つまり分配的正義をテストせねばならないというのである。少し長文にわたるが，クラークの論調を確かめておくために彼自身の言葉を次に引用しておこう。

　労働階級の福祉は彼らの取得物の分量いかんにかかっている。だが，他の諸階級に対する労働階級の態度——したがって社会状態の安定——は，彼らが取得する分量が，その大小にかかわらず，彼らの生産するものであるのかどうかに主に依存している。もし労働階級が少量の富を生産しその全部を取得するならば，彼らは社会に革命を起こそうとはしないであろう。しかし，もしも彼らが十分な分量を生産し，そのごく一部分しか取得しないと思われるのであれば，彼らの多くは革命家になるであろうし，すべての人は革命を起こす権利をもつはずである。社会に対して向けられている告発は，「労働を搾取する」という告発である。「労働者はその生産するものを規則的に収奪されており，競争の自然的作用によって行われている」といわれている。もしこの非難が論証されるならば，およそ正しい心の持ち主はすべて社会主義者になるはずであり，その場合には産業体制を変革しようとする熱意はその人の正義感を測り表すものであろう。しかしながら，この非難を検討しようとすれば，生産の領域に入らなければならない。競争の自然的結果が各生産者に彼がとくに生産した富の分量を与えるか否かを知るために，社会の産業活動の生産物をその構成要素に分解せねばならない。(4)

各生産者が自ら生産したものをすべて取得するか否かということがクラークのいう社会状態の公正（honesty）の試金石なのであり，この意味の公正を欠

くならば，その社会は存立する権利をもたない。しかし反対にそれが証明されるならば，その社会は存立の権利をもつことになる。これがクラークのいう第1のテストなのである。

第2のテストは，現在の社会体制が将来存続すべきかどうかにかかわる。これは社会が進歩してゆくときに3所得がどのように変動するかの問題と関連している。「現在の社会体制がともかく存在する権利がその公正さにかかっている」のに対して，「その社会体制を自ら進むままに発展させる便宜はその恩恵 (beneficence) にまったくかかっている」(5) のである。

このようにして，クラークによれば，テストすべき問題は2つ，すなわち社会の公正さと社会の恩恵であり，前者は資本制社会が存立する権利にかかわり，後者はその社会を将来存続させることの便宜にかかわっているのである。

ところで，クラークが初めて分配を個人的分配と機能的分配とに区分したことはよく知られている。前者は各個人の所得決定にかかわるのに対して，後者は各生産要因の働きに対する所得決定に関係することは言うまでもない。むろんクラークにとっては，機能的分配の方が重要である。各人の所得がそれを得る人に正当に帰属しているか否かを決定するのは機能的分配の問題だからである。しかもクラークは，個人的分配に関して生じる苦情は機能的分配論の確立によって解決されるとみているからである。したがって，彼によれば，3所得が「健全な原理」に従って決定されるならば，諸階級間には苦情は存在しないことになるわけである。

このように私有財産制を前提としたうえで，その社会において「自然的分配が人々の生産物とその取得とを合致させるか」(8) どうかということは，「経済的事実の問題」(8) であると，クラークは強調する。ところがこの事実問題とは別に，各人に彼の生産物を与える原則が最高の意味において正しい (just) かどうかという問題は，「純粋に倫理的な研究」(8) になるという。こうして私有財産制はクラークの分配理論の前提なのであり，この前提じたいに価値判断を加えることは倫理の問題であって，当面の研究範囲外にあるとされる。彼は次のように述べている。

ある種の社会主義者は，実際のところこのような原則は正義を達成しえないと主張している。能力に応じた労働と必要に応じた支払いというのは，分配上のある平等の理想を表すよく知られた公式である。この原則はある人々の生産物の一部をより貧しい人に与えるために彼らから取り上げることを要求する。それは普通に財産権とみなされているものを侵害するに違いない。この原則が正しいかどうかという問題の全体は，われわれの研究外にある。それは純粋に倫理の問題だからである。(8)

私有財産制を前提した場合，「もし実際の賃金が労働の全産物であり，利子が資本の生産物であり，利潤が調整行為の生産物であるとすれば，財産はその源泉点において保護されている」(9) とされる。反対にもし「この各人の生産するものを各人への原則がなりたたなければ，現存の社会体制は「制度的収奪―財産の基礎と考えられる原理の合法的侵害」(9) に基礎をおくこととなろう。そしてかりにそうであるのならば，「社会構造の基礎におそかれ早かれそれを破壊すべき爆発的要素が存在するはずである」(9) ということになる。

以上から明らかなように，クラークは私有財産制社会を与えられたものとして受け取り，その社会には「自然的分配法則」が貫徹していることを強調しながら，各人は各人の生産するものを受け取るという意味の公正な分配関係が存在していることを論証するのが課題だとしている。クラークにあっては，私有財産制による最初の財産分配はまったく問題外である。つまり，なぜある人が資本を所有するのに他の人は労働力以外に何ももたないのかということは不問に付されている。したがって，社会主義者による資本主義社会に対する重要な批判点は，クラークの場合頭初から回避されていることに注意しておく必要があろう。

このようにして，クラークは各人の生産するものを各人への原則の支配という意味における分配的正義の論証を事実問題として「純粋理論」として扱うと主張しているが，それが果たして「純粋理論」にとどまるものであろうか。それは倫理的インプリケイションとどのように関連しているのであろうか。あるいはそれは資本制社会の一種の弁護論となっていないであろうか。われわれは

次にクラークの限界生産力理論じたいに検討を加え、そののちにこの問題へもう一度たちもどることにしよう。

3　クラークの限界生産力理論

　前節で述べたクラークの問題意識と分配問題に対する基本的なアプローチからして、彼の限界生産力理論にはいくつかの独自な特徴がみられる。それらの特徴として次の4つを挙げることができるであろう。(1) 社会有機体の観点からみた限界生産力理論の構成、(2) 限界（最終）生産力理論と、(3) それとは区別された固有生産力理論、(4) 固有生産力理論としての経済的因果関係論と、「労働搾取論」の否定、および (5) 動態の静学的把握。

　(1) 社会有機体的観点

　クラークの理論構成の第1の特徴は、労働および資本の限界（最終）生産力を、通常のように個別企業の観点からではなく、それらを総合した全体としての社会の観点から把握している点である。この意味での限界生産力が賃金率と利子率とを決定すると説く点はクラークに独自な構成である。そこでは社会全体からみた社会労働、社会資本が問題となる。なおこの観点の強調が『富の哲学』以来の彼の社会有機体観に基づいていることは、あらためて指摘するまでもなかろう。[4]

　(2) 限界生産力理論

　限界生産力理論の展開にさいしてクラークが基本的に前提している3つの仮定を挙げておかねばならない。それらは、①私有財産制と完全競争、②利己心に基づいて行動する完全に合理的な経済人、③静態、つまり「資本と労働とが量において不変にとどまり、生産様式の改善が止み、資本の投下が停止し、消費者の欲望がけっして変化しない」(6-7) 場合に実現すべき状態である。

　さて、このような基本的前提に基づいて、分配的正義の論証という中心課題

---

　4)　本書第1章を参照。

を展開するうちに，クラークは一方で賃金率および利子率を決定する自然法則の探究と，他方では公正な所得分配の問題とを結びつけて論じている。賃金に関していえば，クラークの議論には，実際，暗黙のうちに2つの異なる賃金論が存在している。1つはいわゆる限界生産力的賃金論プロパーとよびうるものであり，他はこれと密接に関連し混同されている，固有生産力的賃金論である。[5]

限界生産力的賃金論についてはよく知られているところであるが，一応その概略を述べておこう。まず，この理論には次の3つの仮定，すなわち，①生産要因の自由移動性，②収益逓減の法則，③生産要因各単位の相互交換の可能性が前提されている。いまかりにある社会において，資本財数量を一定とし，これに結合される社会的労働を1単位ずつ順次追加し，最後に現在存在する数量に達する場合を想定する。この場合に，限界生産力逓減の法則が働く限り，社会労働の最終単位に近づくにつれて，各単位の労働による付加生産物量は減少し，最終労働単位の付加する生産物は最も少なくなる。この最終単位の生産する生産物が社会労働の限界生産力または最終生産力 (marginal〔final〕productivity) である。ただクラークはこの場合，「無関心帯」(zone of indifference) という概念を導入している。無関心帯というのは，「雇主がすでに限界領域内にある人々の有効な生産物以下にその量を減少せずに少数の余分の人々を働かせうる地域」(105) のことである。こうした無関心帯を占める労働は限界労働であるとみなされている。

各企業者は最終単位の労働に対してちょうど限界生産力だけのものを支払う。なぜならば，もし限界生産力以上のものを支払えば，企業者は損失をこうむるからである。またこれ以下に支払う場合には，この労働単位は限界生産力まで支払おうとする他の企業へ移動するから不可能である。このようにして，企業間の競争が完全である限り，社会労働の最終単位は限界生産力に等しい賃金支払いを受けることになる。

さらに，最終単位以前の労働各単位もすべて限界生産力に等しい賃金支払い

---

5) このように，クラークにおける二重の接近方法を分配的正義の論証過程について初めて明確に指摘したのは，おそらくホーマンであろう。Cf. Homan, 1928, 60-63.

を受ける。労働の限界生産力曲線を示す図において，A_1B_1, A_2B_2……のように絶対生産力（absolute productivity）はそれぞれ異なるが，企業者の観点からは常に等しい価値しかもたない。なぜなら，いまかりに限界単位以外の任意の単位の労働が失われたとしても，各単位の労働が同質で置き替え可能である限り，最も生産力の低い限界単位の労働によって置き替えることができる。したがってどの労働1単位の喪失から生ずる損失も，限界単位の生産物 A_nB_n にとどまる。要するに，各労働単位の絶対生産力は異なるが，企業者に対してもっている実質上の重要性——これは絶対生産力に対して，「有効生産力」（effective productivity）とよばれる——においては，限界単位の労働の生産力に等しい。したがって，各労働単位は限界労働の生産力に等しいだけの賃金を受け取る。すなわち，賃金水準は労働の限界（最終）生産力によって決定される。このようにして，クラークによれば，「自由競争体制のもとでは，労働の各単位は正確にその最終単位の生産するものを得る」(179)。あるいは「社会労働の最終単位によって創出される生産物が賃金標準を設定するのである」(168)。[6]

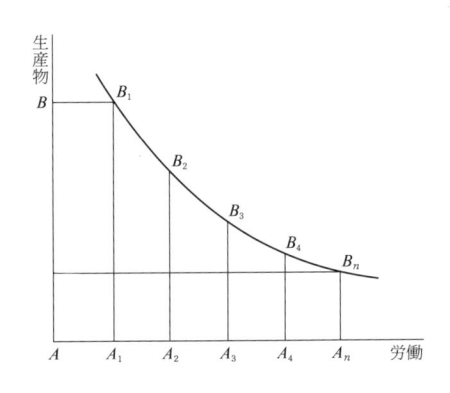

---

6) 利子水準の決定については，賃金決定における最終生産力の法則の適用を転倒させればよい。すなわち，社会労働を一定とし，それに社会資本を順次投下する場合を想定すれば，同様の推論によって，「利子は一般に社会資本の最終増加分の生産物に一致する」(257) との利子法則をえる。

なおクラークは賃金と利子との関係について，最終生産力の法則によって決定された賃金（ないし利子）総額と，その剰余（レント）として示される賃金（ないし利子）総額が相等しいことを説いて，全生産物は各生産要因がその限界生産力によって支払いを受ける場合に完全に配分されつくされることを主張している。いうまでもなく，このことは生産関数が一次同次である場合に成立するのであり，その数学的証明は，ウィックスティードの『分配法則の調整に関する評論』(1894年) や，A. W. フラックスによって与えられたのである。さしあたり Stigler, [1941] 1959, ch. 12, 邦訳311以下や Blaug, [1962] 1973, 邦訳下533以下を参照。

(3) 固有生産力理論

限界生産力理論とは区別されるクラークに独自な固有生産力理論（theory of specific productivity）の場合には，一定量の資本（資本財ではない）に一定量の社会労働を順次投入していく場合が想定されている。この場合にも推論のすすめ方はさきの場合と同様であるが，限界生産力理論の構成のさい前提された3つの仮定に加えて，資本元本の完全な可動性ないし流動性が加えられていることに注意せねばならない。ここにクラークによる有名な資本と資本財の概念的区別がもちこまれているのである。

クラークによれば，資本財は「生産的富が投下された物的事物」であり，機械，工場設備，原材料，土地などの具体的・物的財であるのに対して，資本はこうした資本財に投下されているところの富の元本（貨幣価値額）である。両者を区別する特徴としてあげられているものには3点がある。第1は可滅性─永続性である。資本財は生産における使用によって摩滅するのに対し，一定の価値額たる資本は永続的なものである。第2は具体性─抽象性である。資本財は具体的・物的財であるのに対し，資本は抽象的価値額である。第3は限定された可動性─完全な可動性である。資本財は物理的に可動性をほとんどもたないが，資本財に体現されている元本としての資本は，最大の利得を求めて企業間，産業間において自由に可動し労働と完全に結合しうる。[7]

資本に関するこうした仮説を前提とする限り，一定量の資本に労働が順次結合されてゆく場合，資本は自由に形態を変化させ，各労働単位と完全に結合されることになる。したがって，このような完全な調整が行われる限り，具体的資本財に労働が結合される場合と異なり，クラークのいう無関心帯は存在しえないことになる。いつでも労働単位はすべて等しいだけの資本と結合して生産を行うことになるはずだからである。資本と結合せずに労働だけで生産する，クラークのいう「素手の労働」として，無関心帯上の限界労働者を性格づけようとする試みは，この場合通用しえないことになる。じっさい，のちの『経済

---

7) 資本と資本財の区別に対応して，クラークは労働概念に関しても，収益力としての労働と個々の具体的な労働者とを区別している（Cf. 157）。このようにして，クラークはこの意味における資本と労働との完全な可動性と結合性を仮定しているのである。

理論の要点』では無関心帯という概念は姿を消しているのである。

しかしクラークは，もともとの問題設定からして，各生産要因だけの独自な生産物をなんとかして識別しようとするのがねらいであった。限界（最終）生産力を当該生産要因だけの生産物として確定する必要があった。したがって，資本と労働の結合による生産物中，それぞれの生産要因がそれじたいとして，すなわち固有に[8]生産したものを区別し確定するための概念装置として，「固有生産力」(specific productivity) を工夫することが必要なのであった。労働だけの生産物や資本だけの生産物を識別することによって，ちょうどそれをそれぞれ労働と資本が受け取ることが，まさに公正な分配だと主張することができると考えられたのであった。

このクラークに独自な「固有生産力」概念に関しては，学説史上すでに多くの批判が加えられている（これについては第5章を参照されたい）。ただとくに指摘しておかねばならないのは，それが，生産諸要因の結合による共同の生産物であるものを，それぞれの特定の生産要因にあとづけようとすることじたいにおいて，根本的な誤りを含んでいるということである。

(4) 経済的因果関係論

以上にみたように，クラークは限界生産力理論と固有生産力理論との二重のアプローチを試みているが，彼の理論のねらいと中心をなす特色は，むろん固有生産力理論にあった。テューネンの賃金論にふれた箇所でクラークは，それは労働搾取を容認する不完全な最終生産力理論であるとし，こうした最終生産力理論と搾取を認めない固有生産力理論との関連，およびそれらの間の相違の重大性を次のように強調している。

> 労働のすべての単位が，その支払いとしてその全生産物を自然に獲得する傾向をもつと主張する理論と，労働の大多数が競争によって規則正しくその生産物の一部分を収奪されるという理論との間の差異は根本的である。それにもかかわらず，これらの理論は，いかにして労働全体の支払いが直接に決

[8) specific は「固有の」，あるいは「特有の」という意味であり，「特別の」という special とは異なる。

定されるかを告げる同一の言葉を用いることができる。……労働の最終単位が得るものを労働全体が得, その最終単位はそれの生産するところのものを得る。(323)

したがって, クラークは,「搾取」を否定するためには「それ(最終生産力理論)に加えて固有生産力理論——それは労働の各単位の支払いをそれ自らの固有生産物に一致させる——とならなければならない」(324)と主張しているのである。

限界生産力が固有生産力であることを論証するために, クラークは「『帰属』(imputation)と呼ばれてきた理論, すなわち経済的因果関係と呼ばれてきた理論」(323)を展開したのであった。労働の限界単位以外の各単位は, それぞれの絶対生産力と限界生産力との差だけその実際の生産力よりも少ない報酬しか受け取らないから, それだけ搾取されているのではないかという問いに答えて, 搾取のないことを論証しつつ, 各生産要因の生産物を確定することが彼の課題であった。

経済的因果関係論 (theory of economic causation) におけるクラークの主張点は次の2つの命題に要約されている。すなわち, 第1命題: 労働の追加投入がなされた場合には, 雇用者は一定量の資本のとる具体的形態たる各資本財の形を変えて労働との結合のために再調整を行う。したがって, この場合, 各労働単位は古い単位も新しい単位も, より少ない資本を使用する。したがってその生産力は減少せざるをえない。どの労働単位の生産力も減少したのであるから, どの労働単位も最終単位より生産的であるはずはない。したがって, より以前の労働単位のより大なる生産物は労働に帰属すべきものでなく, すべて資本の生産力に帰せられる。第2命題: 労働にのみ固有に帰属させることができる生産物(固有生産力)は最終単位の生産物に等しい (325)。

クラークは, 簡単化のために, いまある社会において資本の存在量は1単位, 労働は2単位だけであると仮定し, 資本に労働が1単位ずつ順次投入される場合を考えている。図において第1単位の労働が結合されると ABB_1A_1 の生産物が生ずるものとする。次に第2単位の労働が投入されると, あらたに

$A_1GB_2A_2$ の生産物が付加される。このときの総生産物は $ABB_1A_1 + A_1GB_2A_2$ である。もし第 2 単位の労働が最終単位であるとすれば，最終生産力である $A_1GB_2A_2$ が賃金の大きさを決定する。

ところで，資本と労働の完全な可動性および結合性が仮定されているから，はじめ資本 1 単位と労働 1 単位の結合であったものが，第 2 単位の労働の投下により，1 単位の資本は切半されて，半単位の資本が第 1 単位の労働と結合し，他の半単位の資本は第 2 単位の労働との結合にゆずられる。つまり全体としては，資本 1 単位と労働 2 単位との結合であるが，その内訳は，半単位の資本と 1 単位の労働との結合が 2 つ存在していることになる。仮定によってどの資本も労働もそれぞれ同質であり，第 1 単位の労働も第 2 単位の労働も共に半単位の資本と結合しているのであるから，等しい生産量をあげているはずである。ところで第 1 単位の労働は第 2 単位の労働が追加されたために，その生産物が ABB_1A_1 から $AEFA_1$ に減少した。つまり EBB_1F の減少である。この減少は労働と結合された資本量が半単位減少したことに起因している。したがって，この部分は半単位の資本に帰すべき生産物である。したがって，資本 1 単位の生産物は EBB_1F の 2 倍である DBB_1G となり，これが資本の利子となるとされる。いま資本と労働をそれぞれ C，L で表せば，$(C+L) - \left(\dfrac{C+2L}{2}\right) = \dfrac{1}{2}C$，$ABB_1A_1 - AEFA_1 = EBB_1F$ となる。

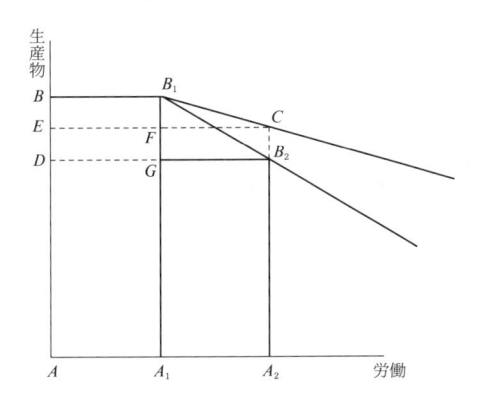

第 2 命題について，資本 1 単位と労働 1 単位との生産物 ABB_1A_1 は，第 2 単位の労働が投下されると $ABB_1GB_2A_2 = AECA_2$ となる。そこでこの両者の面積の差である $A_1GB_2A_2$ が第 2 単位（最終単位）の労働が追加されたことにより生じた増加分であり，したがってこれは労働 1 単位のみに帰すべき固有生産物であるとされる。つまり，$(C+2L) - (C+L) = L$，$AECA_2 - ABB_1A_1 = AECA_2 - ABB_1A_1 = A_1GB_2A_2$ となる。こうして労働の限界生産力を固有生産力

として確定しうるとされている。

　以上のように，クラークの経済的因果関係論は，まさに「合成的社会生産物の各部分がいずれの要因にあとづけられるべきかを告げる理論」(325) として構成されたのであった。元来，資本と労働との共同の生産物であるものを分割して，一部は純粋に労働の生産物であり，他は純粋に資本の生産物であることを論証しようとする発想は，クラークもいうように，オーストリア学派における帰属理論，とくにヴィーザーのそれと類似している。というのは，いずれも生産を行う生産要因と生産された生産物との間の関係を明らかにすることを課題としているからである。しかしクラークの場合には，ヴィーザーのいう生産的貢献に基づく生産物の帰属という捉え方をさらにすすめ，生産要因とその生産物との関係をいっそう強力なものとして把握しようとする意図から，経済的因果関係と呼んだものと思われる。[9]

　(5) 動態の静学的把握

　すでに述べたように，クラークは，人口，資本，生産方法，産業組織，消費欲望という5つの基本的な動的要因に変化のない状態を静態とよび，これらの要因が変化する状態を動態と定義した。そして，静態における商品の価格，賃金，および利子の自然的（正常的）標準の決定を明らかにするのが静学であるのに対して，動学としてクラークはスケッチ的にではあるが，次の3つの分野，すなわち，①社会の現実の状態の静的標準からの「攪乱と変動の理論」(theory of disturbance and variation)，②一時期における社会の静態と他の時期における静態との差異を明らかにする「経済進歩の理論」(theory of economic progress)，③動的諸要因の変化が与える影響の研究，をあげている。

　ところで第1の「攪乱と変動の理論」というのは，静学で与えられる静的標準（静学的均衡）に至るまでの攪乱ないし離反という問題であり，また，彼が動学のうち最も重要なものとみなした第2の「経済進歩の理論」も，同じく静学で与えられる静的標準じたいの異時点における相違を明らかにしようとする比較静学的考察にほかならない (Stigler, [1941], 298-99, fn., 邦訳 290)。じっさい

---

9) 高木暢哉，1942，549，579 参照。

のところ『富の分配』では、クラークは5つの動的要因の変化の結果についてごく簡単にふれるにとどまったのである。[10]

クラークは、ともかく静態と動態、静学と動学との区別を近代経済理論の立場から導入して、静学理論をより明確にし、さらに静学の領域をこえる場合への1つの試論的手さぐりを示した点で、学説史上の貢献が認められねばならないであろう。しかしながら、彼の動態と動学は重要な問題を多く含むものであったことも確かである。とくにこの章の視点から重視されねばならないのは、彼のいう動態および動学理論は、本質的に静学的性格をもつという点である。クラークは動学を静学の結論のうえに基礎づけねばならないと述べる (32) だけでなく、動態社会における静学的法則の支配性をとくに強調している。静学的法則は静態におけるのと同じく、動態でも依然として作用するだけでなく、動態で作用する中核的部分をなすと考えられているのである (401 seq.)。彼はまた次のようにも述べている。「経済動学部門がいかなる運動を発見し説明しようとも、静学的法則はけっして作用することをやめないであろう。運動の法則についてのあらゆる真実の知識は休止の法則の十分な知識に依存する」(442)。

動学と静学との関連に関するこうした考え方は、動態に対する納得しがたい把握を基礎とするものであった。『富の分配』から8年後に公刊された『経済理論の要点』でクラークが動学をくわしく取り扱おうとしたさいにも、彼は次のように述べたのであった。「高度に動態的な状態は、経済有機体が急速に変化するが、しかもその変化過程における任意の時点においては、静態モデルに比較的近い状態である」(Clark, 1907, 196)。あるいはまた、「任意の時期における社会の現実の形態は、その時の静態モデルではない。しかしその社会は静態モデルに合致する傾向をもっている。つまり、ごく動態的な社会では、それは変化要因がそれほど作用していない社会におけるものよりも静態モデルによりいっそう近似している」(197) と。

以上から明らかなように、クラークにあっては、社会が「動態的」になれば

---

10) 『富の分配』の最終章を参照。

なるほど「静態」に近づくという矛盾におちいっている。このようにして，結局のところ本質的には，彼は動態が静態に還元されてしまうかのようにそれを静学的あるいはせいぜい比較静学的に把握していると言わざるをえない。しかし，クラークのこのような動態の静学的把握は，単に静態・動態，静学・動学という新古典派経済理論の重要な分析用具の開発という純理論史的興味にだけつながるものではない。彼のこうした試みじたいは，彼の分配的正義の論証という中心課題のなかで一定の役割を与えられているのである。すなわち，動態の静学的把握によって，結局のところ，動態における分配法則はなんら本質的変化を受けずに動態にも適用されることが容認され，動態社会においても公正な分配関係が成立するという含みをもっているのである。

4　クラークの限界生産力的分配理論とその倫理的インプリケイションの問題

　スティグラーによって「素朴な生産力の倫理」として無視されたものは，『富の分配』の中心課題と問題意識からみて重要な位置をしめるだけでなく，これを抜きにしたクラーク経済学の理解は大きな偏りと欠陥をもつことがいまや明らかであろう。この点では息子の J. M. クラークが正当な評価を与えている。すなわち，「『固有生産力』という因果的概念ととくにその倫理的結論はクラークの体系のほかのいかなる特徴よりも多くの批判をうけてきたであろうが，しかし彼はそれらを彼の最も基本的に重要な貢献と考えたようであった」(Clark, J. M. 1952, 610, 邦訳 260)。[11]

　このように，クラーク自らが最も重要とみなしたと考えられる問題を，われわれはクラークの分配理論とその倫理的インプリケイションの問題という視点から扱ってきた。具体的には，分配的正義の論証という『分配』におけるクラークの中心的な問題設定の仕方と，その理論的論証過程じたいと，そしてそ

---

11)　傍点は筆者。ただし，J. M. クラークは父クラークのこの貢献を「マルクス派の搾取説にたいする最も熱心な，かつきわめて周到な反駁」(610, 邦訳 260) にあるとみている。

の理論的帰結という3段階に分けて規範的インプリケイションとの関連を考察してきた。そこで明らかになったように，資本主義社会では公正な所得分配が行われているかどうか，言いかえれば制度的な「搾取」はないかどうかという問題が提起され，そしてもし「各人の生産物を各人へ」という法則が貫徹しているならば分配は公正であり，こうした分配関係を制度的にもつ社会は公正な社会組織であり，社会として存立する権利をもつであろうとされたのであった。かりにこの法則が貫徹していなければ，分配は不公正であり，制度的略奪が存在し，その社会の変革を企てるのも当然とされた。

さらにまた，社会の発展を考えたさい，この分配的公正に基づく社会が将来どれほどの恩恵を与えるかによって，その社会が存続すべき便宜がきめられるべきであった。なかでも前者の資本主義社会存立の権利をめぐる問題が解決さるべき最も重要なことがらであると考えられたのであった。

クラークの所得分配問題への基本的アプローチの仕方をみるとき，われわれはそこに『富の哲学』以来変わらない，理論的アプローチと倫理的アプローチとの結合を容易に見出すことができよう。『富の分配』においていかに純粋理論的装いがなされても，クラークが分配問題を基本的に「倫理・経済問題」とみる見方には何の変更もないということができる。これは初期，後期を通じてクラークに一貫したものであった。

次に提起された分配的正義の理論的論証にあたって，クラークはいわゆる限界生産力的分配理論を体系化したとされている。しかし，この論証過程もまた問題設定における理論と倫理との結合された二重接近のゆえに，必然的にこの種の二重性をまぬがれえなかった。有機体としての社会全体の観点からする分配論の見地が大前提とされたが，それに基づいて一方では「純粋理論」としての限界生産力説的アプローチがすすめられて，静的標準成立の論証がなされると共に，他方ではそれと密接に関連しながら，固有生産力理論が構成され，経済的因果関係論によって補強されて「搾取説」の否定に力が注がれたのであった。

しかもこうした一方での静的標準成立の論証と他方での分配的公正の論証はそもそも静態，完全競争を前提とした静的法則に関するものであったが，ク

ラークはここに静態と動態，静学と動学といった区別を導入することによって，理論的には静学理論の方法的自覚を深めると共に，ともかく動学への試論という形で純粋な静学的体系構成の域を超えようと試みた。しかしながら，他方では現実の社会により近い「動態」を結局静態的に把握し，動学の問題を静学ないし比較静学化して捉えるにとどまり，静的法則は動態においても基本的に貫徹することが強調された。

　さらにのちに『経済理論の要点』において展開された動学部分をも考慮に入れるならば，5つの動態要因は結局のところ静的均衡を永続的に攪乱するものではないと考えられ，ここから社会の進歩についてきわめて楽観的な見解と共に，経済的調和観が示されたのであった。

　このようにして，資本主義社会，クラークのいう私有財産制社会における分配は公正であることになり，したがって資本主義社会は立派に存立する権利をもつ，そしてまたその社会は将来与えるべき恩恵のテストにも合格して存続する便宜をもつことになる。したがって，このような2つの基準に合致した社会経済体制の根本的な変革を主張する諸々の社会主義思想——とくに戦略的にはヘンリー・ジョージ主義とマルクス主義的社会主義——の誤りが指摘されることになった。

　以上述べてきたことに大きな誤りがないとすれば，われわれは次のように論じることができよう。すなわち，第1に，クラークの限界生産力理論は，本来明らかに単なる「純粋理論」として構想されたものではない。第2に，それはもともと資本主義社会の正当性，ことに所得分配における正当性を理論的に論証するための手段という性格をになわされている。第3に，なるほどクラークには限界生産力理論を根拠に資本主義社会を直接的に弁護する言辞は少なくとも明示的にはみられないけれども，彼の限界生産力的分配論は単なる理論にとどまらず，一定の社会倫理的インプリケイションと密接不可離の関係において構成されており，資本主義社会は「正当」であり，かつ存続すべきであるとの，「純粋理論」とはいえない明らかに倫理的インプリケイションを含むものであった。

　以上のことは，クラークがのちに行った商業道徳に関する一般向け講演の記

録である『社会主義によらない社会正義』(Clark, 1914) の検討によっていっそう明らかになるであろう。この小冊子では，クラークは明確に限界生産力理論の理論的帰結を使用して私有財産制社会を弁護し，資本主義経済社会の変革をとなえる社会主義に批判を加えている。ここでも「社会的正義」を追求する若き日のクラークにみられた倫理的アプローチが強く感じられるが，いまやその求められている「社会正義」なるものは，限界生産力的分配理論（とくに固有生産力理論）によって論証されたとされる現実社会の「搾取のない」分配関係の承認・弁護を内容とするものとなった。この講演でのクラークの立場は，競争体制に対して率直で果敢な疑問を投げかけて社会正義，分配的公正をひたすら追求した初期クラークとは大きく異なっている。きわめて倫理的なキリスト教社会主義の立場から出発しながら，理論展開において限界効用価値論とそれに基づく限界生産力的分配論の展開へと進んだ後期クラークは，結局のところ彼本来の独自な倫理的接近態度を現実の資本主義経済社会の一見したところ「科学的」な弁護論に結びつけることに帰着したと言わざるをえない。こうしたクラークの理論展開にみられる通り，少なくともアメリカ合衆国においては，一定の歴史的事情のもとで分配的正義の論証という課題そのものから限界生産力理論が構想・体系化されたことに，われわれは注意を払う必要があるであろう。

第4章

クラーク限界生産力的分配論の形成過程

1 はじめに

　既にみたように，クラーク経済学の本質的な特徴として，純粋経済理論と倫理的インプリケイションとの間の独自な結びつきを指摘することができる。しかし，この結びつきの内容は，初期の『富の哲学』と後期の主著『富の分配』との間には大きな変化がみられた。

　初期のクラークは，キリスト教社会主義の立場にたち，協同組合体制を理想としながら，一方でヘンリー・ジョージ主義とマルクス主義的社会主義に反対し，他方，伝統経済学の諸前提に疑問を呈し，新たな経済学体系を模索しつつあった。とくに彼は分配問題に関心を集中し，それを「倫理・経済問題」として取り扱おうとした。なかでも分配の公正が問題の焦点であった。[1]

　後期の『富の分配』においても，この分配の公正，社会主義への関心は一貫して保持されているが，そこではクラークは限界生産力理論（とくに固有生産力理論）の理論的帰結を使用して私有財産制社会を弁護し，社会主義の搾取論に批判を集中したのであった。

　第3章では，『富の哲学』と『富の分配』とを理論的側面とイデオロギー的

---

1) 『富の哲学』でクラークは，「これらの分配問題は，正しい解答が与えられれば社会の秩序をもたらすが，もし間違った答えがなされると共産主義をもたらすし，答えられない場合には動揺と危険がもたらされる」（Clark, [1886] 1887, 109）と述べているが，現存秩序の弁護論的色彩はとくに強いものではない。

側面との関連において取り扱ったので，この章では『富の哲学』から『富の分
配』へ至る過程に焦点を合わせ，一般にクラークの理論的貢献として知られる
限界生産力的分配論の形成という形における限界主義の展開とイデオロギーと
の関連をより具体的に取り上げることとする。これによって，クラーク経済学
の体系化のなかでのイデオロギー的側面と理論分析の展開，その結果の適用の
間の関連に考察を加え，クラークにおける限界主義の拡充・展開のもつ特質を
いっそう明らかにしたい。

2　クラークにおける限界主義の展開

　『富の哲学』の公刊以後，『富の分配』に至る間に，クラークはかなりの数の
論文を発表している。しかし，そのうち，独占に関するものを除くと，限界生
産力的分配論を形成・展開する論文として重要なのは，次の3論文であろう。
　①「資本とその稼得」(1888年5月)，②「科学的賃金法則の可能性」(1889
年3月)，③「レント法則により決定される分配」(1891年4月)——以下第1,
第2, 第3論文と略称する。[2] とくに第2論文は，初め1888年12月にアメリ
カ経済学会の年次大会において発表されたものであり，クラークの限界生産力
的分配論が定式化されたとみられる論文である。ちなみに，この同じ大会の席
上，ステュアート・ウッドが「賃金論」[3]を報告しており，クラークとほぼ同
じ頃か，あるいはわずかに遅れて限界生産力理論に到達していることを付け加
えておきたい。[4]
　クラークの上記3論文の本質的な部分は，『富の分配』にとり入れられ，そ

---

2) "Capital and Its Earnings" (Clark, 1888a); "Possibility of a Scientific Law of Wages" (Clark, 1889d); "Distribution as Determined by a Law of Rent" (Clark, 1891c).
3) "Theory of Wages" (Wood, 1889).
4) ウッドはこれよりさきに，"A New View of the Theory of Wages" (Wood, 1888) を発表しており，さらに「賃金論」のあと，この続編を書いている (Wood, 1889)。ウッドの限界生産力理論は，クラークのそれほど体系的でなく，知られてもいないが，スティグラーが指摘しているように，資本と労働との代替関係の考察において優れている。Cf. Stigler, [1947] 1965.

の重要な諸章を構成している。[5]

　なお，この問題の期間中には，ベーム-バヴェルクとの間に資本・利子論をめぐる有名な論争の第1ラウンドが介在している。またクラークは1890年に公刊されたマーシャルの『経済学原理』について，かなり長い書評を寄せている。[6] さらには，1892年にS. N. パッテン，[7] 1896年にはアーヴィング・フィッシャーの利子論の書評[8] を書いている。したがって，これらの経済学者とクラークとの学史的関連を取り上げることが必要である（クラークとマーシャルとの関連については第9章を，そしてパッテンについては第13章を参照されたい）。

3　限界生産力的分配理論の形成過程

1) 限界主義の拡充とイデオロギー──反ジョージ主義・反マルクス主義的社会主義

　クラークは第1論文「資本とその稼得」の「まえがき」で次のように述べている。「〔本論文で提示される〕これらの原理が農業社会主義の諸問題を解決し，一般の賃金問題の研究を従来なされてきたよりもいっそう解決可能にすることが分かるであろう。この議論の実際的成果は，その後半で明らかになるであろう」(Clark, 1888a, 7)。このように，農業社会主義問題に決着をつけ，一般賃金問題を解決することが，クラークによる新しい分配原理，限界生産力的分配論の提出のねらいである。ここにクラークの理論構成を支えるイデオロギー的

---

5) 第1論文は『富の分配』の第9章と第10章をなしており，一部ベーム-バヴェルク批判に関しては "The Genesis of Capital" (Clark, 1893e) が加えられている (Cf. Clark, [1899], 94, fn.)。第2論文の本文は第7章と第8章をなし (Cf. 94, fn.)，「補遺」は第23章にとり入れられている (Cf. 370, fn.)。第3論文は，"A Universal Law of Economic Variation" (Clark, 1894c) といっしょに，第12，第13，第14章を構成している (Cf. 173, fn.)。
6) Clark, 1891b. これについては，本書第9章を参照。
7) "Patten's Dynamic Economics" (Clark, 1892c).
8) "Review of Irving Fisher's *Appreciation and Interest*" (Clark, 1896j).

ヴィジョンがきわめて鮮明に現れている。

　農業社会主義というのは，いうまでもなく，ヘンリー・ジョージが主に『進歩と貧困』(George, [1879]) において主張する急進的土地社会主義をさしている。このジョージ主義批判が前面に出ているけれども，クラークの批判は主にマルクス主義をさす「国家社会主義」(Clark, 1888a, 12) にも向けられている。こうしたジョージ主義とマルクス主義的社会主義への批判という問題意識の表明は，この論文の理論的中心問題たる資本理論の展開過程において一貫しており，さらにその理論的成果をもって出発点にたち戻り，「実際的成果」として社会主義批判が展開されているのである。

　クラークはすでに『富の哲学』において，ジョージの社会主義に批判的であった。賃金を論じた第8章において，彼は，ジョージが賃金は資本からではなくて，生産物から支払われることを証明した点を評価した。この点はやがて，クラークの分配理論構築の理論的出発点をなすものとなる。

　しかしそのさい，彼はジョージが「資本の生産的活動を無視する」(Clark, [1886], 126) という誤りを犯したと指摘している。「共同生産者としての資本について，またそれを所有し使用する人の当然の要求に関して，その理論は何も説明しない」(126) と述べている。[9] ジョージ主義に対する批判という観点からみる限り，『富の哲学』は概して社会資本の貢献の重要性を指摘するにとどまっていたといえる。しかしこれは，第1論文においては激しい論調の批判へと変化している。そしてこの変化の鍵は，クラークにおける資本概念の確立と深く関連しているのである。

　第1論文は，資本の本質，起源，産業的機能，稼得（レント），および純粋資本の稼得（利子）を論じている。しかしその眼目は，資本財と区別された純粋資本としての資本の本質規定と，この資本の稼得たる利子がいわゆる資本の限界生産力によって決定されるということにある。したがって，当面，純粋資本概念との関連において社会主義批判が展開されている。たとえば，具体的な生産用具とそれに投下されている抽象的元本たる純粋資本との混同を指摘した

---

9) これとの関連で，クラークは「社会資本」の必要性を説いている (Cf. 129)。これは彼の資本概念の萌芽とみられる。

さい，クラークは次のように述べている。「こうした〔資本概念の混同という〕慣行が農業社会主義と国家社会主義とに決定的な刺激を与えてきたのである。承認されようがされまいが，経済理論は政治活動の主要原因なのであり，誤った理論がひろく教えられると，悪い活動となって実を結ぶことは確実である」(Clark, 1888a, 12. Cf. 9)。

　純粋資本概念とこれに基づく利子法則の確立後，クラークははじめのイデオロギー的問題にたち戻り，純粋資本の保護を中心とする私有財産権の擁護をかなりのスペースを費やして強く主張している。まず彼によれば，社会の産業制度は人々が創り出すものに対する権利に基礎をおいているが，労働者が自己の生産物として受け取ることを請求しうるのは，特定の具体的生産物ではなく，それらのものに具体化されている「社会的有効効用」(58)の分量，すなわち価値である。資本の場合も同様である。したがって，「抽象的な，主に純粋資本の形態における富が財産権の最も重要な主題である」(59)。それゆえ，これはクラークにとっては「1つの明確な経済政策原理」(62)である。国家は人々の富の具体的形態にたいしては無関心に活動してよいが，その内容にたいしては，公正に周到な関心を払わねばならない。とくに彼は社会的観点を強調して，個人の資本よりも社会資本の総量が重要であることを力説している。

　ついでクラークは，財産権を侵すもう1つのものとして独占に批判を加えているが，ここでの中心論点は，独占の場合にも純粋資本の独占が最も問題であり，これこそ「真の独占」(63)であるということにある。ここから彼は自由な売買と資本の自由移動による純粋資本の自由を説いている。

　純粋資本が土地に投ぜられた場合にも，それは他の生産用具に投ぜられた場合と同じく，それに属する同一の権利をもっている。したがって，「国家の規制によって，商品や土地に具体化されている個人の犠牲の成果は，どの方面からの略奪からも護られるべき神聖なものである」(66)。ここから，クラークは土地政策について，大土地所有を減らし小土地所有を多くする土地改革を支持するとともに，土地に投ぜられた価値を国家が最大限に保護することを何よりも強調している。そして，この文脈において，彼はジョージの単税論を批判し，それが財産の略奪そのものにほかならないことを力説している。やや長文

にわたるが，彼の「実際的成果」について，以下に引用しておこう。

　　国家がもしこの〔上に述べた〕過程と反対のことを行うとしたらどうなるか？……もし国家が土地の所有者にそれを所有させておき，地代率いっぱいまでその土地に課税し，土地から価値をすべて取り去るとしたらどうなるであろうか？　それは略奪であろうか，いやそれは略奪の精髄なのである。……財産の内容は労働と待忍の成果であり，それに対する権利は経済政策上，神聖なものである。もしそれに手を出せば，その人は盗人である。……それ〔労働と待忍の成果〕を公共当局によって取り上げる組織的な政策を始めれば，われわれは自らとわれわれの政府とを革命的序列の最左翼をいくらか超えたところに位置づけることになろう。……しかし略奪の結果たる積極的な支配から何が生じうるのか？　個人と財産の保護を第1の目的につくられたが，今や具体的富のうち，所有権がそこに宿る特別な要素を組織的に強奪しつつある国家に，いったい何を望みうるであろうか。……土地の純粋資本は保護されているし，保護されるであろう。成功の望みのない政策は，この道徳的判断に敵対する政策なのである。(68-69)

　以上から明らかなように，第1論文においてクラークは，私有財産と自由競争の擁護という基本的立場から，社会的有効効用としての抽象的な価値の側面を強調し，とくに純粋資本の保護という観点から，ジョージの農業社会主義批判に力点をおいて社会主義批判を行い，同時に他方で，同じ観点から独占を批判したのであった。

　このように，価値元本としての純粋資本概念という，限界生産力的分配論の基礎となる重要な分析用具をつくり出して，その理論を形成する途上における社会主義批判という性格が，この段階の特徴であるということができよう。

　第2論文「科学的賃金法則の可能性」はクラークが限界生産力的分配論を定式化したといわれるものである。限界原理の一般的適用が行われ，限界生産力理論が定式化される段階において，クラークの資本主義的産業組織の弁護と社会主義批判というイデオロギー的性格は，ますます色濃くなっている。

　まず，ジョージの社会主義の基礎にある賃金論をクラークが再び取り上げ，

無地代地における限界労働を一般化し，産業上の無賃料地域の利用の限界へと限界原理を拡充するに際して，無地代地での労働者が得る利得が労働の全般的報酬を決定すると主張するジョージの主張の不合理を批判している。もしジョージの主張が正しければ，賃金稼得者は一般に，彼らのうち，小屋を建て貧弱で賃貸されない土地を地主の黙認によって耕すことを選んだ者が得るものを受け取ることになる。「これは『無権利居住者主権』(squatter sovereignty) という奇妙な種類のものであろう」(Clark, 1889d, 44)。クラークはこの種の主権を否定して，一般賃金率を決定するものは，全産業における外延的および集約的双方の意味における限界労働のつくり出す生産物であることを明らかにしているのである。

したがって，クラークはジョージなどのような土地公有思想や土地への単税主義を批判して，「土地を国有化しそれに地代を要求せよ，そうすればアメリカの賃金がこれまでそれに合致する傾向をもってきた，ある特別高い基準をただちに放棄することになるであろう」(43) と主張しているのである。

しかしながら，第2論文で最も顕著なイデオロギー的特徴は，いまや限界生産力によって定式化された新しい賃金法則および利子法則をもって，産業組織に対する社会主義からの批判と結合下の賃金問題との検討にとくによく現れている。ここでもクラークの基本的な姿勢は第1論文のそれとなんら変わっていない。

第2論文は，その表題が示すように，賃金法則の定式化を主題とするが，クラークは資本の増加が賃金率にいかなる影響を与えるかという問題設定から出発し，限界生産力的賃金論を確立したのち，この「科学的」賃金法則によって，上の問題を検討している。結局のところ，彼は「いまや，うえに述べられたように，収穫逓減法則によって賃金率が騰貴するに違いないことが明らかである」(55) という。クラークによれば，「この法則を十分定式化することによって，われわれは社会主義が産業組織に対して与えている非難，すなわち『なるほど賃金は騰貴するが，社会の所得の増加合計に比例した分け前以下を得る』という非難を評価しうるであろう」(59)。ここから彼は次のように結論している。

もし貧民がいつもわれわれとともに存在し，協同組合の実験が失敗し，[10] 素手の労働が人類のほぼ4分の3を永久に代表するものとすれば，この人々の唯一の希望は，資本の分野の限界の前進と，労働の分野の限界の後退とにある。この二重の作用によってのみ，賃金は非常に早く騰貴することができる。しかし，これらの限界の移動は，労働によって相殺されない資本供給の相当量の過剰ということによってのみ可能である。……賃金稼得者にとって全体としての結果は次のようになる。すなわち，彼はその労働に対して絶対的により多くを得る。彼の所得は一定量の資本を所有する人の所得に急速に追いつく。ところがそれは，急速に増加しつつある資本を所有する人の所得には及ばない。賃金を絶対量において減少させる諸要因は，賃金を社会所得のうちますます大きな割合をしめさせることになろう。もしこれが労働者によって正義あるいはそれ以上のものであるのならば，それは苦しみの犠牲を払った正義ないしそれ以上のものである。賃金を騰貴させる諸要因は賃金を社会所得のますます逓減するパーセントを表させる。もしこれが労働者にとって不正であるのならば，それは彼の一般的な生活水準を高める唯一の機会を与える不正である。しかしながら，現実には，主張されている公正と効用との間にはなんらの衝突も存在しない。労働者は彼が稼ぐものをますますより少なく受け取ることによって，彼が必要とするものをますます多く確保するには及ばないであろう。自然法則が自由に働きうる場合には，彼が食べるパンは「不正によって発酵させる」には及ばないであろう。(59-60)

クラークの以上の議論には多くの疑問があるが，方法論上の矛盾を指摘しておかなければならない。それは，賃金・利子の正常標準の決定を問題としているにもかかわらず，クラークは社会資本の増大や労働人口の増大，両者の増加率の関係という長期動態問題を取り扱っていることである。そもそも冒頭に設定した資本の増加が賃金率に及ぼす影響という問題は長期動態的問題であり，静的標準によって直接説明しうる性質のものではない。この混同の主な原因

---

10) クラークのこの条件には意味がある。『富の哲学』でクラークが理想の産業組織として期待した生産協同組合は，その後アメリカで失敗した歴史的背景がある。この段階では彼は協同組合にもはや期待をもっていないことが分かる。

は，静態と動態の明確な区別がなされていないことにある。

ついで，クラークは限界生産力理論を使用して，搾取論の否定を展開している。

 この法則の完成によって，賃金稼得者は，どこにおいても彼らが実際生産するよりも少ないものをえるというのが真実かどうかを知ることができる。われわれは，いたるところで労働者は素手の人が農耕限界で生産しうるものを受け取ることを強いられていると主張する議論の検討で始めた。この人は，言われているように，「最も不利な条件のもとで労働する」。彼は他のところで労働する人々よりも少なく生産する。けれども彼が生産するその最小のものが労働者たちの得ることができる最大のものである。大部分の労働者は略奪されているのである。

 略奪は誰によって行われているのか？　自然法則が完全に働きうる場合には，それは資本家によっては行われない。なぜなら，資本家は，この見解によって，資本の最も効率の低い増分と名付けられるものの生産物によって，まさに同じ仕方で評価される収益を得るからである。(60)

企業者階級による搾取も考えられない。なぜなら，企業者の純利潤は一時的なものであり，競争により消滅すると考えられているからである。そこでクラークは次のように結論をくだしている。

 競争が理論的に完全である理想状態においては，正常にして永続的と名付けうる社会所得の全体が，それらの用語の発生的意味において，資本と労働のものとなること，および企業者の純利潤は一時的であり，それが存続する限り，それは産業生産物への独立した付加から引き出されるということが論証されうるならば――論証可能だとわたくしは主張しているのだが――，労働は正常にして永続的な生産物のすべてから，資本のために留保される一定の最低額を差し引いたものを得るということができよう。

 ……労働を助ける用具はその使用にたいしてその最も効率の低いものが生産するものを要求するにすぎない。労働は，資本が労働によって略奪されて

いるのと同じ方法で，資本によって略奪されているのであり，けっしてこれ以外の方法によるものではない。なぜなら，各生産要因の収益はまさに同一方法によって決定されるからである。各生産要因はそれ自身の最終増分の生産物によって評価される分量をえる。しかも他方では各生産要因は産業の正常にして永続的生産物の全体から，他の生産要因のために留保される一定の最低額を差し引いたものをえるのである……。完全競争下では，各生産要因の報酬はまさにそれじたいの実際の生産物なのである。(61-62)

最後に付け加えられている「補遺」において，クラークが限界生産力理論とマルサス主義との関係に言及している点は注目に値する。これは，第2論文のはじめに彼が提起した，資本の増大が賃金に及ぼす影響に関連している。彼によれば，限界生産力理論とマルサス主義との関係は，賃金基金説とマルサス主義との関係に類比しうる。結論に達する過程は異なるが，結論じたいは賃金基金説と同じであることを，彼は認めている。すなわち，労働人口の運命は一方で労働供給の増加率に，他方で純粋資本の増加率に依存しており，したがって真の人口過剰問題は，人口増加率が資本増加率を超える場合ということになる。それゆえ，結論としてクラークは，「資本の増加速度の減退が予想された場合には，これに対応した人口の抑制が，人間の将来の福祉の不可欠な条件である」(69)と結んでいる。私有財産制の擁護という観点からマルサス人口論の結論を裏づけることがもつ弁護論的役割については，あらためて指摘するまでもないであろう。

2) 理論展開の論理――リカードウ地代論の一般化

クラークは1894年に有名なポルグレイヴ編『経済学辞典』に「分配法則」の項目を執筆している。これはクラークの分配論の理論的「本質」を最も簡潔に述べたものといえる。それは，限界生産力理論が一応確立したが，まだ『富の分配』における完成に達しない段階で書かれたものであるだけに，彼の理論構築の論理的筋道を最も簡明に示しているといえる。

これによれば，クラークはまず理論を提示するに当たって，「われわれは土

地の地代を決定するリカードウの公式を利用することができよう」(Clark, 1894j, 602) と述べて，リカードウ地代論の一般化の論理に従って展開している。[11] 一定面積の土地に労働を追加投入していけば，収穫逓減法則の作用により，付加される労働の生産物は減少し，最後に投ぜられた労働の生産物は最も少ない。この「労働の最終生産力」がすべての労働に対する賃金率を決定する。そして総生産物のうちより，最終生産力で支払われる賃金部分を差し引いた差額が地代となる。このリカードウの地代決定モデルに含まれている農業上の限界労働を産業一般に拡大する。その第1段階として，土地を資本に代え，一定量の資本に労働を投ずるモデルへとシフトさせられる。この場合も同じく，労働の最終生産力により賃金率がきまり，総生産物と賃金額との差額が資本の利子となる。

　一般化の第2段階は，資本と労働を逆にし，労働量を一定にして資本量を変化させれば，資本の最終生産力により利子率がきまり，この場合は賃金が総生産物から利子額を差し引いた差額として与えられる。このようなリカードウ地代論の一般化による限界生産力的分配論の形成が，クラークにおける限界主義の展開の大きな特徴をなしているのである。うえに述べた一般化の第1段階は，資本を論じた第1論文によって示されており，土地を労働に拡大する第2段階は，賃金を扱った第2論文において主に示されているといえる。

　このように，クラークは限界原理を生産要因のうち，土地→資本→労働へと拡大して，最終生産による賃金率，利子率の決定を説くとともに，他方，一定の土地に労働を加えるときに差益利得として地代が生ずる点に着目して，これを地代→利子→賃金へと理論的に適用をおしすすめ，レント法則を確立していった。このレントの側面は第3段階で最も組織的に取り上げられ，レント法則の体系化が行われることとなった。これが第3論文にみられる理論内容をなしている。このようにして一方で最終生産力による分配法則が確立され，他方でそれに基づくレント法則の一般化が行われて，限界原理による統一的な分配理論が形成されるに至ったといえる。そしてこれらの最終生産力法則とレント

---

11) クラークは既に『富の哲学』において，「リカードウの地代法則は，私には広範な補完を必要とすると思われる」(Clark, [1886] 1887, 125, fn.) と述べていた。

法則を理論の軸としながら，それらは『富の分配』においてさらに整備され，静学体系として一応完成されたとみることができよう。以上に概観した理論形成過程を，上記の3論文に即して若干検討を加えるのが，以下の課題である。

(1)「資本とその稼得」(1888年)

この論文において，クラークがはじめて資本と資本財の区別を中心に資本概念を明らかにしたことは既に述べた。彼は資本概念の混乱を指摘し，機械・建物・原料など具体的な「生産用具」(ここでは資本財の名称はまだ用いられていないがそれに当たる)から，それらに投じられている「1つの価値，抽象的分量」(Clark, 1888a, 9)である元本としての資本たる「純粋資本」(pure capital) (14) を区別している。後者は普通，貨幣額で表される。

両者を区別する特質は，①抽象性―具体性，②永続性―可滅性に求められている。「元本としての資本は多くの異なるものにあるのではなく，それらすべてに共通した単一の実体からなる。その実体とは『社会的有効効用』である」(11)。「具体的資本」(concrete capital) に対して「抽象的資本」(abstract capital) (15) が，そして可滅的な資本財に対して「永続的資本」(permanent capital) (11) が強調されている。[12]

資本概念と関連して注意しておかねばならないのは，リカードウ地代論の一般化において重要な役割を果たす理解の1つとして，土地が特殊な(固定)資

---

12) クラークの社会資本概念は社会労働とともに重要な問題点を含んでいる。彼は，労働と並んで，総生産物の水準を説明しうる唯一の総体的生産関数に移すことができる単位として，「資本」とよぶ唯一の実体が存在すると主張している。彼はリカードウ地代論の一般化ということで，土地に適用される代替の原理をそのまま資本と労働とに適用した。このさい，資本と労働は物的な単位では測定不可能であるため，それらがもつさまざまな種類と質を捨象した抽象的な価値で測定しようとしたのである。これが純粋資本概念を生むに至ったといえる。

しかし，こうした総体的生産関数という概念じたいは必ずしも受け入れられないし，資本を測定する独立した単位，つまり，利子率および賃金率と無関係である価値としての資本を考えることはできないとの有力な批判がなされている。この価値は利子と賃金が変化すれば変化するものであり，けっして分配から独立していない。この資本概念の否定は当然，限界生産力的分配論じたいの否定を意味している。また，こうした資本概念に基づく生産関数を用いた経済成長論に関しても批判が加えられることになる。これらの問題をめぐるいわゆるケンブリッジと，MITとの論争については，さしあたり，Harcourt, 1972 を参照。

本（効用を与える能動的生産用具）に含められていることである。クラークは実際の企業者の立場から価値額としての資本の観点を強調するため，この資本が機械や建物に具体化されようと，土地に投じられようと区別しないのである。

以上のような純粋資本と具体的資本との区別から，クラークは資本の起源に関する制欲説における資本と資本財の混同を批判している（制欲は資本についてなされるのであり資本財についてではない）。また，彼は資本の機能に関連して，資本を「労働維持のための元本」(18) と解する見解を取り上げて批判している。

食物やその他の労働の維持に用いられるものに宿る価値は，それらの使用によって消滅するのであり，純粋資本の特質をもたないと批判している。こうした労働者の生活資料を資本と呼ぶ見解を，彼は古い賃金基金説の生き残りとみなし，賃金は資本から支払われるという命題と，「商品にたいする需要は労働にたいする需要ではない」という命題に批判を加えている。とくに後者の場合には，J. S. ミルの古典的例証を取り上げ，「商品にたいする需要は労働にたいする需要であることが真実であるばかりでなく，なんらかの種類の商品にたいする，知られている将来の需要は，現実の状態では，労働にたいする現在の需要であることも真実である」(24-25) と述べている。クラークによれば，賃金支払いに絶対必要なのは，産業じたいによって生産される価値である。労働報酬として与えられるべき一定量の具体的な商品ストック（交換ストック）は，賃金を費消するさいの便利な条件ではあるが，必要条件ではない。

このように，資本概念の整理に関連して，一方でジェヴォンズやベーム-バヴェルクの資本理解を批判する[13] とともに，古典派の賃金基金説批判を試みており，新しい賃金論への地ならしをすすめている。

以上の資本と資本財の区別に続いて，資本の稼得が第2の論点をなしている。ここでクラークは，利子を純粋資本の稼得，具体的資本の稼得をレント（賃料）と規定している。レントは純粋資本がそれに投下されている具体的生産用具の稼得の合計額である。したがって，財産所有からえられる全所得は，

---

13) これはやがて，ベーム-バヴェルクとの資本・利子論争に展開することになる。

ある仕方でみれば利子であり，別の仕方でみればレントである。そこでクラークはレントの観点からリカードウの地代論を検討し，資本の一部にすぎない土地を資本一般に代え，地代法則からレントとしての利子を導き出している。

ただそのまえに，クラークは所得分配を問題とする場合，「社会の所得の全体は労働の報酬と資本の報酬とに分解する」(30)とし，「純粋な商業利潤」(30)と彼が名付ける純利潤は，「機械的発明や産業組織の完全化のための特別プレミアム」(30)であって競争によって消滅するものとみている。第1論文でごく簡単ながらみられたこの利潤の取扱いは，ここにいっそう明確になった。これはやがて第3論文において静態，動態概念の確立とともに，静態を無利潤の経済と考える見解へと発展するものである。静態における所得分配において，まず企業者利潤（レントでない）を取り除き，そのうえで労働の賃金と資本の利子を限界生産力原理とレント概念とによって分析する分配論の構成方法は，リカードウの古典的体系のように，まず地代を価値差額として別個に取り扱い，それを除いたうえで賃金と利潤への価値の分割を考える構成方法と大きく異なっている。[14]

さて，リカードウの地代論に対するクラークの批判であるが，それはいくつかの点にわたっている。まず地代は土地の「本源的にして不滅の諸性質」の使用に対して支払われるといわれているが，可滅的な一種の肥沃度や，市場への相対的位置は，「本源的」な性質とはいえないものであり，労働によってつくり出される効用である点が指摘されている。

しかし，もっと重要なのは，クラークが土地を効用の集合体とみている点である。そして諸効用のうち独占的価値を生むのは，大都市近郊などにみられる特別な「得やすさ」(accessibility)だけであり，これ以外の効用は人為的生産によるものであり，正常レントを支配する。ここから，クラークはリカードウ地代論の欠陥として，それが土地を自然的独占とみなすため，一時的な市場地代にあてはまるが，正常地代には妥当しないことを指摘している。

---

[14] クラークは『富の哲学』で分配法則を論じたさいには，社会的生産物の分配を地代，粗利潤，賃金の3つに分け，伝統理論に従っている（Cf. Clark, [1886] 1887, 107-08, 125, fn.）。

リカードウの地代法則を検討したのち，クラークは，土地の地代を優れた土地の生産物と限界耕作における生産物との差額として把握するリカードウの地代の公式を生産用具にも適用している。すなわち，「無地代」地（"no-rent" land）を「無賃料」生産用具（"no-rent" instrument）へと拡大する。生産用具のレントは，その生産物から限界点にあるレントを生まない最も貧弱な生産用具による生産物との差である。クラークは「これがリカードウの公式から数学的にえることができるすべてである」(42)と述べ，「レント法則の普遍妥当性」(44)を明確に主張している。そして具体的資本の稼得の総計は抽象的資本の稼得の総計に一致するのであるから，それはまた利子法則の普遍性でもある。

このようにしてクラークは，「リカードウの地代法則は正しく定式化される場合には，土地だけでなく，純粋資本が入りこむすべての具体的なものの市場レントを左右する」(53-54)との結論を引き出している。さらに彼は，純粋資本の自由移動性と競争による利子率の平準化傾向を指摘し，これが人為的生産用具の報酬たるレントを左右し，生産用具の正常レント（生産用具の生産費）を生み出すことを明らかにしているのである (54)。

(2)「科学的賃金法則の可能性」(1889年)

第1論文のまえがきで，クラークは，「より十分な議論」をこの論文に引き続きしかるべきときに発表するつもりだが，「これまでにまだ承認されていないある諸原理」(7)の提示が遅れないように，議論をある程度先取りして手短かに述べると書いた。したがって，間もなく発表された第2論文において，クラークは第1論文の主要点を理論的によりいっそう整備し，限界生産力原理による賃金理論を確立することとなったのである。

はじめにクラークは，賃金基金説とまったく異なる新しい賃金法則の必要条件として，自然法則性，普遍的適用性，理論的単純性を挙げている。とくに理論的単純化と逐次的接近方法を確認し，理論構成に先だって，完全競争と労働および資本の絶対的可動性とを前提として明示している。

このうえでリカードウ地代論の一般化の線に沿って，まず，農業上の無地代地における限界労働を全産業分野に拡大している。このさい，すでに述べたよ

うに，クラークはヘンリー・ジョージの「無権利居住者主権」を批判しつつも，人々がまさに「素手で」労働し，その生産物をすべて受け取るものを農業上の限界だけでなく，全産業のうちに見出していく。真の耕作限界を「利用の限界」(Clark, 1889d, 45) として把握しなおし，「外延的限界」および「集約的限界」の両方の意味における最終生産力が賃金を決定することを明らかにしている。「一般的賃金は，社会的労働力に付加される最後の労働によって生産される現実の生産物に等しくなる傾向がある」(49)[15] と定式化されている。そして，雇用者の観点からみて，その労働がなされてもなされなくても，彼にとって重要でない雇用の領域を「無関心帯」(48) と呼び，この無関心帯にある労働が産業上の限界労働であるとしている。これは "no-rent" land に対応する「無資本労働」とも呼ばれるべきものであり，その生産物は労働だけの生産物と考えられている。

第2の論点は，リカードウの地代論の重要な要件である土地収穫逓減法則の全産業への拡大である。クラークは抽象的資本概念を用いて，「一定量の純粋資本と結合して用いられる労働の各継続的単位はその先行諸単位よりも少なく生産する」(52) との命題に達している。むろんこの最終単位の労働の生産力によって一般的賃金率が決定されるのである。さらに，資本の場合にも，労働と同じように，収穫逓減法則が作用し，資本の稼得はその最終増分の生産物によって決定される。[16] ここには，さきに言及した「資本に助けられない労働」という意味の「無資本労働」に対応して，限界資本は労働に助けられない資本という意味で「無労働資本」(no-labor capital) (67) として把握されている。このように限界労働や限界資本の生産物を労働だけの生産物，資本だけの生産物とみなす観点は，クラークに独自な「固有生産力」の理論につながるものである。この概念はのちに『富の分配』において重要なものとなる。

収益法則に関しては，クラークは収穫逓減法則とともに収穫逓増法則にも言及している。しかし，ここでもう一度指摘しておかねばならないのは，彼のい

---

15) 原文では全文がイタリック。
16) 第2論文では，のちに『富の分配』で用いられている「有効生産力」(effective productivity) という用語はまだ現れていない。

う収穫逓減法則は必ずしも静態に適用しうる性質のものでないことである。静態においては労働量も資本量も一定でなければならないからである。この矛盾は，彼が収穫逓減法則は「2つの生産要因のうち，その量的増加率において他を上回る場合にはその生産要因にあてはまる」(54) と解することから生じている。

第2論文が実際的解決をめざす問題として，資本の増加が賃金率にどのように影響するかをかかげた関係上，クラークは実際には長期動態における問題として収穫逓減・逓増法則を扱っている（これは挙げられている例証からも明らかである）。彼は確かに，静態における限界生産力に基づく賃金率，利子率の決定メカニズムの要件として収穫逓減法則を位置づけており，その限りにおいてメリットをもつ。しかしクラークは，社会全体としての労働の増加率と資本の増加率とを比較し，両者の大小関係のもとで最終生産力が変化し，賃金率と利子率がどう変化するかを取り扱っている。こうした混乱は，やはりクラークにおける静態概念の取扱いの矛盾と思われる。

最後に，「補遺」において，クラークは，「伝統的論理の首尾一貫した使用」(66) のもたらす系論として，2つのものを指摘している。第1に，レントは価格の構成要素に入らないことである。地代が価格に入らないように，賃金も利子も同じく価格に入らない。第2に，企業者からみた場合，純粋資本と労働とは「同格」である。最終生産力できまる要素支払いが，賃金であれ利子であれ，企業者にとって費用をなすものなのである。

以上から明らかなように，最終生産力による賃金決定の理論は，利子論とともにここに定式化されるにいたった。他方，レント論もいっそう整えられ，第3論文における体系化への中間段階にあるとみなしえよう。

(3)「レント法則により決定される分配」(1891年)

第1論文と第2論文において，リカードウ地代論の一般化を理論の軸として最終生産力理論が展開されるなかで，リカードウに代表される古典派におけるように，土地の地代だけにとどまるのではなく，差益概念を他の生産要因に拡大して，賃金も利子もレントとして把握するレント法則が述べられてきたが，第3論文はいわばその総決算の形でレント法則の体系化に焦点を合わせてい

る。レント法則によって所得分配を統一的に説明しようとするところにその理論上の意義がある。

クラークはまず,「分配論を達成する真の方法は, 社会の稼得から土地の地代という要素をまず除き, そののち残りの諸要素を説明する原理を発見しようとするものではない。それはレントでないもの——すなわち純利潤——を排除することである。社会を静態に帰着させ, ついでレント法則を用いて残りのすべてを説明することである」(Clark, 1891c, 289-90. 傍点筆者)と述べている。利潤を除いて賃金と利子への分配に焦点を合わせることじたいは, 既に第1論文以来主張されてきたが, 第3論文においては, 静態概念を規定することによって, 静的分配法則の性質がより明確にされている。

彼は『富の分配』において有名になった, 5つの動態的条件を列挙し, それらの要因を欠くものとして静態を明らかにしたのである。クラークの動態的要因とは次のものである。「①社会的欲望の変化, ②機械的生産過程における変化, ③産業組織形態上の変化, ④経済組織内における資本および労働の場所的変化, ⑤資本および労働の存在量の増減」(290)。このような「孤立化方法」によってまず静的分配法則を明らかにし, そののち最終的に, 現実に生じているすべての本質的変化を説明する動的な分配法則をえることになると述べている。

さて, このようにして, クラークはリカードウ地代論を拡充し, レントを「差益利得」(differential gain) と定義し,「差益利得の一般原理」(292) を定式化しようとしている。レントの種類としては, 彼はマーシャルによる消費者レントを説明したのち, クラークのレント論に特徴的な生産者レントを展開している。その1つは「労働者の主観的レント」であり, 他は「資本家の主観的レント」である。前者はジェヴォンズの労働の不効用の理論に相当する。それは, 労働によって得られる利得と労働から結果する犠牲との均衡点以前の諸単位の労働によってえられる主観的余剰である。後者は同じく, 資本家が制欲によってえる利得と, それによってこうむる犠牲との均衡点以前の制欲によってえられる主観的余剰である。すなわち,「限界内労働」がえる主観的余剰に対応する「限界内制欲」(298) からえるそれをさしている。

第3論文では，レント法則の定式化はこれまでよりも厳密に展開されている。まず，理論の前提条件として諸概念の定義がより組織的に行われている。その第1は静態（したがって動態），第2は生産諸要因としての社会資本と社会労働である。これらの諸定義のうち，すでに言及した静態概念を除けば，新たに展開されたのは社会労働である。

　クラークは，これまで明示的に定義していなかった社会労働を，資本と資本財の区別に対応させて定義した。労働を労働力と具体的労働行為とに区別し，前者を社会資本に対応する概念として社会労働と呼んでいる。すなわち，彼は，具体的労働を「富を生産する一連の行為」(302-03) とみなし，この「具体的労働行為」(concrete working acts) に投じられている抽象的労働を「人間のエネルギーの元本」(fund of human energy) (302) と把握している。これはまさに純粋資本に対応する「純粋労働」とも呼ぶべきもので，抽象的であると共に，可滅的な具体的労働に比して，形態を自由に変化させ，世代の交替によって永続性をもつものと考えられている。[17]

　諸概念の定義という予備作業を終えたクラークは，これらの概念に基づいて，より整理された形で，①土地に労働を順次加える場合，最終労働の生産物によって賃金がきまり，最終労働者の生産物を超える差額の合計として地代（土地のレント）が決定される。ついで，②土地を資本に代えてもまったく同じ論理に従って，労働の最終生産力が賃金率を決定し，剰余として資本のレント＝利子総額がきまる。最後に，③資本と労働を逆にすれば，資本の最終生産

---

17) 社会資本概念の定義に関するさきにあげた問題点は，同じくこの社会労働概念にもあてはまる。
18) これら3つの場合を図解すれば次のようになる。

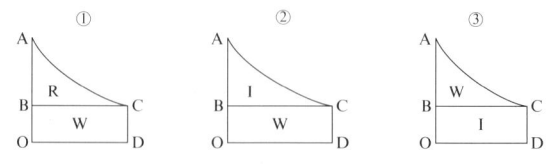

Rは地代，Iは利子，Wは賃金。CDは最終生産力を示し，BODCが最終生産力できまる要素支払額，したがってABCがレントを示す。

力によって利子率がきまり，剰余として労働のレントがきまることになる。[18]

　最後に，「差益利得の原理」の適用による結論を述べている。はじめにクラークは，第2論文で述べられた，資本の増加率と労働の増加率との関係から賃金および利子に与える影響を要約している。しかし，ここでも，既に指摘した静態と動態の区別が依然として十分生かされておらず，疑問は一向に解消されていない。

　レント法則の体系化を終えた第3論文で新たに結論として述べられた重要な論点は次のものである。「それ〔差益利得の原理〕は分配だけでなく生産も支配し，交換比率を決定する1つの要素であり，市場価値測定の最終基準を提供する。それは事実上生産と分配を同一視し，一社会階級が得るものは，自然法則のもとでは，その階級が産業の全般的生産物に貢献するものである。完全に展開されるならば，差益利得の原理は経済静学の理論を提供するものである」(312-13. 傍点筆者)。

　とくに労働者のレントと資本家のレントの分析から，クラークは，社会的にみた労働と制欲という2つの不効用とそれらにそれぞれ対応するそれらの生み出す効用との均衡によって，すべての価値を測定しうることを強調している。この点はのちに『富の分配』においていっそう展開されるにいたる，彼の価値論の1つの特徴をなすものである。

4　むすび

　クラークは『富の哲学』以来，ヘンリー・ジョージ主義とマルクス主義的社会主義に批判的であったが，それは必ずしも経済理論と密接に関連していなかった。[19] しかし，限界生産力的分配論の形成過程においては，ジョージ主義と社会主義からの現存産業体制への批判を検討し反論するという問題意識に導

---

19) 『富の哲学』での「政治的社会主義」に対する批判は，それが人間の不完全性を忘れていることと，個人の自由が保証されないことに集中している (Cf. Clark, [1886] 1887, 199 seq.)。

かれて，限界原理による新しい分配論の展開がすすめられた。同時に，こうしたイデオロギーに導かれた理論研究の結果を用いて，はじめの問題にたちもどり，社会主義の誤りを指摘して，いっそう激しい批判が展開されるという形をとった。こうしたクラークにおける限界主義と社会主義批判・現存の分配関係の弁護論は，『富の分配』の構造を生み出す基本となったのである。

1894年にポルグレイヴの『経済学辞典』に執筆した「分配の倫理」には，クラークの分配問題に関するイデオロギー的側面が端的によく現れている。彼は「現実の生産にしたがった補償の規準」（Clark, 1894i, 598）に対する社会主義からの批判を取り上げ，次のように述べている。「社会は，自然法則のもとでは，労働からそれに明確に帰属させうる生産物を奪うかどうか。これは経済学上の最も重要な問題の１つである」(599)。彼によれば，この問いに解答を与えるのは分配理論にほかならないのである。

孤立した生産者が土地を耕す場合に，各人は彼自身のものを得る。これは交換が入ってきて社会が複雑になっても変わることはない。[20]「社会は『各人に彼や他の人々が彼のためになした犠牲に明確に帰属しうる生産物を与える』との規準に実際上，合致する傾向をもっている。自然法則のもとで生ずる分配には共通した公正さが存在するのである」(599)。

分配法則に向けられた社会主義者の非難に対して，その法則じたいはけっして不正なものでないことを論証しようとする弁護論が当然あるが，その弱点は現実の分配法則の本質に関する明確な論証を欠いていることである，とクラークは言う。むろん，この弁護の明確な論証は限界生産力理論によって与えられると，彼は主張しているのである。[21] 私的所有に基づく分配関係の弁護論的色彩は，同じ『経済学辞典』の「分配法則」のもつ簡潔さと同様に，ここに直裁

---

20) この点に関連して，クラークはきわめて独特なスミス理解を示している。クラークは，初期未開の社会では労働者の生産物はすべて彼に帰属するというスミスの命題を，労働の生産物を孤立化する手法とみる。そしてこれを文明社会にも見出そうとする試みがヘンリー・ジョージの主張であり，これを理論的に正しく展開したのが限界生産力的分配論であると，クラークはみている。各人は各人の生産したものを受け取ることが主張されるわけである (Cf. Clark, [1899], 82 seq.)。

21) クラークは，ここでは，重要な社会主義者の見解として，ヘンリー・ジョージ以外に，ロードベルトゥス，マルクス，およびルイ・ブランを挙げている (Cf. 599)。

に表明されているといえる。

　いま，クラークとほぼ同じ頃に限界生産力理論に到達した，さきにあげたアメリカのステュアート・ウッドの場合と比較すれば，ウッドも実際問題への影響の大であることを認めたうえで，議論を展開しており，反社会主義的示唆がなくはないが，クラークにみられるような激しい反社会主義と現存秩序の弁護論はみられない。とくに搾取論の否定に力点が置かれているわけでもない。これからみても，クラークにおける限界主義と反社会主義的イデオロギーとの結合は，とくに顕著であることが分かるのである。

　以上の考察から，クラークの限界原理の拡充・展開過程における純粋理論とイデオロギーとの関連について次のことが明らかとなったと思われる。まず，イデオロギーがみごとに理論研究に方向づけを与えている。それは，純粋理論の自己展開じたいに対する関心とともに，研究者クラークの理論展開の主観的なバネとなり，その方向を決定づける役割を果たしている。次に，これと同時に，理論分析の結果がそれを導いたイデオロギー的立場の正当化と強化に明らかに用いられている。

　クラークにおける限界主義の展開は，このような意味において，限界主義の弁護論的使用と密接に結びつき，現存経済組織にイデオロギー的正当化を与える社会的機能を果たすものであったということができるであろう。

第5章

固有生産力的分配論をめぐる諸批判
――限界生産力理論批判史のひとこま――

1　クラークの固有生産力的分配論

　この章の目的は，既に第3章で取り上げられたクラークの固有生産力的分配理論をめぐる諸批判を取り上げ，検討することにある。

　クラークの固有生産力理論を普通の限界生産力理論から区別するうえで重要な相違点は，次の2つであった。第1点は，クラーク自身がとくに強調したテューネンの限界生産力理論批判に最も明白に現れた点である。すなわち，テューネンの賃金論にふれた箇所でクラークは，それは労働搾取を否認できない不完全な最終生産力理論であると批判し，「搾取」を否定するためには「それに加えて固有生産力理論――それは労働の各単位の支払いをそれ自らの固有生産物に一致させる――とならなければならない」(Clark, [1899], 324) と主張したのであった。労働の限界単位以外の各単位は，それぞれの絶対生産力と限界生産力との差だけ，その実際の生産力よりも少ない報酬しか受け取らないので，それだけ搾取されているのではないかという疑問に答えて，「搾取」のないことを論証しつつ，各生産要因の生産物を確定することが，経済的因果関係論としてのクラーク固有生産力理論のねらいであった。

　第2点は，それは，普通の限界生産力理論のように，企業や産業における分配分の決定理論ではなく，社会的生産関数による分配論だったことである。したがって，それは集計的生産関数によって表されるべき特質をもつということである。

クラークの固有生産力理論モデルでは，限界生産力理論における，完全競争，静態，合理的経済人という諸前提と，生産諸要因の自由可動性，生産要因各単位の互換性，および収穫逓減の法則という仮定に加えて，とくに資本の完全な可動性・結合性が仮定されていることに注意が必要である。ここにクラークによる有名な資本と資本財の概念区別が持ち込まれることになった。
　クラークは，可滅性，具体性，限定された可動・結合性をもつ資本財とは異なる抽象的，永続的な貨幣表示の価値額として同質な，しかも完全な可動性をもち，他の生産要因，とくに労働といかなる場合にも，自由に形態を変換し完全に結合する，資本財に投下されている元本として社会資本を把握することになった。
　ところで，クラークの目的は，彼の問題設定じたいからして，各生産要因だけの生産物を識別することにあった。すなわち限界生産力を当該生産要因だけの生産物として確定することが必要であった。したがって，資本と労働の結合による総生産物中，それぞれの生産要因が固有に生産したものを区別し確定する概念装置として，「固有生産力」(specific productivity) を工夫することになった。労働だけの生産物や資本だけの生産物を識別することによって，ちょうどそれぞれを労働と資本が受け取ることが，まさに公正な分配だと主張しうると考えられたのであった。
　この課題に答えるクラークの経済的因果関係論は，次の2つの命題からなっていた。第1命題：いま資本を一定とし，労働を可変的生産要因として追加投入してゆくものとすれば，労働の追加投入につれて，雇用者は一定量の資本のとる具体的形態たる各資本財の形を変えて労働との完全な結合を計るものとする。この場合には各労働単位は古い単位も新しい単位も，ともにより少ない資本を使用することになる。したがってその生産力は減少せざるをえない。どの労働単位の生産力も減少したのであるから，どの労働単位も最終単位よりも生産的であるはずはない。したがって，それ以前の労働単位のより大なる生産物は労働に帰属すべきものではなく，すべて資本の生産力に帰せられる。
　第2命題は，労働にのみ固有に帰属させることができる生産物＝労働の固有生産力は最終単位の生産物に等しいということであった。

このような固有生産力理論から，クラークは一定の倫理的・社会的インプリケイションを引き出すこととなった。固有生産力理論が証明しているように，各生産要因がその限界生産力によって支払いを受ける限り，労働は労働が生産したものを得，資本は資本が生産したものを得ることになり，そこには「搾取」は存在しない。このように，「各人の生産物を各人へ」という法則が貫徹しており，分配は公正であると，クラークは主張することとなった。さらにクラークは，こうした分配関係をもつ資本主義社会は公正な社会であり，社会として存立する権利をもつと主張したのであった。さらにまた社会の発展のうえでも，こうした分配的公正に基づく社会が与える恩恵は大であって，資本主義社会は存続すべき便宜をもつ，とクラークは主張したのであった。このようにして，資本主義社会存立の権利の弁護が固有生産力的分配論から引き出された最大の倫理的・社会的インプリケイションであった。

2　固有生産力理論をめぐる反応と諸批判

1) イントロダクション

　クラークの固有生産力理論に対する，当時のアメリカ合衆国での反応は大きかったが，その内容は種々さまざまであった。例えば，マクファーレンのクラーク批判に対するパッテンのコメント（Macfarlane, 1903）のように，新しい理論的研究じたいになんらの重要性をも認めようとしない，内在的批判とは言えない，的はずれなものも記録されている。しかし，反応を全般的にみれば，パッテンのコメントと同時になされた A. S. ジョンスンのコメントが示しているように，クラークの限界生産力とレント法則とによる分配理論を基本的に承認し支持する方向がみられたと言える。単に支持するだけではなく，少し後にはクラークの限界生産力理論の数学的展開を試みる研究も行われてゆくこととなった。[1]

---

[1]　例えば，Morss, 1926-27 がその一例である。

こうした学界の主な流れのなかで，とくにアメリカにおいてなされた，クラーク分配論に対する諸批判のうち，重要と思われる幾つかを取り上げて検討し，クラーク分配論のもつ問題点と，その問題点がどのように取り扱われたかを考察することにしたい。とくに，クラークの固有生産力理論はそのままでは継承されず，限界生産力的分配論として「純化」されていった経過の一端に考察を加えることにしたい。以下では，クラークの分配理論じたいとその社会的インプリケイションとの双方の観点からみて重要な批判と思われる，ハーヴァードのカーヴァによる批判と，クラーク理論に対して最も否定的とみられるアドリアンスによる批判を取り上げることにしたい。[2]

2) カーヴァ「クラークの富の分配」(1901年) による批判[3]

シュンペーターによって，「クラーク流の学説を展開するのに最も近い」[4]との評価を受けた，ハーヴァードのカーヴァは，まずクラークの『富の分配』を「独創性と鋭敏さ」とをもった「経済学の文献に対する顕著な貢献」(Carver, 1901, 578) であるとしたのち，クラーク分配論における倫理と経済理論との関係について一定の解釈と評価を与えている。

すなわちカーヴァによれば，「クラーク教授は彼の理論の倫理的意義を無視していないし，また経済問題と倫理問題とを混同するという，もっと重大な大失策も犯していない。彼の見解からみれば，社会秩序の正当化は，正常な条件下において，各生産要因にたいして支払われるものがその生産要因の生産物であること，あるいは，『自由競争』は労働にたいして労働が創り出したものを，資本にたいして資本が創り出したものを，そして企業者にたいしてその調整機能が創り出すものを与える傾向をもつことが，証明できるかどうかにかかって

---

2) 本章では紙面の都合から，F. A. ウォーカーによる批判とクラークの反論 (Walker, 1891 ; Clark, 1891f)，ペイダンとマクファーレンによる批判 (Padan, 1901 ; Macfarlane, 1903) は省略せざるをえなかった。このほか，別の機会に取り上げたい重要なものには，ダヴェンポートとタウシッグのもの (Davenport, [1908] 1964 ; [1913] ; Taussig, [1915] 1939) がある。
3) Carver, 1901. クラークの影響は彼の主著，Carver, [1904] 1919 に著しい。
4) Schumpeter, 1954, 869, 邦訳第5巻 1838.

いる」(578)。

　カーヴァは,『富の分配』の冒頭でクラークが社会主義を否定し,資本主義社会の安定化を計る上で,分配論のもつ重要性を強調した箇所を引用し,クラークが資本主義経済組織下での分配の正当性の理論的証明のもつ社会的重要性を極めて重視していた点に注目している。カーヴァはこうしたクラークによる「競争組織の弁護」(579) を次の2つの命題に分解しうるとしている。

(1) 各生産要因は社会の産業活動の生産物のうち,それが独自に生み出した分け前を支配すべきである。
(2) これは実際に競争下で生じるものである。(579)

　そしてカーヴァによれば,「これら2つの命題のうち,第1のものには倫理的原理が含まれており,したがって〔クラークにおいては〕まったく論じられていない。なんら倫理的考慮を含まない第2命題の弁護に,本書は主として当てられている」(579) ことになる。

　このように,カーヴァは,クラークによる競争組織の弁護は理論問題に主として当てられており,倫理問題を扱っていないと解している。このことをカーヴァは,クラークが扱ったのは機能的分配であり,もっと重要な個人的分配にはふれていないとも述べている。したがって,カーヴァによれば,土地単一税を主張するヘンリー・ジョージ主義者も,社会主義者も,すべての生産手段にかんしてクラークと同じ立場にたつであろうと主張している。なぜなら,例えばジョージ主義者の場合には,彼は,土地はその生産力に基づいて支払われるべきことを同じく認めるであろうからである。ただ彼は私的な地主が地代を受け取るべきであるということを否定するだけであろう。したがってカーヴァは,クラークがめざしたジョージの土地社会主義やマルクス主義的社会主義批判のもつ意味を,倫理からの理論の分離という観点から無視しているのである。彼はクラークを弁護して,クラークがある明白な形態の不労所得を看過しているという非難は当たらないとも述べている。しかしカーヴァは,クラークにおける理論と倫理の完全な区別を主張することができず,「それにもかかわらず,一度ならず彼の議論のなかで,彼の学説の一部をなすものでなく,彼の

議論からけっして出てこない個人的分配にかんする諸結論を暗に示していることは残念である」(580) と述べざるをえなくなっている。

ところが，カーヴァはこれを認めつつも，「その著作のこうした部分や，このような他の部分は，厳しい批判にさらされるが，筆者には，著者の主要な学説にとって本質的なものだとは思われない」(580) としている。

このように，クラーク分配論における理論と倫理との関連の問題は，カーヴァによって矛盾を含みつつも根本的な混同はみられないとされ，こうした倫理問題と切り離したところで，クラークの限界生産力的分配論を，いわば純粋理論として取り出し検討を加えるといった方法がとられているのである。

このような前提のうえにたって，理論的にはカーヴァは，「クラーク教授の議論は明晰さと確実さをもったモデルであり，それを再説せずには正当に扱うことはできないくらいである」(581) と述べて，クラークの分配論を基本的に受け入れている。

カーヴァによれば，クラークは資本の生産性にかんする証明にわずらわされずに，それを前提にしており，彼にただ必要だったのは，種々の生産要因の生産物を区別する方法を指摘することだった。そこでクラークがやったことは，①限界単位の労働と限界単位の資本とに対して，それぞれ賃金と利子が支払われるということと，②全生産物への個々の単位の生産要因の貢献は，この限界単位によって測定されるということであった。この場合，労働の限界単位の追加もしくは削減による生産物の分量が，クラークの経済的因果関係論のもとでは，1単位の労働の真の生産物なのである。そこでカーヴァはこれを形式的に一般化しようと試みている (582)。

クラーク理論に対するカーヴァの理論的コメントは，大きく次の諸論点に集中している。その第1点は経済現象の分類と「群分配の理論」に対する批判的コメントであるが，これにはとくに重要性はみられない。第2点の利潤論については，批判というよりも，高い評価だけが述べられている。すなわち，利潤は動態で生じるものであり，静態では消滅するというクラークの企業者利潤論が，理論上決定的な改善として評価されている。

第3点としては，クラークが土地を他の生産用具（資本）と区別しない点を

批判している。カーヴァは,「機能的分配を全体として考えれば,土地が人為的用具から区別されなければならない理由は存在しない」(598) ことを認めるが,個人的分配の問題を考えると労働と他の生産要因との区別は積極的理由があり,これは土地を資本から区別する点についても当てはまると言う。ここでカーヴァが個人的分配の問題をもち出してクラークを批判することは,さきにみたところからして矛盾を含むと言わざるをえないが,彼は,労働者の用役,資本家の用役,地主の用役はそれぞれ性質を異にすると言い,資本家がいなければ資本は存在しないが,地主がいなくても土地は存在する。資本の用役は資本家の用役だが土地の用役は地主の用役ではない点を指摘している。

　カーヴァの批判中最も重要なものは,第4点,資本の本質と機能をめぐる問題である。彼はクラークの最大の独創性をこの点に認めている。しかしこれに関連して彼は,クラークの主張している資本の永続性 (permanency),可動性 (mobility),および不滅性 (indestructibility) もしくは自己永続力 (self-perpetuating power) に疑問を呈している。

　(1) 資本の永続性について。クラークは,資本財じたいは消滅しても,それに体現されている貨幣表示の価値額たる資本は残ると主張しているが,そのさいの資本は同一の富ではありえない点をカーヴァは指摘している。牛が死んでも牛の与える同じだけの力が残っていると主張するのは,経済的エネルギー保存の理論を余りにも拡大しすぎであると批判している (Cf. 591-92)。

　(2) 資本の可動性について。さらに,資本の可動性,すなわち資本が企業,産業間を自由に移動し,具体的資本財に形態を転換することが可能という仮説についても,資本の永続性について言われたことがすべて妥当すると,カーヴァは主張している。「資本は資本財からなるから,資本財以上に永続的でもなければ,可動的でもない」(592) とされる。

　(3) 資本の不滅性あるいは資本の自己永続力について。資本の不滅性にかんする批判にカーヴァはいっそうの力を入れている。クラークは資本財の減価償却基金を考慮に入れて資本の不滅性を主張しており,新たな「制欲」の必要を認めていない。これに対してカーヴァは,資本は絶えざる貯蓄行為の繰り返しによって再生されねばならないことを指摘し,資本には,クラークが帰してい

るような自己永続力はないと批判している。またこれと関連して、クラークのいう生産の（労働とその報酬の）同時化の主張を否定し、待忍のコストなしに資本の存在はありえないと主張している。

　以上のようにカーヴァは、資本財の観点を重んじ、クラークのいう資本の永続性、可動性、不滅性を否定し、資本財を離れた資本概念のもつ問題性を指摘したのである。しかしカーヴァは資本のもつ完全な分割可能性・結合性（可塑性）がもつ理論上の重要な問題にはほとんど気付いていなかった。

　最後にカーヴァは、クラークの『富の分配』が与える影響力にふれ、それを予言することは難しいとしながらも、「クラークの分配にかんする中心学説は、批判の試みに耐えるであろうし、資本概念やその他の論駁を受けた論点は健全な討論を生むことであろう」(602)と結んでいる。

　以上にみたカーヴァによるクラーク分配論の論評を要約すれば、次の点が重要と思われる。①カーヴァはクラークの限界生産力による賃金・利子・地代の決定理論、および静態における利潤はゼロという利潤論を含めた分配論の全体を基本的に受け入れ、それを理論経済学上の画期的貢献と認めている。②ただしその上で、経済現象の分類と「群分配の理論」などのマイナーな点を別にすれば、土地と資本の同一視と、とくに資本の本質と機能にかんして批判を加えたのであった。

　ただ注意すべきことは、カーヴァはクラークの分配論における限界生産力理論とクラークに独自な固有生産力理論とをとくに区別しなかったことである。これはクラークの分配論における理論と倫理との関連にかんする彼の理解の仕方と深く結びついていたと言わねばならない。これは、分配論においてクラークが、理論と倫理の問題を不十分ながら基本的に区別して理論問題だけを取り上げ、倫理問題を扱わなかったという、カーヴァのクラーク理解にかかわっていた。したがって、カーヴァにとっては、倫理にかんする部分を切り離して理解するため、クラークの分配論は倫理的判断とは無関係な限界生産力理論と解され、その限りではそれを固有生産力理論と呼んでも、理論内容は同じものと考えられたのであった。

3) アドリアンスによる固有生産力理論批判[5]

(1) はじめに

アドリアンスははじめに,経済学は賃金基金説と人口論との結合によって賃金稼得者から希望を奪っていた時代以降,理論において大幅の進歩を遂げ,陰惨な科学でなくなったが,この経済学上の革命の達成に当たって,J. B. クラークほど大きな貢献をなした経済学者はごくわずかしかいないと述べている。

しかしアドリアンスは,「クラークの業績のひとつの重要な部分は,われわれを,既に拒けられてしまった学説よりもただ陰惨さがより少ないだけの信念のとりこにする傾向をもってきた」と言い,これがクラークの「固有生産力」理論だとしている。

アドリアンスの整理するところによれば,クラークの命題は次の3点からなる。①複雑な現代産業においてさえ,労働者は固有で見分けることができる生産物を創り出す,②静態では,労働者はこの生産物を彼の報酬として正確に確保する,③動態では,動態的変化によってその結果は修正されるが,根本的法則は作用しており,労働者に報酬として彼の全生産物を確保する傾向を常にもっている。この分配法則の働きのうちに,クラークは「正義の大原理」(Adriance, 1914-15, 150) を見出しているのである。クラークは,動態的変化がそれを妨げる諸力を働かせる場合を除けば,現代の産業社会は各人にその功績に従って報酬を与えていると主張している。これはまさに「新しい経済的調和論」(150) であり,社会の正義と誠実を確立することをめざしている,と述べている。

(2) 5つの批判点

アドリアンスによれば,社会の正義にかんするクラークの見解は,彼の固有生産力説からは出てこないことが,既にカーヴァによって明確にされたし,またホブスン (Hobson, 1904; [1909] 1969)[6] やダヴェンポート (Davenport, [1908] 1964; [1913] 1968) によって批判されたにもかかわらず,「固有生産力

---

5) Adriance, 1914-15.
6) ホブスンの批判についても別の機会に取り上げたい。

が賃金・利子の決定において作用するという信念は今日広くもたれている」(Adriance, 1914-15, 150) ので，その誤りをより完全に指摘することが必要だとしている。

　アドリアンスの固有生産力的分配論批判の重要な論点は次の5つと考えられる。①固有生産力理論の主要な論法は自明の理によりかかっていること，②固有生産力を孤立化させることは不可能であること，③固有生産力を孤立化させる方法における数学的誤り，④固有生産力説のもつ社会的インプリケイションの誤り，⑤固有生産力概念の真理要因。以上これらの点についてみてゆくことにしよう。

　①固有生産力理論の主要論法は自明の理によりかかっている。クラークによれば，レントを生まない限界労働の使用から生ずる全生産物はその労働に帰属する。他の労働諸単位は，それらが相互置換え可能ならば，限界単位と同一の生産力を必然的にもつことになる。したがってこれら他の単位の労働は限界単位と同率の支払いを受ける。そこで結論として，すべての産業分野を通して，1単位の労働の支払基準はその単位の識別可能な，あるいは「固有」の生産力であると主張される。

　しかし，これは，アドリアンスによれば，雇用者による生産要因の評価過程を示すだけである。この生産過程のなかで，さまざまな労働者の生産物の間には，物的な一致，同一性は存在しない。あるのはただ賃金支払いにおいて彼らの労働に与えられる同一の価値評価だけである。雇用者は，ある人に彼が雇用者にとって価値あるものを支払うという場合，われわれは，せいぜいのところ自明の理を主張しているにすぎない。そしてこの自明の理は，賃金と社会的功績との関連について，われわれに何ひとつ告げるものではない。限界労働から生じる「全生産物」というのも，賃金支払いによって証明されたような労働者の用役に帰せられる価値を意味するだけなら，これまた自明の理にすぎない。これは結局，人はその支払いを受けるものを支払われるというのと同じことであり，まったく自明の理にすぎない。賃金の決定要因としての固有生産力命題は証明されていないことになる。

　②固有生産力を孤立させることは不可能である。クラークは，「原始経済」

では労働の生産物と資本の生産物を区別することはまったく不可能としている（Clark, [1899], 83）。ところが，「交換経済」では，労働の固有の生産物は識別可能と主張される。そのさいクラークがとった手法は，①労働は資本の無レント使用と関連して用いられると想定されており，②したがって，限界点では資本の，共同生産物にたいする貢献はゼロとみなされ，③したがって，この共同生産物は専ら労働だけの固有の創出に帰せられることになる。

しかし，ここでクラークが挙げている例からも分かるように，運転費用だけを償う鉄道や汽船といったレントを生まない生産用具類（no-rent instruments）が生産物を「創り出すのを助ける」（help to create）（96）とすれば，そのような共同生産物をその１つの生産要因たる労働に帰属させるのは，奇妙な言葉の使い方である。共同の生産物であるものを，いずれか１つだけの生産要因に帰すのはまったく不合理である。クラークの言う "empty handed or unaided labor"（素手の，あるいは他の助けをもたない労働）[7]といったものは存在しない。「原始経済」で不可能ならば，より複雑な生産過程をもつ「交換経済」では，各生産要因の生産物を区別することはなおさら不可能である。事実として「固有の生産物」といったものは存在しないだけでなく，理論の上でさえ，考えることはできない，とアドリアンスは批判している。

③固有生産力孤立化方法における数学的誤り。アドリアンスは，次いで，固有生産力を評価するクラークの方法には，「初歩的な数学上の誤り」（Adriance, 1914-15, 158）があると主張している。これは，「生産諸要因に固有に帰せられる生産力の合計額が，現実の総生産物に等しいことは数学的に不可能である（158）ことを主張しようとするものである。一定の用具を用いて労働者が魚をとる簡単な数字例によりながら，結局，労働の増分 a の追加から得られる生産物の増分を x とすれば，生産諸要因は x の創出において労働の増分 a と共同する役割を果たす。したがって x は a の固有生産物であると呼ばれるならば，これは単純な誤りとなる。なぜならば，x も他の生産諸要因との共同生産物に変わりはないからである。

---

7) Cf. Clark, [1899], 84, 88, 89, 92, 95, 100, 160, 184 etc.

第 5 章　固有生産力的分配論をめぐる諸批判　119

④固有生産力説のもつ社会的インプリケイションの誤り。アドリアンスは次に固有生産力説じたいでなく，その理論のもつ社会的インプリケイションが断念されねばならないことを主張している。彼はまず，『富の分配』の冒頭にみられる分配にかんするクラークの問題意識を，カーヴァ以上に長文にわたって引用している。クラークによれば，資本主義の「社会状態の安定」は労働階級が生産するものを彼らが得ているか否かにかかっているので，もしこれが証明されなければ，社会主義者による搾取論が否定されず，社会主義が正義感を表すことになり，事柄は極めて重大である。

しかし，このような危機意識に対して，アドリアンスは，「だがこうした大々的な主張は今日ではなされないであろう。今日多くの経済学者は生産力説を受け入れており，それからこのような大々的な結論を引き出す人は，かりにあったとしても，ごくわずかであろう」(167) と述べている。

彼によれば，「もし社会秩序の正義が生産力と報酬の比較によって確立されるべきものとすれば，支払いがそれぞれの生産要因の生産力に比例しているということを証明することでは十分ではない。われわれにとり必要なのは，産業活動の報酬が人々の生産的貢献に比例して彼らの間に分配されることの証明である。したがってアドリアンスは，これが証明されない限り，「生産力説の意義は非常に根本から修正される」(168) ことになると述べている。かりにこのことが証明されたとしても，それは社会の正義よりも，むしろ不正義を説明することになろう。「もし生産諸要因――生命あるものもないものも――がそれらが生産するものに比例して支払いを受けるならば，そのような仕組みは一寸考えられないような世界においてのみ，公正な分配を行うであろう」(168)。つまり，資産ストックや生産諸要因の分配じたいの公正を抜きにして，社会的正義は論じることができないことをあらためて指摘しているのである。

さらにアドリアンスは，J. M. クラークが父の限界生産力理論を弁護した1914 年の論文（Clark, J. M. 1914）を取り上げて，「この理論の社会的意義の放棄」(Adriance, 1914-15, 168) が明示的に認められた点を指摘している。息子のクラークは次のように述べたのであった。「この仮説が正当化することのすべては，もしいつでも財産，教育，および機会の完全で公正な分配が与えられる

ならば，理想的競争下において所得は当然受くべきものを測定するであろうという主張である」(Clark, J. M. 1914, 314)。これが示しているように，これは実にクラークの本来の主張にははるかに及ばないものである。

⑤固有生産力概念の真理要因。このようにして，アドリアンスは，「生産物に比例した報酬という倫理的観念はまったくなくなってしまったのであり，そこに残ったのは厳密な経済的評価過程である」(Adriance, 1914-15, 168) と述べている。

そこでアドリアンスは，機能的分配における所得は社会的役立ちの大まかな尺度であるということは正しいかどうかをめぐって，近年吟味され，さまざまな「修正と例外」が加えられてきたとして，たとえば，強制や詐欺によらないことや，社会にとって有害な欲望をつくり出すことによらないこと，さらに相続による財産所得の問題等が指摘されている。要するにアドリアンスは，「生産力説は，所得は社会的奉仕の指標であるという一般的な考え方に科学的是認を与えると思われてきたが，それは真理の核を含むものの，きわめて不正確であり，普通，問題の最も本質的な要素の幾つかを看過している」(174) と述べている。

(3) むすび

このようにして，アドリアンスは，結論として，固有生産力説は2つの点で満足のゆく所得分配の説明ではないとしている。すなわち，①現在の富の分配を与えられたものとして前提しており，②限界生産力理論は，価値評価過程の結果たる競争的分け前をわれわれに与えるが，生産力貢献の指標をおよそ正確に与えるものではないからである。

クラークによる正確な定式化がなされる以前でも，ある暗黙の経済学説があったが，クラークの学説は，「経済的調和」，「自由放任学説」，および競争過程の無条件の恩恵といった教義を含む認識の，一種の痕跡を残した生き残りだとしている (175)。したがってアドリアンスは，固有生産力的分配論が経済学者をいっそう保守的にしている点を次のように明確に指摘している。

「固有生産力概念は，クラークによって構成された明示的な形においても，競争観念の無批判の是認のうちに偽装し潜在的な形で現れるときでも，いずれ

においても，分配上の悪に目をつぶらせる傾向は，経済学者をして，われわれがそうである権利をもつ以上に，われわれを保守的にする傾向をもっている」(175-76)。アドリアンスはこのように，「『富の分配』は正当と認められない保守主義の弁護論として非難されてきた」(176) 事情を指摘し，保守主義の不当な影響力を奪うために，固有生産力説の誤りが正確に示されねばならないことを強調したのであった。

3 固有生産力的分配論の諸問題点

1) 倫理的・社会的インプリケイションの問題

以上にみた，クラークの固有生産力的分配論をめぐる諸批判から，その問題点として，大きく2つの論点に分けて考えることができよう。そのひとつは固有生産力理論の倫理的・社会的インプリケイションの問題である。カーヴァにみられたように，固有生産力理論（あるいは限界生産力理論）を分配論として，多少の問題点はあるものの基本的に承認し，古典派分配論から転換していくのが学界の主流を占めていくことになる。しかし，これもカーヴァにおいて明らかなように，クラークの固有生産力的分配論がもつ競争的資本主義社会における分配的公正の弁護という分配の倫理問題は，本来クラークの分配論の主題ではないとして，それがもつ倫理的な弁護論的インプリケイションを限界生産力理論から切り離す方向が打ち出されたのであった。

しかしカーヴァもクラークにおける一部倫理的問題への踏み込みを認めざるをえなかったように，実際上のクラークの問題意識は資本主義社会における分配的正義の理論的論証にあったので，この倫理的・社会的インプリケイションは，経済学者の間だけでなく，一般にアメリカ社会において大きな保守的インパクトをもつものであった。したがって，カーヴァが指摘したクラークの限界生産力理論じたいからは弁護論的インプリケイションは引き出し得ないという批判が加えられねばならなかったと言える。生産諸要因じたいの配分，教育等々の問題をおいて分配的正義を主張することはできないとされたのであっ

た。そしてこれは，アドリアンスが指摘したように，J. M. クラークによって父クラークの固有生産力説のもつ社会的・倫理的インプリケイションの放棄が確認されることとなったのである。

このカーヴァと J. M. クラークにみられる理解の仕方は，たとえばスティグラー（Cf. Stigler, [1941], 297）やシュンペーターというように，限界生産力理論を支持する正統派経済学者へと継承されて今日に至っていると言える。シュンペーターは次のように述べている。

> 限界原理はひとつの政治的インプリケイションすらもつようになり，ある人々の目には，資本主義を擁護し社会改良をサボタージュする用意をもった反動的な怪物に成長したように映じた。論理そのものからみれば，このことにはなんの意味もない。限界原理じたいは分析の用具にすぎない……マルクスでさえ，もし 50 年も遅れて誕生したら，これを当然のものとして用いたに違いあるまい。……それよりもさらにいっそう強く，これは政策や社会哲学とはなんの関係ももちえないものであって……このような関係をもちうるのは，限界分析の結論にたいして加えられる政治的ないし倫理的解釈のいかんのみである。……クラークは非難をまったく免れていたものではない。彼が『富の哲学』において，たとえ急進派の神経を身につけやすい傾きのあるタイプのものであったとはいえ，自分なりの倫理的評価を説くのはもちろん彼の任意であった。ところが，彼は一歩を進めて，限界生産力の「法則」による分配が「公正」である旨を主張するに至った。そしてこれは，いかなる場合にも理論を好まなかったものが大多数を占めている専門家の目には，『クラーク流の限界原理』と資本主義の弁護論との間の結びつきを創り出すこととなった。(Schumpeter, 1954, 869-70, 邦訳第 5 巻 1838-39)

ここでは，クラークの限界生産力論が理論上，限界分析じたいとして扱われている点に問題が残るが，限界生産力理論とその結果から引き出される倫理的インプリケイションとはまったく別個のものとする見方は定着したと言える。

しかし，こうした限界生産力理論を純粋理論としてのみ考察し，その倫理的インプリケイションを否定し，それを切り離すことに専念してきた正統派的取

扱いによって，その理論のもつ社会的インプリケイションが完全に取り除かれたかと言えば，そうとは言い難い。

そもそも限界生産力的分配論はいわゆる「純粋理論」ではなく，社会哲学的前提や一定のヴィジョンと無関係ではありえないものである。資本じたいの生産性という前提や，結論が示す「搾取論」否定といった，分配的正義の積極的な主張ではないが，消極的インプリケイションからけっして自由とは言えないであろう。この意味では，クラークの弁護論にみられたヴィジョンは完全に死んでしまったとは言い難いであろう。

2) 理論的問題点

第2の問題は，クラークの固有生産力理論のもつ理論的問題点である。まず諸批判のうち，限界生産力理論じたいのその後の理論的展開という観点からみれば，アドリアンスら[8]が指摘したように，クラークにおける完全分配の証明の欠如ないし不備という問題は，エッジワース，ワルラス，ヴィクセルへと展開されて，数学的証明によって一応の決着をみたとされている。このようにして，新古典派経済学の生産関数のもつ，完全競争，静態，とくに一次同次性（規模にかんして収穫不変）といった厳しい前提が明らかとなっている。

さらにカーヴァにもみられた，クラークの第1の貢献とされた，資本財と区別された社会的元本としての資本概念についても，それがもつ問題点が次第に明らかにされてきた。とくに，ジョーン・ロビンスン[9]らの批判に始まるケンブリッジ資本論争[10]によって明らかになってきたように，クラークにはじまる限界生産力理論に対する理論的批判は，少なくとも，次の2つの点を明らかにしたと言える。

(1) 資本概念と生産関数

クラーク以来の資本概念は，現実の資本財がまぬがれえない制限された可動

---

8) 他に例えば，Padan, 1901 ; Macfarlane, 1903 を参照。
9) Robinson, 1953-54 を参照。
10) ケンブリッジ資本論争については，Harcourt, 1969 ; 1972 を参照。また限界生産力理論批判としてガレニャーニ (Garegnani, 1960 ; 1970) を参照。

性，結合性とまったくかけ離れた完全可動性，完全結合性（生産手段の可塑性）という仮定のうえにたっている。いわば「ジェリー資本」あるいは「プラスチック資本」という特質をもっている。さらにその形態変換における無時間，無費用という仮定ももうけられている。こうした，資本の特質把握からみて余りにも事実から遊離した諸仮定と，そのうえに成りたつ生産関数のもつ理論的有効性および現実への適用性が問題とされてきている。

(2) 循環論

さらにもっと重要な点は，具体的生産手段から完全に切り離すことのできない資本は，同質的なものではありえず，本来，物的に異質な生産財からなっており，これらの間には共通性を欠いている。こうした異質な資本を社会的に集計し，クラークのいうような同質的な社会資本を考えるためには，価値による測定が不可欠である。しかし価値として資本が測定されるためには，利子率（利潤率）が与えられねばならないから，限界生産力による利子率決定の理論は，一種の循環論に陥らざるをえないという根本的欠陥が指摘されてきた。これは言うまでもなく，分配および価格から独立した，ひとつの単位としての資本という概念への批判であり，クラーク流の資本理論にとっての本来的な問題に他ならない。

また，限界生産力にせよ，固有生産力にせよ，これを孤立化することは分配理論として本来不可能であり，無意味でしかない点も重要である。ジョーン・ロビンスンが指摘したように，生産要因として資本と労働が使用されるとき，「追加的雇用による限界生産は，1人年当りの労働に対する賃金と，そしてその労働者を雇用するために必要な資本に対する利潤との和に等しくなければならない。各『生産要素』がそれぞれの限界生産に等しいものを報酬として受け取るというのは，まったく事実に反したことである。労働プラス資本によって限界生産が生み出される」(Robinson, 1971, 57, 邦訳 105) のである。

このようにして，ケンブリッジ資本論争は資本理論において，ジェヴォンズやフィッシャーと共に，クラークによるこの領域での貢献とされてきた点を再

---

11) グロンヴェーゲンもこの点を指摘している (Groenewegen, 1990)。

評価することが必要となっている。[11] しかし，こうした限界生産力理論に対する批判にもかかわらず，正統派経済学では，それは「クラーク=ソロー型集計的生産関数」として受け入れられてきており，サムエルソンの『経済学』(Samuelson, 1951) をはじめ，一般の経済学教科書において繰り返し解説されていることは周知の通りである。さらに，ジョーン・ロビンスンが指摘したように，「この利潤〔利子〕だけを生み出す資金としての資本と生産手段のストックとしての資本とを同一視したJ. B. クラークの考え方が新々古典派あるいは『新しい古典派経済学』(New Classical Economics) によって取り入れられている。[12] そして土地を除いて考えると，『資本』と労働とが『生産要因』であり，それらの『報酬』がそれぞれの限界生産力に対応することが『無条件に再確認されている』」(Robinson, 1971, 33, 邦訳 93) のである。[13]

---

12) 例えば，ロビンスンは C. E. Ferguson, *The Neoclassical Theory of Production and Distribution* (1969) を挙げている。

13) クラークを中心にした限界生産力理論批判としては，Gerdes, 1977 を参照。

第6章

クラークにおける競争と独占
―― 「J. B. クラーク問題」と独占形成 ――

1 はじめに

　既にみたように，クラークはアメリカ合衆国が生んだ最初の優れた国際的な理論経済学者であり，限界効用・限界生産力理論の独自な展開によって限界主義理論の体系化に大きな理論的貢献を残した。

　しかしクラークは，視野の狭い限界主義理論史家たちの評価とは異なり，純粋理論だけに関心を示したのではなく，現実の経済問題と経済政策に対して絶えず大きな関心をもつ現実的な経済学者であった。この現実主義という点ではクラークはまさにイギリスのアルフレッド・マーシャルに匹敵するといえる。とくに道徳的要因を重視し，社会的正義を重んじるクラークのピューリタン的倫理観は，現実の経済・社会的不公正を看過することをゆるさなかった。

　クラークの豊かな現実感覚と社会倫理とによって捉えられた重要な問題のうち，彼が最大の関心を払ったのは独占問題であった。彼の著作目録からも分かるように，後年彼が心血を注いだ平和問題と並んで，独占問題はクラークにとって最も重要な現実問題となった。

　アメリカ合衆国における資本の集中化は，南北戦争後1870年代にプールを生み出し，1882年にはスタンダード石油をはじめ，トラスティ方式のトラストを出現させ，独占の形成がすすんだ。これは1889年には持株会社形態の強力なトラストの結成へと発展した。1890年に有名なシャーマン独占禁止法が制定されたが，トラストは増え続け，1901年のUSスティールの設立を含め，

1898年から1904年に至るいわゆる「トラスト熱狂時代」を迎えた。

クラークのトラスト・独占に関する最初の著書は，うえにふれたアメリカ最大の独占体，USスティール設立と同年に，『トラストの統制——自然的方法による独占力抑制賛成論』(1901年)[1] として刊行された。3年ののち，彼はさらに『独占問題——重大な危険およびそれを回避する自然的方法の研究』(1904年)[2] を公刊した。トラスト・独占問題の進展に合わせ，クラークは1912年には，息子のJ. M. クラークの協力を得て『トラストの統制』の現代化を計り，その増補改訂版を共著として刊行した（Clark, [1912]）。

これら2著作のほか，トラスト・独占に関してクラークは実に数多くの学術的・啓蒙的論説をつぎつぎと書き，また学会や一般向けの講演を行い，政府委員会において証言するなど，多年にわたって活発な活動を続けた。

このような彼の独占問題に対する貢献は，反独占政策の形成に歴史的な役割を果たすこととなった。ことに『トラストの統制』におけるクラークの見解は，ウィルソン大統領の要請によって，1914年のクレイトン法および連邦取引委員会法のうちに具体化されたのである。

このように，クラークはアメリカ新古典派経済学形成期における最もすぐれた理論経済学者でありつつ，同時に現実のアメリカ経済における独占形成とそれがもたらしつつあった諸問題にとくに積極的に取り組み，反独占政策を提唱し，実際の政策に影響を与えたという点で特異な存在といえる。したがって，クラーク経済学の全体をとらえるためには，理論家および独占政策論者としての両面を関連づけて論じることが必要であろう。

そこで，クラークにおける競争・独占という論題を論じるに当たっては，さしあたり次の2つの問題への接近が必要であると思われる。そのひとつは，クラークの競争・独占論じたいの性格とその歴史的意義の解明である。この問題をクラーク自身の諸論説のうちにさぐり，主として産業組織論の観点によりつ

---

1) *The Control of Trusts : An Argument in Favor of Curbing the Power of Monopoly by a Natural Method* (Clark, 1901).
2) *The Problem of Monopoly : A Study of a Grave Danger and of the Natural Mode of Averting It* (Clark, 1904).

つ，当時のアメリカ経済学界の動静との関連においてその位置を明らかにしなければならない。この問題に関する研究，ピータースン（Perterson, 1957）やドーフマン（Dorfman, 1971）のそれにもかかわらず，その解明は必ずしも十分とは思われないからである。

しかし，これだけでは，クラークの競争・独占論のもつ意義は産業組織論的に明らかになったとしても，経済学史的にはけっして十分とは言えないであろう。というのは，われわれの目的はクラーク経済学全体の特徴と貢献の経済学史的検討にある以上，彼の独占論は彼の経済学説とその展開過程との全面的関連において考察されねばならないからである。

具体的に言えば，『富の哲学』に代表される初期のクラークから，主著『富の分配』を転機とする後期クラークへと彼の経済学が体系化されて行く過程で，彼の独占に対する考え方はどのようなかかわりをもっているのかが明らかにされねばならない。既に指摘されているように，初期の競争組織に対する改革的立場から，後期におけるそれの弁護論的見解への変化との関係において，彼の独占論を考察の対象とすることが不可欠の課題と思われる。

まさに独占形成期の激動するアメリカに生きた新古典派経済学の建設者クラークは独占をどう認識し，それにどう対処しようとしたのか，そして，そのことは彼の理論体系の展開，なかでも初期と後期における経済組織に対する彼の基本的見解の変化とどのように関連していたのかを問題とすることを通して，クラーク経済学の全体的評価が追求されねばならない。同時にそのことはまた，アメリカ新古典派経済学の特質理解にとっても重要であろう。これはクラーク経済学と寡占・独占化したアメリカ資本主義，したがってアメリカ新古典派経済学と独占という主題の一部をなすものである。

この章では，まず，初期から後期へのクラーク経済学の変化というクラーク固有の問題に焦点を合わせ，これとの関連において彼の競争・独占論を考察するという先に挙げた後者の問題を中心に考察をすすめることにしたい。[3] そこではじめに，初期と後期におけるクラーク経済思想の変化という問題の整理を

---

3) 主として産業組織論的見地からするクラーク独占政策論の詳細な検討は，次の第7章において取り上げられる。

しておくことにしよう。

2 「J. B. クラーク問題」とそれをめぐる諸見解

　限界効用・限界生産力理論への貢献という観点だけからクラークをみれば，『富の分配』が取り上げられ，『富の哲学』は無視されるか，それとも取り上げられても，限界効用価値論の独立した発見という側面のみにすぎない。このような分析視点にたつ限り，『哲学』と『分配』との間にみられる矛盾あるいは変化は問題とならない。しかし，こうした狭い機械的な理論史的視点を離れるとすぐに，両著間の相違に気付くはずである。たとえば，息子のJ. M. クラークはこの問題を次のように指摘している。「『富の哲学』の道徳的に批判的な調子とクラークの後の理論的著作の分析的力点および楽観主義との間の対照は，多くの人々に彼の倫理的見解が変化したと示唆してきた」(Clark, J. M. 1968, vol. 2, 507)。

　われわれはここに，両著に代表される初期と後期のクラークにおける根本的接近方法の変化，とくに競争組織に対する批判からその重視・弁護への変化があったかどうかという問題に直面する。この問題をわれわれは便宜上「J. B. クラーク問題」と名付けることにしたい。

　このいわゆる「クラーク問題」をおそらく最初に取り上げたのは，ホーマンであったと思われる。のちにJ. M. クラーク，J. ドーフマン，最近ではジャラドーそしてJ. F. ヘンリーが取り上げ論じている。[4]

　ところで，この「クラーク問題」には2つの論点が含まれている。そのひと

---

[4]　筆者自身は事実上早くこの問題を取り上げ，とくに『分配』における理論と倫理の関係を論じた。「J. B. クラークの限界生産力理論とその倫理的インプリケイション」(『経済学研究』24巻2号，1970年)(本書第3章を構成)，および「J. B. クラークと限界主義――限界生産力的分配論の形成過程」(『甲南経済学論集』14巻2号，1973年)(本書第4章を構成)を参照。筆者が名付けた「J. B. クラーク問題」("The J. B. Clark Problem")という言葉はその後定着した。たとえば次のものを参照。Donald R. Stabile, "Unions and the Natural Standard of Wages : Another Look at 'the J. B. Clark Problem'" (Stabile, 2000). ヘンリーについては本書の第8章で取り上げられる。

つは，この問題を単に力点の変化にすぎないとみるか，それとも根本的変化とみなすかという，問題の意義をめぐる評価という論点である。そしてもうひとつの論点は，力点の変化あるいは根本的変化のいずれとみるにせよ，その変化をもたらした諸要因をどう説明するかという，問題説明の側面である。これら2つの論点から，以下，この問題をめぐる従来の諸見解を検討することにしよう。

早くも1928年にホーマンはこの問題を取り上げた。まず第1論点に関しては，「力点の変化」という解釈をくだした。「『富の哲学』の刊行と『富の分配』の刊行との間に，経済理論の問題に対する彼の接近方法は，基本見解のきわめて根本的な変化ではないにせよ，少なくとも力点の変化（a change of emphasis）をこうむった」(Homan, 1928, 20) と，彼は述べている。[5]

ただ，ホーマンが問題の性格をこのような「力点の変化」とみ，「基本見解のきわめて根本的な変化」と解さない根拠については，ふれられていない。しかしホーマンは「力点の変化」とはみるものの，その変化を重視し，「もし可能なら，クラークを『富の哲学』の熱烈な改革家から，よく知られたタイプの演繹的理論家へと変えるのに，どのような影響力が作用したのかを発見することは興味あることである」(96) として，変化の原因分析という第2の論点に途を開いた。

ホーマンは，クラークの十分な伝記が存在しないので，説明はどうしても推測的性質を帯びざるをえないことを断りながら，「力点の変化」をもたらした要因として次の4点を挙げている。①限界効用学派の流行，② F. A. ウォーカーやヘンリー・ジョージの影響，③反マルクス主義，④アメリカにおける独占形成。

①については，ホーマンは，1880年代および1890年代における経済学の理論的側面に対する関心の復活の流れの中で，クラークが既に国際的承認を得ていた限界効用理論の発展へと自然に移行して行ったのだと考えている。②に関しては，ウォーカーの古典派分配論（とくに賃金論）批判がクラークを元気づ

---

5) ホーマンが両著の間を14年としているのは『哲学』の刊行を誤って1885年とみているからである。

けたと想像できること，しかし実際の手がかりとしては，ヘンリー・ジョージの，賃金は最劣等地で働く労働者の生産物によってきまるとの見解に示唆を得た点を示している。③としては，ホーマンは，マルクスとクラークの方法の類似性——結論は正反対だが——をベーム-バヴェルクが初めて指摘したことにふれつつ，クラークが他のいかなる経済学者よりも，マルクスを論破しようとしたことを挙げている。すなわち，限界生産力理論による分配の公正の「科学的」証明，それに基づく私有財産制の弁護という論理である。最後に④に関しては，ホーマンによれば，マルクス主義的革命の脅威がクラークに社会改革（競争組織の批判）への情熱をかりたてたが，そのときに彼は競争の論理的結果としての恐るべき独占の形成（競争の否定）に直面した。このディレンマによって，クラークのうちで結局のところ古い競争組織が残ったとされている（Cf. 100-01）。

「クラーク問題」に関する説明としては，変化がどのようにして生じたかということよりも，なぜ変化が生じたのかという，変化の原因や理由を追求することが本来の問題である。この視点からすれば，ホーマンの第1論点，限界主義理論の開拓の流行という要因は，限界効用理論から限界生産力理論への純理論的関心面における影響要因にとどまる。また第2の論点たるウォーカーやとくにヘンリー・ジョージの賃金論は，クラークの限界生産力理論の展開過程で具体的手がかりを提供したと考えられ，その意味で「力点の変化」に関連しているが，変化じたいをもたらした要因とは言い難い。この要因は第1の要因と同様，『哲学』においてクラークが理論の前提として不適切であると批判した競争やその主体をなす合理的経済人を前提にした理論構成を行うという「変化」をもたらすに至った理由に関する積極的説明とは言い難い。

ホーマンが挙げた第3点，マルクス主義イデオロギーという要因も同じく積極的要因とは考えられない。なぜなら，反マルクス主義という要因じたいに関しては，ヘンリー・ジョージの急進主義への反対と共に，クラークにおいては初期，後期を通して一貫したイデオロギー的立場だからである。『哲学』において既にクラークは，「政治的社会主義」の名でマルクス主義に反対し，その理由として，人間の不完全性の無視と個人の自由の破壊を挙げている。『分配』

においては，この同じ反マルクス主義的イデオロギーが，限界生産力的分配論と結びつき，クラークにとって「科学的」根拠をもった反マルクス主義となったと考えられるからである。

　ホーマンの最後の論点は，他のものと異なり，いわば外的な経済・社会・政治的環境の変化という要因である。「力点の変化」にすぎぬにせよ，それをもたらした外的要因としてホーマンが独占形成を指摘したことは，「クラーク問題」の理解，したがってクラーク経済学の特徴把握のうえできわめて重要であると思われる。ただホーマンは，競争に批判的で改革的見解をもっていた初期のクラークが，独占形成という事実に直面したとき，その矛盾の解決方向として，結局，独占を批判する立場から，古い信条たる競争維持を主張する立場に力点を移したのだと理解している。

　しかしここには２つの疑問点がある。ひとつは，競争組織に対する経済・社会的評価は，クラークにおいてそれに対する批判の姿勢から，それの基本的肯定へと根本的に変化したのではないかという疑問である。もうひとつは，独占の形成に直面したクラークを独占排除，競争維持の政策的立場に向かわせたのはなぜか。反マルクス主義をも含めた反社会主義イデオロギーはこの「変化」とどのように関連していたのか，この点はホーマンにより必ずしも明確にされてはいない。

　クラークに最も近い存在として，彼の息子であると共に，同じく優れた経済学者であり，しかも父クラークの弟子であることを自認した，J. M. クラークのこの問題に関する判断は重要と言える。彼は筆者の知る限り，少なくとも４回にわたってこの問題に言及している。

　ドーフマンの論文により初めて明らかにされたが，ドーフマンは，1937年にハーヴァードの「勇気ある」大学院生だったガブリエル・ホーグがこの問題に関する見解をJ. M. クラークに求めた手紙に対して書かれた彼の返事を紹介している。

　それによれば，ホーグがこの問題を，『哲学』での競争の放棄から『分配』においてそれを道徳的に正当化しうる体制として弁護することへの態度の変化ではなかったかと問うのに対して，J. M. クラークは次のように答えた。「私

は，私の父が自分の基本的態度のなんらかの変化を意識していたとは思いません。また私はその初期の書物を記憶では『競争の放棄』とは思っておりません。むしろ，私の記憶が正しければ，私はそれを悪の認識と，発展しつつあった協同組合制度——これじたい競争的方法，つまり競争企業との競争によって困難を切り抜けてすすんでゆくはずです——に期待した道徳的要素への訴えだと考えております」(Dorfman, 1971, 14)。

このように，J. M. クラークは「基本的態度の変化」を明らかに否定している。この手紙には「力点の変化」という言葉は用いられていないようだが，変化じたいは認めているので，彼が「力点の変化」という評価を下していることは明らかといえる。

さて，この説明理由として J. M. クラークが挙げているのは，いわば内的理由と外的理由との 2 つである。内的理由として指摘されているのは，父クラークが採用した方法論である。父クラークの変化の大部分は，多様な経済問題に一歩一歩体系的に取り組んでゆく方法の結果だったと彼は述べ，父クラークの経済学の発展を 3 段階に分けて説明した。すなわち，『哲学』が代表する第 1 段階は「全体としての経済組織に対する彼の最初の反応」(Clark, J. M. 1968, vol. 2, 14) であり，第 2 段階の『分配』は「完全市場，完全競争，完全流動性を前提した静態的均衡理論」(14) であり，最後の段階——『経済理論の要点』——は動学であった。

第 1 段階と第 2 段階との方法論的違いを彼は次のように述べた。「こういうわけで，第 2 の書物は，現存社会の現実主義的な描写とは考えられないし，現実の不完全な市場機構の悩みを取り扱っていない。『富の哲学』においては，彼は後者を考察したのであった」(14)。

第 2 段階から第 3 段階への移行には，静学から動学への方法論的変化がみられる。しかしここで問題なのは，クラークの動学の内容である。この問題に関して，J. M. クラークは次のように述べていて興味深い。「そうこうしているうちに，幾つかの事柄が起こった。彼は年をとった。静学的抽象の展開に費やされた時間は，彼ののちの視野におそらく影響を与え，彼の第 1 次接近（静学的接近）は，のちに『富の哲学』となった諸論文を書いていたときに彼が考える

ことができたであろうよりも，典型的描写により近いと彼に感じさせる傾向をもつようになった。静学的要素が彼ののちの動学にからみついて離れないと，批判者たちに言われてきた」(15)。[6]

次に J. M. クラークの指摘している「外的な」理由は，『経済理論の要点』に至る期間にみられる独占の顕著な展開によって競争がおびやかされたことである。彼によれば，父クラークは，独占問題の場合，独占から競争を守る必要を最も重要な要素と考えた。そしてこの独占から競争を守る必要という点でも，彼によれば，「『哲学』との態度の連続性がある。その連続的要因とは，公正競争という基準を開発し，強制することにより，競争を道徳化することの必要を強調することである」(16)。

このような見解を表明した J. M. クラークは，ついで 1947 年のドーフマン宛の手紙（11 月 8 日付）では，上述の外的理由たる独占形成の問題を再び取り上げている。これもまたドーフマンにより紹介されている (Dorfman, 1946-59, vol. 3, 188-205)。それによれば，J. M. クラークは，アメリカにおける企業合同，集中化，独占の発展史を 3 段階に分け，それぞれの段階における父クラークの対応を明らかにしている。

彼によれば，まず第 1 段階は，独占の出現に驚いた初めの時期であり，「この段階は『富の哲学』において，これらに関して示されている憂慮により代表されうる」(204)。第 2 段階は，独占的要因の展開にもかかわらず，競争という古い要因が根本的であり独占はその修正要因とみられるに至った時期であり，「たとえば私の父ののちの体系は，独占の力はうまく『抑制』しうるとの前提によって，自由競争をめぐって構築されている」(204) のである。さらに第 3 段階は独占要因がいっそう展開し古い競争要因をその支配的位置からひきずりおろすまでになった段階であり，J. M. クラーク自身の時代を指している。

このように，アメリカにおける独占の形成の発展段階に応じて，クラークの初期と後期の著作に力点の変化が生み出されたというのが，ここでの J. M. ク

---

[6] クラークの動態が結局のところ静態に帰着するという特徴については，本書第 3 章を参照。

ラークの見解である。

　次に，1952年にJ. M. クラークが父クラークの経済学について書いた優れた論文（Clark, J. M. 1952）において，彼は「クラーク問題」に初めて公けに言及した。ここでも，変化を力点の変化とみ，根本的変化説を退けている。ただ彼は，初期における「この十字軍戦士が保守的になってしまったのであろうか。それともその変化は，哲学から科学へ，規範的思索から体系的因果分析へと違った種類の仕事に転向した結果にすぎなかったのであろうか」（601，邦訳245-46）と問い，「真理は疑いもなくそのいずれにもあるだろうが，私の信ずるところでは，第2の答えの方が第1のものよりも，全体からみて多くの真実を含んでいる」（601，邦訳245-46）と答えている。このように父クラークが保守的になったことを必ずしも否定していないことは新たに注目すべき点であろう。

　J. M. クラークによれば，この問題の解決の「最善の途」は，『哲学』と彼の経済学上の最後の著作たる『社会主義によらない社会正義』（1914年）とを比較することであり，それらの間に根本的な変化はない。だが彼は，両者の間の「主たる相違」として，①後者では調停，利潤分配，生産協同組合にふれていないことと，②限界生産力理論による分配的公正の確保に対する満足がみられることを指摘している。だが彼の結論は不変であり，彼は，「こうして実際の相違はあるものの，筆者の私には，同一の著者が基本的にはこの両著を通して，ほとんど同じような倫理的見解を表明し，漸進的方法と政府側の適度の干渉主義とによって社会をよりよくしようと語っているように思われる」と述べている（602，邦訳247）。

　最後にJ. M. クラークはもう一度，1968年に出版された *International Encyclopedia of Social Science* の父クラークの項目において，簡潔に言及している。それは1952年の論文の主旨とほぼ同じである。彼によれば，問題は，父クラークの理論的分析方法における変化，すなわち，彼がモデル経済を使用したことと，新しい出来事に対する彼の適応とから生じたとされている（Clark, J. M. 1968, 507）。父クラークは後期にはもはや生産協同組合を推奨しなかった。それは彼の楽観的期待を成就しなかったからであり，これに代わって，彼は

「福祉国家」体制における現存の諸団体間の協調を主張したのであり、「『富の哲学』の著者は彼の基本的価値を変えずに歴史的展開に対応したと思われる」(507) と述べられている。

　以上から明らかなように、J. M. クラークは、問題を根本的変化とみなさず、ホーマンと同様、「力点の変化」と解したうえで、その要因として大きく、経済学的方法論という内的要因と、独占形成を中心とした外的要因とを指摘していることが分かる。さらに独占形成は段階的に初期の、これに非常に驚いた段階が『哲学』であり、のちにやや落ち着いた段階で独占の発展にもかかわらずそれを競争の修正要因にすぎないとみなすに至ったのが『分配』段階とみた。競争組織への信頼という点、したがって公正競争の維持という点で、父クラークは根本的に不変であるとみられた。

　J. M. クラークの見解はドーフマンによってそのまま受け容れられている。ドーフマンは、既に検討した J. M. クラークの見解を紹介したさい、これに関して一切コメントを加えていないからである。彼は『アメリカ文明における経済的思考』第3巻の、J. B. クラークを論じた第8章に「論理と感情の衝突」という表題を付している。この表現の意味を直接説明した箇所はみられないが、「論理」とはむろん『分配』における限界生産力理論という「自然法則」を指しており、「感情」は初期の「キリスト教社会主義的感情」を表していることは言うまでもない。ドーフマンは、J. M. クラークに従い「力点の変化」という立場をとっているけれども、「論理と感情の衝突」という表現によって、後期クラークが限界生産力という「自然法則にますます力をおくにつれて、彼ののちの著作は初期のキリスト教社会主義的な感情を失った」(Dorfman, 1946-59, vol. 3, 204) と述べている。[7]

　以上にみたホーマン―J. M. クラーク―ドーフマンの「力点の変化」説は、クラークの立場に対する同感的解釈として理解できないことはないし、そこでの連続面の指摘にしても、それなりの意義が認められよう。父クラークのうち

---

[7] たとえば、Seligman, B. B. 1962 は、ドーフマンの言葉を借用し、力点の変化説をとっている。しかし他方セリグマンは『分配』を競争体制の巧妙な弁護論とみなしており、その矛盾に気付いていない。

に「変化」に関する意識のなかったことも事実であるかも知れない。しかしそのことは，公刊された両著書の客観的内容とは切り離して考えられねばならない。したがって，父クラークの意識を最もよく代弁しているとみられる J. M. クラークの判断や，さらにそれを重視する解釈はそれなりに尊重されるべきであろう。しかしクラーク自身の発言がなく，また伝記もこれを解明するに足るほど十分でない現在では，クラーク自身の客観的叙述に従って推論を試みることが必要であろう。

　次に，理由説明における内的要因としての方法論の相違についても，疑問がある。確かに J. M. クラークが指摘したように，初期と後期との間に方法論的相違が存在している。とくに第1段階の『哲学』で主として対象とされた制度的諸要因は，第2段階の『分配』で，静学という方法論により排除されたが，これはやがて動学を扱う第3段階たる『経済理論の要点』の後半諸章において取り上げられている。しかしながらこれら諸章で展開されているクラークの競争維持・独占抑制論の基本的立場は，『哲学』で彼が述べた競争組織じたいへの批判的姿勢と微妙に相容れ難いものと言わざるをえない。これらを単に静学から動学へという理論的分析方法の違い，したがって，取り扱われるべき課題の相違といった単純な要因で説明しつくせるとは思われない。かりに『哲学』を「競争の放棄」と断定することに疑問があるとしても，競争組織全体に対するクラークの否定的見解は，のちに検討するように明白であり，これを否定することはできない。さらに，『哲学』では，クラークは競争組織への否定的態度から競争を経済理論構成の基本前提のひとつとすることに否定的であることもまた明らかである。これは『分配』の基本的立場が，静学的方法論に基づき，競争を基本的仮定のひとつとして理論構成を行ったという方法論的問題に終始するものではない。そこでは明らかに，競争組織の「科学的弁護」が行われているからである。したがって，これは初期の競争への否定的態度とは根本的に相容れない大きなギャップと言わねばならない。

　一方，J. M. クラークが挙げた外的理由である独占の展開，これへの対応としてのトラスト・独占政策論は，すでにホーマンを扱ったさい述べたように，「クラーク問題」の核心を示唆するものではないかと思われる。

ホーマン―J. M. クラーク―ドーフマンと異なり，最近ジャラドーは「クラーク問題」を「明白な方法論的転換」と理解したうえで，この説明としてひとつの試論を提出している（Jalladeau, 1975）。彼はクラークの『哲学』と『分配』との分析を行ったのち，「クラーク問題」を次のような形で提出している。『哲学』で「産業の諸現象を説明するのに不適切だとされ，また正義を達成しえないとあれほど批判された競争が……経済効率だけでなく，社会的公正をも確保する『すばらしい社会機構』となるのはどうしてか。言いかえれば，競争は単に分析用具だけでなく，同じく歴史的現実の『正常な』ケースとみなされている。クラークのこの明白な方法論的転換を人はどう解釈すべきであろうか」(223)。ジャラドーにとっては，この変化は，クラークが年をとるにつれて自然に保守的になったとか，あるいは単なる課題の変化，または政治哲学から経済分析への変化としてすますことができない。

ジャラドーは，この「クラークの方法論的方向転換は2つの深遠な動機の結合として解釈することができる」(223)としている。彼によれば，クラークは一方で，科学的分配論の確立のため，純粋経済学の分野では現実の社会経済的諸要因を排除して仮説演繹法にたよるように導かれている。と同時に，他方では，社会生産物の分配上の公平の問題を科学的用語で提示したいという熱望が弁護論的性格をもった実際的考慮と無関係ではない。こうした2つの動機が結合し，クラークの変化をもたらした。つまりジャラドーによれば，「クラーク問題」を生み出したのは，制度的諸要因を排除し，仮説演繹法による科学的分配法則の確立をめざす理論追求動機と，分配的正義の追求，これを科学的用語で提示したいという社会倫理的動機との結合とみなされていると言える。

このことは，別の言葉で言えば，純粋理論（限界生産力的分配法則）と社会倫理（分配的正義）との結合という，後期クラークの思想の特徴を捉えたものとみることができよう。[8] ジャラドーがクラークにおける理論と倫理のユニークな結びつきという構造の理解に到達したことは，単純な理論史的研究を超える水準に達したと言いうる。

---

8) これは筆者が既に1970年7月の論文「J. B. クラークの限界生産力理論とその倫理的インプリケイション」（本書第3章を構成）において詳しく展開した論点である。

しかしこの限界生産力理論における理論と倫理の結合ということの指摘だけでは「クラーク問題」の解決とはならない。というのは，初期クラークにおいても，理論動機と倫理的動機との結合は，後期と形態を異にすることが，みられるからである。したがって，理論と倫理との結合形態が初期と後期においてどう違うか，その相違をもたらした要因は何かが問題とされねばならないであろう。

3　クラークと独占形成
―「J. B. クラーク問題」の一解釈―

　上述のように，クラークは初期の『哲学』では倫理的および経済的理由に基づいて競争を退け，のち『分配』において彼の立場を変えたのではないかという，筆者が名付けた「クラーク問題」は，クラークにおける価値観の根本的変化か，それとも単なる「力点の変化」にすぎないのかという，問題の性格評価の側面をもつとともに，その変化をもたらした影響要因の分析・推論という内容をもつものであった。前者に関しては，ホーマン，J. M. クラーク，ドーフマンが「力点の変化」説をとるのに対して，ジャラドーは根本的変化説をとっており，見解の違いのあることが分かった。また後者の問題に関しては，諸見解の批判的検討から明らかとなったように，独占の形成との関連が重要な検討課題として示唆された。
　そこで以下では，まず，「クラーク問題」は根本的変化か否かの問題を取り上げ，ついで説明要因としての独占形成とクラークとの関連のもつ重要性を検討し，筆者なりの一応の解釈を提示することにしたい。
　既に言及したように，初めにホーマンが力点の変化と評したさいの根拠は不明確であったし，J. M. クラーク（およびドーフマン）の方法論的相違によって説明されうるような単なる理論構成上の力点のおきどころの問題でもない。キリスト教社会主義＝社会的福音の強い影響を受け，ニュースクール＝アメリカにおける歴史学派の立場に自らをおいて古典派経済学を批判し，古典派によっては当時の経済・社会問題の解決はおぼつかないとみたクラークは，その批判

の一環として，競争概念，競争組織，およびその主体の合理的経済人概念に異議申立てをしたのであった。

　J. M. クラークの解決は，一方で『分配』を純粋静学として理解し，したがって限界生産力理論に基づく競争体制の弁護論というイデオロギー的側面を軽視する傾向をもち，他方で『哲学』に関しては，彼自身はそれに現れた社会改革家としての父クラークを高く評価するにもかかわらず，そこにみられる後期クラークにつながる連続面を強調することによって，両者の根本思想の相違を「力点の変化」として過小評価する傾きをもっている。

　そこで，「クラーク問題」の評価は，当然のことながら，『哲学』および『分配』，双方の理解にかかわっている。ところで『分配』のもつ競争体制の弁護論的性質については，既に第3章で明らかにしたので，ここでは，『哲学』を，「クラーク問題」との関連で，果たしてJ. M. クラークのように解するのが妥当かどうかを検討することにしたい。

　『哲学』は，1877年から83年にかけて『ニューイングランダー』誌上に発表された一連の論文に改訂を加えて1冊にまとめたものであり，首尾一貫性に欠けるところがある。とくに競争と競争組織に関する記述には相互に矛盾する点が含まれている。したがって，この著作のうちに，J. M. クラークのように，『分配』での議論へと矛盾なく連続する記述を見出すことも困難ではない。

　第8章「結合影響下の賃金」の結論において，クラークは「個人的競争，この前の時代のすぐれた調節装置は，重要な諸分野において実際上消滅してしまった」(Clark, [1886] 1887, 148) と述べている。さらに彼によれば，「それは消滅するにきまっている。なぜなら，それはのちの時代には正義を行いえなかったからである」(148)。「これに代わる調節要因は道徳力であり，これは既に活動している。それはそれ独自の社会的発展からみれば，まだ揺籃期にあるけれども，多くのことを成しとげつつある。個人主義的競争体制は，容認され制限された力の支配だったのに対して，協同 (solidarity) は，その現在の幼稚な状態においてすら，法の支配の発展を表している」(148)。これは『哲学』のいわゆる基本線をよく示したものといえる。

　ところが，クラークは，第11章の「非競争経済学」においては，「なお存在

している競争の広範な残存」(206) にふれ,「社会は競争原理を完全に放棄していないし,今後放棄することもないであろう。というのは,それはなお分配要因として必要だからであり,それは分配されるべき多量の生産物を確保するのに頼りうる唯一の手段だからである」(207) とも述べている。しかし,こうした相容れない発言も,全体の文脈において注意深く検討すれば,それだけが独立した意義をもつものではなく,さきにあげたクラークの基本線の範囲内でその展開過程においてみられる議論にすぎない。

クラークにとって,競争組織は富の増大,その質の向上,その公正な分配において,他の組織よりも悪くないにすぎず,「この理由だけでそれは容認されている」(206. Cf. 219) のである。したがって,「競争原理は実際上強力にみえても,それは最高のものではないし,まして神のような存在でもない」(207)。だから,彼は「社会は,限られた範囲内で,よりよい組織が利用可能になればいつでも,限られた産業分野内部で競争の力を休止させるべきである」(217) と述べて,「非競争経済学」の分野について検討したのである。

『富の哲学』のとくに第9章「取引の倫理」において,クラークは従来の「自由な個人競争の原理」(free individual competition) (150) は終りつつあり,それを背景に成立したリカードウ主義が最早通用しないと主張し,現実の競争に対処するに当たって,競争の制度的・進化論的・歴史的分析を行っている。

クラークは競争過程の歴史的変化を考察し,それを青年期,壮年期,老衰期の3段階に分けている。第1の青年期には「穏当な競争」(conservative competition) が,第2の壮年期には富を求める無制限な闘争としての激しい「破壊的競争」(destructive contest) が,そして第3の老衰期には企業結合と独占への動きが展開されてきた。

このような認識が示すように,クラークは競争を基本的に2つに分類している。「漠然と競争と呼ばれているものは,第1に戦闘ではなく,競走に似た,社会の好意を得ようとする競合と,第2に,準戦闘となる資格をそなえた取引過程とからなっている」(65)。前者はさきの「穏当な競争」であり,彼の別の言葉では「与えることにおける競合」(rivalry in giving) (155) である。これに対して後者は,競争相手の根絶に至る「むき出しの競争」(crude competition),

「のど元を切りさくような激烈な競争」(cut-throat competition) (120), あるいは「略奪的競争」(predatory competition) (168) である。クラークにとっては前者だけが「真の競争」(true competition) (65) であり,「それゆえ, 与えることにおける競合は正当な競争の本質である」(155)。

このようにして, クラークは道徳力 (moral force, moral influence) の作用する競争を「真の競争」,「正当な競争」として, のぞましい競争に分類し, そうでない利己的動機の無制限な作用を許す「無制限な競争」(unrestrained competition) (151) である「破壊的競争」,「略奪的競争」をのぞましくない競争としている。こうした競争概念の道徳化は, クラークにおいてとくに重要な意味を与えられ, 詳しく展開され強調されている。これは競争の政策的概念を示しているからである。これが『富の哲学』におけるクラークの競争に対する制度的・進化論的・歴史的分析であり, 道徳力を不可欠のものとして強調する競争概念であった。

以上から明らかなように, クラークは彼のいう真の競争概念までも放棄したのではなかった。この意味では確かに, J. M. クラークの主張するように, 父クラークは『哲学』で競争概念を全面的に放棄したとは言えない。こうしたのぞましい真の競争への信頼は, 彼に「真の意味での自由な競争条件下」(110) において作用する分配法則の追求をけっして棄てさせてはいない。この真の競争論は, 確かに『分配』における完全競争を前提した分配法則の解明へと連続してゆく側面を示している。

しかしながら, 既に述べたように, クラークの『哲学』での基本的論調は,「真の競争」に着目し, これを回復することによって時代の問題に答えようとするものではなかった。そうではなく, 経済組織論としては, 真の競争論にもかかわらず, 全体としては競争原理を退け, これを再建されるべき新しい経済理論の前提として利用することはできないとし, これに代わるものとして道徳力を主張するところにあった。彼の基本的な主張点は, 競争原理が現状において堕落し, とくに分配の公正を確保しえなくなったことの指摘にある。したがって彼は競争に代わる新たな分配的平等原理に訴える経済組織を模索したのであった。それが彼の検討した政府による調停, 利潤分配制度, および協同原

理なのであった。

　クラークはこれらを検討したのち最も理想的な形態として完全協同という生産協同組合制度を選択した。しかも彼は，競争体制を加えたこれら4組織間の競争において，生産協同組合制度が優位にあるとし，それに大きな期待を寄せたのであった（Cf. 189）。彼は「友愛的協同原理」に基づく組織としての協同組合生産に，「闘争原理」(190) に基づく組織としての競争を対比し，明らかに理念として後者よりも前者を支持したのであった。ここにクラークのキリスト教的社会主義者としての革新性があり，これこそ人々を『哲学』に近づけるものであった。

　このようにして，真の競争論は保留されているものの，全体として経済組織としての競争に否定的な初期クラークと，『分配』において，合理的経済人と共に競争を前提に理論を構成し，しかもその理論的分析の結果たる限界生産力的分配論に依拠して競争体制を弁護する後期クラークとの間には，超えがたいギャップがあることを否定することはできない。問題は理論構成の前提に競争を仮定として方法論的に持ち込むかどうかの問題を超えている。クラークの場合，分配的正義を保障しえないゆえの競争組織への不信と否定から，その競争体制じたいがもたらす分配的正義のゆえに，その体制の弁護を主張するという方向に転換したと解するのが自然であろう。

　『哲学』におけるクラークは，競争組織への不信，それに代わるべき経済組織としてとくに生産協同組合への期待をもちつつ，しかもなお「真の競争」への信頼は放棄しておらず，現実には両者の間にあって不安定な状態にあり，しばしば動揺を示していると思われる。[9] クラークのこのような状態は，当時の過渡的状態から大きな影響を受けていると思われる。

　1890年以前の段階では，トラスト・独占は世紀の変わり目の「トラスト熱狂時代」における顕著な展開に比較してまだ過渡的様相を呈していたと考えて

---

[9] Thorelli, 1955 も力点の変化説をとるが，ソレリは『哲学』を自発的協同理念から『分配』に至る中間期と理解し，『哲学』でクラークが無意識のうちに新しい競争概念を展開したと解している。これは興味ある解釈であるが，彼のいう『哲学』以前の古い立場は実証することが不可能である。

よい。こうした過渡的な特徴のため，一般に経済学者——伝統的経済学者はむろん，ニュースクールの経済学者も——は独占問題に集中することはまだなかった。クラーク自身は，この段階の結合・独占の展開状況を「旧時代と新時代との中間期」(148) と呼んでいる。彼は「産業社会の現状は過渡的で混沌としている。労働の統合は不完全だし，資本のそれも同じである」(148) と書いている。

ところで，それでは，このようなクラークにおける根本的変化はいつ，どのようにして生じたのかが次に問題となる。独占の展開状況と関連しながら，1880年代の終り頃には，クラークの思考に変化が生じたと思われる。というのは，『分配』におけるような完全競争モデルで分配を論じだす最初の重要な論文は，1888年の「資本とその稼得」と考えられるからである。[10] このように考えれば，『哲学』(第2版は1887年) と 1888年との間，つまり『哲学』刊行後から1888年にかけての間に変化が起こったものと推定することができる。[11] この間に F. H. ギディングズとの共著『現代の分配過程』(1888年)[12] が出版されているが，その元となった論文ははじめコロンビアの *Political Science Quarterly* に掲載されたものであった。そのうち，1887年3月に掲載された論文「競争の限界」は，クラークにおける根本的変化を示唆するものと言える。ことに初期クラークから後期クラークに向かう彼の競争概念じたいの変化を認めることができる (このことの詳細な分析については本書第8章を参照)。

クラークは，リカードウ体系が前提する競争概念が最早現実から大きく乖離し，その上に築かれたリカードウ体系は適用しえないとしており，新しい体系は新しい産業組織を反映した理論でなければならないとする。そのうえでケアンズの非競争集団の理論の拡大へと向かっている。クラークは新しい産業体制

---

10) ジャラドーは1890年のクラークの論文，"De l'influence de la terre sur le taux des salaires" (Clark, 1890c) を転機とみなしている (Jalladeau, 1975, 214) が，これよりも遡ることが可能である。
11) Everett, 1946 は，クラークの変化をほぼ1888年と推定している。ただし，エヴェレットは，力点の変化説をとり (56)，変化の理由はまったく分からないとしている (59, 73)。
12) Clark, 1888. これに収録されたクラークの2論文は，1887年3月と12月に *Political Science Quarterly* に掲載されたものである。

における競争の仕方の変化に着目している。それは「現実の競争」だけでなく，目に見えない「残存競争」あるいは「潜在競争」として把握され，これらの「生き残るタイプの競争」に力点をおいている。こうした形の競争概念の重視は，やがて『富の分配』において静態理念と結合した抽象的動因としての競争概念へと展開されてゆくことになる。そして限界生産力的分配論の形成となって，競争の重要性が再確認され，分配の公正を維持する上で，競争維持政策としての反独占政策が重視されることになる。

われわれは既に「クラーク問題」の説明の鍵として，アメリカにおける独占の形成を指摘してきた。ただトラスト・独占の形成という事実を背景に，『哲学』におけるクラークは，競争原理に頼らず，協同原理に基づく経済組織を改革的に志向したのに対して，のちに結局のところ，「真の競争」という道徳的側面を前面に出して，競争組織の重要性の認識に彼を立ち戻らせたのは何だったのか。トラスト・独占のより急激な展開に直面したクラークが独占の弊害を社会的不公正として批判し，それを公的に抑制し，公正な競争を維持することを提唱させるに至った主要な要因は何であったのか。言いかえると，競争に代わる協同を求めた改革者クラークを，競争の維持・独占抑制政策の熱心な提唱者としたのはいかなる要因によるのかが問題である。

この要因のひとつは，資本の集中，結合，トラスト，独占を考察したクラークが，企業結合による規模の経済に対してもつに至った確信であったと思われる。事実，この時期には大規模企業でなければ不可能な新しい技術革新をともなった産業のめざましい発展がみられたのであり，クラークはこれを企業結合による規模の経済として一般的に把握しなおすこととなった。しかも，この規模の経済を生かす企業結合じたいは競争の「自然的結果」と考えられるに至った。

したがって，クラークの独占政策論の最も基本的な主張は，規模の経済を示すトラストじたいはこれを認め，それが独占的行動をともない，独占に転化するのを防ぎ，独占となった場合には，これを抑制すべきだという点にあった。したがって，トラストが独占にならないよう競争——とくに「潜在競争」(potential competition)[13]——が妨げられないようにその維持が重要となる。

第2には，独占の顕著な展開にともない，それがいっそう社会・経済・政治的重要性を増すにしたがい，クラークはマルクス主義的社会主義に対する批判的立場から，当時のアメリカの社会主義者の独占観や独占政策に対抗していったことである。当時のアメリカのマルクス主義的社会主義者の独占に対する立場を，独占放任論とクラークはみている。独占はやがて巨大な国家的独占に到達するであろう，そうすればそれを国有化することによって社会主義の実現が可能となる。つまり，マルクス主義的社会主義にとって独占は社会主義実現への第一歩とみなされると考えたのであった。この意味でクラークは反マルクス主義の立場から，競争体制の維持，独占の排除へと向かうこととなった。独占を放置することによってマルクス主義的革命に至る危険をおかすのでなく，競争体制じたいの維持を重要視するに至ったといえる。したがって，集中化による規模の経済を生かしつつ，それから生ずる危険な独占的行動を抑制するために，公正な競争の維持が何よりも緊急の課題となったのである。

　われわれに残された問題は，アメリカの独占形成および反独占政策の段階に焦点を合わせつつ，産業組織論の観点から，クラークのトラスト・独占政策論を直接検討することである。さらにその上で，「クラーク問題」の考察と合わせ，クラーク経済学の特徴をあらためて見直さなければならない。

---

13)　潜在競争は既に『哲学』で注目されている (120)。

第7章

クラークの反独占政策論
——1つの有効競争論——

1 クラークと独占

　J. B. クラークは，アルフレッド・マーシャルとともに独占と反トラスト政策を取り扱った優れた新古典派経済学者の最高の事例だと言われている(Peterson, 1957, 70)。

　アメリカ合衆国で1870年代に始まった企業結合は，ドーフマンの言う「荒れ狂う80年代」(Dorfman, 1946-59, vol. 3, 113) に入って重要な政治・経済問題となった。トラストは現代の産業状態の自然の結果にすぎず，一般大衆に対してとくに害悪をもたらさないといった弁護論にもかかわらず，実際にはトラストは生産削減により価格引上げを行うことによって莫大な独占利潤を手にし，一般大衆に害を与え，破滅的競争に導き，技術進歩を妨げることが次第に明らかになっていった。この時期の議論は，まだ概してあいまいで不確実なものにとどまっていたものの，トラスト・独占は規制すべきだということを大部分の国民に確信させることになった。これはやがて，1890年7月2日にシャーマン法として反トラスト立法を成立させたのである。[1]

　アメリカの一般の経済学者にとっては，独占問題は1870年代にはまだ広く関心を呼ぶにいたらず，彼らの主たる関心は通貨，関税，工場立法などのより切迫した諸問題にあった。70年代にはクラークにとっても，独占は80年代に

---

[1] シャーマン法成立の背景については，Letwin, 1956, 221-58 が参考になる。

おけるほどの重要性をもたなかった。しかし『富の哲学』のもとになった，1877年から80年代前半にかけて書かれた諸論文において，クラークはトラスト・独占の出現による経済構造の大きな変化を取り上げ，それを「競争の消滅」とさえ受けとめたのであった。そこでは，既にみたように，「ニュースクール」の一員として，また社会的キリスト教の支持者の1人として，彼は競争原理・競争組織への信頼を棄て，それに代わって真の協同社会をめざしたのであった。

しかし『哲学』以後，クラークはトラスト・独占問題の重要性が増すに従い，1887年3月に「競争の限界」と題する論文を書いた（Clark, 1887d）。これは，のちに明らかになるが，彼にとり画期的に重要なものであった。[2]

1890年代に入って独占問題はいっそう切迫した問題となった。シャーマン法成立後も，トラストの代弁者たちは自由放任を主張し続けたが，一般世論は反独占の傾向を強化した。クリーブランド大統領も独占批判に傾き，議会は国民の反独占感情をなだめる努力を行ったが，この時期には，農民組織や労働組合の代表者でさえ反独占のキャンペーンにそれほど熱心ではなかった（Dorfman, 1946-59, vol. 3, 216-19）。実際に1890年から1901年の間には，政府の行政機関はシャーマン法を適用しなかったのであり，1903年に Bureau of Corporations が設立されるまでは，反独占は「制度化された」とは言えなかったのである（Thorelli, 1955, 560 seq.）。

1890年にクラークはトラスト・独占論に次第に力を注ぎ，活発に活動し，次々と論説を発表していった。まず彼は1890年3月に「トラスト」（Clark, 1890b）を書き，潜在競争に基づく反独占政策の有効性を説き，独占の公的規制の時代に入ったことを強調している。これはわずか8頁の小論説であるが，国家による独占規制の必要を主張したことは，シャーマン法成立前という時期からみて注目に値する。

ついで1894年にアメリカ経済学会における会長講演「経済生活における現

---

[2] この論文は，翌年のもう1つの論文，"Profits under Modern Conditions"（Clark, 1887g）と共に，ギディングズとの共著『現代の分配過程』（Clark, 1888）に収録された。

代の法的諸力への訴え」(Clark, 1894h) において反独占政策を展開している。さらに 1897 年と 1899 年にも『インデペンデント』誌にそれぞれ短い論説「トラストと法律」(Clark, 1897b),「トラストの現状と将来」(Clark, 1899e) とを寄せている。

クラークは，1899 年 9 月 13 日から 16 日にかけてシカゴで行われたトラスト会議に主な講演者の 1 人として招かれたさい,「トラストを保持しながら独占を抑制することの必要性」(Clark, 1900e) と題して講演した。[3] また会議終了後，会議の短い総括「シカゴ・トラスト会議」を『インデペンデント』誌に寄せた (Clark, 1899h)。

20 世紀に入り，とくに持株会社形態のトラストをめぐって問題はさらに重大さを増した。1904 年には最高裁は北部証券会社に解体を命じたが，1911 年にはニュージャージー・スタンダード石油会社は，いわゆる「条理の原則」(rule of reason) により，その企業結合が独占か否かの判断に「不当な取引制限」が基準として取り入れられることによって，独占とはみなされなかった。これは「不当な」トラストに対して「正当な」トラストを保持するために，シャーマン法の修正を望んだローズヴェルト大統領の考えに一致するものであった。

クラークの反独占の熱意は，19 世紀末から 20 世紀の初め，とくに 1900 年から翌 1901 年の時期に最初の頂点を迎えることとなった。次にかかげる 6 編の論説が矢つぎばやに発表された。

(1) 1900 年 1 月 "Disarming the Trusts," *The Atlantic Monthly*, vol. 85, no.507, 47-53 (Clark, 1900a).

(2) 1900 年 6 月 "Trusts," *Political Science Quarterly*, vol. 15-2, 181-95 (Clark, 1900b).

(3) 1900 年 9 月 "The Latest Phase of the Trusts Problem," *Gunton's Magazine*, vol. 19, 209-15 (Clark, 1900c).

(4) 1901 年 4 月 25 日 "How Not to Deal with Trusts," *The Independent*,

---

3) なおシカゴ・トラスト会議については, Hatfield, 1899 が参考になる。

53, 929-30 (Clark, 1901d).
(5) 1901年5月2日 "How to Deal with Trusts," *The Independent*, 53, 1001-04 (Clark, 1901e).
(6) 1901年9月 "Monopolies and the Law," *Political Science Quarterly*, 16-3, 463-75 (Clark, 1901j).

主としてこれらの論説をまとめる形で，1901年に『トラストの統制』（初版）(Clark, 1901) が公刊された。

『トラストの統制』は，既述のように，1912年に息子の J. M. クラークとの共著として増補改訂されたが，これは父クラークの反独占政策論の進展を示すとともに，同時に息子クラークの有効競争論の出発点をなすものであった。しかしこの増補改訂版に至るまでに，1904年には，ニューヨークのクーパーユニオンで行われた講演の速記録に基づく『独占問題』(Clark, 1904) が出版された。[4] さらに1907年には，動学をその後半部分に含む『経済理論の要点』が公刊され，トラスト・独占は動学の一部としてもう一度まとまった取扱いを受けることとなった。

『トラストの統制』初版（1901年）から『独占問題』の出る1904年までに，クラークはこの問題について6編の論説を発表しているし，『経済理論の要点』(1907年) 以後，『トラストの統制』（増補改訂版，1912年）までにも，1908年に設置されたニューヨーク証券取引所の濫用を調査する委員会の一員として署名した委員会報告，および1911年に上院州際取引委員会での証言を含め，9点の論説が発表されている。

さらに，クラークは1914年のクレイトンの下院法務委員会において証言し，クレイトン法および連邦取引委員会法として具体化されることとなった政策内容を強力に説いたのである。そしてクラークの最後の論文は1928年にアメリカのトラスト問題を扱った，オーストリアのヴィーザーの記念論文集に寄せられた「新時代における古い原理」[5] という論文であった。

以上から明らかなように，クラークはアメリカの他の経済学者にくらべて，

---

4) 『独占問題』で注目されるのは，彼がその第5章で，反独占勢力として農民と農民組織を高く評価していることである。

比較的早くからトラスト・独占問題に大きな関心を示し，以来きわめて積極的・持続的に反独占政策論を展開したのであり，それは経済学者のあいだだけでなく，一般にも高い評価を受けたのである。[6]

以下では，まずクラークの反独占政策論の中心を『トラストの統制』(初版)によって析出し，ついでその第2版における展開を明らかにしたい。次に彼の反独占政策論の政策的・理論的影響について考察したのち，その評価，およびそれと「クラーク問題」との関連に言及して，独占問題との関連におけるクラーク経済思想の特質を再考することにしたい。[7]

2 潜在競争・有効競争と反独占政策論

『トラストの統制』(初版)におけるクラークの目的は，トラストの歴史や現状などの事実を明らかにすることではなく，「トラストを取り扱うある確実な政策を提案すること」(Clark, 1901, v) に絞られている。すなわち，その目的は切迫したトラストに対する具体的政策提案にある。彼は「犠牲の大きい実験や，もっと大きな犠牲をともなう政策の遅延を避けるために，ここに提案された方法に大衆の注意をかちとることだけが必要だ」(vii) と述べている。

クラークは自らの反トラスト政策の要点を序文で次のように要約している。

> その政策は，諸価格と賃金の調整要因として，また大衆の利益の一般的保護者として，競争に全面的に依存する政策である。それは集中を歓迎するが，独占を破壊することをめざすものであり，またこのことを，ある産業分

---

5) "Ein altes Prinzip in nener Zeit" (Clark, 1928). これの英語の草稿は J. B. Clark Papers のなかにあり，ドーフマンにより引用されている (Dorfman, 1946-59, vol. 4, 254-55)。

6) この他，ドーフマンにより明らかにされているように，クラークは，スタンダード石油会社の実態を詳細に調査して，*The History of the Standard Oil Company* (1904) を著した，I. M. ターベルを激励し，彼女に助言を惜しまなかった (Cf. Dorfman, 1971, Introductory Essay, 9-19)。

7) クラークの独占問題関係の多くの論説の表記を紙面の都合で省略せざるをえなかった。詳しくは巻末に付けられた文献目録を参照されたい。

野に参入したいと思うすべての独立した生産者にそれを開放しておくことによって行うことをめざす。この方法によれば，工場を建設して，あるトラストが生産しているような財を市場にもたらす人は，公正な競争（fair competition）がもたらすあらゆる機会を利用するに違いない。しかし，彼は規模の点で決定的利点を与えられている企業結合のある種の略奪など，不公正な攻撃から保護されるであろう。現在大衆をある程度保護し，現状を耐えうる程度にしているのは，現実の競争かあるいは潜在競争なのである……本書が主張するように，この調整要因にいっそう大きな効率を与えることは可能である。(v-vi)

一般に「独占」に対する批判が行われる場合，それは相互にまったく異なる，資本じたいと資本の集中，および独占という3つの事柄を区別せずに用いられている（Cf. 6 seq.）。クラークによれば，資本じたいと有害な力をもった資本（独占）との混同はきわめて少数の人々に限られるが，集中と独占とが区別されるのは稀である。彼は資本の集中が即独占ではないという区別をまず強調している。彼は資本の集中にともなう規模の経済から生じる生産力の増大を重視する。したがって，集中じたいは生産効率の増大をもたらす望ましいものである。他方独占[8]は，生産量を削減して価格を引き上げ，賃金を引き下げ，略奪的競争によって正常な競争を排除し，分配上の不公正をもたらすだけでなく，発明を妨げて産業上の進歩にも有害である。そこでトラストのもつ独占的抑圧力を奪いながら，大規模企業の発揮する効率を保持する政策が必要となる。これが集中歓迎・独占抑圧政策の基本的考え方に他ならない。

トラストを即独占と同一視し，トラストを破壊するのではなく，トラストの善をなす力を利用しながら，それが悪を行う力に対して規制を加える方策が探求される。要するに「独占をともなわない集中」(8)の確保という形で，効率と公正とをいかに調和させるかという基本的問題設定のうえに，反独占政策論が展開されているのである。

---

[8] クラークにとってこの場合「独占」とは，実際の独占であり，完全独占よりは寡占状態を意味している。彼はときにこれを準独占（quasi-monopoly）と呼んだ(20)。

具体的には，トラストから独占的要因をいかにして取り除くことが可能かという問題に取り組むことになる。ここに登場するのが潜在競争の重視である。潜在競争力の完全な発揮によって，トラストのもつ規模の経済を生かしつつ，略奪的抑圧行為を行う独占を排除しうるというのがクラークの主張である。

かりにトラストによる不当に高い価格が強要されても，もし新しい競争者が当該産業に自由に参入しうるという意味での潜在競争（latent competition）(13)が作用するならば，これはトラストが不当に高い価格を維持するのを妨げるはずである。「トラストを独占にするのは，現実の競争者だけではなく，潜在競争者をもしめ出すことである」(17)。したがって，参入障壁がなく，潜在競争者がいつでも参入可能であるならば，大企業はその効率のゆえに有益な制度である。このように潜在競争力という「自然的経済諸力」の作用によって，独占的行動を抑制することが可能であり，同時にこれがもっとも効果的で望ましい独占規制策であると，クラークは主張している。

しかしトラスト体制下においては，この潜在競争力の完全な作用を妨げるさまざまな障害が存在している。クラークはこのようなトラストが行う競争排除手段を次の3つに整理している。

(1) いわゆる代理店契約（"factors" agreement）：トラストの生産物だけを取り扱い他の生産者の競合生産物を売らない，またそのさい特別リベートを得る。これによってトラストはその競争相手をボイコットする方法。

(2) 地域的価格差別：競争相手の特定地域でコストを割る価格引下げを行い，他の地域では高価格を維持することによって，当該地域の競争を排除したのち，他の地域と同じ独占価格を維持する方法。

(3) 競争相手を破産させるために，彼の生産する製品のうち，ある1種類の特定財の価格をコスト以下に引き下げ，同時に他の種類の財の販売から得られる高価格によって自らを維持する方法（Cf. 33-35）。

これら3つの略奪的競争あるいは不公正競争を具体的に指摘したのち，クラークは「もし，トラストがこれらの方法をとることを妨げられるならば，実際の競争あるいは潜在競争は大衆を保護するだけでなく，規模の経済の利益を確保することになろう」(64)と述べている。このような競争排除行為をもっ

て独占とみなす背後には,「独占とは独占を行うことである」(73) という, いわゆる独占行動説が前提されていることに注意しておかねばならない。

ところでこれらの不公正な略奪的市場行動を一掃して, 潜在競争力が有効に働くように, 国家は法的に規制しなければならない。生産の効率は競争原理によって保たれるが, 生産の効率がもはや競争者を救わなくなった場合, その時こそ国家の介入すべき時なのである。

旧来の慣習法による独占禁止との関連では, クラークはその精神によりながら, 潜在競争力が独占的行動により抑制されるのを禁止するという国家の法規による規制を加えることによって, 慣習法による反独占をより明確に特定化し具体化しようとしていると言える (Cf. 80)。

このように潜在競争を中心とした競争力の有効な作用を確保することができ, 大会社間の「寛容で健全な競争」(tolerant and healthy competition),[9] 言い換えれば「有効競争」(effective competition) (Clark, 1901, 51) が確保されれば, 集中による効率と分配上の公正とをあわせ保持することが可能となる。このようにしてクラークは, 潜在競争に基づいて「高度の集中と有効競争との結合」(84) を達成しようとしたのであった。

もちろん, クラークがここに強調している潜在競争は, 多数の小企業間の自由競争下において働く単なるそれではなく, トラストの存在する新しい「独占体制」においてなお残存している競争としての潜在競争のことであり, これの有効な発揮という意味での有効競争の重要性の指摘こそ, 彼の反独占政策の本質的に重要な点なのである。

以上のように, まず資本の集中が生産力を増大して価格を引き下げる傾向と, 競争を不当に制限して価格を自然価格以上につり上げる独占とを区別し, ついで効率を高める集中は認めるが, それが独占になるのを妨げ防止する。それには潜在競争が働くのを妨げているさまざまな障害を法律によって取り除かねばならない。これによってトラストを合理的で安全なものにし, 資本の集中

---

[9] Clark, [1912] 1914, 2nd edn., 169. 同じくこの増補改訂の第2版では, "tolerant and normal competition" (183), あるいは "reasonable competition" (174) とも言っている。

がもたらす生産力の増大を確保することが可能となるのである。

このクラークの有効競争に基づく反独占政策は，効率と公正とを共に維持することができるだけでなく，経済進歩に大いに寄与するとされる。競争を回復することによって発明が促進され，これは技術進歩を促して経済進歩に大きく貢献するとされる。クラークは「進歩はそれ自体経済学における至高善である」(82) と述べている。

他方，彼によれば，独占は発明や技術進歩をあまり促進しない (Cf. 32)。したがってこの政策によって，国内的には諸階級間の利害の調和が達成されるだけでなく，規模の経済による効率を十分利用してすみやかな経済進歩をなしとげ，国際的には，その経済進歩によって経済的主導権を獲得することが可能とされる。

こうした有効競争に基づく国家による独占規制政策の立場から，クラークは，①トラスト破壊政策と②トラスト放任政策とを批判している (Cf. 5 seq.)。

第1のトラストの破壊政策は，トラストの生産力の低評価に基づいており，法規によるトラストの全面禁止を主張するものである。しかし，これらの法規は実行不可能であり，かりに実施されてもトラストになんらの損害も与えないものである。ここからクラークは，トラストのもつ規模の経済による高い生産効率を無視する単純なトラストつぶし政策に反対しているのである。

次に第2のトラスト放任政策は，トラストの独占化を放任するものであり，全資本の独占化が達成されると，その資本を国家がおさえて国有化するという社会主義に至る危険な政策であって，避けられねばならない。彼の立場は，トラストつぶしでもその放任でもなく，トラスト体制下における潜在競争を中心とした競争維持政策なのであり，この意味において「社会の利益の保護者として競争に全面的に依存する政策」に他ならない。

以上のトラストつぶしやトラスト放任のほかに，クラークはトラスト政策として採用してはならないものを幾つか挙げている（とくに ch. 3 を参照）。その第1は保護関税である。外国の生産者は潜在競争のもう1つの源泉であるので，外国からの参入を阻止する障害として保護関税はクラークにとっても重要

であった。彼は独占的要素を排除するのに必要な程度に関税を引き下げることを主張した。しかしアメリカの独立の生産者が公正に競争しうるに足る保護の必要を認めたので，その全面撤廃には反対したのであった。彼にとって重要なのは，まず独占規制であり，それによって公正競争が維持されたうえで，望ましい関税引下げを行うことであった（Cf. 39-40）。

第2はトラストの資本額の制限あるいは企業規模や市場シェアの画一的・機械的制限である。企業規模は産業によって異なり，これを画一的に制限することは不可能であるし，かりに制限しても意味をもたない。

第3は法律による販売価格の指示政策である。彼によれば，これはとくに発明を妨げて経済進歩に有害である。[10]

第4は利潤を消滅させるような課税政策である。これは進歩をもたらす利潤動機を失わせることになる。彼によれば，以上の諸政策はすべて実行不可能であり，かつ望ましくない政策である。

むろんクラークは独占問題として重要な鉄道問題を無視しているわけではない。彼は独占形成のきっかけとなった鉄道運賃の規制の必要を主張している。しかし，これは産業上の独占をより直接的に攻撃する必要条件として論じられている。彼は運賃差別の法的禁止よりも，むしろプールを認めたうえでの法による運賃規制の方法がより効果的であると主張している（Cf. 62）。[11]

『トラストの統制』（増補改訂版）では，わずか5章88頁にすぎなかった初版が大幅に書き直され2倍以上の8章200頁に拡大された。それは初版以来約10年間のアメリカにおけるトラスト・独占の展開ならびに反独占政策の動きに注意を払うとともに，トラストの歴史的考察および現状分析も補われ，詳細・豊富になり，現代化された。この現代化の作業は主として J. M. クラークによるものとみられる。[12]

内容の点からみれば，増補改訂版には，初版における議論のいっそうの具体

---

10) この政府による価格設定政策のもつ欠陥について，クラークは増補改訂版第7章でかなり詳細に論じている。
11) このほかクラークは，彼の反独占政策の中心ではないが，株主保護の立場からトラストの情報公開の必要を主張している（Cf. 22-26）。

化や，いっそう強調された側面，それに新たな追加などが含まれている。たとえば，それは価格差別を規制するために，工場渡しFOB価格での販売とその統一価格の公表を義務づける法律の制度を提案している（Cf. Clark, [1912] 1971, 109, 192)。また，鉄道問題に関連し，運送業者と荷主との利益の共通の防止策として，①水上運送での競争の保持，②独立運送業者にたいする十分な発着施設の保証，③鉄道による公正・平等な取扱いを挙げている（Cf. 189-190)。[13]

また，反独占政策の基本方針に関連して，あいまいさによる法律の死文化は許されないことであり，反独占の根本的目的は非伸縮的に守りつつ，その手段・方法はできる限り弾力的にすべきであることが強調されている。法律によって禁止すべきものをすべて具体的に明確に規定したのち，残りの分野を一般条項でカヴァーするようにし，州際取引委員会が州際取引法の一般条項を実施するのと同様に，その実施を行政委員会に委ねる方式が提案されている（Cf. 190)。[14]

このほかクラークは持株会社に言及し，それの廃止を主張しており，それは連邦政府の規制によって，州際取引を行う会社の株式保有に投票力を行使する権利を制限することで達成できるとしている（Cf. 191)。

以上の諸論点以外に，産業状態の変化を反映して，重要と思われる変化がみられる。それはクラークが潜在競争に加えて，かなりの程度の実際の競争が必要だと考えるに至ったことである。彼は「競争が不可能であるような規模の企業結合の成長を防止し，結合がこのような規模に成長した場合，それを分割す

---

12) 形式上は，増補改訂版の第7章および第8章は新しい章と言ってよい。初版の内容に従ったところでも，新しくパラグラフを分けたり，見出しをつけたりして整備し，論点の整理に注意が払われており，形式だけからみても，増補改訂版はほとんど別の著作と思われるほど，改訂増補版となっている。

13) このほか増補改訂版では，彼は略奪的競争防止の一手段として特許濫用の防止策に言及している。特許を買い占めて使用しない方法，および代理店契約に類似した契約によって特許の独占を非特許商品にまで拡大する方法の禁止の必要を主張している（Cf. 193-94)。

14) この行政委員会設立の提案は既に1911年の上院，州際取引委員会の証言においてなされている（Clark, 1911h, 982 seq.)。

ること」(194)を主張している。

　彼によれば，現在の大企業の分割はシャーマン法のもとで，分割とその結果とを監視する行政委員会の助けをえて行われるものと期待できる。さらにこのような巨大規模の結合の成長を防止するために，彼は，州際取引に従事しようとする巨大会社にたいして，連邦政府が認可証あるいは許可証を発行するという方法を提案している。これらの認・許可証は独占力をもつほどの大会社には与えられないか，もしくはそれを取り消すことができるものである。これを有効にするために，おのおの他の会社の投票権つき株式を保有したり，あるいは利益を共通にすることによって企業が結合することを防止せねばならない (Cf. 194-95)。また同じく，シャーマン法のもとに解体されたトラストの分割部分をつなぎ固めるのに，これらの方法が使用されることも防止せねばならない (Cf. 195)。

　クラークは企業規模に関して，現実にうまく作用するなんらかの原則をつくることはできないとし，これは委員会のやるべき仕事に属すとの主張を繰り返しつつも，「たとえば，産業分野の2分の1以上を制御している会社は，その許可証を取得し保持する条件として，公衆の利益を守るのに十分な競争が残存していることを積極的に論述することを必要とするであろう」(195) と述べている。

　このように，クラークは，実際の競争の実現を早めるためにトラストの規模の縮小が余儀なくされることを主張したが，このことはむろん，彼がシャーマン法による単純な分割政策の批判をくつがえしたことを意味するものではない。彼は，単なるトラストつぶし政策は実行不可能であり，望ましくないという基本的立場を保持しつつ，しかもただ独占的行動，不公正競争手段の排除による潜在競争力の回復・維持だけにとらわれず，潜在競争力を十分回復するためにも，実際の競争の維持の必要性を主張したと考えられる。これは独占の強化に対する彼の対応を示していると言える。

　この問題は重要であるので，クラークは，トラストの分割，あるいはトラストの規模を制限することには，「2つの重大な反対論」があるとして，さらに詳細な議論を展開している。

その第1の反論は，企業が結合することは防止することができないというものである。これに対して彼は，法の外にある非公式の了解や協定には弱点があり，正真正銘の独占となるには，これら以上のものをトラストは必要とすると答えている。

第2に，トラストの分割は進歩と効率を破壊するという反論に対しては，これは証拠よりも仮定のうえにたてられたものであり，最大可能な効率にとって十分な規模をもち，しかも独占に至らないということは不可能だという主張は証明されていないと，彼は答えている (Cf. 196)。

クラークの発想は経験的であり弾力性に富んでいる。たとえば彼は次のように述べている。「ある産業で，あらゆる方策にもかかわらず，競争が死滅するか，あるいはわが国の産業のあるものが不効率であると非難されるのが明らかになったときには，われわれの政策を変更し，こうした場合独占を必然的事実と認め，価格を規制する次の論理的段階をとる時である」(197)。

彼は自然独占を認め，それを公益企業として扱わねばならないとするが，これは「それらの産業だけについて採用されるべきものであり，その他の分野では，競争維持政策をとらねばならないとしている。少数の場合にうまく作用しなかったからというだけで，大規模企業の全分野における競争維持の努力を放棄してはならない，というのが彼の繰り返し述べている主張点である。

以上のような展望のあと，結論としてクラークは，社会的に正しい競争概念と独占体制下の競争の重要性とを再び強調している。彼によれば，なるほど，競争のゲームは現状の環境のもとで変化したけれども，この変化をもって競争の命運がつきたと結論するのは時期早尚である。競争の新しい諸条件への適応だけが必要なのである。

クラークは次の言葉で増補改訂版を結んでいる。もし「大企業の支配する分野で公正競争を維持する力が公共のトラストに認められるようになれ」ば，「新しい競争が，最少の規制によって最大の力と公正とを労働する人々に保証する手段として，しっかりと確立されるであろう」(202)。

3 クラーク反独占政策論の影響

すでに指摘されているように,「もし1914年のクレイトン法および連邦取引委員会法のさまざまな規定におよそ共通した根本的な考え方があると言うことができるとすれば,それは彼(J. B. クラーク)のものであり,法規と委員会決定とを通して,政府は公正競争の基準を確立することにより,競争経済を維持すべきだというものである」(Klebaner, 1962, 475)。[15] このようにクラークの反独占政策論の実際政策への影響は,ウィルソン大統領下の上記2法成立の基本哲学を提供したことにおいて明白と言える。

ウィルソンが大統領選挙に民主党の候補者として出馬した1912年の選挙にさいして,クラークは「諸政党と最高の争点」(Clark, 1912h) と題する論文を『インデペンデント』誌に寄せ,共和党,進歩党および民主党の立場を反トラスト政策の観点から検討した。彼自らは「共和党支持者であり,共和党,ウィッグおよび北部連邦同盟の支持者の子孫」であると断りながら,民主党のトラストに関する実際政策を「聡明」だと主張して,民主党の勝利に期待している。彼によれば,民主党は穏健で正当な関税改革を公約し,明白な独占的特徴をもつ企業を州際取引から排除することを求めているからである。

これに対して,共和党は,彼によれば,トラストを統制するのかどうか,そのために関税改革を実行するのか否かについて満足な解答を与えない。進歩党(共和党の分派)の政策については,彼は「略奪的競争を抑制することはまったくすばらしいが,しかしそれを行い,それ以上に何も行わないことは,結局独占に屈服することになる」(893-94) と論評している。なぜなら,進歩党は行政委員会による価格統制政策を安易に考えており,それは進歩を保証する唯一のものたる競争の導入に反しており,トラストに現在以上の進歩への力を失わせるからだという (Cf. 893)。

---

15) なお本節はドーフマン,クリバナーの論文に負うところが大きい。

このように，十分な証拠なしに競争は死滅したとして価格統制に走るのでなく，競争は困難な状況下においてもはっきりと現存しているとの認識にたって，競争をもう一度有効な形で導入することを考えるべきだと主張されている。

 ウッドロー・ウィルソンとクラークとは1887年以来の友人であった。ドーフマンも指摘しているように (Dorfman, 1971, Introductory Essay, 5-6)，クラークの『哲学』にたいして，当時経済学その他の社会科学を教えていたウィルソンは，高い評価と共感と敬意とを表している。J. M. クラークほかによる父クラークの追憶によれば，のちの大統領ウィルソンは，『哲学』にあらわれた社会経済改革の基本的な精神と方法にとくに共鳴したのであった。ウィルソンは次のように書き送った。「……『富の哲学』はその精神――その中庸とそのキリスト教――によって少なからず私を元気づけてくれました。組織活動にたいする健全で均衡のとれた同感者は私の評価にとってきわめて高いものですし，空想や軽率な改革にではなく，保守的な努力の漸進的過程に希望のすべての必要な刺激を見出す人は，確かに私が心から尊敬する人であります」(Clark, A. H. and Clark, J. M. 1938, 20)。

 大統領選挙前夜に，クラークは『トラストの統制』（増補改訂版）をウィルソンに寄贈するとともに，進歩党の候補者，セオドール・ローズヴェルトと進歩党の指導者の1人であったウィスコンシン大学総長，ヴァン・ハイゼの反トラスト政策の誤りを次のように指摘したのであった。

 すなわち，「それ〔『トラストの統制』〕は，ヴァン・ハイゼ―ローズヴェルトの政策に含まれる誤りがいかに重大なものであるかを論証しているものと，私は信じます。というのは，その政策は，わずかな証拠に基づいて，大企業間に競争を維持する希望を放棄してしまい，委員会による価格統制計画を，それに対するもっとも致命的な反論をも少しも理解せずに受け容れているからです」(Dorfman, 1971, 8-9)。

 ウィルソンが大統領に就任してのち，1914年にクラークは下院の司法委員会における証言において，最終的にクレイトン法および連邦委員会法として具体化されることとなった問題の取り上げ方を擁護した。クラークは，最近提案

された一連の法案のうちに，経済学の要件と現在の経済的傾向にまったく合致した目的を発見できて喜びにたえないと，証言したのであった。

また，ドーフマンが詳しく明らかにしたところによれば，クラークは，同年に民主党のトラスト問題関係者から新しい反トラスト法の原案について専門家として意見を求められ，上記州際取引委員会の委員長 F. ニューランズ宛の返書で，3つの法案について詳細な意見を寄せている (Cf. 10-13)。

3つの条文についての詳細な議論は省略するが，クラークは，これら3法案の一般的性格に関して次のように述べている。これらの法案が間違いのない独占的行動を規定し，それらの行動の抑制は独占のいっそうの成長を防止し，既に成長した独占の害悪を及ぼす力の減殺に大いに役立つものである。また，それらの法案は，資本の大統合に直面しながら現存の競争を維持することを目的としている。そしてもし，企業結合によって競争が大部分破壊されたある事業分野において，法的手段によって有効な回復がなされるものとすれば，この法案の諸規定は，競争が再び消滅するのを防止するのに役立つであろう (Cf. 11)。

以上のようなウィルソン大統領との直接的関係ならびにクレイトン法および連邦取引委員会法成立途上の諸影響からみて，クラークの反独占政策論が直接に2つの反トラスト立法のうちに具体化されたことは明らかであり，[16] これによってウィルソン大統領の諸改革政策の一環をなすうえで貢献したことがわかる。クラークの反独占政策論の基調は，まさにウィルソン大統領の「新自由主義」の立場と合致するものであった。

---

16) シャーマン法による①取引を制限する契約・結合・共謀，②独占すること，独占を企図すること，取引を独占するため結合・共謀することの禁止に加えて，クレイトン法および連邦取引委員会法によって禁止された独占的行動は次のものであった。①競争会社の株式あるいは資産の取得，②排他的協定・抱き合わせ契約を行うこと。ただし②は①と共に実質的に競争を減殺し，または独占を生じる傾向のある場合にのみ違法となる。③コストの差を正当に斟酌するに過ぎない格差以上の差別価格をつけることにより競争を阻害すること，④独立の仲買人を使用する場合を除き，手数料・仲買料を支払い差別待遇すること，⑤特定の者にのみ追加的な役務や便益を提供し，差別待遇すること，⑥競争会社の役員を兼任すること，⑦不公正競争方法を用いること，⑧不公正または欺瞞的行為・慣行を採用すること（以上は，越後和典，1965，48-49による）。

クラーク反独占政策論の実際的・時論的影響とは別に，それよりも経済学史上いっそう重要なのは，それが与えた理論的影響であると思われる。
　既述のように，父クラークとの共著『トラストの統制』（増補改訂版）で大会社間の「寛容で健全な競争」を基礎に，J. M. クラークは1940年の有名な論文「有効競争概念のために」（Clark, J. M. 1940）において，有効競争（workable competition）概念を導入することによって，現実の競争理論を大きく前進させたことは周知のところである。父との共著以後，彼は1914年の2つの論文で，大きな固定資本を要する産業における価格設定要因として潜在競争が重要であることを示した。
　やがてこれは1923年の彼の有名な『間接費の経済学』（Clark, J. M. 1923）においてさらに展開された。そこでは J. M. クラークはとくに，潜在競争の4源泉を示した。すなわち，①新工場設備，②高価格ゆえに有利になった場合に稼動する半ば陳腐化した工場設備，③既に参入しているが，特定の市場に供給していない生産者たち，④現在有効に働いている公式あるいは非公式の停戦を突然やめることができる生産者である（444 seq.）。
　さらにこれが『企業の社会的統制』（Clark, J. M. 1926）を経て，さきに言及した1940年の論文での有効競争概念の導入となったのである。
　J. M. クラークの最後の主著『動態過程としての競争』（Clark, J. M. 1961）では，彼は有効競争を次のように定義したのであった。「産業の生産するいろいろな等級の型の生産物に対する需要量を供給する産業にとって最低必要供給価格というものがあり，競争の有効性にとって決定的であると思われるのは，価格がこの最低必要供給価格をかなり上回るときにはいつでも，ある競争者たちに攻撃的な行動への誘因が与えられ，これに対し他のものが応戦しなければならないような条件のもとで，価格が独自に決められるということである」（18, 邦訳18）。まさにクリバナーが指摘したように（Klebaner, 1962, 479），1912年版父クラークの「大会社間の寛容で健全な競争」は，1940年の有効競争論を先取りするものであったと言える。

4 クラーク反独占政策論の特質

　初期のアメリカの経済学者たちは，概してトラスト・独占の分析結果が不明確であったことから，この問題を取り上げるのに躊躇したり，反トラスト法に無関心か，あるいはそれに敵意をさえ示したが，こうしたなかで既述のように，クラークは1890年7月シャーマン法成立以前に早くもこの問題を重視したのであった。しかし，彼の『トラストの統制』が出版される前後には，この問題を取り上げた，比較的アカデミックなトラスト・独占論も現れ始めた。クラーク自身は『トラストの統制』（初版）の序文において，フォン・ハレ，ジェンクス，イーリーの3人に言及している。

　そのうち，まずフォン・ハレは『トラスト』（Von Halle, 1895）においてトラストの事実とその長所・短所を「客観的」に論ずる形をとりながら，トラストは全体としてきわめて有効である点を強調し，それは潜在競争の脅威があるので，価格や利潤を法外な水準にまで引き上げえないと主張した。このように，独占の弊害を重視しないフォン・ハレは，反トラスト法の撤廃を擁護したのであった（Cf. Baldwin, 1961, 10-11）。

　次にジェンクスは，W. H. コリアらとともに「新しい競争論」の主張者とされている。ジェンクスは『トラスト問題』（Jenks, [1900] 1903, 1917）[17]において，従来の競争の浪費と大規模の利益をとくに強調し，トラスト運動を不可避とみなす。そしてトラスト体制下における，潜在競争を含む技術革新競争，代替品競争，製品競争などに関する企業間の新しい競争形態のもつ利点を強調し，この意味の新しい競争がトラスト問題を解決するとみなした。したがって，彼にとっても，反トラスト立法は無用・有害であり，国家はトラストの情報公開という政策だけをとれば足りるとした。[18]

　したがって，トラストの規模の経済じたいを認めない大企業の単純な分割政

---

17) 筆者が利用したのは第3版（1903年）と1917年版である。
18) Cf. Jenks, [1900] 1903 edn.; Baldwin, 1961, 8.

策に反対する点ではクラークと一致しているが，独占規制の面はきわめて消極的である。これはむしろ独占的大企業を擁護する立場に近かった。したがってその1917年版では，連邦取引委員会は企業の発展を妨げ，おどし，処罰するよりもそれを援助しようとしているのだが，それが委員会法の独占条項によって妨げられていると非難し，これらの反独占的条項をその法律から取り除くことを提唱している (Jenks, [1900] 1917 edn., 312)。政策的には，ジェンクスは多くの自由放任論者の立場——関税や特許に関してトラストがとくに利益を受けない限り，放任政策が最善の策とみる——と異なるところはなかった (Jenks, [1900] 1903 edn., 217)。

次に，1900年に『独占とトラスト』(Ely, [1900b]) を公刊した当時のイーリーは，企業結合を競争と技術革新の必然的産物とみなし，規模の経済を重視し，これを統一的なコントロールの行使（とくに価格の）という意味の独占から区別した。

しかしイーリーにとっては，鉄道や通信産業のような，競争が浪費的な分野に成立する自然独占を除けば，独占は一般になんらかの人為的特権によって成立したのであり，したがって，これらの人為的支柱を排除すれば，トラストは独占となりえないで，規模の経済を発揮しうることになる。したがって，イーリーにとっては，反トラスト法は効率と規模の経済性の達成にとり障害となるものであり，撤廃されるべきものであった。[19]

イーリーはクラークを「潜在競争のもっとも学問的な主唱者」(252) と呼んで，潜在競争および残余競争に着目しているが「独占の場合には潜在競争の十分な作用をうらづける証拠はみられない」(251) と述べ，これを中心に反独占政策を考えることに賛成していない。そしてこの時点ではイーリーはクラークも自分以上には潜在競争を重視していないと解している (Cf. 252)。

結局，イーリーはトラスト政策に関しては競争を重んじるにとどまっている。彼もトラスト問題に関する限り，ジェンクスと同様に，競争と自由放任への信念に支えられており，フォン・ハレとともに，反トラスト法は不合理であ

---

19) Cf. Ely, [1900b] 1902 edn., 213; Baldwin, 1961, 13; Rader, 1966, 104-05.

り撤廃すべきと考える点で一致していた。ただし，フォン・ハレは必ずしも自由放任の信奉者ではなかったが，自然的な運動は同時に有益な運動であるに違いないとの考えに基づいて，結果においては自由放任論者と同じく，自然的発展を妨げるという根拠から反トラスト法の撤廃を唱えたのであった（Baldwin, 1961, 13-14）。

これら3人に比較すれば，クラークは，シャーマン法によるトラストの単純な分割政策――これはとくに独立した小生産者の立場から，旧来の自由競争の考えに基づき多数の小企業による競争を理想とし，大規模自体を否定しその分割を主張する政策――には批判的であったけれども，シャーマン法の撤廃を求めるのではなく，シャーマン法の反独占の基本精神を受け継ぎつつ，むしろそれを補う形で効率と公正を調和させるための具体的独占規制を，潜在競争・有効競争論を基礎に展開したのである。そのために国家の法規と行政委員会による規制を主張したのであった。

クラークは以上のような古い自由放任政策の放棄を主張した。『トラストの統制』（第2版）でクラークは次のように述べたのであった。「考慮に値するほどの各政党はいま『自由放任』政策の廃棄を要求している。それには味方はいないし，現状ではなんの価値ももたない。それを唱えることは自らをどうしようもない反動か，それとも精神障害とみなすことである。したがって，決定されるべき実際的なことは，集中と独占との間の裂け目を開き，前者を保持しながら後者を抑圧するために，国家は何をなしうるかということである」（Clark, [1912] 1914 edn., 24）。

1907年の『経済理論の要点』では，「自由放任政策の不可能性」の見出しのもとに「自由放任はかつては望ましかったが，独占をまったく放任することは考えられるべきことではない。……もっとも重要なことは，為すことを求められている政府の新しい仕事である」（Clark, 1907, 384）と述べられている。

しかし，クラークの主張している反独占政策の遂行において，「国家は自由放任学説の本質的部分に合致する政策を行う」（390）のである。すなわち，「競争維持の必要から政府は産業に手をつける」のであるから，それは「自由放任政策の信奉者が正義と繁栄の希望をかけた諸力を活発に保持する上での国

家による強力な行為」(390) にほかならないのである。

　最後に，クラークの時代と今日の産業組織の状態はむろん大きく異なっているけれども，有効競争のいわゆる3分法，①市場構造規準，②市場行動規準，③市場成果規準との関連で，クラークの反独占政策論を検討してみることは，彼の産業組織論的立場を明らかにするうえで有益であろう。

　概して言えば，クラークの中心論点は市場行動規準にあると思われる。とくに価格政策において共謀のないことや，競争者への強圧的政策のないことが，不公正な取引方法の排除として強調されたと言える。しかしこの政策の基礎には，潜在競争および若干の現実の競争が妨げられないという意味で，市場構造規準のうち，市場への参入が容易であることにも力点が置かれている。

　集中度に関しては，『トラストの統制』の初版ではあまり重視されなかったが，増補改訂版ではやや重視の方向が示された。というのは，潜在競争や実際競争がまったく不可能な大規模企業の場合の分割が主張されているからである。

　市場成果規準に関しても，たとえば製品や生産過程の改善への圧力が絶えず存在することや，コストの大幅切下げに応じて価格が引き下げられることも主張されている。とくに経済成果という観点からみれば，クラークは完全雇用にはほとんど触れていないという欠点をもつが，①生産における進歩と効率化，②所得の公正分配，③物価の安定とならんで，とくに④経済成長を強調し，[20] 国際経済における主導力の発揮を大きな目標にしていたことがわかる。[21]

5　「クラーク問題」と反独占政策論

　反独占政策の形成・発展という観点から「クラーク問題」――初期と後期に

---

20)　「政策の目標は絶えざる所得の増大という経済進歩にある」(Clark, [1912] 1914, 134)。
21)　有効競争の3規準に関しては，小西唯雄『反独占政策と有効競争（増補版）』（有斐閣，1975年），153-60頁による。

おけるクラークの競争組織・競争原理にたいする根本的接近の変化——を再検討するとすれば，われわれは初期クラークを1877年から87年（『哲学』第2版刊行）までのおよそ10年間に，そして後期クラークをそれ以降とみることができよう。このように，初期と後期の転換を一応1887年に求めるのは，1887年3月に発表された論文「競争の限界」には，1890年3月の論説「トラスト」に始まる90年代の諸論文から，既にみたように，1900年以来『トラストの統制』（初版）を構成するに至る諸論説へと続く，クラークの基本的思考が明確にみられるからである。[22]

　この論文は，競争の作用と態様は変化しても競争自体は不滅であるとする立場にたっており，明らかに競争組織および競争原理への信頼から出発している。クラークは企業結合の行動分析を行い，①価格の固定化，②生産制限について，③潜在競争の制限を指摘している。そしてこの「残余競争」(residual competition)（Clark, 1888, 14）[23] を重視し，これを十分働かせるために，トラストの利益を促進する傾向をもつ関税の撤廃を提唱し，企業結合の法的規制は可能でありかつ必要であると主張している。ここで彼は明らかに競争への信頼を回復し，競争原理をまもりつつ，これを現実のトラスト化した産業状況のもとで生かす方法を模索し，潜在競争を中心とした競争の維持，独占排除政策を提唱しているのである。

　この論文が収録された1888年の『現代の分配過程』の序文のうちに，われわれはクラークにおける競争組織および競争原理にたいする態度の根本的変化を再確認することが可能である。すなわち，彼は，「競争が一見したところ重要な諸点で廃止されたと思われるほど」人為的結合がきわめて顕著な役割を演じるに至った。「事実，その作用の態様は新しい科学的取扱いを必要とするほど大きく変化している」(iii)と述べ，その書物の目的を，「新しい体制の規制原理である残余競争の本質および範囲の決定」を含む「現代の競争のもつ基調」の解明に求めている (iv)。同時に共著者のギディングズの論文も，潜在

---

22)　『現代の分配過程』に収録されたもう1編の論文「現代の諸条件下の利潤」も，直接独占を扱ったものではないが「競争の限界」と同じ傾向をもつ論文である。
23)　クラークは「残余競争は今なお有効な価格調整要因である」(iii)と述べている。

競争論を中心とした競争維持をめざす,有効競争論の方向をもつものであった。[24]

われわれは,このように,クラークにおける潜在競争の重視をいわばリトマス試験紙として,初期から後期への変化を析出することが可能と考える。この意味から「競争の限界」における潜在競争論はきわめて重要な意義をもつものと結論しうる。

こうして反独占政策論という観点から析出された1887年という転換点は,クラークがそれまで拒否していた完全競争を前提した限界生産力的分配モデル——これはやがて『分配』において結実する——の構築過程の開始期を示す論文「資本とその稼得」が1888年の発表であることとまさに符合している。

ソレリは,クラークの思想における協同組合的基調は規模の経済の称賛の影響下に新しい変化をこうむったとし,これが1880年代の終りまでに生じたと述べている。彼は「競争の限界」に言及したが,クラークにおけるこの変化を根本的変化とはみなさず,単なる力点の変化と解するので,潜在競争力とその社会的有用性を重視する伝統的な競争原理へのクラークの復帰がもつ意義を理解するには至っていない (Cf. Thorelli, 1955, 123)。しかし実はこの転換点にこそ当時のアカデミックな経済学者のうち,もっとも精力的に潜在競争・有効競争論をとなえたクラークの思想的変化の特質が認められねばならない。

さて,このように競争原理にたいする信頼の回復を基礎に1888年から始まった限界生産力的分配論の形成は,完全競争,静態を前提とした『分配』の理論を生み出した。しかしそこでは,競争概念は分析的概念としてのみ用いられており,効率と価値づけという分析的観点との関連で,自由競争や純粋競争概念として用いられているにすぎない。そこでは,潜在競争,有効競争,公正競争,あるいは出血競争,略奪的競争,不公正競争といった政策的競争概念は用いられていない。クラークによれば,政策的競争概念は現実の動態的な競争を対象とするものであるので,静学に限定した『分配』の理論では取り上げられないのである。

---

24) クラークは潜在競争原理の初期の陳述として,ギディングズの論文「競争の持続」(Giddings, [1887b] 1888) に言及している (Clark, 1907, 381, fn.)。

したがってクラークの政策的競争概念，実際の競争や独占とそれらをめぐる政策に関する諸問題は，『分配』の静学に続く『経済理論の要点』の後半部分をなす動学部門（主として第22章から第28章）において取り扱われることになった。

この動学部門では，とくに経済進歩という目的との関連で，『トラストの統制』における反独占政策論が整理・展開されている。競争は何よりも経済進歩を保証するものであるが，独占による競争排除は技術革新を妨げ経済進歩をおびやかす。したがって国家の力によって新しい形態の競争が必要なだけ強力に維持されることが必要となるのである。

クラークにおいて，このように静学と動学との方法論的区別に従い，静学では完全競争モデルが用いられているのに対して，動学では実際の競争，すなわちトラスト・独占体制下の競争の維持・回復という反独占政策を中心に展開されている。したがって彼においては，完全競争モデルが実際の独占に対する政策の規準でないことは明らかである。完全競争モデルは静態を前提とするものであり，その限りにおいて抽象的・非現実的なものであって，動態におけるトラスト・独占問題を扱う規準とはなりえないからである。したがって完全競争モデルを政策規準にしてすべてのトラストを小企業に解体し分割することによって，理論上の完全競争を回復しようとすることは，クラークの批判するところであった。ただ静学モデルと動学――ここでは独占・寡占を前提した理論の積極的展開はなされていない――における反独占政策とを結びつけるものは，競争原理への信頼である。一方は理論の基本前提として，他方は現実のトラスト下の競争維持という反独占の政策規準としての役割をもたされている。

既にみたように，クラークは当時のトラスト・独占に関する少なくとも次の4つの政策的立場を批判した。すなわち，①古い自由放任哲学に基づく事実上の独占放任論，②いわゆる「新しい競争論」に基づく事実上の独占擁護論，③多数の小企業による古いタイプの競争体制論に基づく，すべてのトラストの分割・解体論，④政府や公共団体による直接的価格指示・統制政策がそうであった。

しかしながら，クラークが彼の政策を提唱するにさいして，もっとも強調し

た1つの一貫した問題意識は，独占政策に関連した「国家社会主義」（マルクス主義）と無政府主義の危険であった。既に『哲学』においてクラークは「政治的社会主義」を批判していたが，彼が独占政策と直接関連させて，国家社会主義および無政府主義の脅威をとくに重視したのは，1890年3月の論文「トラスト」が初めてであった。

彼は反独占政策の重要性という問題提起を行うに当たって，国家社会主義と無政府主義はいずれも独占化を歓迎する独占放任論であることを強調している。とくに国家社会主義は，独占を社会主義実現への一過程とみなして，独占化の動きを放任し，最終的に国家がその果実だけをおさえ国有化すればよいと主張しているとしている。[25] また無政府主義者も独占化を歓迎し，独占が政府を服従させ，社会を分裂させるにまかせて，彼らの「独立の自治共同体」の到来を待つものとされている。

こうした問題意識はクラークのアメリカ経済学会会長講演でも一貫して強調されている。また『トラストの統制』（増補改訂版）では，問題は「私的独占の悪魔と国家社会主義の深海との間の選択である」（Clark, [1912] 1914, 2nd edn., 2）とさえ述べられている。

このように，当時のアメリカの国家社会主義者らが国家による独占規制ではなく，独占化→産業の国有化→社会主義といった論理から独占放任側に立ったことが，クラークに古い競争原理に復帰させ，トラスト体制下における競争の維持・回復政策へと向かわせる1つの力として作用したことは否定できないであろう。これは『分配』における社会主義批判の中心，労働搾取論の理論的否定に対応し，それと対をなすものと言える。

---

25) たとえば，社会党の指導者，T. J. モーガンはシカゴ・トラスト会議で，社会主義への第1歩としてトラストを奨励する態度をとった（Cf. Hatfield, 1899, 15）。

第 8 章

「J. B. クラーク問題」の一解釈
―― J. F. ヘンリーの所説にふれて ――

1 「J. B. クラーク問題」とその解釈をめぐって

　クラークの経済理論および経済思想にかんして，筆者が一貫して絶えず関心を払ってきた問題は，初期から後期へのクラーク経済学の変化であった。筆者はこの問題に，「アダム・スミス問題」から示唆をえて，「J. B. クラーク問題」(The J. B. Clark Problem) という名称を初めて与え，[1] この問題をめぐる従来の諸見解を整理し，私見を述べたのであった。

　まず「クラーク問題」とそれをめぐる論争をできるだけ重複を避けながら簡潔に整理しておきたい。「クラーク問題」とは一言でいえば，競争組織を退けた初期のクラークが，後期にはそれを支持し弁護した「変容」(transformation) を指している。しかしこの「変容」をどのように理解するかをめぐって，解釈上，見解が分かれている。しかもこの「変容」の解釈上の相違は，クラーク経済学全体の理解とその経済学史的評価とに本質的にかかわる重要性をもっている。

　「クラーク問題」の解釈には少なくとも 2 つの論点がみられる。ひとつは，この「変容」をクラークの基本的見解における単なる「力点の変化」(change of emphasis) とみなすか，それとも，そうではなくて，それを「根本的変化」(radical transformation) と解するかという論点である。もうひとつは，この

---

[1] この問題を論文「J. B. クラークにおける競争と独占――『J. B. クラーク問題』と独占形成」として初めて発表したのは，1979 年 9 月であった。

「変容」の本質理解と関連して，それをもたらした諸要因は何であり，それをどのように説明できるかという論点であると言ってよかろう。

　筆者の見方によれば，従来，ホーマン，クラークの息子のJ. M. クラークとドーフマンが，それぞれ異なる説明によりながら，それを「力点の変化」と解している。ただし，ドーフマンの場合は一応「力点の変化」説に従うとみられ，少なくともそれを明らかに否定することはなかったが，『アメリカ文明における経済的思考』では，「論理と感情の衝突」(The Conflict of Logic and Sentiment) (Dorfman, 1946-59, vol. 3, 188) という表現によって，後期クラークが限界生産力的分配論という「自然法則にますます力点をおくにつれて，彼の後の著作は初期のキリスト教社会主義的な感情を失った」(204) と述べている。したがってドーフマンは一部「根本的変化」を示唆していると解することもできよう。[2]

　これに対して，ジャラドーは，クラークの「変容」を単なる「力点の変化」とみる見解を批判し，それを「明白な方法論的転換」(apparent methodological conversion) (Jalladeau, 1975, 223) と呼んで，基本見解における根本的変化であることを主張したのであった。ジャラドーによれば，初期の『富の哲学』において，産業の諸現象を説明するのに不適切であり，しかも社会的公正を達成しえないとあれほど批判された競争組織が，後期の『富の分配』では，経済効率だけでなく社会的公正をも保証する「すばらしい社会機構」(223) となったのは，「方法論的方向転換」と解されねばならない。ただそのさい，ジャラドーは「根本的変化」の説明要因として，2つの動機の結合を指摘した。それは簡単に言えば，分配法則にかんする純粋経済学的な理論的動機と分配上の公正を求める倫理的動機との結合と言ってよい。

　しかし，既に疑問を呈しておいたように（本書第6章を参照），問題は単に理論的アプローチと倫理的アプローチの結合ということではなくて，両アプローチの結合の仕方，その構造にあると言わねばならない。後期クラークだけでなく初期クラークにも，この両アプローチの結合がみられるのであるから，問題

---

[2] ヘンリーは，ドーフマンのこの箇所だけから，彼が根本的変化説をとるものと解し，後に述べるジャラドーと共に，「古典的見解」をなすとしている (Henry, 1982, 166)。

は，初期と後期でその結合の構造がどのように相違し，変化したのかということでなければならない。

のちに，J. F. ヘンリーが論争に新たに加わり，ジャラドーによる根本的変化説を批判する新しい解釈を提出している。ヘンリーによれば，ジャラドーらの「古典的見解」では，クラークは初期の反資本主義的立場から後期の資本主義弁護論者に変容したとされているが，これは誤りである。初期のクラークは反資本主義者ではなく，ただ資本主義に対してでなく独占に対する批判のゆえに，誤って社会主義者あるいは反資本主義者とみなされたのであった。クラークの「変容」は，初期における独占に反対する小農民と小企業者の支持から，後期の資本家あるいは独占資本家の支持への変化にすぎないとされる。したがって，ヘンリーによれば，クラークは反資本主義者，社会主義者であったことはなく，絶えず資本主義の支持者であって，彼の「変容」は資本主義の枠内での変化にすぎない。どこまでも資本主義の枠内での反独占から独占支持への変化にすぎないと主張されている。

ヘンリーは「クラークの想定されたラディカリズム」(Henry, 1995a, 168-69)を批判するために，一方で初期クラークにおける反マルクス主義的社会主義と反土地社会主義の立場をあらためて強調している。だが，クラークが強弱の差こそあれ，初期・後期とも首尾一貫してマルクス主義的社会主義とヘンリー・ジョージの主張する土地単税論を中心とした土地社会主義に批判的であったことは，あらためて言うまでもない事実である。初期においても，クラークはこうした意味ではけっして社会主義者でないばかりか，その批判者であった。

ともかくヘンリーは，初期のクラークのいわゆる「社会主義」あるいは「キリスト教社会主義」の立場の理解と評価に最大の関心を示し，その「ラディカルな」性格に疑問を呈することとなった。

従来の見解を批判するヘンリーの積極的主張は，クラークの「いわゆる社会主義」を「ポピュリズム」とみる点にある。彼は結論として，「本質的に言って，クラークの『キリスト教社会主義』は事実上ポピュリズムであった」(176) と述べている。初期クラークの立場は結局のところ，小農民と小企業者たちの反独占の立場であるポピュリズムにほかならなかったとしているのであ

る。

　しかもヘンリーは，ポピュリズムの本質をホフスタッターの見解（Hofstadter, 1955a）に依拠しつつ，その政治的性格を失われた独立小農民と小企業者の時代を懐古する後向きのものと規定し，ポピュリストにとっては，社会には根本的な階級的衝突は存在しなかった点を強調している。こうした後向きの政治的性格をもった反独占の立場がクラークの立場であったとされ，クラークの「キリスト教社会主義」あるいは「社会的福音」の立場は，こうした後向きのポピュリズムと断定されている。

　したがってヘンリーによれば，クラークは「社会組織として資本主義にけっして反対しなかったのである。彼が望んだのは，より人間的で公正・平等な資本主義だが，それにもかかわらず資本主義なのであった」（Henry, 1995a, 176）。したがって，ヘンリーは，「クラーク問題」は一般的「見解における根本的変容ではなく，資本主義の枠内における変容」（177）であると結論したのであった。

　この章の目的は，このようなヘンリーの所説の検討を通して，「クラーク問題」を再度取り上げ，クラーク経済学の特質に光を当てることにある。以下では，まず初期クラークの立場を，ヘンリーの所説にふれつつ，キリスト教社会主義として捉え直したうえで，その特質をより明らかにしたい。ついで，第2に，後期クラークへの移行過程にふれつつ，後期クラーク経済学における，問題設定，分配理論自体の展開過程，および分配理論の社会的インプリケイションという3つの段階でのクラーク独自の理論と倫理との結合を指摘することによって，後期クラーク経済思想の特徴を構造的に明らかにしたい。第3に，後期クラークのこうした特質をふまえたうえで，反独占政策論者としてのクラーク像を鮮明にしたい。そして最後に，全体として最終的にクラークが到達した社会改革家としての立場を，彼の『社会主義によらない社会正義』（1914年）のうちに確認することにしたい。

2　初期クラーク

　初期クラークの経済思想が結晶した『富の哲学』のもとになった『ニューイングランダー』誌に寄稿された諸論文は，1877年から83年の間に発表されたものである。『富の哲学』刊行後，画期的な論文「資本とその稼得」が発表された1888年（実際には1887年には出来上っていた）までのクラークを，われわれは初期クラークと呼んでまずさしつかえないであろう。

　この初期クラークの経済思想の中心テーマは分配の公正であった。それは，企業結合と独占の抬頭下におけるアメリカの新しい経済問題を解決するために，新しい経済組織と新しい経済学体系を求めるクラークの真摯でフレッシュな模索過程を示すものであった。彼は伝統的な自由放任の古典派経済学に疑問をもち，富，労働，利己的経済人，といった諸概念や原子論的社会観，競争概念といったその理論的諸前提を再検討し，それらの欠点と，とくにそれらの新しい事実との不整合を鋭く指摘したのであった。

　とりわけ，競争にかんしてクラークは，既に本書第6章において指摘したように，1870年代および1880年代前半における，アメリカでの現実の競争の抑圧，企業結合と独占の出現を背景にして，組織としての競争に制度的，進化論的，歴史的分析を行い，伝統経済学が競争をもって経済活動の必然的な調整原理とすることに疑問を呈したのであった。彼は競争を「与えるうえでの競合」(rivalry in giving) (Clark, [1886] 1887, 155) ＝「真の競争」と「破壊的競争」や「略奪的競争」とに明確に区別し，前者への信頼をまったく失ってしまったわけではなかったが，後者の「堕落した競争」を厳しく退けたのであった。

　クラークは交換の平等や分配的公正を回復するためには，「道徳力」の進歩が不可欠であると主張した。

　前時代の偉大な原理たる個人的競争は主要な分野で実際上消滅してしまった。それは，最近では公正を確保できないので，消滅するはずである。これ

にとって代わるべき調整原理は道徳力であり，これは既に作用している。
(148)

このようにして，クラークはリカードウ主義的競争原理を退け，それを経済理論の前提として利用することはできないとし，それに代わるものとして道徳力を主張したのであった。もっとも，彼はこの競争原理の取扱いにおいて，必ずしも常に一貫していたとは言い難い。たとえば彼は別の箇所では次のようにも述べているからである。「社会は競争原理をまったく放棄しているわけではないし，また放棄しないであろう。それは分配の一要因として今なお必要である。またそれは，分配すべき大量の生産物を確保するために，われわれが依存する唯一の手段である」(207) と。しかしながら，このような「過渡的で混沌とした産業社会の状態」(148) に対するクラークの全体としての捉え方は，分配上の公正を確保しえなくなった競争原理に代えて，種々の形態において働く道徳力の原理への大きな期待にあったと言うことができる。

こうした分配的公正を取り戻すために，競争原理にとって代わる道徳力に基づく経済組織を真剣に模索するなかで，クラークは，一方で，「政治的社会主義」と土地社会主義を退けると共に，具体的に調停 (arbitration)，利潤分配制 (profit-sharing)，および協同原理 (principle of co-operation)，あるいは連帯の原理 (principle of solidarity) に基づく経済組織に検討を加えたのであった。

その結果，資本と労働との間の利害の衝突の根本的原因を取り除くものとして，「完全協同」(full co-operation)，すなわち協同組合生産組織 (co-operative 〈production〉 system) ——これはロッチデイル型の消費協同組合とは異なる (Cf. 190) ——を最も高く評価し，調停や利潤分配制などをいずれも部分的協同にすぎないと述べている。クラークは生産協同組合に基づく経済組織を新しい時代の理想の経済組織と考えたのであった。

競争，調停，利潤分配制，協同組合生産という4つのうち，いずれが将来生き残って優位を占めるかに大きな関心を寄せたクラークは，それがそれらの間の高度な競合に依るとしながらも，最後に生き残る可能性として，協同組合生産に大きな期待をもったのであった。

協同は，この〈競合〉過程によって，産業界でかなり有望であろう。もし他の組織と比較して，協同が生き残るべきことが論証されるなら，それは生き残るであろう。しかも，それは当初の失敗にもかかわらずそうなるであろう。(189)

クラークが支持したこの「完全協同」の立場は，「モーリス，キングズリー，ヒューズ，および彼らの有力な協力者たち」(198)[3]の名を挙げて明示されている「キリスト教社会主義」に他ならなかった。この意味におけるキリスト教社会主義にクラークは大きな期待をかけていたのであった。

「それは人間の不可避の求めを満たし，確かに急速に――改革者たちがその進歩を計算しがちなほどではないにせよ――発展するに違いない」(198)。キリスト教社会主義者としてクラークは，グラッデン[4]やイーリー[5]などのようなアメリカのキリスト教社会主義者たちの思想や見解を支持し，高く評価している。同時にまた，クックやトムスンやウールジーの社会主義論[6]の紹介・書評を書いたのであった（Clark, 1880b；1880c；1880d）。[7]

クラークのこうした，競争組織を退け協同組合生産組織によってとって代えられることを期待するキリスト教社会主義の基本的な立場は，資本主義的生産関係の枠内にとどまるものではなく，少なくとも資本主義の枠を超える可能性を否定するものではなかった。この点で，ヘンリーのように，初期クラークの経済組織論の立場を，資本主義の枠内にとじこめて低評価することは，逆に初

---

3) これらのキリスト教社会主義者の名は1879年の論文にはなく，『富の哲学』（初版）で付け加えられた。

4) クラークはグラッデンの思想を，論説「キリスト教と現代経済学」(Christianity and Modern Economics) (Clark, 1887e) で支持している。グラッデンは，社会的キリスト教の最初の里程表と言われる著作, *Working People and their Employers* を1876年に書き，1886年には *Applied Christianity* を著している (Gladden, 1876；1886)。

5) クラークによる次のイーリーの書物の紹介・書評，Clark, 1886c を参照。イーリーは社会的キリスト教の主唱者であり，同時にドイツ歴史学派経済学の影響を最も大きく受けた「ニュースクール」の中心人物であった。

6) Joseph Cook, *Socialism. With preludes on current events* (Boston, 1880)；Rev. Joseph P. Thompson, *The Workingman : His false friends and true friends* (New Haven, 1880)；Theodore D. Woolsey, *Communism and Socialism in their History and Theory. A Sketch* (New York, 1880).

期のクラークのラディカル性を不当に強調した解釈と同じく，一方的な断定と言わねばならない。

　当時のアメリカにおけるキリスト教社会主義じたいが，ひとつの明確な一枚岩をなすようなものではなくて，かなり幅のある立場であり，資本主義の枠を超えない保守的な立場を包含していたことは事実である。しかしクラークの場合は，単に分配の問題ではなく，生産組織じたいにおける協同組合体制を指向する，本来のキリスト教社会主義者——「社会的福音」——の主張であった。この限りにおいて，クラークは少なくとも資本主義の枠内にとどまらず，その枠組みを超えた新しい経済組織を生産にまでさかのぼって模索するその過程にあったと言える。

　さらにヘンリーの解釈のように，クラークのキリスト教社会主義の立場は，独占に反対する小農民と小資本家を支持する後向きのポピュリストの立場と同一であるとは断定し難い。なるほど初期クラークは独占を批判したのであり，その観点から，同じく独占を批判し分配上の公正を取り戻そうとしていた小農民と小企業者を支持したし，ことに「農民同盟」(Farmers' Alliance) とその運動を民主主義を追求する進歩的政治運動として評価していた。[8]

　しかしながら，クラークが求めていたのは，小農民や小企業者の間にみられた以前の競争の回復ではなかった。そうではなくて，彼は競争組織にとって代わる新しい産業組織として協同組合生産組織を指向していたのであった。もしポピュリスト運動が，ヘンリーの理解するように，過去にみられた小農民と小

---

7) ホプキンズによれば，1865年から80年にかけての社会的福音の先駆者たちにとっては，①競争と古典派経済学によるそれの正当化に対する批判，②公正な分配を中心とした労働問題，③企業倫理の批判，④スラム等の都市問題が重要問題であった（Hopkins, [1940] 24 seq., 邦訳36以下）。初期のクラークは，都市問題についてはとくに取り上げていないが，①②③と共に，社会的福音の先駆者たちとほぼ同様な立場に立っていたとみてよい。

8) 「農民運動の現局面」(Clark, 1893b) という論説で，クラークは次のように述べている。「それ〔農民同盟〕は成長するアメリカの民主主義をその実際の危険な侵害から守るものである」(412)。「農民同盟は，立法化を指図する人民の権利を主張するための現存する最善の組織である」(413)。ただこの論説でクラークはポピュリストの自由銀運動を批判している。

資本家による競争組織を復活させようとする後向きの政治的性格をもつものとすれば，このような後向きの態度をクラークの経済組織論のうちに見出すことはまず不可能と言わねばならない。[9] したがって，初期から後期へのクラークの基本見解の「変容」を，資本主義の枠内での反独占から大規模な独占資本の支持とみるヘンリーの解釈のうち，少なくとも初期クラークの思想的特質の理解には支持すべき根拠を見出すことが難しい。

3　後期クラーク

後期クラークとは，すでに触れたように，遅くとも 1888 年の新しい分配理論の提出以後の時期のクラークの経済思想を指している。『富の哲学』以後，クラークが最も大きな期待を寄せていたキリスト教社会主義の具体的形態を示す生産協同組合運動のアメリカでの停滞という事実を背景にして，クラークは次第に協同組合に言及しなくなり，調停と利潤分配制，とくに前者へと力点を移していったと考えられる。1889 年 2 月に強制的調停制を主張した[10] が，1896 年から 1908 年にかけて，彼はしばしば調停制について主張を繰り返すようになった。[11]

他方，キリスト教社会主義の立場じたいに一部の変質が生じ，政治的社会主義たるアメリカ社会党（American Socialist Party）を支持するグループを生み出すに至った。[12] これに対してもともと政治的社会主義を批判するクラークは，もちろん批判的であった。おそらくこのような背景も影響したと考えられる

---

9)　ホフスタッターらによるこうした伝統的なポピュリズムの政治的性格の理解は，その後修正を受けている。たとえば，ポラックによれば，ポピュリズムは産業主義にアジャストせず後向きの非現実的解決策しかもたなかったのではない。ポラックは次のように結論している。「それは産業主義を受け入れたが，その資本主義形態に反対し，それに代わってより公正な富の分配を求めたのであった。……もしポピュリズムが成功していたら，それはアメリカ社会を社会主義的方向へ根本的に変えることができたであろう。ポピュリズムは進歩的な社会勢力であった」（Pollack, 1962, 11-12）。

10)　Cf. Clark, 1889a, "Arbitration".

11)　Cf. Clark, 1896h；1902h；1902i；1902j；1903a；1904a；1908a.

が，クラークにおけるキリスト教社会主義が次第に後退してゆくこととなった。[13]

同時に，もうひとつの要因として，マルクス主義的社会主義とヘンリー・ジョージの土地社会主義の脅威が増大した（とクラークは感じとった）ことを指摘しておかねばならない。したがって，こうした状況はこれらの社会主義思想に対するクラークの批判を初期と比較して次第に強化させ，議論の前面に立たせる傾向を生むに至ったと言えよう。

このようにして，資本主義の枠内に必ずしもとどまらなかった初期クラークの社会改革思想は次第にうすれ，理想の経済組織とされた協同組合を中心としたキリスト教社会主義への言及は目立たなくなっていった。このような状況下で，分配の公正を，労働者がつくり出したものを労働者が得ることにあるとしたうえで，現在の資本主義的組織においてこの意味の公正は保持されるということの論証が求められるようになった。これが分配における「自然法則」の探究となって，クラークにおいてより大きな問題関心を占めるに至ったと思われる。

したがってクラークは，かつて初期に経済理論の基本前提として退けた，競争と経済人の前提を取り入れ，完全競争，静態下の分配法則として，最終生産力理論の構築に向かったのであった。クラークの理論展開は，第4章でみたように，まず1888年5月に出た論文「資本とその稼得」において開始され，ついで1889年3月の「科学的賃金法則の可能性」，1890年の「賃金と利子の法則」，および1891年4月の「レント法則により決定される分配」において，ほぼ完成されたとみてよい。これらの論文を基礎として，後期クラークの経済思想をあらわす『富の分配』が刊行されたことは言うまでもない。

これも既に本書第6章で指摘したが，初期クラークから後期クラークへの変化は，時期的には1886～87年の間，彼が1887年3月に発表した論文「競争の

---

[12] ホプキンズは次のように述べている。「新しい世紀の到来と共に，キリスト教社会主義の左派はマルクス主義的で政治的となった」(Hopkins, [1940] 1961, 233, 邦訳271)。

[13] 1910年5月には，クラークは「キリスト教社会主義同盟」(Christian Socialist Fellowship) の指導者のJ. スパーゴ師を批判の対象にしてマルクス主義的社会主義批判を展開した。Cf. Clark, 1910d.

「限界」に現れたと言える。ここでクラークにおける競争概念じたいが大きく変化しているからである。初期クラークと後期クラークを分かつ特徴は，このクラークにおける競争概念じたいの変化のうちに最も明確にみることができる。

まず指摘しなければならないことは，現実の競争をみる見方に関係している。「競争は今や消滅しつつある」という初期クラークの見方は，今や新しい競争組織のもとで「競争は消滅しえない」という後期クラークの確信へと変化している。彼は，新しく組織された社会において競争が消滅するとは，最早考えなかった。ただ競争の作用の仕方が変化するだけだとみたのであった。

「競争は消滅しえない」という信念は，社会ダーヴィン主義を説くサムナーが当時最も強調してやまなかった信念であり，クラークは今やこの信念を分かちもち，これを強調する方向に変化したのであった。

競争は消滅しえないものであり，産業組織の変化過程にあって，いまもなお産業グループ間やグループ内において，「残存競争」(Clark, 1887d, 58) として作用しているのであり，さらに「潜在競争」(50) が作用しているとして，潜在競争論が強調され，展開されることとなった。

このように，クラークは新しい産業組織下における競争のあらわれ方の変化として，残存競争や潜在競争といった「生き残るタイプの競争」(61) に注目するように変わっていった。

近年モーガンによって明確に指摘されたように (Morgan, 1993),[14] 初期クラークは競争に大いに疑いを抱いたけれども，20世紀の変わり目頃には，彼は経済における根本的な動因としての競争概念を重視するように変化した。モーガンによれば，「クラークの初期における制度的・動態的（進化論的）競争概念は，あたかもある種の強力な経済的エーテルのように，あらゆるところと時に人と経済を包み込み作用する，すべてに浸透するある種の実体としての

---

14) モーガンは19世紀後期 (1865〜1900年) のアメリカ経済における「新しい形態の競争」の出現に対応したアメリカ経済学にみられる競争概念の多様性を明らかにしている。彼女は，J. B. クラーク，ハドリー，イーリー，サムナー，ヴェブレンの5人の経済学者を取りあげて検討しており，その対比は優れていて有益である。クラークの競争概念については，初期から『富の分配』の後期への変化を指摘しているが，いわゆる「クラーク問題」には直接触れておらず，競争概念の変化の指摘にとどまっている。

競争によって取って替わった。この競争概念は経済の作用において，中心的な役割りを果たしたのであった」(588)。

　この後期クラークにおける，いわば経済的エーテルとも言うべき抽象的動因としての競争概念——抽象的概念としての競争——は，『富の分配』における後期クラークの理論モデルにおいて，4つの相互に関連した仕方で作用することとなった。

　第1に，競争は経済を理想的な静態に向かわせる最も強力な動因となった。社会の諸要素の理想的配置状態が在存していて，これは個人の競争行為の力によって達成されるものである。生産を行う社会有機体は現実にこの静態モデルに合った形をとるのであり，このモデルから大きく変動することはけっしてないものとされる（Cf. 68）。

　このクラークの理想的な経済は，古典派と同様に「自然的」なものであり，また「正常」なものであり，競争的，静態的なものとして扱われることとなった。すなわち，競争概念は静態モデルの不可欠で最も重要な動因となった。

　第2に，競争は古典派におけるのと同様に，自然法則として扱われることとなった。

　第3に，競争は経済的正義を保証する性格をもつようになった。これは限界生産力理論による分配的公正の保証という形で展開されることとなった。静態の場合，生産諸要因に対する支払いは各生産要因がその限界生産物の価値を受け取るときに，生産物の価値を使い果たすのである。このようにして，競争は倫理的な所得分配を保証することとなった。

　第4に，競争は，資本と労働の諸活動間への効率的配分を保証する。競争は異なる人々の資本や労働の最終増分の稼得力を引き下げ，均等化するように作用するからである（『富の分配』第19章「産業グループ間に労働と資本を配分する方法」を参照）。

　このようにして，後期クラークにおける競争概念は，静態モデルと結合して理論的に精緻化されたが，それはマンチェスター流の自由放任論者たちが信じた，自然と考えられた普遍的な調整者としての競争概念の延長上にあると言える。さらに，この後期クラークの競争概念は，静態モデル下での市場条件を整

えることによって，新古典派の「完全競争」概念の定義にあたって貢献するものでもあった。

このようにして，初期クラークにおける制度的・進化論的・動態的分析による競争概念への疑問，少なくともそれは新しい経済理論の前提とはなりえないものとみなされ，それに代わって道徳力を強調してやまなかったキリスト教社会主義的競争概念は，後期クラークにおいては，静態概念と結びついて，理論を構成する不可欠の最も重要な動因としての位置を与えられ，古典派と同様に，それは自然法則とみなされたのである。

そのうえに，限界生産力理論によって，倫理的な所得分配の保証が説かれることとなった。こうした競争概念の変化そのものが，初期クラークから後期クラークへの根本的変化において極めて重要な役割りを果たしたと言える。

なお，こうした後期クラークの競争概念の変化の最初のあらわれとなった，彼の「競争の限界」は，ギディングズによる「競争の持続」(Giddings, [1887b] 1888) によって補われており，さらにこうした競争概念のうえに，利潤論，賃金論といった『富の分配』に結実してゆく分配論が展開されている。これが両者による共著『現代の分配過程』の基本性格であった。

『現代の分配過程』において加えられた「序文」には，競争概念にかんして，とくに次のように述べられている。

> 人為的結合——最近のプール，トラスト，労働組合，等々——が非常に目立った役割りを果たすようになったので，競争は一見したところ，重要な点で廃棄されたように見えるであろう。事実上，その働き方は新しい科学的取扱いを要請するほどまで変化したのである。
>
> 以下の研究の目的は，現代産業の自然的グループシステムを分析し，そのなかで，競争が可能なところと，結合が自然に招来されるところを決定し，この運動がどの程度まで，個人的競合を抑制するかを確かめ，新しい体制の支配原理である残存競争の性質と範囲を決定することである。(Clark, 1888, iii)

限界生産力概念を用いたクラークの分配理論じたいの解説[15] をここで繰り

返す必要はないであろう。ただクラーク分配論の形成過程にみられる特質を理解するうえで，きわめて重要と考えられる3つの論点を以下に指摘しておきたい。これらはいずれも，後期クラーク経済学における理論的アプローチと倫理的アプローチの結合の具体的形態を示すものであり，クラーク経済学の固有の構造把握にとって不可欠のものと思われるからである。それは，まず問題設定において，第2に，分配理論の構成過程じたいにおいて，そして最後に，その分配理論の社会的インプリケイションにおいて指摘しうる，理論と倫理（あるいはイデオロギー）との独自で直接的な結びつきに他ならない。

　第1の問題設定。クラークによる最終生産力的分配論の形成は，マルクス主義的社会主義と土地社会主義からの資本主義経済組織に対する激しい批判に反論するという明確な問題意識に導かれたものであった（Clark, 1888a, 92）こうした明確なイデオロギー的性格は『富の分配』の全体を通して明らかであるが，この問題設定は別のところで，以下のように最も簡潔に述べられている。

　　社会は，自然法のもとで，明確に労働に帰属させうる生産物を労働から取り上げているのか？　これこそ経済学上最も重要な問題のひとつである。(Clark, 1894i, 599)

　クラークは，資本主義経済組織に分配における制度的な不公正，すなわち搾取の存在することを指摘していた社会主義を何よりも反駁しようとしたのであった。ここにわれわれは，私有財産制と競争体制の道徳的正当化という，後期クラークの基本的見解をみることができる。このように，クラークの場合，理論形成の問題設定において，限界主義と反社会主義イデオロギーとの結合が大きな特徴であった。

　第2の限界生産力的分配論の構成過程じたいにおける問題。以上のような反社会主義的イデオロギーに導かれたクラークは，たとえばテューネンの賃金論のような最終生産力理論にけっして満足することはなかった。なぜなら，それは，クラークによれば，搾取の存在を認める危険をまぬがれていないからで

---

15)　英語文献では次のヘンリーのものがある。Henry, 1983.

あった。クラークはそれを不完全な最終生産力理論だと批判を加え，社会主義の主張する搾取を明確に退けうる完全な最終生産力理論を構築しようとした。これがクラークを固有生産力理論の構築へと導いた動機にほかならない。

　クラークの問題設定のイデオロギー的性格は，ごく自然に，彼を次の質問に導いたといえる。すなわち，知る必要があることは，産業の合成的結果のうち，どの部分が労働それじたいに明確にその原因をもつのかということである。

　搾取を否定しようとするクラークにとっては，最終生産力理論は「それに加えて固有生産力理論——それは労働の各単位の支払いをそれら自らの独自な生産物に一致させる——とならなければならない (Clark, [1899] 1956, 324)。固有生産力というのは，資本と労働の共同の生産物中，それぞれの生産要因が独自に生産した生産物を区別し確定するためにつくり出された概念装置であった。労働がつくり出したものを労働力が受け取り，資本がつくり出したものを資本が受け取る——この意味における分配の公正を論証するためには，クラークにおいては，最終生産力理論はまさに固有生産力理論でなければならなかったのである。

　第3の固有生産力的分配論のもつ社会的インプリケイションについて。上述のような問題意識に導かれて固有生産力理論を確立したクラークは，その理論の結論から彼の倫理的・イデオロギー的インプリケイションを明確に導出することとなった。クラークによれば，資本主義社会では「『各人がつくり出すものを各人へ』というルール」(9)。すなわち分配的公正の規準がまもられているのであるから，それはその形態において存在する権利をもつ。

　さらにまた，クラークはこれに付け加えて，資本主義社会は経済進歩にたいして大きな便宜をもつゆえに，将来存続してゆく可能性が大である。したがって，これらの分配的公正と経済進歩のための効率との両面から，クラークは，このような資本主義社会における「労働の搾取」を主張し革命をもたらそうとする社会主義は否定されねばならないと考えたのであった。

　固有生産力理論から引き出された，こうした社会的インプリケイションは，彼の問題設定の問題意識との関連からすれば至極当然の帰結であったと言わね

ばならない。[16] この社会的インプリケイションは，彼がポルグレイヴの『経済学辞典』(1894年)に寄稿した「分配の倫理」および「分配法則」に最も端的に述べられている (Cf. Clark, 1894i ; 1894j)。クラークの『富の分配』は固有生産力理論による資本主義社会の公正と効率の弁護論であると同時に，社会主義批判の書であった。それが「純粋理論」としての限界（最終）生産力的分配理論の書であったとはとうてい主張できるものではなかった。

このようにして，初期クラークから後期クラークへの「変容」は，競争組織を退け，理想の経済組織として生産協同組合体制を支持したキリスト教社会主義から，その同じ競争原理に基づく資本主義組織の手の込んだ正当化と弁護論へという，彼の基本的な社会観の根本的な変容以外の何ものでもなかったと言わねばならない。「クラーク問題」を「力点の変化」と解するJ. M. クラークも，後期クラークの最大の特徴を父クラーク自ら固有生産力理論とその倫理的結論とに置いていたことを明確に認めている。すなわち，

「固有生産力」という因果的概念と，とくにその倫理的結論はクラークの体系の他のいかなる特徴よりも多くの批判を受けてきたであろうが，しかし，彼はそれらを彼の最も基本的に重要な貢献と考えたようであった。(Clark, J. M. 1952, 610)

---

16) 固有生産力的分配論をもってしても，これによって，実際の資本主義経済を正当化し弁護することはできなかったであろう。なぜなら，固有生産力理論は完全競争静態下の分配法則にすぎず，動態経済にそのまま通用するものではなかったからである。とくに静態と動態，静学と動学の明確な区別を最初に導入したクラークにとって，現実の資本主義社会を分配の公正という観点から弁護するためには，動態を結局のところ静態的に把握するという矛盾を犯さざるをえなかった。このような動態の静学的把握によって，静的分配法則はなんら本質的変化を受けずに動態にも適用可能とされ，動態的な資本主義社会でも公正な分配関係が保証されるというインプリケイションをもつものとされたと言える。

4　反独占政策論者としてのクラーク

　このように，資本主義社会の存在理由と永続理由を，分配的公正と経済進歩のための効率という観点から論証しえたと考えたクラークは，彼の社会改革の重点を反独占政策，競争維持政策へと移していくこととなった。既に1870年代および1880年代に，初期クラークは独占に大きな関心を示し，反独占的立場を明らかにしていたが，1890年代にはアメリカの独占問題は新しい段階に入った。このような産業の独占化の進展を背景にして，限界生産力的分配論を確立した後期クラークは資本主義の枠内において本来保たれると考えられた公正と効率を維持しつつ，しかも独占による弊害を防止し取り除くことに最大の関心を示すに至った。

　まず1890年3月に初めてのトラスト論（Clark, 1890b）を書いて以来，1901年の『トラストの統制』（初版），1904年の『独占問題』，および1912年のJ. M. クラークとの共著『トラストの統制』（第2版），によって，クラークは彼の独占分析と反独占政策論を展開していったのであった。[17]

　『トラストの統制』（初版）において，クラークはまず，3つのことがらを区別しなければならないと主張した。「第1には，資本それじたい，第2に集中，そして第3に独占」（Clark, 1901, 6）である。もちろん彼は資本それじたいへの攻撃に反対であるが，問題は集中と独占との区別にあった。クラークは一方でトラストのもつ規模の経済の利用を強調すると共に，他方で独占を批判した。独占は競争を排除し，生産を縮小させ，独占価格の設定によって独占利潤を得るからである。彼はこのような独占力をトラストから取り除くために反独占政策を提案した。彼の政策は「集中を歓迎するが独占を抑圧する政策」（81）であった。彼が欲したのは「独占なき集中」（8）であった。彼の主張によれば，「その目的は生産上の効率を分配上の公正と混合することである」（81）。

---

[17]　既に第6章と第7章でクラークの独占分析と反独占政策論を取り上げたので，以下では重複を避け，ただ若干の補いと共に要約的に述べるにとどめたい。

効率と公正とのこうした調整は競争の維持によって確保されると，彼は考えたのであった。

　それは，物価と賃金の調整者としての，また社会の利益の全般的な保護者としての競争に全面的に依存する政策である。(v)

彼によれば，独占的行動を除去する政策によって，「残存する競争」や「潜在的競争」が確保され，それによって生産の増大が確保され，労働者の賃金を改善することになる。

既に第7章で詳説したように，クラークの反独占政策は競争原理の復活にその基礎を置いていることは明白である。それは資本主義組織内における独占規制政策にほかならない。彼は「トラストを破壊する」(5)政策にも，「トラストを放任する」(5)[18]政策にも反対した。前者はトラストのもつ生産効率を破壊してしまうからであり，後者は独占から生ずる弊害を防止できないからである。彼がめざしたのはまさに独占規制政策であった。

トラスト破壊政策や独占放任政策といった当時の独占をめぐる分析と政策の一般的状況下にあって，クラークは独占力を行使するトラストさえ容認する2つの階層を指摘して批判を加えたのであった。

　トラストが本当の独占であることが分かっても，それに賛成する傾向をもつ2つの小さな階層がある。これらは，まず革命的階層——社会主義者，アナキスト，共産主義者など——であり，第2に少数の高度に組織された産業における労働者である」。(4-5)

クラークは，社会主義者やアナキストの独占政策を一種の独占放任政策とみなしたのであった。というのは，クラークによれば，彼らは独占化を歓迎していたからであった。というのは，独占化は最終的には全産業の国有化の可能性に導くと，彼らは考えたからであった。

　クラークの反独占政策の形成という観点からみれば，競争組織と競争原理に

---

18) この立場は当時フォン・ハレやジェンクスなどによって主張された。

対する彼の基本的態度における根本的な変容の出発点は，彼の固有生産力理論の形成過程の開始期——ほぼ 1887 年から 88 年——にまさに一致していることが分かる。

「競争の限界」という 1887 年 3 月の論文（Clark, 1887d）に，われわれはトラストと独占にかんする後期クラークの基本的見解を見出すことができる。そこでは彼は明らかに競争原理に依拠し，残存する競争や潜在的競争を保持し，トラストから独占的行動を除去するよう提案している。われわれはここに，調整力としての競争原理の明確な復活をみることができる。

一方でトラストと独占の新しい展開と，そして他方での「革命的階層」の活発な運動とを背景にして，クラークは，資本主義的競争組織における公正と効率を正当化し弁護すると同時に，彼の分配理論に導かれつつ，産業的結合組織下における反独占政策を提案したのであった。資本主義の枠内における反独占政策を中心とする改良主義こそ，彼の根本的な考え方の特徴であったと言いうるであろう。

5 社会改革家クラーク

このようにして，自由放任政策と独占を批判して，競争組織を退け，協同組合生産組織を理想的経済組織として追い求めた，反資本主義者のひとつの立場であるキリスト教社会主義者としての初期クラークから，競争組織を前提した固有生産力理論構築の結果，分配の公正と生産上の効率のゆえに，競争的資本主義組織の弁護に転じた後期クラークは，このうえにたって，現実のトラストなどの企業結合下における独占問題に対して，可能な限り有効な競争の維持を計って生産効率を生かし，同時に独占的行動を予防し排除して公正を保持する反独占政策に力を移していったと言える。

このようなクラークが最終的に到達した地点は，彼の講演をもとにした小著『社会主義によらない社会正義』（1914 年）であった。われわれはその著作のうちに，社会主義と社会改革とに関連したクラークの最終的な立場の本質を確認

することができる。

　彼ははじめに，われわれは今やすべて民主主義者であり，政府が人民のために働くだけでなく，人民によってコントロールされることを望んでいるが，問題はこの共通の目的を達成する手段を決定するうえで意見が分かれていると述べ，それを国家による改善と改革の立場と，民間資本に代わる国家資本，民間の管理に代わる国家管理を主張する社会主義的立場との対立として問題を設定している。

　むろん極端な自由放任政策を過去のものとみるクラークは，政府の果たすべき大きな役割りとして，次の2点を強調している。ひとつは効率と進歩をもたらす競争の確保であり，もうひとつは，産業関係上の公正の確保である。これはとくに独占の弊害の除去によらねばならない。クラークは，現在の産業組織には欠陥が多いが，それが社会主義者のように回復不可能とみなす前に，改善の可能性を試してみなければならないとし，これをもって社会正義の立場としている。

　クラークは民主的な政府による諸改革のプログラムをかなり具体的に列挙している。それには次の11項目が含まれている (Clark, 1914, 16-26)。①労働時間の短縮，②労働環境の改善（安全の確保，労働災害救済の立法化，衛生上の規制，食物の安全等），③保護関税の廃止，④商業恐慌の緩和（貨幣・銀行制度改革による），⑤緊急雇用対策，⑥天然資源の浪費防止，⑦郵便小包制度の改善，電信電話組織の発展，⑧運輸交通手段の発達促進，⑨幼児・婦女子労働の弊害除去（とくに女子労働者の地位改善），⑩裁判制度の改善（とくに貧民に法的正義が確保されるように），⑪労働者による小投資の保護。

　以上のような諸改革にくらべて，「なおいっそう立法化されるべき緊急を要する対策」(26) があるとし，クラークは反独占政策の要点を展開している。さらに分配上の公正問題については，独占が排除され競争が自由である限り，各労働者は彼が生産するものを受け取る（固有生産力理論により論証されている）のであり，この基本法則の作用は「重力の法則」(35) と同じであることを強調している。

　社会主義の批判と社会改革とを対比して，クラークは次のような主張を展開

している。彼によれば，社会主義者の三段論法は，①よりよい状態が必ずくる，②それは私的資本の組織下においてはこない，③したがってその組織は廃止されねばならない，ということになる。もし第2命題がその通りであれば結論は正しいが，クラークは，資本主義のもとでの改善を可能と考え，その実現のための諸改革を示しうると主張している。「われわれは革命なしに，労働を軽減し，支払いをよりよくする諸要因をあとづけることができる」(40) と述べている。

　上述の社会主義者の三段論法と対比して，クラークは改革論者の三段論法を次のように述べている。①現在の状態はまずまずである，②すべての改革はそれをより良くするし，なされるべきことが沢山ある，③来るべき状態は，改革を実行するに足る知恵と力とをわれわれがどれだけもっているかにかかっている。

　さらにクラークは革命によらぬこうした社会改革のもつ漸進主義的性格と，それに対する楽観主義的見通しをしばしば強調し，表明している。そして最終的には，こうした社会改革は「新エルサレムの実現」(47) といった表現をもとって，ピューリタン的な宗教的確信さえ帯びて主張されたのであった。

6　むすびにかえて

「クラーク問題」の解釈との関連で，この章でとくに否定された命題は次のものであった。

　(1) 初期クラークから後期クラークへの変化は，道徳から科学へ，あるいは哲学から「純粋理論」への変化であるという，スティグラーなど新古典派的立場からする従来の一般的理解。これは新古典派的「純粋理論」の偏重に基づく，クラーク経済思想全体（初期，後期とも）の一面的できわめて断定的理解であり，およそクラーク経済思想の内在的理解とは言い難い。[19]

---

19)　この点に関しては，ヘンリーも強調しており，筆者の見解と異ならない。

(2) クラークにおける「変容」は，彼の社会に対する基本的見解における根本的変容ではなく，単に「力点の変化」にすぎない（ホーマン，J. M. クラーク等の見解）。この見解は，初期クラークが競争組織を退けたにもかかわらず，後期には単に競争概念を理論の前提として採用したという狭い意味の方法論的変化にとどまらず，競争組織下における分配の公正の正当化とそれに基づく競争的資本主義じたいを弁護したという，彼の基本的社会観の転換を説明することができない。

(3) クラークの「変容」は根本的変容ではなく，彼は初期にも反資本主義的ではなく，ポピュリストと同じく，小農民や小企業者の反独占と以前の競争の復活という後向きのものであり，資本主義の枠内にとどまるものであった。そして後期クラークは独占資本の弁護者となった。したがって，彼は一貫して資本主義の枠内にとどまったのであり，彼の「変容」はその枠内でのことにすぎないというヘンリーの見解。これは初期クラークのキリスト教社会主義の立場が資本主義組織をこえる可能性をもっていた点を簡単に否定する点で誤っており，クラークの「ラディカル性」をマルクス主義的社会主義の観点から一方的に否定しようとする偏狭さを示している。

(4) クラークのうちに「根本的変容」を認めるが，それを，後期クラークにおける理論的動機と倫理的動機の結合によって説明する解釈（ジャラドーの見解）。この見解は「変容」の性格を正しく把握しているけれども，その理解が一面的で不十分である。理論的アプローチと倫理的アプローチの混同が初期・後期それぞれにおいてもつ・・構造の把握がなければならない。とくに初期クラークの思想的特質の理解が不十分であると言わねばならない。

(5) 後期クラークは独占資本の弁護者となったと，ヘンリーによって主張されている。しかしこれには，クラークの反独占政策論の分析が必要であるにもかかわらず，それを欠いている。クラークの資本主義の枠内における反独占政策論のもつ社会改革論的性格の指摘は，クラークの経済思想の展開をより内在的に把握するうえで不可欠であり，きわめて重要と言わねばならない。

この章での「クラーク問題」の解釈に関連した論点は，要約すれば次の4点である。①クラークの「変容」は単なる「力点の変化」ではなく，「根本的変

化」であること。②キリスト教社会主義者としての初期クラークは競争組織を退け，協同組合組織を理想の経済組織とみなしたのであり，これは必ずしも資本主義の枠内にとどまるものではなかったこと。③後期クラークによる資本主義的競争組織の正当化と弁護とは，固有生産力的分配論の確立によってもたらされたものであり，この理論の形成過程には，構造上，3つの段階——問題設定，理論の構成じたい，理論の社会的インプリケイション——で倫理的アプローチと理論的アプローチとの結合がみられること，④反独占政策論者としての後期クラークは効率と公正を調和するために，独占力の行使を伴わないトラストを必要と認めたこと。そして社会改革論者としてのクラークの最終的立場は彼の『社会主義によらない社会正義』によく示されていると言える。

第 II 部

経済学史におけるクラークの位置

第 9 章

クラークとマーシャル
——未公表書簡を中心に——

1 はじめに

　マーシャル (1842-1924) と J. B. クラーク (1847-1938) は同時代を生きた優れた経済学者であり，およそ 1870 年代から 1910 年代にその主な業績をのこした。2 人は，1870 年代初期に始まったいわゆる「限界革命」にそれぞれの仕方でかかわりつつ，しかしどちらかと言えば，公にはやや遅れて——とくにクラークの場合——それまでの古典派経済学と異なる新しい正統派経済学体系の樹立に向かった。

　この時代は，経済学の研究がようやく 1 国内での孤立した活動の範囲を越えて，研究情報の国際化に向かう第 1 段階を迎えようとしていた時期であった。イギリスでのジェヴォンズ，彼の数理的方法にたったエッジワース，ウィックスティード，とりわけケンブリッジのマーシャル，オーストリアのメンガーとその継承者ヴィーザー，ベーム-バヴェルク，やがてシュンペーター，そしてローザンヌのワルラスとその後継者パレート，さらにイタリアのパンタレオーニ，スウェーデンのヴィクセルといった，有力な経済学者たちが活躍する同時代に，アメリカでは，F. A. ウォーカーをはじめとして，とくに J. B. クラーク，フィッシャー，タウシッグらの限界主義に基づく新しい正統派経済学者たちが次々と新しい研究を展開したのであった。

　アメリカでは，たとえば，クラークがいわゆる限界革命トリオから独立して，とくにジェヴォンズも読まずに彼独自の限界効用価値論に到達したという

事実や，またフィッシャーのように，彼がエッジワースの『数理心理学』(1881年)を読んだのは，無差別曲線分析を書き終えた3日後だったといった事実にも象徴されているように，イギリスとアメリカの間でさえ，経済学研究にかんする情報の国際化という点でたち遅れていたのであり，こうした状況に対処する方向で，ようやく研究情報の交換と共有が促進されることとなった。

アメリカでは，1870年代から80年代を経て，90年代には，限界主義に基づく経済学がいまや明確に「古典」となったと言える (Dorfman, 1946-59, vol. 3, 243 seq.)。アメリカ新古典派経済学の成立・展開である。この段階では，F. A. ウォーカーやクラーク，フィッシャーといったアメリカ人の正統派経済学者たちが国際的名声を得はじめ，「アメリカ学派」としての活躍が世界的な注目をひくまでに至っている。

したがって，アメリカにおけるこうした新しい経済学研究の展開に対応して，経済学研究をめぐるイギリスとアメリカとの関係は，次第に変化のきざしを見せ始めており，1885年の「アメリカ経済学会」の設立と学会誌の発行や，ハーヴァード大学の *Quarterly Journal of Economics* をはじめ，経済学の専門雑誌の発行もすすみ，イギリスでもアメリカ人による研究業績を無視しえなくなり，アメリカ経済学が参照される機会が次第に増大することとなった。

これはマーシャルについても言えることである。ペイリー・マーシャルとの共著の形をとったマーシャルの最初の著書『産業経済学』(1879年)は，8年から9年遅れたが，1887年ハーヴァード大学の *QJE* の第1巻および第2巻で取り上げられ，ラフリン，F. A. ウォーカー，マクヴェインによって批判されている。これに対してマーシャルは同誌上で3度にわたって反論したのであった。[1]

しかしイギリスで1890年にマーシャルの『経済学原理』が公刊され，それがイギリスの新しい正統派経済学の中心となり，約40年と言われる「ミルの時代」を支えたJ. S. ミルの『原理』に代わって，いまや新しい『原理』によ

---

1) Laughlin, 1887 ; Walker, 1887 ; Macvane, 1887. これに対するマーシャルの反論は，Marshall, 1887a ; 1887b ; 1888を参照。この論争については，さし当たり次のものを参照。Whitaker (ed.), 1975, vol. 1, 35 ; 西岡幹雄, 1990, 39-41。

る「マーシャルの時代」が始まるなかで，アメリカにおいても，マーシャルの『原理』の影響はきわめて大きかった。『原理』はクラークやタウシッグの著作を除けば，各大学における「経済原論」の中心的テキストまたは参考書としての位置を占めることとなった。[2]

マーシャルの『原理』が出版されたとき，アメリカでは，クラークの友人ギディングズがいち早く同年10月に Annals に書評を書いて高く評価し，その重要性を指摘している。ついでクラークが1891年3月にコロンビア大学の Political Science Quarterly に長文の書評を書いた (Clark, 1891e)。さらにその2年後の1893年1月にタウシッグによる「マーシャル教授の価値・分配論」が Publications of the American Economic Association に掲載されている (Taussig, 1893)。そしてその後1896年12月にフィッシャーによる Economic Journal 誌上での「資本とは何か」(Fisher, 1896) と，翌1897年12月，同誌上のハドリーの「分配理論における若干の誤り」(Hadley, 1897) という論文でのマーシャル『原理』批判が出た。これらをうけて，マーシャルは1898年3月にこれらの批判に対する反論「分配と交換」(Marshall, 1898) を同誌上に書いたのであった。[3]

マーシャルとクラークとの具体的関係に入るまえに，若干の予備知識として，略伝によりながら，必要事項に限定しつつ，それぞれの経済学の展開と，両者の関係をひろく見渡しておくことにしたい。

1865年にケンブリッジ大学，セントジョンズ・カレッジのフェローとなったマーシャルは，1867年にはミル，リカードウ経済学の数学化を開始。1868年に道徳科学講師となったのち，マーシャルは1875年に5カ月にわたって保護問題の研究のためアメリカ合衆国を旅行し，その主だった都市を訪れ，多くの工場を見学し，絶えざる変動と発展の最中にあったアメリカ経済に直接ふれる機会をもった。同時に，たとえばフィラデルフィアでは H. C. ケアリをはじ

---

[2] たとえば次のものを参照。Bronfenbrenner, 1985, 15.
[3] ギディングズとタウシッグの書評，ならびにフィッシャー，ハドリーとマーシャルの論争については，別稿にゆずりたい。さし当たり西岡幹雄, 1990 が簡単にふれているのを参照。

め何人かの保護貿易論者らと議論を交わし，またニュー・ヘイヴンではイェールの F. A. ウォーカーやサムナーとも会って，アメリカ経済学の状況にも通じ，比較論的な方法を強く意識しはじめている (Cf. Whitaker, 1996, II, 89-97)。

すなわち，イギリス経済の世界的リーダーシップの低下にたいする危惧の念をもちつつ，マーシャルは発展するアメリカ経済を十分意識し始めており，同時に当然ながら，そのアメリカ経済を中心に分析と政策をすすめるアメリカ経済学にも関心を示している。彼は 1877 年にブリストルに移るが，1884 年にはケンブリッジに戻っている。ブリストル時代にマーシャルが著したのがさきにふれた『産業経済学』であった。ケンブリッジに戻ってから 1908 年に引退するまで 24 年間ケンブリッジ経済学の中心となったことは言うまでもない。

これに対して，この頃までのクラークはどうだったか。[4] マーシャルよりも 5 歳年下のクラークは，1872 年にアマースト大学を卒業すると直ちにドイツに留学し，1875 年まで 3 年間，とくにハイデルベルク (2 年半) とチューリッヒ (半年) に学び，主としてクニースの指導を受けている。帰国後ミネソタのカールトン大学で実質 4 年ほど教えたのち，1882 年にスミス大学に移り，11 年間勤めている。このスミス大学時代にクラークは 1877 年 1 月から 1881 年 7 月にかけて『ニューイングランダー』誌に発表してきた論文をまとめ，彼の最初の著作『富の哲学』を著したのが 1886 年であった。[5]

古典派経済学，とくにアメリカにおける "Old School" と呼ばれた自由放任経済学を批判した『富の哲学』は，前年にちょうど「アメリカ経済学会」を組織したばかりの主としてドイツ留学帰りの若手経済学者グループによって熱いまなざしをもって受け容れられた。それは規制を受けない私企業を根本的に批判し，キリスト教社会主義に基づく生産協同組合体制を軸に広範囲にわたる産業組織の制度的変化を実現する，よりよいものに向けて希望をもち，建設的に

---

4) クラーク経済学の全体について論じた次の論文が優れている。Dewey, 1987.
5) 『富の哲学』はときに 1885 年出版と誤記されているのを見るが，それは国会図書館への登録が 1885 年であることが記されていることによると思われる。実際に出版されたのは 1886 年に入ってからである。筆者がみたのはコロンビア大学のセリグマン文庫のものである。ちなみに初版は第 2 版と比較してみると，序文に 1 カ所だけわずかな変更がみられるが，内容的にみて重要な変更ではない。

たち向かってゆく若手経済学者によるひとつの宣言として歓迎されたのであった (Cf. Clark, J. M. 1952, 601)。

一方マーシャルは『産業経済学』刊行後,『経済学原理』刊行に向けて集中していた。1890年に刊行された『原理』(初版) は，直ちに大きな反響を呼び起こし，各種の経済学専門雑誌や評論誌をはじめ新聞等でおびただしい数にのぼる書評が出た。取り上げられた範囲も広く，イギリスにとどまらず，アメリカ，ドイツその他の国にわたるものであった。マーシャルは，その後ギルボーによって詳細に明らかにされているように,[6]『原理』の改訂に力を入れ, 2版 (1891年), 3版 (1895年), 4版 (1898年), そして編別構成にも及ぶ最も大きな改訂が加えられた5版 (1907年) を刊行し，さらに6版 (1910年), 7版 (1916年), そして生前の最終版たる8版を出したのが1920年だった。

『富の哲学』刊行後のクラークは分配理論の研究に焦点を合わせ, 1881年7月の論文「価値の哲学」で到達していた有効効用価値論を基礎に限界原理の拡充をはかっていった。その展開過程の詳細は本書第4章を参照されたいが，クラークは1888年5月の「資本とその稼得」をはじめ，翌1889年3月に「科学的賃金法則の可能性」, 1891年4月に「レント法則により決定される分配」などを発表し，限界生産力的分配理論を整備していった。1895年にコロンビア大学大学院に移ったクラークがこれらの論文を中心に主著『富の分配』を著したのは1899年であった。

1890年7月に刊行された『原理』(初版) に対するクラークの書評が現れたのは翌年1891年3月だった。したがって，この時期はクラーク経済学の展開過程からみて，まさに彼の限界生産力的分配論の形成を示す上記3論文の発表の時とほぼ重なっていることがわかる。したがって，クラークは直接的にはこうした論文の内容を背景にしつつ，マーシャルの『原理』を取り上げ，コメントを加え，評価しようとしたと言える。

クラークは『富の分配』を刊行してのち, 1900年にはケンブリッジにマーシャルをたずね，彼に直接会って種々議論する機会をもっている (本章第5節

---

6) Marshall, [1890] 1961, Gillebaud edn., II, notes, 15 seq.

のC-1, Clark's letter to Marshall, Dec., 1, 1902を参照)。『富の分配』以後のクラークは，一方でトラスト・独占問題に挑戦し新しい研究分野を切り開いている。それが1901年の『トラストの統制』および1904年の『独占問題』として公刊される。しかし他方で，もうひとつの重要な研究課題である動学理論の構築に取り組んでいる。これは1907年に『経済理論の要点』としてまとめられ，クラークの理論経済学の到達点を示すものとなった。これはアメリカにおいて高い評価を受け，マーシャルの『原理』と並んで多くの大学においてテキストとして使用されるほどの影響力をもった。のちクラークは1914年に小著『社会主義によらない社会正義』を著して，彼の経済学の政策的・イデオロギー的側面を再確認することとなった。

簡単だが，以上にみたマーシャルとクラークの略年譜的対比を足がかりに，この章では主として，まずマーシャルの『原理』に対するクラークの書評，第2に『原理』およびクラークの『富の分配』および『経済理論の要点』をめぐるマーシャルとクラークの間の書簡による交流をコロンビア大学図書館所蔵のJ. B. Clark Papersを利用して，両者の間の未公表書簡の紹介を中心に取り上げることにしたい。[7] こののち，以上に取り上げた両者の書簡にみられる主要な論点を整理し，最後にむすびにかえて，マーシャルとクラークとの経済学上の共通点と相違点といった形で両経済学を比較し，若干のコメントを加えることにしたい。

---

7) ここに取り上げたマーシャルとクラークの未公表書簡は，コロンビア大学Butler LibraryのRare Book and Manuscript Room所蔵のJ. B. Clark Papersからのものである。筆者は1988年に客員研究員としてコロンビア大学で研究したさい，ほとんどもっぱらJ. B. Clark Papersの調査に従事し，これら書簡のコピーを入手することができた。のち同大学図書館から公表・利用する許可を与えられた。とくにここに記して感謝したい。なお，読みづらい書簡の解読に当たっては，故ロートワイン教授（Eugene Rotwein, 1918-2001）（元ニューヨーク市立大学教授）のご協力をえることができた。あらためて感謝申し上げたい。

2 マーシャル『経済学原理』(初版) に対するクラークの書評

1) 『原理』以前のマーシャルとクラーク

　クラークとマーシャルとの文通がいつ始まったのかは確かではない。しかし J. B. Clark Papers の中の往復書簡をみる限り，マーシャルの『原理』刊行以前には，クラーク宛のマーシャルの手紙は 2 通だけである。[8] 最初のものは，1886 年 10 月 29 日付ケンブリッジからのハガキであり，それはクラークから寄贈された『富の哲学』にたいしてごく簡単に述べられた礼状である。マーシャルはただ「興味ある」『富の哲学』と記すにとどまっている。

　その後も 2 人の間に文通のあったことが予想されないではないが，2 番目のものは，『原理』出版の約 2 カ月前に当たる 1890 年 5 月 7 日付，ケンブリッジからの封書 2 頁のものである。しかしこれも私的なことがらに関する短いものであり，経済学に関するとくに重要なことは含まれていない。

2) 『原理』(初版) におけるクラークへの言及

　クラークはおそらく彼の論文をその後も送り続けていたと思われる。2 人の間の意見交換に関する次の段階は，『原理』(初版) におけるクラークへの言及である。ここではクラークは 2 カ所で言及されている。そのひとつはレント論に関するものであり，他は資本・利子論に関するものである。

　マーシャルは第 6 編第 3 章で生産費を論じたところで，「地代 (レント) という名称はときにすべての種類の所得に適用されることがある。ただしこのやり方は危険がないではない」[9] と述べたところに脚注をつけて，「最近数年以内にこの問題はオーストリアとアメリカで大きな熱意と能力をもって追求されてきた」と述べ，その例示に挙げられている参考文献のうちに，ベーム-バヴェルクの『資本利子論』，ヴィーザーの『自然価値』，F. A. ウォーカーの

---

　8) これら 2 通は J. B. Clark Papers, Box 3, Correspondence に入っている。
　9) Marshall, [1890] 472, fn. この脚注は第 3 版で削除された。

種々の著作，パッテンの『物価の安定性』と並んで，「クラーク教授の『資本とその稼得』」が指摘されている（472, fn.）。

資本・利子論については，第6編第7章「需要と供給，資本との関連で」において，資本と利子に関する最近2，3年間の重要な仕事として挙げられているもののうちに，クラークが入れられている。ここではマーシャルは，イタリヤのパンタレオーニを別にすれば，メンガーとヴィーザーの2人のオーストリア学派，ジェヴォンズ，シジウィック，シドニー・ウェッブといったイギリス人に加えて，F. A. ウォーカー，ギディングズ，パッテン，ステュアート・ウッドとクラークといった5人のアメリカ人経済学者の名を挙げている（Cf. 615, fn.）。

しかし，これらの箇所では経済学者の氏名と参考文献の指摘にとどまっており，クラークのレント論，資本・利子論にたち入った言及はなされていない。これらの論点は当然両者のその後の論争に関連してゆくこととなる。そこで次にクラークによる『原理』（初版）の書評の要点をみておくことにしたい。

3) クラークによるマーシャル『原理』の書評

クラークによる書評「マーシャルの経済学原理」は26頁に及ぶ詳細なものである。それは『原理』にたいして高い全般的評価を与えると共に，その方法論をも含めていくつかの点でメリットを評価しながらも，若干の論点をめぐって批判的コメントを加えたものと言える。とくにクラークの理論的関心の的であった分配理論に関しては，自説を展開しつつ問題点を指摘し批判を加えている。これがクラークによる書評の全体的基調と言ってよかろう。

その冒頭で『原理』のもつメリットと重要性とについて，クラークは次のように述べている。『原理』は「明確に画期的な質」（Clark, 1891b, 126）をそなえた著作であり，「一連の経済学上の古典のなかで，リカードウ，マルサス，ミル，ジェヴォンズ，ケアンズ，シジウィックの著作に続くものであり，特徴としてはミル氏の著作に最も類似している。というのは，一見したところ，異なる多くの学説を体系化しているからである。それは過去と現在の思考の全般的結果にたいして，その独自の特別な貢献を加えており，今日の経済科学を，こ

れまで可能と考えられてきた以上に統一あるもの (unity) にいっそう近づいたアプローチたらしめている」(126)。また『原理』の貢献は「最近 20 年間の諸研究によって必要となった再体系化 (re-systematization) と特徴づけることができる」(126) と述べている。

このように，『原理』は経済学上の古典と並ぶ画期的な著作であり，とくにミルの『原理』に似て多くの学説を体系化し，経済学を統一に向けてより近づけるものであり，最近 20 年間の諸研究の再体系化を特徴とするものと，クラークは『原理』を位置づけている。しかし，クラークはこれに引き続いて，次のようなコメントをつけ加えることを忘れていない。すなわち，彼によれば，「『原理』はミルの『原理』が支配したほどの期間にわたって，イギリスやアメリカで経済学説を支配するであろうと望むことはできない」(126)。なぜなら，それはいっそうの進歩への有益な出発点を提供するものだからであると。

さらにクラークは，『原理』のもうひとつの特徴として，それが現在の諸研究を過去の諸研究と結合することを目的とする点を強調し，『原理』の序文から「連続性」(continuity) を説いた箇所を引用したのち，『原理』の理論がリカードウ主義の理論と「調和する」はずだと述べ，マーシャルによる「リカードウの言葉の寛大な解釈」という「思い切った試み」をとくに指摘している (127)。このようなリカードウを結合原理とすることに対して，クラークはもっと広い領域をカヴァーするスミスの『国富論』を選択する方が適切でかつ実りあるものとなるだろうと示唆している。

さて，クラークは次にマーシャルの「連続性の原理」に注目している。マーシャルにおけるこの原理の重要性を説明したのち，クラークはこれに『原理』の方法のもつもうひとつの特徴を見出すと同時に，それのもつマイナス面に批判的コメントを加えている。『原理』で強調されている「連続性の原理」は，まず経済学の歴史における「非常に漸進的な発展」(128) の強調となる点，第 2 に，それが現代の文献の研究に適用されると，それは「調和的傾向」を意味する点，そして第 3 に，それが用語の定義に適用される場合，あるものから他のものへの目に見えないほどの変化の認識の強調となって現れるとみている。

そのうえでクラークは，以上のうちの最後の用語の定義に現れた場合の「連続性の原理」のもつ欠点について批判している。クラークによれば，マーシャルのように用語の定義で融通性を著しく強調すれば，それは学説の明確さを必ずしも保持しえないことになる (128)。マーシャルは同一の用語をいくつかの類似した概念に用い，それらを限定的形容詞によって区別しているが，これは経済学者を困惑させるものである，とクラークは述べている。さらに彼は，マーシャルによる定義の弾力性の主張は，同時に定義の必要性をまさに取り除くことになるとも批判している (129)。

この用語の定義上の問題として，クラークが具体的に指摘しているのは，「需要」を「消費」と取替可能なものとして，また「供給」を「生産」と取替可能なものとして使用する点である。またこうした問題点は産業組織の形態にかんする議論でも用いられていると指摘している (131)。

クラークによれば，『原理』は最も重要な分配問題になると，疑問がより頻繁になる。労働者が獲得した能力は資本として取り扱われる点を指摘し，これは労働と資本の混同だと批判している (132)。『原理』はとくに第 6 編が問題が多いとし，その問題のクライマックスは賃金法則と利子法則の研究にあらわれていると述べ，『原理』は「ある点で非常に高度なものであるが，明らかに支持し難い立場にわれわれを導いている」(129) と評している。

ここからクラークはまず地代（レント）論を取り上げている。マーシャルは「地代法則を若干修正しており，ここで彼の定式化に表れているのは，大いに修正されたリカードウ主義である」(132) と評している。具体的には，クラークは，マーシャルが，地代は商品コストの一要素ではないという伝統理論の修正を示唆している点を指摘している。差額地代論を「マーシャル教授は，ある生産物の生産に充てられた土地の地代は別の生産物の費用の一要因であることを論証することによって，緩和している」と述べている (133)。

これに対してクラークは，ここでも地代という用語の使用法における厳密な正確さの点で問題があると指摘している。というのはマーシャルの場合，土地の使用のための支払いという意味での地代と，「その支払いのまさに背後にある原因」を加味した意味での包括的な使い方との間にあいまいさを残している

からである。この点はともかくとして，クラークはこうしたマーシャルによる伝統理論の修正は価格と分配法則にかんする普遍的な性格をもつ「レント・システム」に向けて，「なされる必要のあることの小さな第一歩」(134)にすぎない点を強調している。これがクラークのマーシャル地代論に対する最大の批判点といえる。

クラークはマーシャルによる地代原理の適用拡大として，主観的レントである個人的能力のレント，消費者レント，生産者レントと，客観的レントとしての準地代の展開について紹介したのち，コメントを加えている。個人的能力のレントについては，マーシャルの結論はF. A. ウォーカーの結論に類似しているが，マーシャルはウォーカーの残余説を受け容れない点が指摘されている。消費者レントを紹介してのち，クラークはそれと密接に関連してギディングズが示唆している「労働者の主観的レント」を取り上げている。これは「労働時間の延長にともなう労働者側の緊張の増大」(138)という事実に基づくものである。

生産者レントあるいは「生産者の主観的レント」ないし「制欲レント」に続いて，準地代に関連して，レントと利子との関係について，マーシャルの結論は，短期にレントである金額は長期の利子でありうる（141）ということだが，クラークは「これに対してわれわれが付け加えうることは，ある関係でレントであるものは，別の関係では利子でありうるということ」(141)だと述べている。

以上のように，マーシャルによる地代概念の適用拡大を取り上げたクラークは，「必要な地代原理の適用はこれで終わらない」(143)ことをとくに強調している。「土地の固有の（剰余）生産物だけが唯一の真の地代として取り扱われるならば，したがって土地が他の生産要因から分離されるならば，この原理は分配の一般法則の達成にとって妨げとなる」(142)と述べている。したがって，「地代原理のもうひとつの適用が残されている」(143)のであり，それは地代論にみられるリカードウの原理を「投下された富の一般的ファンド」に適用して一般化することである。「もし明確な理解がえられるならば，差額所得の原理（principle of differential gain）は社会のすべての静的所得を支配するこ

とがわかるであろう。利子が投下された資本という純粋なファンドのレントであるのと同様に，賃金は労働力というこれに対応したファンドのレントなのである。したがって両方とも，肥沃な農地から得られる所得と同様，リカードウの法則に従うものである」(143)。すなわち，土地の地代と同じ差額的利得の原理によって，資本のレントも労働のレントも説明可能であり，レントとして分配理論は一般化しうることとなる。

ここからクラークは，その原稿が既に提出されていたと思われる彼の論文「レント法則により決定される分配」に基づいて，レント法則を積極的に展開している。まず資本および労働概念として，具体的生産用具である資本財と異なり，それに投下された価値額からなるファンドとしての「純粋資本」(pure capital)，およびこれに対応した，具体的労働行為とは異なる，どのような生産的用途にも利用しうる労働エネルギーのファンド，あるいは「労働エネルギーの社会的ファンド」(social fund of working energy)(143)，すなわち「純粋労働」(pure labor)を区別している。この「純粋資本」と「純粋労働」こそ「われわれの現在の研究課題である」(144)と述べたうえで，これらのファンドの稼得は土地の生産物と同様，それぞれの場合，ひとつの差額的利得をなす」(144)ことを明らかにしている。

以上にみた具体的資本財と「純粋資本」との区別に関連して，クラークはマーシャルの誤りを指摘し，次のように批判している。

「ところでマーシャル教授がこの実際上の事実を知らないと考えることは馬鹿気ている。しかし彼の著書のうち，彼がそれを絶対必要とする点で，それを利用するのを怠ったことは確かである。賃金法則と利子法則――分配の中心であり，かつその重要性において他のあらゆる経済学上の原理を超える法則――の研究において，彼は個々の生産用具に当てはまることをつきとめ，そののちそれをいかなる用具の形態をも取りうる資本一般(capital in general)にも妥当すると主張することによって，論証上，不正確な結論に到達している」(146)。

クラークは，マーシャルの賃金論と利子論の基礎には「代替の法則」があるとし，この法則との関連でマーシャル批判を展開している。クラークは『原

理』における代替の法則の定義を引用したのち，同じ効率をもつ2つの生産用具のうち，生産者はより安いものを選択する。もし相対的コストないし相対的効率に変化が生ずれば，生産者は投ぜられた貨幣で最大の仕事をする生産用具をもって，はじめに採用されたものに代えることになる。こうした代替法則がマーシャルの賃金・利子の決定に適用されており，これが基礎となっている。

しかしクラークによれば，マーシャルのいうこの代替の法則は，本質的には生産に変化をもたらす競争法則にほかならない。このように包括的に適用されると，この代替の原理は「競争的動態の法則」となる(147)。

クラークによれば，マーシャルには，まず労働については，各階層の労働者には一定の生活基準が存在し，その維持に必要な賃金率である「自然賃金率」が得られるように，労働供給の自然的増加率の変化によって調整されるとしている。また資本についても，同様に「自然利子率」が存在し，これが得られるように資本の供給が調整されるとしている。

これに対して，クラークは2つの点で疑問を呈している。ひとつは労働について，労働者が人口調節を行うことによって自然賃金率が維持されるという点である。クラークはこのような古典派的な人口法則を前提することを次のように厳しく批判している。「分配の研究の最初に（人口）増加法則を仮定することは，真の研究順序に逆行することであり，マーシャル教授が他の所でそうしないよう注意していること，すなわち事実が必要な場合に仮定に頼ることである」(148)。もうひとつは，資本について自然利子率が資本家の同様なコントロールによって維持されるという点への同様な観点からの批判である。

このように静態における分配の研究に人口法則を仮定することの誤りを指摘したクラークは，彼の中心的批判点に向かう。すなわち，マーシャルのいう代替の原理は生産要因 A，B，C……といった具体的だが不確定な生産要因に適用される場合には欠陥はないが，「生産的富の一般的ファンド」としての「純粋資本」や「純粋労働」に適用することは誤りであるとしている。クラークは慎重に『原理』の562頁から次の箇所を直接引用している。

　他の事物が等しければ，ある生産要因の供給が増大すればするほど，ます

ますそれは特にそれに適していない用途に向けられねばならず，その使用が有利と考えられない境界あるいは限界点での使用で満足しなければならない需要価格はますます下落するであろう。したがって，それがすべての用途で得る価格を競争が均一化する限り，この価格はそのすべての用途についての価格となるであろう。……たとえば，他に変化がない限り，もし資本が急速に増加すれば，利子率は下落するに違いないし，他に変化がない限り，もしどんな種類の労働も（any kind of labor）それを行う用意のある人々の数が増加すれば，彼らの賃金は下落するに違いない。(149)

そこでクラークは，マーシャルが挙げている生産要因のリストをみれば，それにはハンマーや斧，鍛冶工や木こりなどがあると同時に，「資本一般」(capital in general) や「労働一般」(labor in general) が含まれていると指摘する。したがって，『原理』では資本一般と労働一般もこの代替法則に従うことになる。ところが「生産的富の一般的ファンド」はこの法則に左右されない。具体的な資本財，具体的な労働は代替されるが，「純粋資本」と「純粋労働」はこの意味の代替とは無関係である。クラークは次のように述べている。

　代替法則はハンマー，織機，エンジン，運河等々には適用されるが，どんな形態にも変形されうる富には適用されない。それは同様に，鍛冶工，織布工，機関士，船頭等々にはあてはまるが，必要とされるどんなサービスでも行う用意のある人間エネルギーのファンドには適用されない。(151)[10]

---

10) クラークはマーシャル『原理』第3版（1895年）の書評も書いている（Clark, 1896d）。クラークは次のように評している。「この版では，分配問題は前の諸版よりもずっと十分な形で提示されている。賃金論で重要な増補がなされ，経済学研究の範囲と方法，価値，資本に関連した諸章で，若干の再整理と拡充がなされている。非常に接近しているのは，マーシャル教授の提示する賃金・利子理論と1888年と1889年にアメリカで提出された理論との関係である。いずれの場合も正常な賃金および利子は労働と資本の限界生産力に依存させられている。もし主要な分配問題のこうした解決が一般に受容されると言うのは早過ぎるとしても，それは決定的な受容であり，これは大いにマーシャル教授の包括的な提示によることは明らかである。経済学説が実際生活に寄与しうる最大の貢献は，賃金論争を激化させる誤りが確信を得るような仕方で論ばくされ，改革の企画がよく知られた自然法則に基づいているときに，提供されるであろう」(190)。

3 『経済学原理』(初版) 以後の書簡による交流

以上にみたクラークによるマーシャル『原理』(初版) にたいする書評以後に交わされた書簡については，マーシャルのクラーク宛書簡計9通が残されている。このうち4通は既にピグーによって発表済であるが (Pigou (ed.), 1925, 416-18)，他の5通は未公表書簡であり，J. B. Clark Papers に保管されている。他方，クラークのマーシャル宛書簡については，未公表の2通があり，マーシャルとクラークの往復書簡は計11通 (『原理』以前のマーシャルのクラーク宛2通を別にすれば) となる。未公表だったマーシャル5通，クラーク2通の計7通の原文を本章第5節で紹介する。

ところで，これら両者の往復書簡は大きく2つのグループに分けて考えることができると思われる。ひとつは，マーシャル『原理』に対するクラークの書評をめぐるものであり，1891年4月から同年6月にかけてのクラーク宛マーシャルの書簡4通である。これらは1891年4月11日 (本章第5節のM-1)，5月6日 (M-2)，5月11日 (M-3)，6月6日 (M-4) の日付をもつものである。

第2のグループに入れられるものは，1900年7月から1908年3月にかけてのものであり，クラーク宛マーシャルの書簡5通とマーシャル宛クラークの書簡2通からなる。マーシャルの書簡は，J. B. Clark Papers にみる限り，1900年7月2日付にはじまり，同年9月24日 (M-5)，1902年11月11日，同年12月15日，およびこの文書にはないがピグーの *Memorials* (Pigou (ed.), 1925) に入れられている1908年3月24日の日付をもっているものとなる。未公表のクラークの書簡は1902年12月1日付 (C-1) と1903年2月3日付 (C-2) である。このグループに入る書簡は，主としてクラークの『富の分配』と『経済理論の要点』を中心としたものといえる。

(1) クラークのマーシャル宛書簡はそのすべてではなく，一部しか保存されておらず，このため両者間の議論を詳細にたどることが困難であることは残念

である。しかし少なくとも両者が論じ合った中心課題を理解することは可能である。

　第1に，マーシャルは，これらの書簡が示しているように，クラークの批判に納得せず，『原理』562頁からの疑問の箇所に関する彼自らの見解に固執している。"labour of any kind" という彼の言葉は，"labour in general" をけっして意味しないと，マーシャルは第1の書簡（M-1）で主張した。第2の書簡（M-2）では，マーシャルは「私は自説を固守してきました」と書いている。

　第2に，マーシャルは，彼の第2，第4の書簡（M-2, M-4）から分かるように，個人的な批判を好まなかった。彼が書いているように，「私はすべての個人的批判を避けてきました。ただし私自身の立場を弁護することが必要な場合は例外でした」（M-2）。彼はまた次のようにも書いている。「私は自己弁護のために覚え書をどうしても出版したくありません。というのは，もしそれをやり始めたらいつやめるべきか分からないからです」（M-4）。

　第3に，これには多少の外交的辞令が含まれているかもしれないけれども，マーシャルは，クラークの書評や著作に対する大きな尊敬の念を，「あなたがわれわれの選んだ科学に対して行ってきた優れた重要な評論に対する心からの尊敬の念」という言葉で言い表している。

　主としてクラークの『富の分配』に関連した第2グループの往復書簡に関しては，ピグーが編集したマーシャルの書簡は，主として，あるいはもっぱらマーシャルの側に立って引用されており，とくにマーシャル経済学の発展と，彼と先行者との関連といった観点からこれまでしばしば引用されてきた。しかしながら，クラークの側からみれば，1902年12月15日付書簡のうちピグーによって省略された箇所は重要であると思われる。したがって，筆者はこの点を補っておいた（M-6）。

　(2) 両者間の親しい関係は，マーシャルの書簡（M-5）が示唆しているように，クラークが1900年にマーシャルをケンブリッジに訪ねてのちとくに深まりをみせるようになった。1900年7月2日付書簡（Pigou (ed.), 1925, 412）[11]で，マーシャルは『富の分配』の送付に謝意を表し，次のように書いている。「私達の間の見解の相違は大部分が力点の違いのように思われます。主要な

ころでは私達は同盟者です。そのことに私は感謝しています」。

マーシャルがクラークの『富の分配』における本質的な問題について取り上げたのは，1902年11月11日付の書簡（412）においてである。マーシャルは，「利子と地代プロパーとの間の論争になっている区別に関しては一歩も譲歩するつもりはありません」と，自説を再び主張している。しかしここで彼は「静態」と「動態」の区別に関する議論を導入したのであった。マーシャルは次のように書いている。

> もちろん，あなたの静学理論ではあなたは独裁者です。しかしもしあなたの推論を私達の生きている「動態」界に適用するつもりなら，私はそれについて行けません。というのは，動的世界では，動態は相対立する諸力の均衡から結果として生じうるからです。というのは，その世界では資本ストックは土地のストックと同様，固定されていないと思われるからです。──また，土地プロパーに関連して，これと類似したいかなる命題も地代プロパーについて真実でないのと同様に，私は「短期にはそうでないとしても」長期においては，利子と地代とは価値に対してまったく異なる関係にあるということを，生きている限り主張し続けねばなりません。

このようにして静態と動態との関係は両者の間でよりいっそう重要な問題となった。クラークは，1902年12月1日付の長文の返事（C-1）のなかでまず，既にこれまでに取り上げられた特定の論点に答えている。しかし，彼の最も重要な論点は，静態における彼の社会的資本および利子の理論に関するよりいっそう明確な論述と，動態研究における彼の立場の確固とした再述とであった。ここでクラークは，「資本はその一般的稼得力のためよりはむしろ特定の用途のためにのみ創出されるとは，私には考えられないと私が言ったときに，私達の間の唯一ではないが主要な意見の相違がある」ことを再び指摘したのであっ

---

11) この手紙の最後の文章のあと，31行が省略されている。この箇所は彼の弟子であるH. M. トムスンにたいするマーシャルのコメントである。クラークは『富の分配』371頁でマーシャル自身と並んでトムスンに言及した。これに対するコメントとして，マーシャルは「彼が回答に値するとは思ってもみなかった」と書いている。この箇所はここでもあらためて追加する必要がないと思われる。

た。クラークは企業者を資本家と区別して,「もし現存する資本量が固定しているならば,資本はあらゆるところで均一の稼得力をもち,この均等化された利子が資本家の制欲にたいする誘因である」ことを強調した。

ついでクラークは次のように書いている。もし私達が「このモデルに資本の一般的増加をもちこめば,これは『動態研究』に属します」。そしてクラークは彼の『経済理論の要点』の刊行を前もって告げている。そこでは「その後半部は『動学』を取り扱うことになる」からである。この手紙の時点でクラークは次のように書いている。

「あなたが手紙で動態を相対立する諸力の均衡からおそらく生じるものと述べられる場合,あなたのいう完全な意味を私が理解しているとはとても思えません。これに対して私の動態概念が与える最も近似的な接近は,『移動均衡』(moving equilibrium) によって提供されるものです。そこでは,社会の構造に影響を与える変化は不変の比率で進むのです」。

これに対して 1902 年 12 月 15 日付の返書 (3) で,マーシャルは彼の力点を明確に動態理解における意見の相違にシフトさせて,次のように書いている。

「もしかりに私達の間に相違点があるとすれば,それは動態にたいする私達の態度におそらくその根があるように思われます。——私には,有益な研究の主題を形成するに足るほど現実の世界に類似し,また変化の概念が一瞬たりとも度外視されるような静態をおよそ考えることができません」。

マーシャルにとっては,「それ(私の静態)は私の動態の単なる一局面にすぎない」。したがってマーシャルは彼の手紙を次のように結んでいる。

　そこで,私の静学(それは私の動学と不可分なものである)に必要だと私が考える土地と資本とのあの対比が,あなたの動学のうちに現れることを希望して,あなたの動学に心から期待しています。

静態・動態概念に関する議論はいまや再び両者の中心問題となるに至った。クラークは静態に関する両者の間の相違点を明確にすることが必要だと感じた。このことが,1903 年 2 月 3 日付の彼の長文の書簡 (C-2) のエッセンスだったと思われる。以下にあげる箇所はクラークの,静学と動学の区別を十分

明確にするために引用に値するであろう。

　静態に関して私達は意見を異にしているのではないかと思いますが，もしあるとしても，大きく異なっているとは思いません。私自身そのような状態が本来，それだけで語るに値する存在だとは考えておりません。——私は経済静態の研究に当たって，それが現実の動態的世界のある事実や法則を研究するひとつの様式以外のものとはけっして考えていません。このような状態を創り出すのはちょっと思い切った想像によるものですが，それは経済界の静止的状態の諸原因を提供するために必要だとは私は少しも考えておりません。それにもかかわらず私がこの状態を創り出す場合には，私は，変化を生み出すある諸要因が無力化し，他の諸要因は損なわれないでいるものと想像しています。それは「想像上の均衡」(imaginary equilibrium) を創り出すひとつの方法なのです。均衡が現実の世界のどの部分においても可能だとは私にはとても思えません。

　クラークは『経済理論の要点』における動態分析の展開を念頭に置きながら，マーシャルへの手紙を次のように締めくくったのであった。「『それはすべて動態に関する私の本で説明されるでしょう』と私は言うことができます。私は，静学研究の結果が総合的な動学研究の端緒の形をとって手許にあるとき，静学研究の価値がまさにいっそうより明らかになるものと希望しています」。

　クラークのこの書簡のあと，マーシャルは『原理』のなかでクラークの静学に言及し，両者ともに動態経済の分析の重要性に共通した力点を置くことを認めたけれども，両者の間の重要な相違点を再度確認している。

　クラークの『富の分配』を「造詣の深い示唆に富む」ものと述べながら，マーシャルは分配領域における静態的諸要因と動態的諸要因との間の完全な分離を指摘している。彼は次のように書いている。

「他方，私は，もっぱら短期に関連した説明仮説——これらはその目的が達成されるやただちにわきに投げ出されることになる——として以外には，〔クラークが置いている〕そのような制限をもうけない。すなわち私はそれらの制限のうえに一般的結論を基礎づけないのである。したがって，彼が彼自身の限

定されたルールを厳密に守っている限り，彼の成果は私の成果と多少相容れないようにみえるが，しかし実際はそれらは一般に異なる平面上にあり，したがって衝突はありえない」(Marshall, [1890] 1961, II, 51-52, n.)。他方でマーシャルは，両者の間の相違点は本質的なものではなく，それは時間の経過と共に消えてなくなるであろうと再び書いている。しかし結論で，アシュレーの講演に言及したさい，マーシャルは「私達の間に重要な相違がある唯一の論点」(51-52, n.) はまさに上述した点であることを強く再確認している。

1908年3月24日付のマーシャルの最後の手紙 (Pigou (ed.), 1925, 416-18)[12] はクラークの『経済理論の要点』の出版後に書かれたものである。この手紙は，「1870年と1874年の間に私は私の理論的立場の詳細を展開した」という彼の言葉でよく知られている。しかしクラークとの関連では次の2つの点が注目に値する。第1に，マーシャルは動学に関するクラークの具体的議論には言及しなかったけれども，彼が分配論の領域で今後研究しようと計画していた5つの研究テーマを列挙したさい，クラークの『経済理論の要点』に言及し，「実際問題への応用」を取り扱うに当たって，「私は『経済理論の要点』から多くの援助を期待する」と述べたのであった。

第2に，注目に値することは，マーシャルがさまざまな学派の「妥協」と「調停」を求めたというアメリカ人批判者の見解を明確に否定していることである。[13]

4　クラークとマーシャルの主要論点

(1) 既に取り上げられたクラークとマーシャルによって論じられた主要な論点は以下の4つに整理することができよう。第1は地代論の拡大ないし一般化

---

12)　オリジナル・レターはコロンビア大学の J. B. Clark Papers にはみられない。
13)　J. B. Clark Papers には，クラークとマーシャルとの間の往復書簡以外に，マーシャル没後に書かれたクラーク夫妻宛のメアリー・ペイリー・マーシャル夫人の手紙2通も保管されている。

である。クラークにとってはリカードウの地代原理を資本および労働にたいする差額利得として一般的に応用することは，分配理論における重要な理論的前進を意味していた。しかしマーシャルは利子と地代との区別に固執し続けた。土地は自然の無償の贈り物であり，いつでも固定している土地のもつ特別な性質を彼は強調した。そして他方で，資本と労働のストックは土地と同様に固定的であるという前提に反対したのであった。マーシャルはクラークのような極端に抽象的な一般化を受け容れなかったのである。

　他方，マーシャルは消費者余剰，生産者余剰，労働者余剰，および準地代の諸理論へと，地代論を一部まさに拡大したのであった。したがって，古典派理論に寛大でその形式的結果を分配論において精密に仕上げたマーシャルの立場に，クラークが満足しなかったことは明らかである。マーシャルにおいては，生産諸要因の供給に関する相違は明らかに基本的な重要性をもっていたのである。

　第2の論争点は資本・利子論に関連している。この問題に関してマーシャルは，「純粋資本」と資本財との区別，「純粋労働」と個別具体的労働との区別が利子論と賃金論にとって必要でありかつ有効であるとは考えなかった。マーシャルの資本概念は，その価値は貨幣で測られるけれども主として具体的資本財に基礎をおいていた。労働については，マーシャルは「純粋労働」概念を受け入れることができなかった。というのはそれは余りにも抽象的過ぎるか，あるいは労働のユニークな供給側条件を考慮できないからであった。

　マーシャルとクラークの間に論じられた第3の中心的論争点は，限界生産力的分配論の性格に関連している。クラークは限界生産力によって体系的な分配論を定式化した。しかしマーシャルはこれを生産諸要因にたいする需要理論とみなしたにすぎなかった。彼は同時にそれらの供給側を強調したのであった。このようにして，所得分配の決定に関するマーシャルの説明は絶えず需要条件と供給条件双方の考慮に基づいていた。クラークの見解とは異なる，マーシャルの供給側重視は，明らかに古典学派の立場を反映していたのであった。

　マーシャルとクラークとの間の第4の重要な意見交換には，静学（静態）と動学（動態）との関連に関する議論が含まれていた。クラークは「静学」と

「動学」という用語を経済理論に導入した最初の人であった。彼は静学をまず取り上げ，そののち動学の複雑な問題の取扱いに進むことを提案した。完全静態の枠組みの中で彼は新古典派分配論の体系的説明を提示した。息子の J. M. クラークが書いたように，それは，「完全な静態経済モデル，すなわち，流動的で完全競争的で，自由であり，一定時点において働いている調整的諸要因により命じられる究極的均衡水準を求めるもの」(Clark, J. M. 1952, 603) であった。それは現実に接近するうえでのひとつの手助けとして使用された純粋に分析的な装置だったので，古典派の「定常状態」（もしくは静止的状態）(stationary state) とはまったく別のものであった。もちろんマーシャルは現実の動態経済を分析する目的で時間要素，すなわち「短期」と「長期」の概念区別を導入した。しかし彼の "stationary state" あるいは "static state" という用語の定義は十分明確なものではなかった。それは現実の動態経済の一局面にすぎないとみなされたのであった。

したがってマーシャルにとっては，クラークの完全静態モデルは極端に抽象的と思われた。J. M. クラークが書いたように，「マーシャルは意識的に〔長い演繹のくさり〕を避け，より限定された均衡分析を行い，それを事実とより頻繁に比較することによってそれを抑制する方を好んだ。これがおそらくはこれら 2 人の偉大な理論家〔マーシャルとクラーク〕の間の主要な相違点であろう」(603)。

現実経済のもつ複雑な点の要素として，クラークは 5 つのタイプの動態要因を導入した。すなわち，人口の増大，資本の増加，生産方法の変化，経済組織の変化，および消費者の欲望の変化である (Clark, 1907, 203-07)。彼はその形式的動学において比較静学的接近によって動態変化を取り扱った。また彼は，動態は静態に還元しうるという見解をとった。したがって彼はときとして自らの静態分析を「真の理論」(Clark. J. M. 1952, 604) を意味するとさえみなしたのであった。言うまでもなく，これらはクラークの動学の重要な限界を示すものであった。

(2) さきに述べたように，マーシャルはクラークの経済学を高く評価していた。マーシャルがもっていた見解に関して，ギルボーは以下のように報じてい

る。

　マーシャルの述べたところによれば，現代経済学者について語ったさい，彼の最大の尊敬はアメリカのJ. B. クラークにたいするものであり，かりに経済理論上の重要な問題に関してクラークと重大な意見の不一致が生じた場合には，それは他のいかなる経済学者の場合よりも，彼〔マーシャル〕に自らの立場の再考を促すことになりそうである。(Guillbaud, [1971] 1982, 7)

　一般的に言って，マーシャルは本質的に自説を述べるにとどまったと言えるが，彼には批判者によって用いられた概念を取り入れる用意があった。この意味で彼はクラークの影響を認めた。たとえば彼は，クラークの著作から拡大された「レント」(Marshall, [1890] 1961, Guillebaud edn., II, 640) という用語や「労働者レント」(I, 83) という用語を引き出している。

　マーシャルのクラークにたいする尊敬の念の表れは大きかったので，タウシッグはマーシャルに手紙を書いたさい，「私の友人のクラークと，彼の業績とあなたの業績との関連を紹介するさいにあなたが述べていることに，私は興味深くまたちょっと面白い感じで注目しています。あなたは自分自身について謙虚でありすぎ，クラークについてあなたが言っている点では寛大に過ぎます」[14] と言うほどであった。

　しかし，われわれはクラークにたいするマーシャルの態度をクラーク宛の書簡で十分確認することができる。クラークにたいする彼の次の言葉はとくに引用に値するものである。

　私はこのように十分書いてきました。というのは，あなたに誤解されたくないからです。その人には正しく理解されたいと私が熱望している人は世界に2人か3人しかおりません。というのは，あなたの著作と私達の間の短い

---

[14] タウシッグの1907年10月14日付マーシャル宛書簡。この手紙はケンブリッジのMarshall Papersに含められており，今回Marshall Libraryから引用の許可が与えられた。記して感謝したい。なお，タウシッグは次のようにつけ加えた。「私は知的には彼をあなたよりもずっと低く評価しています。彼には創意と片意地な種類の独創性はありますが，持続的推理力も現実生活に関する落ち着いた感覚もありません」。

話し合いは私に〔そう考えさせたのです〕。(Pigou (ed.), 1925, 414)

これと関連して，われわれは経済学における数学の取扱いに関して，マーシャルがクラークに対して示した寛大な態度を理解することができるだろう。マーシャルはクラークを,「その著作で数式の使用はやはり避けられてはいるけれども，〔カール・メンガーよりも〕「数学的調子が明らかに表れている」経済学者たちの1人にあげている (Marshall, [1890] 1961, Guillbaud edn., II, 247)。

マーシャルとクラークとの間の議論が示しているように，2人は理論の特定の局面では異なる見解をもっていた。しかしもしわれわれが経済と経済学の本質に関する一般的な見解を考えるならば，両者がたがいに相当な尊敬の念をもっていたことはしごく当然のように思われる。両者はいずれも第一義的に理論家であった。そして2人の間の特定の相違点にもかかわらず，両者がその理論分析において使用した一般的な枠組みには重要な類似点があったと言える。

5 The Correspondence between Alfred Marshall and J. B. Clark[15]

M-1

Balliol Croft, Cambridge
11 April, 1891

Dear Prof. Clark,

I thank you much for your very kind, careful, and interesting article in the Columbia Quarterly. I do not think we differ much, and when we do I will not argue. As to the last paragraph on your p 133, I know what I have said is not well expressed; (It is altered in my second edition, which has got beyond the passages in question). But if you look closely, I think you will see that I have repeatedly shown that rent is only a means through which the sources of supply

---

[15] 書簡でのブランク（ ）は，解読不能な箇所を示す。およそ推測できるものについても，不確実な場合はブランクにしておいた。

are narrowed and that I answer the question you there ask as you do. But I plead guilty to expressing myself badly.

My object in writing is to ask you to point out the passages which have led you to ascribe to me, if I understand you rightly, the opinion that an increase of capital (and fall in the rate of interest) can be substituted for, diminish the demand for, and supplant labour in general.

I have spent more than an hour in searching for any passage that is capable of being so interpreted, in order that I may alter it in my 2nd Edition : but I can find none ; though I can find dozens in the opposite direction. The passage from my p 562, which you quote on your p 149, speaks explicitly of labour of any kind ; ie not labour in general and the paragraph goes on without a break to speak of one kind of labour (bricklayers &c) displacing another.[16]

The paragraph being over, I go at once to a general discussion of the causes that govern wages ; and the last paragraph of that section p 565 is an explicit statement of the opposite doctrine to that of which you seem to suppose me guilty.

After that I explain how even when one class of labour (shoemakers by hand) are displaced by machinery, it can be done only by calling for more work on the part of engineers &c.

May I ask you without delay to do me the great kindness of explaining on what you base your opinion as to my opinions. For though in the 2nd Edn I am putting (my old Book VI earlier, and) the first chapter of my Book VII later than before, still my printer will soon be demanding copy for them.

Again thanking you, I am yours very sincerely

Alfred Marshall

---

16) クラークは『原理』(初版) の Bk VIII, ch. 3, §3 の最初の 2 つのパラグラフから引用している。『原理』(第 8 版), 537 頁参照。

M-2

Balliol Croft, Cambridge

6 May, 1891

Dear Professor Clark,

I have to thank you for your most kind and courteous letter.[17] On p 562 I said exactly what I meant; but I can trace no connection between it and the notion which it has suggested to you. The marginal note, and every single sentence of the first paragraph of § 3 is in my opinion true with regard to capital (in general), and with regard to any kind of labour but not under all circumstances with regard to labour in general. If on line 3 of p 562, I had said 'the larger the supply of capital in general the further it will push labour in general out of employment', then I should be able to understand your criticism. But even then I might have pleaded that the one obviously foolish passage in that direction might have been set down as a lapsus calami ; being outweighed by the general drift of the argument of the Volume in the opposite direction, and a score or more of explicit passages, such as the 2nd paragraph on p 565.

When I say p 562 that 'if without any other change there is an increase in the number of those ready to do any kind of labour, then wages will fall,' I mean just what I say : and I cannot understand why in your last letter you should convert 'their wages' into 'wages in general'. If I had said 'wages (in general)', there would no doubt have been a fault in the argument. (The words in general are your own in the passage in which this argument of yours occurs.)

I do not agree with Mr Stuart Wood[18] that the law of substitution can give a law of wages by itself : and I have said so explicitly in the last sentence of the first paragraph on p 546 where the word 'partial' is introduced to separate my

---

17) この手紙（マーシャルの1891年4月11日付の手紙に対するクラークからの返事）は見つかっていない。

18) Stuart Wood (1853-1914), PhD (Econ), Harvard University, 1875. 彼は限界生産力理論の独立した発見者である。本書第4章の注4）を参照。また，本書第12章，第13章，第14章，および Tanaka, 2000a も参照。

position from his.

I have avoided all personal criticism, except when it was necessary to defend a position of my own, and I do not wish this repeated. But it seems to me that Mr Stuart Wood's theory is rather like that of one who having made out an elaborate table of the equivalence of various coins, claimed to have explained the causes that determine the general purchasing power of money. The National Dividend part of the 'Preliminary Survey', in my view supplements the 'Law of Substitution' part, very much as in the theory of money, the theory of balancing the value between the coins is supplemented by the theory of [the] relation between the aggregate value of the circulation and the aggregate volume of the business that has to be done by it. The analogy is perhaps not very close; but it may illustrate my meaning.

I have now stuck to my guns, I trust not too boldly: but I should not wish to end without again thanking you for your very generous and helpful review, or without expressing once more my very hearty and profound respect for the excellent and important services which you have rendered to the science of our choice.

Yours very sinserely
Alfred Marshall

Looking back at this letter I am rather ashamed of the handwriting, which is below even my low standard. But the fact is that I have just returned from an hours struggle with a dentist; and that has, I fear, put my fingers off their behaviour.

Your criticisms I shd add will I hope have been serviceable to me in recasting the earlier chapters of Book VII of my 1st Edn.

M-3

Balliol Croft, Cambridge
11 May, 1891

Dear Professor Clark,

Again I have to thank you for a very kind letter.[19]

The paragraph which you suggest as giving my meaning does not fit me exactly, partly because I am very much afraid of the phrase 'residual principle', and I never use it. The last paragraph of my VII, III, § 4 on 565, fits me better, but is technical. Following the general lines of your paragraph ; an increse of capital increases the National Dividend, which is the real source of demand for all the agents of production. It thus causes an increased demand for labour, and at a higher real price ; because, since instruments have now to be used at points at which it was not formerly remunerative to use them, the rate of interest falls, and the joint product of a does of capital and labour is now divided more in favour of labour than before.

The particular form which this extra demand for labour takes is generally a demand for the work of those who make the instruments of production (including of course transport &c): for when it is said that capital is substituted for labour in any one trade—as shoemaking—what is meant is that the labour of those who make shoemakers machinery together with much 'waiting' is substituted in that particular trade for the labour of shoemakers together with a little waiting. Taken broadly Capital cannot be substituted for Labour : for Capital is Labour embodied by means of Waiting.

I wonder whether you will agree with this.

Yours sincerely
Alfred Marshall

---

19) この手紙は見つかっていない。

M-4

Balliol Croft, Cambridge
6 June, 1891

Dear Professor Clark,

During the last ten days, an extraordinary burst of work for our 'Labour Commission' added to my ordinary engagements have occupied me so much that I had to put aside your letters without even reading them properly. But I had just decided to tell you that I was inclined to think that anything coming from you would be best after the appearance of my 2nd Edn which I hoped shortly to send you. I myself do not like to publish notes in self defence : for if I began I should not know where to stop ; and I am already unequal to all the work I have in hand. As it is I will gladly consult with Prof Seligman.[20]

Yours very sincerely
Alfred Marshall

M-5

Balliol Croft, Cambridge
24 Sept. 1900

Dear Professor Clark,

I am very sorry you did not get my letters. More sorry even than I expected to be when first I found you had missed it. Prof. Bemis' energy and readiness of speech are delightful, but he is a man who wants to be taken "one at a time". And on looking back ( ) he had set off, and I had allowed him to set me off, several times when it would have been better to have given room for you. I can only hope that we shall meet again, and have a fuller talk.

Yours very sincerely
Alfred Marshall

---

20) Edwin Robert Anderson Seligman (1861-1939) はコロンビア大学教授, とくに財政学上の貢献で知られるが, セリグマン文庫 (The Seligman Collection) は言うまでもない世界的に有名な経済学文献のコレクション。

I send you the paper I promised, and also a reprint of an article in the Harvard Journal, because p19 of it indicates one of the many lines that are not touched in the other paper.

C-1

616 W. 113th St.
New York, Dec. 1, 1902.

Dear Professor Marshall,

Your letter has given me a large pleasure and a full and frank talk, if that were possible, would give me an even greater one. I remember, as one of the chief enjoyments of my brief time in England in 1900, my visit at Cambridge.

With regard to the passage on pp. 370–371 of my Distribution of Wealth I can say that I have no recollection of having, in my own mind, charged your treatment of Rent with the implication that a reduction in the supply of an article, caused by the ruining of an area of land devoted to the production of that article, would not affect its market value. The further discussion was not intended to raise the question of the comparative influences which you assign to wheat land, as affecting the price of wheat, and to all agricultural land, as affecting the supply of all agricultural produce. I do not see how we can well differ here on the question of fact. If there were less wheat land, wheat would be dearer, and if there were less agricultural land, all produce of the farm would be dearer.

I did cite your admission in Book V, Ch. VIII as important and welcome and I did have the feeling that it might have been carried farther. The passage on pp. 478-9 and your letter give me the idea that your conception of the way in which the cost of creating capital affects values differs from my own and that, in this difference of view, the relation of some-capital to all-capital as well as that of some-land to all-land are involved.

I wish I could be sure of making my view as clear in a short written statement, as I could make it by a conversation ; but here is my statement, such as I can make it.

I assume that, when we speak of prices, we refer to exchange values and not to broader conceptions of value such as the relation of general commodity to labor would give, and also not to a narrow conception of value of money. The money expresses the fact that the article, A, is virtually bartered for two B's rather than three.

Now I think I put my finger on the chief if not the only difference between our views when I say that it would not enter into my thought that capital is created simply for a particular use rather than for its generic earning power. In the note on p. 478 you speak of the possibility of making more ploughs, if they are needed. Is there not here a slight implication that the farmer would discover a need of more ploughs and would then exercise a specific bit of abstinence, not for the purpose of putting more capital into the social fund and getting interest on it, but for the sake of having a new bit of capital in his own industry and not in others?

In my view all costs that figure in the determining of relative values are entrepreneur's costs in the strictest sense. I strip off all costs that accrue to the capitalist in a correspondingly strict sense. When we go into the question of the value of general commodity that is indeterminate in form, the cost of creating capital and the subjective cost of labor come into view. I should think of the amount of capital now existing in the world as fixed and consider that, if more ploughs were wanted, they are secured by diverting a part of the present fund from other uses to that one. I should say that the capitalist has all uses in view. When capital has been apportioned in a natual way by entrepreneurs among the different possible uses it is naturally so arranged as to be uniformly productive in different employments. It has everywhere a uniform earning power and this equalized interest is the capitalist's lure to abstinence. The apportioning of it among the different uses by the entrepreneur affects values, as it has always seemed to to me, in exactly the same way that the apportionment of labor or that of land affect them. Put more capital into the wheat culture, other things remaining the same, and you reduce the price of wheat, and by the reduction of the amounts of capital in other uses which this reapportionment involves, you raise the price of other articles. Put more land into wheat raising and you withdraw some from other uses and readjust values in exactly the same way.

Any dynamic influence that would call for the extension of the margin of cultivation in one department of agriculture would affect margins elsewhere. A general extension of margins accompanies a general increase of capital. These, however, are topics for a dynamic study. I may say that, in all the discussion of rent, where the distinction between specific uses of land and the general use of all land are in view, I have in mind not merely the general use of all agricultural land but that of all land used in production, including that which is employed as building sites and for uses of railroads, shipping, etc., as well as for sundry other purposes. There is a certain apportionment made by entrepreneurs, in which the share of land in each of these numerous uses is determined. The result of it is to make total rent as large as it can be made. The adjustment of land that gives the largest total rent, together with parallel adjustments of labor and capital, result in certain relative quantities of different goods produced, and therefore in certain relative values of these goods. It is all a matter of apportionment, if once the fund to be apportioned is treated as fixed ; and the entrepreneur and not the capitalist does the apportioning. The capitalist is after interest, or the general and equalized return that capital has in all uses ; and in the quest of this return he adds to the general fund. He has all the cost to bear, if we mean the cost of bringing the fund into existence. The entrepreneur has agents to pay for according to their general productive power.

I hope to make my position clearer by the volume I am at work on, of which the latter part treats of the Dynamics of the subject. I am not quite sure that I get your full meaning when you speak, in your letter, of a stationary state as possibly resulting from an equilibrium of opposing forces. The nearest approach to this which my conception of the dynamic state gives is that which is offered by the moving equilibrium, in which changes which affect the structure of society go on at unchanging rates. Of course here I take into account that the generic relation of of capital to land—if I use the common nomenclature—is changing and that this generic change causes a continuous reapportioning of both among different industries. Changes in the amount of labor also affect the apportionment.

Excuse the length of this letter. It may be that it needs to be made longer still if my ideas are to be clearer conveyed, but I take the ground of my opinion that we differ, if at all, in the ideas we have of the relation of capitalist's cost—sacrifice of adding to a general fund—to entrepreneur's cost, which is payment by the entrepreneur to the capitalist for the general productive power of capital. We agree, I think, that the old thesis 'Rent is not an element in price' is clearly too sweeping to be tenable.

Yours very truly,
John B. Clark

M-6

The omitted parts in Marshall's letter to Clark of December 15, 1902 in *Memorials* edited by A. C. Pigou.

[Between 1. 2 and 1. 3 omitted 14 lines.]

But I cannot even now understand the sequence of the last sentence on your p 370 and the first on p 371.

I do not think that any difference there may lurk in the background between my position and yours arises from the preference on your part for 'pure capital'; and on mine for concrete capital meted out by a money measuring-machine, so far as it is necessary to measure it at all.

Nor do I think it arises from my unwillingness — allied with the preceding difficulty (since I hold the measuring machine to be imperfect — to think of a (pure) capitalist who is not also an entrepreneur, as I gather you like to do — though in this I may be wrong.

[Between l. 14 and l. 15 omitted 29 lines.]

That is what I mean by saying that if you can suppose a Static State in which there is no tendency for capital to grow or to dwindle, I must leave you to your autocratic authority there. I cannot trespass across its boundaries. I can contradict nothing that you say about it.

But I maintain that in the world in which we live to assume, as you seem to do in your letter as well as in your book, that capital can be taken to be fixed in amount, is to destroy the foundations of the economic problem as it appears to me. I admit that for the purpose of a particular trader, capital and land may be regarded as on the same footing. If a man is in a boat on a pond he may take a pailful of water out and throw it on the shore without altering the level of the pond enough to mention. That I have admitted over and over again. But I cannot see that you say anything to shake my belief that the doctrine on the lower half of my p 608 is essential for the world in which we live. I do not say it is true of your Statical State: because I say nothing about that state. But I say it is true of my Statical state, because that is a mere phase in my dynamical state.

[Between l. 26 and l. 27 omitted 11 line.]

This is in effect what I said when you were here. It all comes to this. My 'main principle' in this connection (side note on p 495) rests on the foundation that 'land is a fixed stock for all time' (bottom of p 493). Against this you set the position that if we take times so short that the stock of capital can be taken as fixed, then the income from capital and land are on the same footing: which is what I have always and increasingly contended for. So I look eagerly for your

Dynamics in the hope that that contrast between land and capital which I hold to be necessary for my Statics (which is in dissolubly one with my Dynamics) will appear in your Dynamics. If so then our difference will be manifest as mainly one of arrangement. And I shall be joyful.

Hoping soon to see you on this side of the herring pond, I am

Yours very sincerely,
Alfred Marshall

C-2

616 W. 113th St.
New York, Feb. 3, 1903.

Dear Professor Marshall:

When I received your very welcome letter and filed it for a careful reply I did not think that almost the whole of January and a day or two over would pass before the reply could be written. The letter has, in the interim, been much in my mind and I have only waited for a quiet afternoon in which I might reread it and make reply in a way that would express my interest in the subject. I have unwisely let myself be loaded by a multitude of extra appointments which have crowded together at this particular time, and today is the first day for a very long time in which I have had the hours at my disposal. I do not mean again to be under such a pressure.

As for the sequence of the sentences at the bottom of my p 370 and the top of 371, I imagine you may be looking for a connection which does not exist. The connection which I see, as I now read the passage, is that Professor has made one concession concerning the connection of rent with price and that Professor Marshall has made one, while my argument claims more and maintains that the connection extends to all rents.

I wonder whether we do differ as to the static state. I do not now see that we differ much, if at all. I do not myself think that such a state is, in itself and for itself, worth talking about. A static ocean is an unreal thing and so unlike the real sea that it is not in itself worth studying ; and yet a study of it gives some important facts about the actual sea. I never for a moment, in studying the static economic state, think of the study other-wise than as a mode of investigating certain facts and laws of the real and dynamic world. The creation of such a state is a bit of heroic imagining and it has not appeared to me to be necessary to supply the causes of the stationary condition of the economic world ; and yet when I do this, I imagine certain forces that produce change paralyzed, leaving others unimpaired. That is one way of creating an imaginary equilibrium. It never seems to me that the equilibrium is possible in any part of the real world.

In so far as there remains a reaf difference of thought between us I think the citation from the lower paragraph on your page 608 does, as you suggest, indicate it. I should always think of the social capital as steadily increasing and as not the same amount for any two days, but in considering what changes will occur in consequence of the manufacturer's decision to add a floor to his mill rather than to buy bonds, I should think of the other additions to the productive plant of society which would have been made if he had bought the bonds and consider that the ultimate effect of his decision will be the prevention of certain marginal investments of capital, or what is the same thing, the making of certain marginal additions to the total stock of capital goods. I should not think of this man as accelerating his accumulation for the specific purpose of adding to his mill, but should think of him as going on the even tenor of his way, in so far as spending and saving are concerned, and as deciding whether to use his own capital or to lend it, just as he would decide whether he would borrow money from a bank or refrain from borrowing it and so let others have it, —by comparing the earning power of the capital in the use that will be made of it in his mill with the earning power that it would have in some other use. I should rely on this general proposition : —the amount of capital at one instant in existence is fixed and the fact that a part of it is at this instant in the form of a floor of A's mill prevents that part of it from being at this time embodied in a floor of B's mill or in other marginal investments. The static state helps me by furnishing the standard toward which the apportionment of capital in the dynamic world is always tending. I should think of the comparative quantities of goods and of their relative values as connected with the apportionment, and should regard the portioning out of land among different uses as akin, in this respect, to the parceling out of the capital.

I have made a long letter, proportionate to my interest in the subject and the pleasure that the correspondence has given me, notwithstanding the delay I have allowed to occur in writting. I have just now one advantage which I may lose some day : —I can say 'It will all be explained in my volume on Dynamic(s)'. I really do hope that the value of the static studies may be put in a clearer light when the results of them are at hand in the shape of a beginning of a comprehensive dynamic study. If only I could bring the study out easily and soon! We shall see what we shall see, and in the meanwhile I hope to do more work in that line than I have been doing. In the hope that you are well and that your eagerly awaited second volume has made more rapid progress than mine has made, I am

Yours very truly,
John B. Clark

【追記】この章で取り上げたマーシャル=クラークの未公表往復書簡は、はじめ若干のブランク（　）を含んだ形で1994年6月（『経済学論究』48-3, 1994年10月）と1995年1月（同上, 49-1, 1995年4月）に脱稿された。その後ホイッテイカー教授からアドヴァイスを得て改善することができた。教授に感謝したい。のちこれらはホイッテイカー教授による『マーシャル往復書簡集』（Whitaker, 1996）に収録されている。ただし、マーシャルのクラーク宛書簡M-5（Sep. 24, 1900）は収録からもれている。

第 10 章

クラークとヴェブレン

1　はじめに

1）カールトン大学での出会い

　クラークとヴェブレン（Thorstein Veblen, 1857-1929）の関係は，カールトン大学での教授と学生としての出会いから始まる。ドイツ留学を終えたクラークがアメリカに帰ってきたのが 1875 年であった。彼はその年にミネソタ州ノースフィールドのカールトン・カレッジに講師として迎えられた。しかし，講義科目も，その時間数も多く，この過剰な負担もあって，2～3 週間後には重い病気にかかった。

　この病気の回復に約 2 年を要したが，1877 年に歴史・経済学教授となり，1881 年にスミス・カレッジに移るまで勤めた。ちょうどこの 1877 年秋に，3 年の予科（preparatory school）を終えたヴェブレンがカールトンに入学し，1880 年に卒業した。ヴェブレン在学中のこの 3 年間に，クラークとヴェブレンの出会いが始まった。

　当時のアメリカのカレッジは，伝統的思想に強く支配されていて，極めて宗教的色彩が濃く，大学教育の一般的指導理念としては，今やすっかり保守化したスコットランドのコモン・センス哲学が重んじられていた。これに従って，将来の社会を担う若者を教育し，社会の安定を確保することが最大の目標とされていた。カールトンは，こうした理念に基づいて，ニューイングランド諸大学と同じ水準を維持することを目指した，中西部の大学のひとつであった。

当時は，東部の大学と同様に，経済学は道徳哲学の1部門として講義されるのが常であり，その担当者は普通，牧師である学長というのが大体のきまりとされていた。むろん，このような状態は時の経過と共に，次第に緩和され，いわゆる大学の世俗化が始まることになる。

　カールトンでは，経済学はニューヨークのキングズ・カレッジ（のちのコロンビア大学）の牧師 J. マクヴィッカー教授の置かれていた状態と大差はなかったようである。教科書としてはマクヴィッカーの教科書以後は，アメリカで最も評判の高かった F. ウェイランドのものが採用されるようになった。

　クラークは学長に見込まれ，彼に代わって道徳哲学も講義した。クラークは作文から道徳哲学まで教える「寄せ集め」教授の1人であった。カールトンでも，コモン・センスを脅かす哲学は許されない雰囲気があるなかで，ヴェブレンは，いわばエキセントリックな「異端者」であった（Dorfman,[1934]1961, 27, 邦訳 38）。彼は学問のうえでも，人間関係においても，カールトンでの生活にうまくなじめなかった。

　カールトンの教授たちは，ヴェブレンに期待することもなく，むしろ彼のことをやや恐れていたとされている（31, 邦訳 44）。このようななかで，ヴェブレンの鋭敏な心理的洞察を高く評価したクラークだけが，彼に好意をもったのであった。クラークは，ヴェブレンについて，「大学は敬虔な人々によって設立されたもので，宗教的影響に対してヴェブレンは合わなかった」と述べると共に，ヴェブレンを「最も鋭い思考家」であるとみていたのである（31, 邦訳 44）。

　才能豊かなヴェブレンがカールトンでの最後の年に3年生と4年生を1年間ですましてしまう許可を願い出たとき，大学によって最初拒否されたが，最終的に不承不承認められることになった。教授たちが相変わらずヴェブレンのことを快く思っていなかったなかで，クラークはヴェブレンが目標を達成したことに大いに喜んだとされている（35, 邦訳 50）。

　ヴェブレンは，クラークの「経済学」を最高点の94点でパスしており，クラークの評価の正しさを証明した（35, 邦訳 50）。ヴェブレンは，クラークの講義を通してはじめて経済学に接したのであり，のちに彼が経済学の研究に進む

に当たって，クラークの指導が彼に大きな刺激を与えたことは間違いないであろう。

卒業後，ヴェブレンがジョンズ・ホプキンズ大学大学院にすすみ，さらに1884年にイェール大学大学院を終え，就職先をさがしていたとき，クラークは，イェールのポーター学長と共に，カールトン時代の教授として，ヴェブレンの推薦状を書いている。そのなかでクラークは，ヴェブレンは「とくに哲学と経済学の分野で真摯な，かつ大成する研究者となるであろう期待を私に抱かせてくれました」と書いたのであった（54, 邦訳78-79）。

2）ヴェブレン在学中の初期クラーク

クラークは，カールトン大学時代からマルクス主義の政治的社会主義に反対であったが，彼の言う「真の社会主義」としてのキリスト教社会主義には好意的であった。彼はコモン・センス哲学に基づいた自由放任主義的経済学に対して，研究者として次第に疑問を表明しはじめ，アメリカ経済社会の新しい動向をみすえながら，新しい思想の動きを検討する模索過程に入っていった。

このことは，クラークが最初の論説，「富の新しい哲学」――ヴェブレンの最終学年のときに，「価値の哲学」の形で講義やカレッジ・フォーラムで展開していた（29, 邦訳40）――を1877年1月に公表して以来，1880年5月頃までの2編の書評と「精神的経済学」(Spiritual Economics) に及ぶ，『ニューイングランダー』誌[1]を中心とした，最も初期で，ヴェブレンのカールトン在学中の，諸論説10編によく表れている。

これらの論説に表れたクラークの理論・思想をヴェブレンがどのようにみていたかは必ずしも明らかではない。しかし，ただ現状とそれに基づく理論をよしとする伝統主義者と違って，新しいアメリカの現実を強く意識し，それをみる新しい視点に大きな関心をもち，伝統的な自由放任主義経済学の批判を試み，イギリスのキリスト教社会主義をみならった社会経済改革をめざす方向に進みつつあったクラークに対して，ヴェブレンはカールトンの伝統主義者とは

---

[1]『ニューイングランダー』は，初期には神学を中心とした雑誌であったが，当時はアメリカでの経済学上の論文の数少ない公表の場のひとつであった。

異なる評価をもっていたことは確かであろう。[2] というのは，ドーフマンによれば，当時クラークはグリーンバック党に反対だったが，ヴェブレンは党員側につき，ヘンリー・ジョージの『進歩と貧困』（1879 年）への支持さえ公言していたからである（32, 邦訳 45）。

これらの論説のうち，『ニューイングランダー』誌に公表されたものについては，多少の変更はあるものの，その根本に変化のない形で『富の哲学』に取り入れられた。[3] ただ同書の第 10 章「協同の原理」――クラークの経済組織に関する最も重要な章のもとになった論説は，はじめ "The Nature and Progress of True Socialism" (Clark, 1879b) という表題をもつものであった。また，これもクラークのキリスト教社会主義的立場を端的に表している，同書第 12 章「教会の経済的機能」の初出論文名は "Spiritual Economics" (Clark, 1880a) であったことを付言しておきたい。

以下では，『富の哲学』に収録されなかった論説に注目しておきたい。そのひとつは，1877 年 9 月にキリスト教関係の週刊誌 *The Citizen* に掲載されたかなり詳しい講演記録，「労働問題と学校」(The Labor Problem and the Schools) (Clark, 1877b) である。これは，クラークが最初に書いた啓蒙的なものであり，それだけに彼の当時における基本的な考え方をよくうかがうことができる。

ここでは労働問題の現状について分かり易く述べられている。彼の主張点は，労働問題をデマゴーグにわずらわされずに，正確に知るうえで，経済学と政治学に関する知識が必要であり，この意味から学校教育が重要だということである。問題解決のためには，資本家と労働者との対立を根本的に解消する究極的救済策として，資本と労働が同一人において一致することが必要であり，そのためには，クラークは「部分的もしくは完全な協同」(Co-operation, partial

---

2) ヴェブレンの知的先行者としての初期クラークをステイビルは説いている。その論点は 3 つとされている。①人類学的経済学，②消費の類型（科学的，美的，倫理的欲望の場合に言及していること），③競争の本質（無制限な競争の抑制）。これは興味ある論点だが，クラーク独自の影響と断定しがたく，可能性の示唆にとどまる推測の域を出るものではない（Cf. Stabile, 1997）。

3) これらについては，本書第 1 章を参照。

or complete) を挙げている。これは『富の哲学』の中心思想を先取りしたものであった。

　第2は，1878年6月にカールトン大学の雑誌 *The Carletonian* に書かれた "The Scholar's Duty to the State"（Clark, 1878a）である。クラークはこの論説で，国家に対する経済学者のなすべき3つの義務について次のように述べている。

　(1) 極貧の原因を除去する手段を案出すること。つまり経済的諸原因から生じる害悪を取り除く明確で実際的な方法を指摘すること。
　(2) そのための経済調査——これが第一で最高の義務とされている。
　(3) 公衆に経済学原理をよく知らせること——経済学教育の義務。

　ここには，ドイツ帰りのクラークにおけるアメリカの貧困除去のための改革——経済・政治・社会改革と経済学教育の改革——への強い意志が熱っぽく表明されている。

　最後に，『ニューイングランダー』に発表されたが，そのままでは『富の哲学』の構成に入れられなかった1878年7月の "How to deal with Communism"（Clark, 1878b）がある。これには，「コミュニズムをどう扱うか」ということで，やはり経済・政治・社会改革に関するクラークの基本的立場の表明がみられる。

　この論文の特徴として，次の5点を挙げておきたい。

　(1) 歴史的方法の強調。資本家階級と労働者階級との対立関係を認識し，その原因と危険を取り除くには，対症療法ではなく，深層をさぐる療法が必要としたうえで，そのために歴史的考察の重要性を説いている。経済的条件の変化の歴史的考察，カーニバリズムから奴隷制を経て，賃金システムへの歴史的変化を知ることの重要性が強調されている。

　(2) 人間行動の2つの相対立する原理として，利己心と正義感を挙げ，正義感の「道徳力」(moral force) に対する強い楽観的重視がみられる。と同時に，人間行動を個人と社会の相互作用としてみている。コミュニズムは社会体制の悪への抗議だが，その救済方法は慎重さを欠くとし，国民的正義感が経済的成果を生み出すのであり，その最も重要なものが無制限競争の抑制だとしてい

る。

　(3) 平和的方法による社会改革の達成を強調し，そのためには，より一層の道徳力の重視が必要としている。

　(4) 利己的動機による無制限な競争を一定の範囲に制限する性質をもった方法を案出することが重要である。

　(5) 実際の方法として，既にとられている現在の濫用是正手段——小土地財産の確保，各種の協同組合計画，移民政策プロジェクト，財産を合法的に獲得するある種の自発的組織，保護関税の漸次的撤廃——や，その他開発を待っている未発見の方法による具体的克服策を簡潔に列挙しているが，それ以上には及んでいない。

　次に，『ニューイングランダー』に最初に寄せた書評2編（Clark, 1880b; 1880c）は，いずれもコミュニズム，社会主義論に関する2著，T. D. ウールジーの *Communism and Socialism in their History and Theory* と J. P. トムスンの *Workman. His False Friends and True Friend* に対するものである。

　ウールジーの書評では，クラークは，この著作が「コミュニズム」に寛大で，マルクス主義的社会主義に厳しい評価をくだしているウールジーに共感をもって取り上げていると思われる。ただウールジーがマルクス主義的社会主義以外の社会主義は可能でないとみなしている点には批判的である。クラークは，明言していないが，彼の言う「真の社会主義」＝キリスト教社会主義という考え方との違いを言外に示唆しているものと思われる。

　トムスンの『労働者』も，中身はコミュニズム，社会主義論であり，経済理論は弱いけれども，ベスト中の1冊と称賛し紹介している。とくにその後半部分をなす資本主義と比較した社会主義の欠点の分析において優れているとしている。

　これら2編の書評の形をとった，初期クラークのコミュニズム，社会主義論は，当時の彼の関心のありかをよく示すと共に，マルクス主義的社会主義の批判と，のちに一層明確に表される「社会的福音」としてのキリスト教社会主義への方向性をうかがわせる。

　このようなカールトン時代の論説を出発点にして，それはやがて1866年の

『富の哲学』としてまとめられ，クラークのキリスト教社会主義の立場がいよいよ明らかになった。しかし，同年のヘイマーケット事件を境に起こった政治・社会的潮流の変化は，キリスト教社会主義から「進歩的自由主義」への後退を余儀なくさせることとなった。こうした状況は，クラークにキリスト教社会主義を離れさせ，理論家として限界生産力的分配論の構築へと向かわせることとなった。このようにして結実した彼の主著『富の分配』（1899年）は，初期クラークと根本的に異なる後期クラークを表すこととなった。[4] 以下に取り上げるヴェブレンによるクラーク経済学批判は，初期クラークではなく，この後期クラークに対する批判であることに注意しておかねばならない。

2 ヴェブレンのクラーク経済学批判

1) 後期クラークとヴェブレン——その背景

後期クラークとヴェブレンの関係を考察するに当たって，まずその背景を理解するために，予備的作業として，その枠組みを次に年表風に挙げておくことにしたい。

1899年	クラーク『富の分配』，ヴェブレン『有閑階級の理論』
1904年	ヴェブレン『営利企業の理論』
1907年	クラーク『経済理論の要点』
1908年（2月）	ヴェブレン「クラーク教授の経済学」（『経済理論の要点』の書評論文）
同年（3月）	ヴェブレン「フィッシャーの資本と所得」（フィッシャー『資本と所得の本質』1906年の書評）
同年（8月，11月）	ヴェブレン「資本の本質について」I, II

---

4) このクラークの根本的変化については，本書の第6章と第8章および Tanaka, 1990 を参照。

1909 年（6 月）	ヴェブレン「フィッシャーの利子率」（フィッシャー『利子率』1908 年の書評）
同年（11 月）	ヴェブレン「限界効用の限界」
1910 年	クラーク「経済学からみた戦争と調停」
1911 年（～1923 年）	クラーク，カーネギー国際平和基金，経済学・歴史部門理事（報告書，1911，1916，1918，1923 年）
1914 年	ヴェブレン『製作者本能論』
1915 年	ヴェブレン『帝政ドイツと産業革命』，「日本の機会」
同年	クラーク「戦争の経済的費用」
1917 年	ヴェブレン『平和の本質』
同年（6 月）	ヴェブレン「日本人，ドイツにたいする希望を失う」
同年（9 月）	クラーク「平和実施連盟に関する見解」
1919 年	ヴェブレン『近代文明における科学の位置』
1929 年（8 月）	ヴェブレン没
1934 年	ヴェブレン『変化する秩序論集』（戦争論文集を収録）
1935 年	クラーク『平和の見張人』

 以上のような枠組みにおいて，主に 1904 年から 20 年代を中心にした期間の次の 2 つのことがらについて検討することにしたい。[5] ①ヴェブレンの近代企業分析を中心とした資本主義分析との関連における，クラークの経済学および正統派経済学に対する批判と，②クラークとヴェブレン両者の戦争と平和の経済学。

2)「クラーク教授の経済学」(1908 年)

 1904 年に『営利企業の理論』を刊行して以来，ドーフマンが指摘しているように，「ヴェブレンは近代企業について検討することに夢中だったので，当

---

5) ヴェブレン研究に関しては，さし当たり次のものが有益。髙哲男『ヴェブレン研究』および同『現代アメリカ経済思想の起源』とくに第 2 章（高，1991；2004），小原敬士『ヴェブレンの社会経済思想』（小原，1966）他。

時の彼の書いた書評はどんなものでも，それ以外の目的に適うことはほとんど期待できないほどであった」(Dorfman, [1934] 1961, 281, 邦訳398)。1907年に出たクラークの『経済理論の要点』(Clark, 1907)の書評論文を，ヴェブレンは翌年 *QJE* に発表した。その表題が「クラーク教授の経済学」(Veblen, [1908a]) である。[6]

ヴェブレンははじめに，『要点』の目的，その重要性，理論経済学者クラークとその経済学体系が占める主導的位置に触れ，なぜクラーク経済学なのかについて答えている。

もちろん，『要点』の中心は，『富の分配』における経済静学をうけ，その上に経済動学を展開することであった。むろんヴェブレンはこのことを十分承知している。彼によれば，「この本の主な目的は，より一般的な進歩の法則の簡潔で暫定的な記述を提供することである。ただし，それにはまた，既に『富の分配』でより十分な形で述べられた『経済静学』の法則のより短縮された再述が含まれている」(180)。これには「クラークの理論体系のすべての要点」が含まれており，「この出版は著しい関心と重要性をもつ出来事である」(180)とされている。

そのうえで，理論経済学者としてのクラークの主導的位置について，ヴェブレンは次のように記している。

　　近代理論に関心をもつ人で，彼のおかげを受けていない者はほとんど1人もいない。同時に彼は特に際立ってその分野の研究者の注目を集めるばかりでなく，愛着も引き込む才能をもち合わせている。(180)

これは，カールトン大学で教えを受けたヴェブレンのクラークに対する愛着をもにじませる表現となっている。したがって，これに続いて彼は，その批判に当たって必要なことは，「クラーク氏の著作を現在の経済理論の一局面として非個人的な形で語ることである」と，わざわざ断っているくらいである(180-81)。

---

6) ヴェブレンのクラーク経済学批判としては，これまで次のものがある。佐藤光宣，1983と1984a。

ついでヴェブレンは，クラーク経済学のもつ社会経済的改善への大きな関心と意欲という特徴に触れたうえで，クラーク経済学の占める位置について明確な評価をくだしている。それによれば，ヴェブレンはクラーク経済学を，古典派経済学と親族関係にある代表と捉え，オーストリア学派との相違に触れると共に，それがオーストリア学派の影響下ではなく，独自に到達されたことを指摘している（180）。クラーク理論は，快楽主義の受容という点では「限界効用学派」に属しているが，しかしそれはその「幅の広さと寛大さの点で」ジェヴォンズ―オーストリア流のものよりも「現在の経済科学のより的確な表現」と評価されている。彼はクラークの著作を，ただクラークに特有な，あるいは主流から離れた学説体系としてでなく，「現在の経済理論の的確で首尾一貫した体系」（182）として取り上げている。

　ヴェブレンによれば，快楽主義経済学では，経済学は主として「分配―所有と所得との分配―理論」（182）となる。したがって「『経済理論の要点』はこの快楽主義的分配理論の要点」に他ならない（183）。

　このように述べたうえで，ヴェブレンはクラーク経済学批判の本論に入り，まずクラークにおける静態と動態，静学と動学の問題を取り上げることになる。

　それに先だってヴェブレンは，クラークの一見したところ進化主義的アプローチとみられる議論を取り上げ，進化論的経済学の観点から，これに鋭い批判をくだしている。というのは，クラークのいう「より原始的で単純な経済組織」から「近代の複雑な組織」への歴史的展開というのは，一見したところ進化主義的接近のようにみえるが，これはこの著作の主要な議論とは本質的に無関係であり，見せかけのものに過ぎない（184）。クラークのいう「自然状態」はシーニアの「人間の自然状態」に近いものであり，「仮説的な完全競争システム」（187）に他ならない。

　原始的な経済状態では，もちろん「孤立した狩人」など存在しない。そこでの経済単位は，そうではなくて，ある種の共同体なのである。ヴェブレンは人類学の知識を活用し，カリフォルニアの「ディッガー・インディアン」の例を引いて，彼らが生きてゆく上で最も重要なのは，生活するのに必要な「手段・

方法・普通の知識, 人類の蓄積された経験」(186) であり, したがって, 資本財じたいの所有権はこのような状況下ではなんら重要ではなく, それが産業技術の進歩によって, その財の所有者にこうした蓄積された知恵や経験を一人占めすることが可能になってはじめて「資本」が成立することを簡略に述べている。既に『営利企業の理論』で資本の現代的特質を明らかにしたヴェブレンは, 彼独自の資本観——「無形資産」を中心とした資本観——の基本を述べている。これは別の論文「資本の本質について」において詳説されることとなった。

クラークにおける動態は, ヴェブレンにとっては「関係する数量のひとつまたはそれ以上が増減した場合に, 均衡がいかにして再び確立されるかに関する思弁的研究である」(188) にすぎない。数量的変化だけが考慮に入れられ, 数量的変化の原因や範囲さえ経済動学の範囲に入らない。これは経済理論ではなく, むしろ競争システムのスポークスマンとしてのクラークの著作のもつ断固たる調子に注目させるものである (188-89)。

ヴェブレンは, クラークのいう動学が本質的に静学的性質のものであることを明快に指摘している。クラークにあっては, 社会が動態的であればあるほど, それは静態モデルに到達する (189)。つまり「理念上の完全な『動態状態』は静態状態に合致する」(190) ことになる。

クラークのいう動学がその本質上静学以外の何物でもないことを, ヴェブレンはクラーク経済学とイギリス古典派の快楽主義経済学との関係から当然なこととみている。ヴェブレンによれば, クラーク経済学の根本原理と研究目的は, イギリス古典派の標準的なものであり, それは「正常性」と「自然法」の前進化論的基礎のうえにたつ分類学である。こうした分類学的経済学者の科学目的は, 便宜的政策目的の発見の弁護という実用目的と対をなしている。この点でもまた, クラークはこの学派の目的に忠実だと, 彼は述べている (191)。

このような快楽主義的・功利主義的前提は, 静的な範囲と性格をもっており, このような前提に基づく展開からは, 静態理論 (分類学) 以外のものはけっして出てこない (191)。このような理論は「量的変動しか説明せず, それだけでは質的変化をともなう累積的変化を説明することはできない」(192)。

こうしたクラーク経済学は古典派経済学の「改訂版」(194) に過ぎない，というのがヴェブレンの結論である。

次いでヴェブレンは，クラークの限界生産力的分配論のひとつのかなめをなす資本理論を取り上げている。ヴェブレンからみれば，クラークの資本理論は，「資本概念」の説明でクラークに特有な一定の形式的区別はあるものの，本質的には，フィッシャーやフェッターの学説と異ならない。ただヴェブレンは，クラークの場合，なぜ資本理論が重要なのかを問い，あらためて2つの理由を挙げている。そのひとつは，資本理論がクラークの理論体系の中で与えられている重要な位置であり，もうひとつは，現在の資本主義経済を扱う理論の中で資本概念が占めるに違いない重要性であると，明快に指摘している (194-95)。

ヴェブレンによるクラーク資本理論批判の中心点は，有形資産，無形資産概念に関連している。クラークの理解では，はっきりと述べられていないが，資本は「有形資産」(tangible assets) に限定されており，「無形資産」(intangible assets)，すなわち非物質的富は理論に入っていない (195)。

クラークにおける「資本」と「資本財」の区別——フィッシャーでは「資本価値」と「資本」——に関して，「資本」は生産財の永続的なファンドであり，「資本財」はこの永続的集合体の変化する構成要素とされている。問題の「ファンド」という金銭的表現は，おそらく許されるメタファーと考えられるであろう (196) と，ヴェブレンは認める。しかし「『生産財のファンド』という言葉自体，金銭的用語と機械的用語との奇妙な混乱した混合物である」(196) と批判している。こうした資本概念は，資本の可動性について語るようになれば崩壊せざるをえない。資本財の移転をともなわない資本の移転は矛盾だからである (197)。

クラークのいう「資本」は本来非物的性格のものであり，これは直接に無形資産の承認に導くはずである。しかしそうすれば，これはクラークの分配の自然的法則の議論をくつがえすことになる，とヴェブレンは指摘している (196)。[7][8]

さらにまた，このようなクラークの議論によれば，「資本と労働の共同生産

物の価値のうち、どれだけの分け前が、「自然的」衡平のルールのもとで、社会全体の無形資産の一定部分の独占にたいする公正な報酬として、資本家に行くべきかを決定することは、極めて困難となる、とヴェブレンは述べている。

このようにして、ヴェブレンは「クラーク氏の著作における関心と理論的動因および妥当性との中心である」(201)「『自然的』分配法則」を取り上げている。つまりどの生産要因もそれが生産するものを「自然に」取得する法則——「自然」賃金の法則、「自然」利子の法則——である。

ここでヴェブレンは、このトートロジー的命題を明らかにするためには、「その批判点は『要点』では十分カヴァーされていないため、『富の分配』第24章のより十分な説明にたよる必要がある」(203) とし、『富の分配』に戻って「自然的正義の法則」を検討している。

ここでヴェブレンが指摘している批判点は、大きくは2つある。ひとつは、財の効用と不効用の均衡は二重の均衡であり、これは存在しないということであり、もうひとつは、「各人の生産したものは各人へ」というルールは常識的

---

7) ヴェブレンは既に『営利企業の理論』において、クラークの資本理論、とくに資本と資本財の区別について注目し、脚注で2回 (Veblen, 1904, 136 fn., 140 fn., 邦訳 108, 112) 取り上げている。また彼は、賃金は生産物の市場価値に競争的に比例するという主張に疑問を呈している (63fn., 邦訳 52)。さらにヴェブレンは、「顕示的消費の体制」を背景に、現代では生産費には費用価値・生産費以外に、社会的にみて無駄な費用である広告を重要な要素として含むゆえ、労働と賃金との等価性の議論は成りたたないと批判している。そのさい批判の対象としてクラークの『富の分配』第7章と第22章を参照せよとしている (62-63fn., 邦訳 52)。しかしヴェブレンはここでとどめており、詳細は書評論文で取り上げられることとなった。さらにもう1カ所でヴェブレンは、格差利益から生じる利得の資本化について、クラークが「これまで印刷されていない講義の中で」分析を行っている (169, 邦訳 134) と述べているが、詳細は不明である。

8) ヴェブレンは、1908年8月および11月に *QJE* に論文「資本の本質について」(On the Nature of Capital) I, II を書いた。I は「資本財の生産性」、II は「投資、無形資産、および金銭的大立物」(Pecuniary Magnate) と題された。ここで彼は、『営利企業の理論』で展開された現代企業の理論を前提に、無形資産としての現代資本に関して直接、より熟慮された、より体系だった見解を発表した。そこではとくに「無形の技術的設備の共同のストック」としての資本概念が強調されると共に、近代社会における所得を生む資産としての、現代の無形資産の重要な役割り、とくに「金銭的大立物」による操作の意味について徹底的に論じられた。いま詳しく紹介することはできないが、とりあえずはドーフマン (Dorfman, [1934] 1961, 285-89, 邦訳 404-09) の要約が参考になる。

前提にすぎないという論点であった。

　クラークでは，財の効用と不効用の均衡が語られているが，財の効用は消費者にとっての効用であるのに対して，財の不効用は消費者ではなく，生産的労働者にとっての不効用である。したがって，ここでは二重の均衡からなっている。ひとつは，消費者にとっての効用と彼がこうむる不効用とのバランス，もうひとつは，労働単位の不効用と労働者がそのためにこうむってよいとする効用とのバランスである。ところがこれら2つの均衡は存在しない。なぜなら，それは別人の意識内での2つの快楽主義的現象だからである。したがって，ヴェブレンの主張は，生産的労働者に支払われる財の効用としての賃金は，生産的労働の不効用に等しくないか，もしくは直接比較しうるものではないことになる (204-05)。

　「各人は各人が個人として生産する全生産物に等しいものを支払われる」という，クラークが「発見」した衡平とその拘束力とは，常識的前提と結びつけられており，これは使い古されたマンチェスターの陳腐な文言にすぎない。

　　結局のところ，この「自然的」分配法則の言うところは，人々が競争状態下で強制力や詐欺をともなわずに獲得するものはすべて，彼らの衡平な当然受けるべきものであり，それ以上でも以下でもなく，競争システムを，その根本にある所有制度と共に，前提すれば，衡平であり，かつ「自然」であるということになる。(206-07)

　ヴェブレンは，クラーク理論の「非常に本質的部分」をなす価値とそのさまざまな所得との関連を扱う諸章のうち，公正な分配に直接関係するものに限定するとして，消費者レントおよび生産者レントと自然賃金論および自然利子論との関係に言及している。彼はそれら2つのレントが価格決定において考慮されていないことを指摘し，いかなる人も彼が個人的に創り出す全生産物に等しい分量を支払われていないことになると批判している。ヴェブレンは，こうして，「自然的最終生産力法則」に必要な議論の仕方は，「議論全体の無益さの証明に他ならない」(210) と述べている。

　次いでヴェブレンは，クラークの有効効用理論によれば，完全独占点が最大

の純生産力点であることになるとし，有効効用理論をやや強引に独占の生成と関連づけている。しかも彼は独占に関して，『要点』の後半部分の反独占論は，①快楽主義的「自然」分配法則に反しており，また②クラークが反対している独占的取引は，復帰させたいと彼が願っている競争企業のより高度でより完全な発展にすぎない，と批判している。

そこで『営利企業の理論』の著者ヴェブレンは，現状における独占の成長と実行可能性とは，資本を代表する証券の譲渡可能性に主として原因があることをクラークが認めていることを鋭く指摘している。しかしながら，これらの証券で表される「無形資産が近代資本の最も重要な特徴であり」(220)，総有効効用，すなわち市場価値をもっている。それらは契約の自由から自然に生じたものであるのに，「クラークと改革論者たち」(282) は，機械的技術か契約の自由のいずれかが抑圧されることに考え及ばず，この種の無形資産を廃止しようとしていると，ヴェブレンは批判している (220)。彼によれば，クラークらの提案する改革案は，ダーウィン以前の快楽主義に基づく近視眼的な提案にすぎない。したがって，ヴェブレンは結論として，もし彼らに「現代の資本の事実に関するもっと率直な理解があれば，もっと的確な独占問題の理解が得られたであろう」(220) と述べている。

最後にヴェブレンは，以上にみたことから分かるように，「快楽主義の論理は，企業問題の理論には役に立たない」ことを確認している。彼は「この快楽主義的解釈は，現代の企業状態の複雑な細目の分析には役に立たないにせよ，社会の産業上の機能を広くかつ発生的な性格の点で分析するうえでは，大いに役に立つかもしれない」(220) と述べたうえで，その中核部分をなす分配論の形而上学的前提として，あらためて高度な合理的人間の想定と過度の楽天主義を強調している (229)。[9]

---

9) ドーフマンによって，この書評の後のエピソードが次のように伝えられている。「この書評が出たあと間もなく，クラークは，ヴェブレンに会い，あの論文は少なくとも2，3ヵ所について訂正すべきであると自分に注意を促してくれたと述べた。クラークが去ったあと，ヴェブレンは学生たちの方を向き，クラークは紳士であると述べたものである」(Dorfman, 1934, 284, 邦訳 402)。

3)「限界効用の限界」(1909年)

　「限界効用の限界」は，さきの「クラーク教授の経済学」に続いて，それと密接な関連を保ちながら，それを補うと共に，あらためて新古典派経済学を体系的に批判することを目的とした論文であった。

　前項でみたように，「クラーク教授の経済学」でヴェブレンは，クラーク経済学に独自で顕著な特徴——とくにその静態・動態論，資本理論，「自然的」分配法則——を取り上げて批判すると同時に，その前提や先入観念などに関連して，目的論的性格や静態研究たらざるをえないといった，イギリス古典派経済学の快楽主義経済学との一致点を鋭く指摘したのであった。

　これに続いてヴェブレンは，「的確で首尾一貫した現在の経済理論体系」としてのクラーク経済学批判から，力点を限界効用経済学一般の批判へと移した。それが「限界効用の限界」(Veblen, [1909]) となった。

　はじめに，ヴェブレンは，限界効用経済学の限界を示す際立った特徴として，それは終始，価値論であり，価値評価の理論であるという。全体系は分配の理論であり，しかもそれは金銭的分配の理論であり，限界効用原理の生産の問題への拡大適用である，とヴェブレンはおさえている (231)。

　そして，こう述べている。「このような試みのうち，最も巧妙で最も有望なものはクラーク氏のものである。彼の著作は，分配の根本原理を生産理論の説明のために向けようとする極度の努力と極度の成功とを表しているからである」(231) としている。

　既にみたように，クラークの体系を代表とする限界効用理論は，まったく静的な性格のものであり，「それはいかなる種類の運動の理論も提供せず，価値の一定状況への調整を専ら取り扱っている (232)。クラークや彼の仲間たちの言う動態は，「経済生活における発生，成長，帰結，変化，過程等々の理論にはなんら少しも貢献していないからである」(232) と，ヴェブレンは新古典派経済学における動態論の実体を再確認している。

　以下ではわれわれは，「クラーク教授の経済学」で既に取り上げた論点——とくに合理的人間の想定と過度の楽観主義など——についてはできる限り繰返しを避けながら，限界主義経済学という形をとった初期の新古典派経済学

の特質に関するヴェブレンの批判を取り上げ，クラーク体系批判の理解に資することにしたい。

ヴェブレンによれば，限界効用学派の理論は，因果関係の用語ではなく，目的論によって引き出されており，この点でそれは19世紀の古典派経済学と合致している。その理論は過去2世紀にわたる産業技術の発展の重要性と無関係なのである（232）。

ヴェブレンがこの論説であらためて最も強調したのは，制度的要因と理論との関係をめぐる理解にあった。限界効用学派の特徴として，「制度的事実は与えられたものとされ，否定され，言い逃れされる」（233）。例えば価格が問題とされるとき，貨幣と価格は説明外に置くような形で，いかに交換が起こるかという説明がなされる。また信用の問題では，信用の拡大が営利取引に与える影響は放置され，買手と売手が，彼らの消費財や消費感覚がそれぞれの所得の流れを滑らかにするために，いかに協力するかの説明がなされる。「この点でのこの学派の失敗は一貫しており，かつ包括的なものである（233）と，ヴェブレンは指摘している。

彼はこうも述べている。この学派の理論では，文化的要因＝制度的要因は一定所与とみなされ，制度的要因によって引き起こされる帰結や結果は問題にされない。所有権や自由契約といった制度要因は，理論の目的から先見的に一定と考えられている。

> それらの要因は事物の自然の一部である。したがって，それらがいかにして今日の姿になったか，いかに，なぜそれらは変化してき，変化しつつあるのか，これらのすべては，この文化状況によって，あるいはそのもとで生活する人々の関係にいかなる影響を与えるかなどについて，それらを説明したり研究したりする必要はないのである。（236）

ヴェブレンによれば，快楽主義経済学に特有な「不変の前提」は，「(a) ある制度的状況——その実質的特徴は自然的所有権である——と，(b) 快楽主義的計算とである」（236）。これらの前提から出てくる明確な特徴は，この理論が近代科学にみられる「有効な原因」（efficient cause）に基づく因果関係を根拠

にするものでなく,「十分な道理」(sufficient reason) という根拠に限定されて推論されることである。したがって,ここから出てくる直接の結果たる経済理論は,専ら目的論的性格をもつことになる (237)。快楽主義経済学の特異性が人間の行為の目的論的関係だけに注意が限定され,近代科学が重大な関心を寄せる,人間の行為が慣習や因習的要素の力に影響されることは,必然的に注意の範囲外に置かれることになる (239)。このように,「与えられた安定した制度的条件下で一貫した基本的な人間性の動きに専心する経済学研究は,明らかに静的な結果に到達することしかできない (242)。

因果関係の連鎖は,「人種ないし社会の生涯史の問題,文化的発展,もろもろの世代の運命の問題である」。これに対して,制度関係は正常で不変という立場は,「個人的決疑論」の問題である (240)。

ヴェブレンにとっては,近代科学である経済学は,人間の生活体系の発生的研究であり,物質文明の生涯史の研究である。それは「文化的複合体 (cultural complex) の他の局面や関係に対する因果的すなわち発生的関係の追求でなければならない。物質文明は「制度の体系,つまり制度的構造物と制度的成長」である (241)。

さらにヴェブレンは,ここで個人と制度との相互作用という観点から発生と累積的変化の理論の性格を,次のように明確にしている。

制度の体系が人間の行為の因習的標準,規範に影響を与えるのは個人に対してであるから,この分野での科学的研究は,個人の行為によってその理論的結果を定式化しなければならない。

　しかし,そのような研究は,この個人の行為が一方では制度化にとって,したがって,制度的構造物の変化(ないし安定性)にとって重要であるという点で,他方では個人の行為が,受け入れられている制度的概念や基準によって,促進され導かれるという点で,注目される場合にのみ,その限りでのみ,発生的理論の目的に役立つことができるのである。(243)

ヴェブレンの言うように,近代生活の危急の事態は,金銭的なそれであり,生産効率も分配利得もすべて価格によって測定され,価格体制に他ならない。

この価格体制,「金銭的計算技術」の制度は,本来なんら金銭的関係をもたない事実——芸術,科学,学問,宗教など——にまで及ぶ(245)。つまり金銭的(「商業的」) (commercial) テストと標準が商業的利益プロパー以外にも使用されることになり,ことに嗜好や評価の「商業化」が生じることになる(246)。

ところが,商業じたいの「商業化」は認められていないと,ヴェブレンは皮肉をこめて指摘してやまない。すなわち,「貨幣価値」は消費財に対する購買力の価値以上の重要性をもたないし,「貨幣」はここでは単純に計算の手段にすぎないとされる(248)。「資本化の変化」はというと,それは産業技術の状態や消費の感覚上の目に見える等しい変化と無関係に生じる(249)。「信用やその他のあらゆる機構をもった「貨幣経済」(money economy) の全体は,メタフォールのかたまりの中で消えてしまい,理論的に削除され,不毛化され,単純化され,洗練された物々交換システムとして再び現れるのである」(250)。

結論として,ヴェブレンは最大級のアイロニーを込めて,次のように結んでいる。

　近代の経済現象の快楽主義的解釈は,不適当な,あるいは間違いに導くものであるということは単純なことではない。もし,それらの現象が理論分析上,快楽主義的解釈に委ねられるならば,それらは理論から消えてしまう。また,もしそれらが事実上,そのような解釈に耐えるものならば,それらの現象が事実上,消滅してしまうであろう。(250-51)

3　戦争と平和の経済学
——クラークとヴェブレン——

1) クラークとカーネギー国際平和基金

晩年になってクラークは,1910 年に 1,000 万ドルで創設されたカーネギー国際平和基金の中に翌年新たに設けられた「経済学・歴史部門」(Division of Economics and History) の理事に就任した。この基金は,戦争の原因と戦争を回避する実際的な方法を徹底的に調査・研究することを目的とした,最初の国

際的な調査・研究機関である。その経済学・歴史部門というのは，経済学と歴史の視点から，戦争の原因と結果について研究することが目的であった。この理事にクラークが選ばれるに当たっては，むろん彼が限界生産力理論への貢献によって国際的に知られたアメリカで最も優れた理論経済学者であるだけでなく，とくに経済理論の実際問題への応用に大きな関心を示してきたことによる。さらに加えて，「モホンク湖会議」や「アメリカ国際調停協会」（American Association for International Conciliation）での活動を通して，彼の国際的調停への努力が評価されてのことであった。

以下では，主にこのカーネギー基金に関連した活動に現れたパシフィスト，クラークの戦争と平和の経済学とその意味を，第 1 次世界大戦前後を中心とした歴史的・思想史的背景のもとで明らかにすることにしたい。

このような枠組みでクラークの戦争と平和の経済学をみるさい，ヴェブレンとの関連・対比がとくに重要な検討事項となってくる。クラークはこの領域においても，当時のアメリカ新古典派のみならず，ヨーロッパも含めた世界における正統派経済学のエスタブリッシュメントを代表する経済学者であった。クラークらの戦争と平和の経済学がまさに新古典派経済学を代表するものであったのに対して，異端の経済学者たちのうち，ヴェブレンは，経済学者，社会学者としてこの領域においても最も大きな関心を示し，極めてユニークな理論・思想に基づいて，最も辛辣で鋭い批判を展開したのであった。それは単に時論としてだけでなく，その後の歴史が示すように，先見の明に富むものであり，彼の新古典派経済学批判と関連した経済思想史上，大きな役割りを果たしたのであった。[10]

カーネギー国際平和基金でのクラークの最初の仕事は，1911 年 8 月にスイスのベルンで開かれたベルン会議であった。そこには，世界 11 カ国から 17 名の国際的に著名な経済学者を中心に，統計学者，政治学者，歴史家，政治家，

---

10) このような枠組みのもとではじめてクラークとヴェブレンを取り上げたのはバーバーであった。次のものを参照。Barber, 1991. さらにヴェブレンに焦点を絞ったものに Biddle and Samuels, 1991 がある。なお，Dorfman, [1934] 1961 はいまも有益である。わが国では小原敬士，1965，第 7 章を参照。

ジャーナリストなどが集められた。招待されたその顔ぶれのうち，経済学者を見れば分かるように，フランスのルロワ-ボーリューとシャルル・ジイド，オランダのグレーヘン，イタリアのパンタレオーニ，ドイツのブレンターノ，オーストリアのベーム-バヴェルクとフィリポヴィッチ——招待されたが健康上の理由などで出席しなかったシュモラーやマーシャルが加わる——など，それは明らかに国際的に著名なエスタブリッシュメントを代表する人々であった。

この会議は「戦争の経済的原因と結果」について議論する会議であったが，それにクラークが提出した問題のポイントは，「われわれの主題に含まれるすべての問題のうち最大のものは，それだけで平和の方向に決定的に作用する自然的な力（natural forces）は存在するのかどうか……」であった（Barber, 1991, 64）。

近代産業国家間の戦争は，その国際貿易や国際金融組織の基本的な状況からみて無益であり，戦争による利益は幻影にすぎないと言われてきた。しかし，それはただ信念によって主張するのでなく，分析によって論証されねばならないというのがクラークの確信であった。戦争と平和の問題において経済学的研究ほど役にたちうるものは他にないという確信からクラークは出発した。これはちょうど，経済理論の領域において，自由競争市場では交換・分配上の正義が自然的に達成されるという古典派経済学者の信念を，新しく限界主義的価値・分配理論によって論証しようとしたクラークの確信と方法とに合致するものであった。

そこでクラークが勧めた研究は，戦争のコストの評価，軍事支出の増大と社会的目的のための公共支出とのトレードオフの理解，それに国際紛争を解決するために，戦争と平和をめぐる国内・国際間における種々の利害の対立といった経済・政治・社会的変化の研究であった。この部面で，限界主義の新しい理論分析用具が大いに役にたつというものであった。

このような課題の追求において重要なことは，バーバーが鋭く指摘しているように（65），クラークは社会的調和が自然状態であることを前提していないことである。クラークはさまざまな利害の対立を前提したうえで，その軋轢を

円滑化し，調和を促進するのに経済学的研究が役にたつと考えたのであった。この意味で，クラークは旧式の自然的な社会調和を説く機械的で単純な新古典派経済学者ではなかった。このようなエスタブリッシュメントの国際的集団の経済学的英知と努力によって，戦争と平和問題への経済学的貢献を目的としたものが，クラークのパシフィズムを一貫して支えるものであった。

第1次世界大戦が1914年7月に開始された後の8月5日に，スイスのルツェルンで第2回の会議が開かれた。しかし，これには日本からの2名とオランダ，アメリカの各1名，計4名しか集まらず，企画をすすめることは不可能となり，翌年の夏にルツェルンで再び集まることが望まれたにすぎなかった。そこでクラークは，研究プログラムの変更を迫られ，平和と軍備縮小から，戦争の現実としての戦費とその結果の総合的な経済史の準備へと方向転換を行ったのであった。

第1次世界大戦の開始が人々に大きな衝撃を与え，それによって平和を求める勢力が傷つき沈滞するなかで，戦争の早期終結のため，経済学者が再び経済的合理性に訴える新しい情勢が生じてきた。このきっかけをつくったのはやはりクラークであった。これをクラークは1915年12月のアメリカ経済学会大会で訴えた（Cf. Clark, 1915b）。

クラークはそこで合理的経済計算の重要性を再び説いた。とくに新しい限界主義分析の手法を利用し，限界費用—限界利得分析の重要性を強調した。領土や貨幣による利益と，人命・財産，将来の効率の犠牲による費用を予測しうることの重要性に訴えるものであった。[11]

1917年4月に行われたアメリカの参戦によって，事態は新たな段階に入った。アメリカの参戦によって民主主義の最後の勝利まで，ドイツ帝国政府に対する戦いを遂行することが，国際平和を促進する最も有効な手段であることを，基金の理事会は全会一致で議決した。基金の研究委員会からドイツとオーストリアの代表がはずされることとなった。こうしたなかで，基金はクラークがすすめてきた戦争の経済史研究を継続していった。

---

11) バーバーによれば，イギリスではオックスフォードのエッジワースがクラークと同様な線に沿った議論を展開したのであった（Barber, 1991, 75-76）。Cf. Edgeworth, 1915.

1917年9月にクラークは *Economic Journal* を通じて，イギリスの同僚たちに対して，「平和実施連盟」（League to Enforce Peace）に対する支持を訴えたのであった（Clark, 1917e）。

　理事として最後の年となった1923年に，クラークはカーネギー基金による拡大された研究プログラムの報告において，戦争の経済・社会史に関する150冊が14カ国で企画され，プロジェクトは成功と述べると共に，平和のために経済学知識を動員することの意義をもう一度強調したのであった。クラークの理事職はショットウェルによって引き継がれたが，巨額の費用がかかることと完成に要する年月などの事情から，1933年にこのプロジェクトが終了したときには，132冊が刊行されていたのであった。

　クラークは理事の責任を終えた後も，戦争と平和の問題に深い関心をもち続け，彼の主張を貫いた。それがクラーク最後の著作『平和の見張人』（Clark, 1935）となった。

2）『帝政ドイツと産業革命』（1915年）

　新古典派のように，戦争は伝統的な合理的論説という方法によって研究することができるという見方は，歴史学派的アプローチをとる人々——アメリカではとくにセリグマン——によって批判されたが，[12] 異端経済学のうちこれと最も大きく異なり最も辛辣な批判は，まず1915年のヴェブレンの『帝政ドイツと産業革命』（Veblen, [1915a]）によって与えられることとなった。

　わずか数カ月で書き上げたとされる（Dorfman, [1934] 1961, 330, 邦訳468）この著作の目的は，帝政ドイツと日本のめざましい国家的発展を解明することであった。それは主にヴェブレンが彼の『有閑階級の理論』（Veblen, 1899a）とその近代産業社会への直接的展開である『営利企業の理論』（Veblen, 1904）に加え，『製作者本能論』（Veblen, [1914]）において展開された，彼独自の二元

12）　クラークの親友のセリグマンは，調和を前提とする新古典派の見解を批判し，戦争の原因は列強の経済発展段階の不平等という歴史的要因にあるとみた。したがって恒久平和は交戦諸国民による「合理的計算」に訴えることによって達成されるものではなく，それは世界のすべての国民が同等な経済水準に進歩したときにのみ達成されるとされた（Cf. Barber, 1991, 68-69）。

論的先入観念に基づくものであった。それは，製作者本能と金銭的競争心，産業と営利企業，産業過程にたずさわる勤労階級と産業活動を免除されながら支配力を握る有閑階級といった基本的な二分法を，帝政ドイツと日本に巧みに適用した鋭い分析であった。したがってこの著作の最初の3章は，こうした基本命題の確認に当てられている。

　戦争と平和問題に関するヴェブレンの基本的アプローチの特色は，社会経済的分析と進化論的視点に基づくものであった。伝統的経済学の見方と異なり，ヴェブレンにとっては，戦争は正常性を示す均衡を攪乱する経済システムにとって外部的なものでも，異常なものでもなかった。それは経済社会過程自体の現れであった。したがって，ヴェブレンの戦争と平和の経済学は，正統派によって主に行われた，戦時期の資源配分や戦時財政に的を絞った研究とは大きく異なるものであった。

　何よりもヴェブレンの二元論から出てくる命題として，戦争は一定の企業とその政治的利益を利すが，その全体の戦争コストは勤労する庶民によって負担されることが，一貫して明確にされていることに注目しておかねばならない。

　ヴェブレンは，ドイツと日本の国家的発展の特色を明らかにするために，イギリス，アメリカなどの英語を話す国民との鋭い対比を試みている。両者の間の著しい相違点は，産業社会の文化的背景に求められている。ここで重要な役割を果たしているのは，彼の基本的な二元的アプローチと関連して，新たに強調されている「王朝国家」(dynastic state) と「近代国家」(modern state) という二分法である。

　「王朝国家」とは，封建的モデルに近い行動様式や思考習慣の支配する国家である。これに対して「近代国家」とは，機械過程と営利企業が封建的ないし略奪的思考習慣に抗して実質的に進展してきた国家と考えられている。彼によれば，ドイツと日本は王朝国家のモデルに最も近く，それに対して近代国家に最も近いのが英語を話す国民であった。王朝国家の構造的特質は，権威とそれに対する絶対的服従の習慣が極めて徹底して植えつけられ，服従は臣民にとって栄誉とされるほどである。王朝国家は略奪的であり軍国主義的であることが最大の特徴とされた。

既にヴェブレンが明らかにしていたように，現代の経済組織が営利企業と機械過程との対立する原理をかかえているのと同様に，帝政ドイツでは，産業技術は近代的であるが，その管理機構はプロシャ以来の王朝的な略奪的組織という状況下にある。
　これに対して，イギリスでは一方で営利企業の利益から生産を制限することが行われると共に，各種の浪費が盛んとなり，有閑階級の「顕示的浪費」が顕著となった。ドイツは近代的産業技術をイギリスから借りたが，その技術に付随した自由な諸制度や考え方を借り入れることはなかった。後発のドイツは，主としてイギリスから近代的産業技術を借用し急速に産業的成長をとげた。この産業上の成熟と王朝国家の規律に支配された政治文化の未成熟とのインバランスという状況下で，生産力がもたらす果実は，戦争目的に分配されることが可能になったのであった。

　　以前実行可能だった以上の規模での，ドイツ帝政国家の復興に導いた近代的な産業技術の状態——この技術的進歩はドイツで行われたものでなく，直接的にあるいは二次的な移転によって，英語を話す諸国民から，第一次的には結局のところそのほとんど大部分はイギリスから借用したものであった。上に主張されたことは，技術的な点以外のイギリスの慣習は，同時にドイツ社会によって引き継がれなかったということである。……したがってドイツ国民は，近代技術の達成に含まれる経験によってイギリス社会に導入された思考習慣や慣習の代価を支払わずに，イギリス人の技術的遺産を取り上げることができたのであった。(Veblen, [1915a], 85-86)

　しかしそのような文化的事情から生じた帝政ドイツの経済的・軍事的な力の源は，やがて機械的技術過程の進展によって掘り崩されるであろうと，ヴェブレンは確信していた（270-71）。
　ヴェブレンはまた，ドイツ資本主義をアメリカ資本主義と対比することによって，ドイツの利点の根源を明らかにしている。すなわちアメリカでは，金融事業家が支配力を振るうのは，財の生産においてではなく，証券市場においてである。その支配力行使の最終的判断は，技術スタッフや作業管理者にでは

なく，金融会社に依存している。この金融会社と産業的結合体との関係は，表向きは証券引受業者にすぎない。大金融会社が会社を取得したり，資本の再構成を通じて同様な利得を得るために行われたのがトラスト運動であった。アメリカの社会が会社の策略家たちの支配下に置かれているのに対して，ドイツの場合は科学技術の専門家の支配下に置かれることになった。[13]

既にみたように，ヴェブレンにおける基本的な社会化要因は，「産業的雇用」(エンプロイメント)と「金銭的雇用」，あるいは機械的過程と営利企業といった二分法に基づくものであったが，最近の戦争の原因と結果と，さらに将来における平和の機会に関するヴェブレンの議論は，王朝国家と近代国家との対比という議論が加わることによって，その社会化要因としては，略奪的要因，金銭的要因，技術的要因の3つの要因が相互に作用し合う状況が詳細に論じられている。

ところで，ヴェブレンが『営利企業の理論』の第8章「法律と政治における営利原則」において述べた言葉はよく知られている。

> 代議政体は主として企業利益の代表を意味する。政府は多くの場合，かなり終始一貫した単一の目的をもって企業者の利益のために働く。そして政府は，企業者の利益にたいするその配慮のために，一般の世論によって支持される。(Veblen, 1904, 286, 邦訳 227)

このような，現代の政府は企業の政府であるという視点から，ヴェブレンは，この章の終わりの部分(294-301, 邦訳 233-39)で，彼の帝国主義論を提示していた。彼によれば，近代国家は企業利益に左右されるのであり，資源の利用目的上での争いでは，企業利益が優先することになる。世論を形成する民衆による企業政府の支持は愛国心に依存している。近代国家の庶民は商業的ナショナリズムによって，他国の企業利益を犠牲にして自国の企業利益の成功することを欲する。

こうした企業政府論との関連において，ヴェブレンは既に植民地戦争と帝国

---

13) 『帝政ドイツと産業革命』刊行の1カ月後，ヴェブレンは *The Journal of Race Development*, July 1915 に「日本の機会」という論説を発表し，帝政ドイツに関する分析とほとんど変わらない分析を日本について行った (Veblen, [1915b])。

主義紛争について論じていた。そこには少なくとも3つの事柄が明らかにされている（295-96, 邦訳234-35）。

①未開発地域において企業活動に適した環境をつくり出すためには，軍事力を必要とすること。②2つ以上の国家の企業利益が未開発地域で出会うとき，軍事力は紛争の最終的仲裁者となったこと。③企業家は，交渉中に脅しとして，軍事力を十分な大きさに維持しておくことを常に欲したのであり，これは軍事力の拡大競争へと導くことになった（295-96, 邦訳234-35）。

このようなヴェブレンの帝国主義論をふまえたうえで，彼の戦争と平和問題に対する発言をみてゆかねばならない。

3）『平和の本質およびその永続化の諸条件の研究』（1917年）

『帝政ドイツと産業革命』の出版後，1916年末にはヴェブレンは，アメリカがウィルソン大統領の政策に従い，参戦する日が近いことを認識していた。ウィルソン大統領の再選によって，アメリカの参戦への方向はますます明らかになった。1917年4月のアメリカの介入の直前に出版されたのが，ヴェブレンの『平和の本質およびその永続化の諸条件の研究』（Veblen, [1917a]）であった。

ヴェブレンは，カントの『永遠の平和のために』を引きながら，全体としての恒久平和追求の重要性を指摘し，この著作の目的を次のように明らかにしている。

> 一般に平和をつくり出し，それを維持することを望みうる条件は何か。もしも近い将来に，これらの必要な条件を目に見える形で実現させるようなものが，現在の状況のなかにあるとするならば，それは何であろうか。このような全般的平和の設定から，近い将来に恐らく導びかれるべき帰結はどのようなものであるのか。(viii)

『帝政ドイツと産業革命』での分析を受けて，ヴェブレンは，近代営利企業と帝政的名誉心や愛国主義との結合体制である「ドイツ帝国と日本帝国は，ことの性質上，結局，平和を撹乱する傾向をもつ」（79）とみている。なぜなら，

「この両国とも支配を欲しがる傾向をもっている。そして彼らが狙っている支配は，戦争によるのでなければ手に入れることができない。この両国とも結局，手に負えないほど戦争企画に熱心になる」(82)。したがってヴェブレンは，「明らかに，これら2つの帝国が存在する限り，いかなる平和協定もすべて不安定なものとなるであろう」(83) と述べている。

王朝国家としての日本もドイツと基本的に同じ傾向をもつことを明らかにしたうえで，彼は「仮にドイツ帝国が除去され，平和化されたと想定しても，なお日本政府が残るであろう」(117) と見通している。

それでは，このような状況のもとで，恒久平和はいかにして達成されるであろうか。戦争の原因についてのヴェブレンの分析から出てくる彼の処方箋としては，恒久平和は，もし達成されるとすれば，王朝国家がもはや支配を求めず，近代国家においてナショナリズムと帝国主義が死滅するまでは達成されないということになる。恒久平和の必要条件として，ヴェブレンが具体的に提示したのは次の4つとみなすことができよう。

(1) 進行中の戦争がドイツの侵略と無条件降伏に終ること。
(2) 戦勝国による民主的制度が樹立され，帝国支配のすべての特権と貴族主義的権力と権威が破壊されること。
(3) 平和主義国家の連盟——そこには対等の条件をもった一員として認められた新しいドイツが入った——の形成。
(4) そしてこの連盟の内部では，諸国民の間の自由貿易体制，植民地の自治的共和国への転換，立憲王制と封建的政府の他のすべての残った威信の廃止と，ヴェブレンのいう「市民権の中立化」(neutralization of citizenship) (205)——国の裁判権の境界内部に居住するか，あるいは活動するすべての人々は，その裁判権の法律のもとで，生まれた国に関係なく，平等に扱われる政策を指す——が保たれねばならない。(207-08)

ヴェブレンはこれらについて詳しく論じているのだが，この著作の最後に恒久平和の必要条件に加えて，その十分条件とも言える条件を述べた有名な箇所で終っている。そこでは彼の『有閑階級の理論』以来の基本命題を基礎に，最終的な選択が迫られている。すなわち，

所有権と，この権利が効果を現す価格体制のもつ諸権利を現在排除し，究極的に廃棄すること，この線に沿った希望に満ちた端緒は，前の箇所で述べられたように，明らかに市民のすべての金銭的権利の中立化であろう。他方，競争的利得と競争的支出をともなう体制を断念する犠牲を払ってまで平和が望まれないならば，平和促進者は当然しかるべき予防策を講じ，相互羨望という極めて不安定な均衡をもたらすような平和的解決，すなわち，金銭問題の不満がこの既成の金銭的特権体制を脅かすようになったときには，急遽転覆させられるような体制の方向にだけ動くであろう。(367)

　これが最後にヴェブレンが本質的に指摘したかったことではなかろうか。[14]

4) ヴェルサイユ条約とその後

　ヴェルサイユ条約の交渉中，ヨーロッパが賠償を強調するなかで，アメリカは賠償の主張を行わず，その主な関心は国際連盟の創設にあった。国際連盟創設の強力な支持者の1人であったクラークは，アメリカの上院での条約批准の失敗に大いに失望したのであった。セリグマンもまた同じであった。

　『平和の性質』の出版後，ヴェルサイユ条約が1919年6月に調印されたが，ヴェブレンはその後の国際情勢をみすえながら，戦争と平和に関する論説を書き続けた。とくに1918年に雑誌『ダイヤル』(*The Dial*)の論説委員となったこともあり，彼は『ダイヤル』を中心に労働問題，価格体制，技術論などの幅広い問題と共に，戦争と平和問題を取り上げた。これらは『変化する秩序論集』(Veblen, 1943) の第3部「戦争論文集」にまとめられた。

　これらの論説でヴェブレンは，平和の条件，日本の現況，恒久平和に対する阻害条件としての先進国の植民地主義と不在所有制，国家主権と国境の陳腐化，反ボルシェヴィズムなど，広範囲にわたって論じた。[15]

　ヴェブレンにとっては，この条約によって成立したヴェルサイユ体制は，恒

---

[14] 『平和の本質』の反響に関するドーフマンの指摘によれば，クラークとの直接的関係にはふれていないが，カーネギー国際平和基金はこの書を500部買い上げ，カレッジや総合大学などの国際関係クラブに配布したとされている (Dorfman, [1934] 1961, 371, 邦訳521)。

久平和をもたらすものではまったくなかった。[16] 彼によれば，

> 平和条約は，本質的にみて国際的嫉妬心の温存を特に意図して，もとの状態 (status quo ante) を再建しようと企図した。条約は，連盟と共に，世界平和の解決をもたらす代わりに，その背後で列強の長老政治家たち (Elder Statesman) が，政治的術策や帝国主義的拡大を追求し続ける，外交的饒舌の煙幕以上の何物でもないことを既に示したのであった。(463)

ヴェブレンの結論は明らかだった。すなわち，「要するに，戦勝国の政治家たちは，現存する政治経済秩序をまもり――世界を投資家の民主主義にとって安全なところとするよう努力することで，ドイツの戦犯的な不在所有者に味方し，自国の下層民衆に敵対したのである」(470)。

ヴェブレンは 1929 年 8 月 3 日，カリフォルニア州パロアルトの山小屋で孤独のうちに他界した。それは大恐慌開始の直前だった。クラークは，ヴェブレンの死にさいし，「ヴェブレンがもはやわれわれと共にいないことは，私にとって大変悲しいことである」(Dorfman, [1934], 504, 邦訳 701) と，心から悔んだのであった。[17]

---

15) 日本に関しては，「日本人，ドイツにたいする希望を失う」(Veblen, [1917b]) と上記「日本の機会」が含まれている。
16) この点に関連して，ヴェブレンはケインズの『平和の経済的帰結』にたいする書評の形でも彼の見解を明確に示している (Veblen, [1920])。
17) 最近のジョルゲンセンのヴェブレン伝によれば，クラークのヴェブレン評が新しく付け加えられている。ヴェブレンがシカゴ大学で講義していた頃，クラークはセリグマン宛の手紙の中で，次のように述べている。「ヴェブレンは……シカゴ大学の 6 人の経済学者のうち最も有能な人である……もの静かなねずみのような人で，彼ができることについておよそ印象を得るためには，彼から無理に事柄を取り出さねばならないような控え目な天賦の才をもっている」(Seligman Correspondence, *Political Science Quarterly*, 61, March 19, 1926. In Jorgensen and Jorgensen, 1999)。

第 11 章

クラークとヘンリー・ジョージ

1　はじめに

　最近の『ヘンリー・ジョージ批判者』(Andelson (ed.), 2003) でも，あらためて指摘されているように，「ジョン・ベイツ・クラークほど勤勉にヘンリー・ジョージを論駁した経済学者はいなかった」(Feder, 2003, 355) し，「クラークはジョージの最も目立つ，断固とした，影響力の大きい反対者となった」(354) ことは確かである。

　クラークは初期から後期まで一貫してジョージ (Henry George, 1839-1897) とジョージ主義を批判し続けたのであった。これまで論者たち[1] によって，『富の哲学』(1886年) におけるジョージ批判をもってその最初のものとみなされてきた。しかしクラークは既に以下に取り上げる1883年の論文「最近の賃金理論」(Clark, 1883) において，ジョージの賃金論を大きく取り上げ批判している。

　その後，クラークは多くの論説や公開のディベイトにおいて積極的にジョージ批判を展開していったのである。彼の論著のうち，明示的にジョージや彼の『進歩と貧困』(1879年) を直接挙げての批判がみられない場合でも，ジョージ批判の姿勢は明らかである。それは，カリフォルニア大学で行われた講演記録である『社会主義によらない社会正義』(1914年) でも変わっていない。[2]

---

1) たとえば，Gaffney, 1994 や Feder, 2003。

そこで，クラークによる直接的なジョージ批判のうち，とくに重要なものを以下に挙げておきたい。
(1) "Recent Theories of Wages," *NE*, 42-3, May 1883.
(2) *Philosophy of Wealth*, 1886.
(3) "Capital and Its Earnings," *PAEA*, 3-2, May 1888.
(4) "Possibility of a Scientific Law of Wages," *QJE*, 4-1, March 1889.
(5) "The Law of Wages and Interest," *AAAPSS*, 1-1, July 1890.
(6) "The Moral Basis of Property in Land," *Journal of Social Science*, 27, Oct. 1890 (The Single Tax Debate held at Saratoga, Sept. 5, 1890).
(7) "Distribution as determined by a Law of Rent," *QJE*, 5-3, April 1891.
(8) "The Ethics of Land Tenure," *International Journal of Ethics*, 1, Oct. 1891.
(9) *Distribution of Wealth*, 1899.
(10) "The Cooper Union Debate on the Single Tax between Louis F. Post and John B. Clark," *The Single Tax Review*, 2, April 15, 1903.
(11) "Land and Building Taxation," *New York Tribune*, Dec. 2, 1911 (Letter to the Editor).
(12) "Shall We tax the Unearned Increment?" *New York Globe and Commercial Advertiser*, Feb. 1, 1913 (Newspaper Summary).
(13) "Dangers of Increased Land Tax," *ibid*., Jan. 17, 1914.
(14) "Concerning Wealth that resides in Land," *ibid*., Jan. 24, 1914.

確かにクラークはジョージとジョージ主義批判において積極的で終始一貫していた。しかし，より重要なことは，それは彼の経済思想の展開と共に変化していることである。初期クラークと後期クラークにおけるジョージ批判の仕方にみられる大きな違いに着目しなければならない。

初期クラークがキリスト教社会主義の立場から批判したのに対して，後期ク

---

2) ギャフニーはクラークによるジョージ批判の文献として25点を挙げている。しかしこれは，クラークの論説がジョージ批判だけを目的にしていたかのような誇張となりかねない。

ラークでは，彼の限界生産力的分配論の形成・確立によってジョージ批判を鋭く展開したのであった。したがって，われわれはこのいわゆる「クラーク問題」との関連において，彼のジョージ批判の展開を理解しなければならない。これが以下の第2節の内容をなす。

次に第3節では，クラークによるジョージ批判の中身を，単純に分けることは難しいけれども，論点をより明確にする目的から，あえて2つの観点からの批判に整理することにしたい。そのひとつは主として倫理的観点からの批判であり，もうひとつは経済理論的観点からの批判である。第4節ではむすびとして，クラークによるジョージ批判の全体的特徴を明らかにしたい。

2 クラークによるジョージ批判の展開 (1)

1) 初期クラークと『進歩と貧困』

「最近の賃金理論」において，クラークはジョージとW. G. サムナーの賃金論を取り上げ，両者を批判している。一方でジョージの理論を「超革新主義的傾向」(ultra-progressive tendencies) (Clark, 1883, 361) と呼んで退け，同時に他方でサムナーのような保守主義を批判し，健全で実際的な方向は，こうしたアナキズムとバーボニズムとの中間にあるとしている (363)。

クラークによれば，物質的利益の問題は道徳問題となり，その最も敏感なものが賃金論で提示される (354) とされたのち，「この問題に対する解答のひとつはヘンリー・ジョージ氏によって『進歩と貧困』と題された彼の示唆に富む著作のうちに与えられてきた」(354) と述べられている。この著作で明瞭に論証されたのは，「賃金は労働じたいの直接的生産物に起源をもつ」(355) ということであった。

ところが，「このようにして確立された真理は，資本の機能と賃金の本質に関する誤解に導くような誤りを引き起こすことになった」とクラークは指摘している。ジョージによれば，「賃金の支払いは，雇用者に関する限りでは，彼が労働から受け取った資本の一部の労働者への返還に過ぎない。しかし被雇用

者に関する限りでは，賃金支払いは彼が前もって生産した資本の一部の受取りに過ぎない。したがって賃金労働者以外の誰かが労働者の努力の果実の一部を受け取っているに違いない」(354-55) ことになる。

「この問題に対する正反対の解答」(355) として，クラークが取り上げているのが，サムナーの *Princeton Review* の論文である。そこでは，賃金は前もって蓄積された資本から専ら支払われるのであり，賃金と生産物とは遠く離れた確定しがたい関係にあると主張されている。クラークはこれを批判し，「あらゆる支払いは資本からであるが，生産物は賃金の源である」(358) 点を確認し，「賃金は資本の介在によって形を変えた労働の直接的生産物である」(360. 全文イタリック) としている。

クラークは，賃金が労働の生産物から支払われることを確認したのち，ジョージの理論の誤りである，資本の生産的機能の無視について次のように述べている。

> 実質的生産物が労働の直接的結果であることは正しい。しかし，その生産物がその産業活動のすべての結果を包含するというのは正しくない。……現在の体制下では，賃金は労働の真実の結果のすべての市場価値である。われわれは労働者に余りにも多すぎる権利を認めるべきではないし，また余りにも少なく認めるべきでもない。……労働者がそこで手助けをする生産過程の全収益に対して権利を主張し，その全体の中での一構成要素である部分的な副産物に対する彼の権利を否定することは，等しく無分別である。労働者は2人の生産者のうちの1人であり，彼は彼の分け前を広く行きわたっている相場で売り，その正確な価値を受け取るのである。(361)

このようにして，クラークはジョージ主義をアナキズムとして退け，「もし財産権を著しく不安定にするほどの社会主義があるとすれば，財産権が明確に論証される必要がある」(364) と述べている。

次に『富の哲学』の第1章の冒頭で，クラークは「財政上の異端と財産権に関する奇妙な教説」(Clark, [1886], 1-2) の流布にふれているが，これはむろんジョージの理論と地価単税論を指している。

その第 8 章で彼はジョージの賃金論を取り上げ，力点の置きどころは変わっているが，上記の論文での主張を次のような形で繰り返している。

> ヘンリー・ジョージ氏……は，『進歩と貧困』の第 3 章で，賃金は資本からではなく，生産物から来ることを証明した。彼はじつのところ，資本の生産行為を無視する点で，彼が拒否するものよりも大きな誤りに陥った。……しかしながら，生産物は，労働者が生活維持を引き出す源であるという一点において，ジョージ氏の推論はおよそ数学上の推論と同じく決定的である。(126)

このようにして，『富の哲学』までの初期のクラークでは，賃金が資本からではなく，労働の生産物から支払われるというジョージの論証を高く評価したうえで，ジョージの誤りは資本の生産力の無視であり，労働はその貢献通りの価値を受け取るのであり，資本による労働の搾取は存在しえないというものであった。まだ限界生産力理論に到達していないこの段階のクラークでは，それによる積極的論証は行われていない。したがってこの段階でのクラークのジョージ批判は，それほど強い論調をとっていない。

2) 後期クラークとジョージ批判

既にみたように（とくに本書の第 6 章と第 8 章を参照），1886 年のヘイマーケット事件以後の社会状況を背景とした保守化の流れのなかで，クラークは一方でキリスト教社会主義から遠ざかり始め，いわゆる「進歩的自由主義」へと後退・変化していった。彼の場合，それはとくに経済理論研究として現れ，新しい限界生産力的分配論の形成に向かったのであった。

この限界生産力的分配論の形成過程を，主として新しい資本概念を展開した「資本とその稼得」(1888 年) に始まり，「科学的賃金法則の可能性」(1889 年)，および「レント法則により決定される分配」(1891 年) へと続く 3 論文を中心に取り扱った本書第 4 章で明らかになったように，その理論形成は何よりも第一にジョージ主義とマルクス主義的社会主義からの現存産業体制批判を検討し，反論するという問題意識に導かれてすすめられることとなった。その結

果，限界生産力理論に基づいてジョージの「農業社会主義」批判とマルクス主義的社会主義を指す「国家社会主義」批判の論調は極めて激しいものへと変化していった。[3]

　クラークは，本来労働に帰属すべき生産物が搾取されているかどうかという経済学上の最も重要な問題を問い直している。その解答としての限界生産力的分配論を展開し，その結果，「各人が生産したものを各人へ」という社会的分配の公正が論証されたとして，現存の産業体制を経済理論と反社会主義イデオロギーの双方から弁護することとなった。

　クラークによる限界生産力理論の展開を促した直接の源泉は，ジョージの『進歩と貧困』であったことは，クラークの親友のひとりの F. A. フェッターの次の証言によってよく知られている。フェッターによれば，「おそらくクラークが直接的刺激を与えられた源泉は，同時代の単一税論議であった。……『進歩と貧困』は多くの言語に翻訳され，かつてアメリカ人によって著された他のいかなる書物よりも大量に売れたと言われた。1886年にジョージはニューヨーク市長候補者に推薦されて選挙に出，3人の候補者のうち，2番目に高い得票を得た。彼は1887年にはニューヨークの州総務長官候補者となったが敗れた。当時の他のいかなる経済問題も，社会的観点からみた重要性という点で，『進歩と貧困』の学説と較べものにならなかった」。

　こう指摘したうえでフェッターは次のように述べたのであった。

> 　クラークの小さなモノグラフ〔『資本とその稼得』〕……は純粋理論の態度をとっている。……しかし今しがた述べた状況を念頭に置けば，誰もほとんど見落とすことができないのは，そのほとんど各頁に同時代の単一税論議が反映していることである。短い序文では，「これらの原理が農業社会主義の問題を解決することが分かる」という希望が表明されている。繰り返し論議は「土地に投じられる資本」に立ち返り，それは他のものよりも有利でも不利でもない投資の一形態だと断言されている。(Fetter, [1927], 142-44)

---

3) フィーダーは「クラーク問題」に関して，それを「方法論的改宗」と呼んでいる (Feder, 2003, 355) が，その中身を競争の社会的価値の見方の変化と捉えているので，根本的変化とみているようである。

クラークがジョージに対してもっていた反駁がいかに強いものであったかは，彼とギディングズとの往復書簡をみても明らかである。[4] 限界生産力理論の形成過程を示す 1888 年 10 月 11 日付ギディングズ宛の手紙 (Tanaka, 2000a, Letter No. 103) からよく分かるように（詳細は本書第 14 章を参照），ジョージ批判が，クラークにとっていかに重要であったか，それは限界生産力理論の展開じたいと同じ重要度をもつものであった。彼はギディングズに 2 冊の本を書く計画を伝えている。その 1 冊は土地問題に関する一般読者向けのものであり，他は経済学の専門家向けの「レントの原理」に関するものだとしている。そして彼は次のように書いて，ギディングズの意見を求めている。「後者の著作を私は最も大切だと考えているのですが，どうもより一般的なものを先に書く企画に流されています。……選ばれた少数の人々にだけ語り続け，ヘンリー・ジョージに関しては新聞に任せるべきでしょうか」(Tanaka, 2000a, 112)。

実際には，クラークは前者よりも後者を優先させたことを，同年の 12 月 2 日付の手紙でギディングズに書き送っている (118, Letter No. 111)。

こうしてクラークは，「レント法則により決定される分配」へと限界生産力

---

4) この Correspondence では，以下に取り上げる Letter No. 103, 111 の他に，67, 108, 109, 139, 167, 168 などを参照。

なお，クラークの社会主義批判における，ジョージおよびジョージ主義と，マルクス主義的社会主義とに対する力点の問題に関して，ギャフニーはジョージ批判を強調する余り，マルクス主義的社会主義に対する批判を軽視し，クラークの理論はマルクス主義批判よりもジョージ主義の批判のために作り出されたものであるとしている (Gaffney, 1994, 17)。彼はクラークの著作のどれにもマルクスの名は出てこないと述べ，クラークの世界ではマルキシズムはむしろ遠い世界の非アメリカ的なものとみられていたとしている (17)。

確かに，当時のアメリカでは，マルクス主義の脅威よりも，単一税の影響とそれに対する危機感の方がはるかに大きかったと思われる。したがって，これに対する批判が当面の急務に違いなかった。しかし，ギディングズとの往復書簡にもみられるように，マルクスとマルクス主義的社会主義は，クラークとギディングズとに一貫した標的であった。たとえば，1888 年 2 月 7 日付のクラーク宛書簡 (No. 76) では，絶えざる競争下での利潤の消滅が剰余価値論と搾取理論の批判においてもつ意義が指摘されている。その他マルクスに言及した書簡 No. 46, 91, 168 も参照。

なお，クラークはポルグレイヴの『経済学辞典』中の "Distribution, Ethics of" の項目では，重要な社会主義者の見解として，ジョージ，マルクス以外に，ロードベルトスやルイ・ブランを挙げている。

的分配法則の確立に向けて突き進むこととなった。ただ，彼のジョージ批判は，書物の形を取らなかったものの，すぐ後の1890年9月5日にサラトガで開かれた単税論ディベイトにおいて，「土地財産の道徳的基礎」として発表され，さらに翌年1891年10月の「土地保有の倫理」となったと言えよう。

やがてクラークの限界生産力的分配論が最終的に整備された『富の分配』(1889年) では，反ジョージ主義のイデオロギー的批判の激しさは前面から隠されているが，その内容に変化はみられない。『分配』の序文で彼は次のように述べたのであった。

　どこであれ，労働の生産物を，協力する生産諸要因の生産物から引き離し，別々に確認できる方法を探究するように私を最初に導いたのは，賃金は無地代地の耕作により創り出すことができる生産物によって決定されるというヘンリー・ジョージ氏により提出された主張であった。そして本書に提示されている法則——それによれば，すべての労働の賃金は，完全競争下では，労働に独自に帰属し得る生産物に等しくなる傾向をもつ——へ到達させたのは，この探究であった。労働の最終単位の生産物は別々に考えられた各単位の生産物と同一であり，もし正常な傾向が完全に作用するならば，労働の生産物とその支払いは合致するということは，各単位だけでなく，全体としての労働力についても妥当する。(Clark, [1899], viii)

さらに，論文「科学的賃金法則の可能性」に拠った第7章と第8章は，ジョージの名を繰り返し挙げての批判となっている。[5]

3　クラークによるジョージ批判の展開 (2)

1) サラトガ単税論ディベイト

このサラトガのディベイトは，「アメリカ社会科学学会」(American Social

---

5) ギャフニーは，「『富の分配』はほとんど初めから終りまで，ジョージ氏に向けられた本と認めないで研究することはできない」(Gaffney, 1994, 19) とさえ述べている。

Science Association) の 1890 年大会（9 月 1～5 日）の最終日に当たる 9 月 5 日終日を費やしての徹底した議論となった。

これに参加したのは，『単一税論議』(*Single Tax Discussion*, American Social Science Association, Schuyleville, N. Y., 1890) の序文によれば，ジョージの支持者側として，ニューヨークの S. B. クラーク[6]と，ジョージの主な副官で法律家，ジャーナリストであり，ジョージ主義の機関紙，*The Public* の編集者でもある L. F. ポスト，ボストンの W. L. ギャリソン，同じくボストンの J. R. キャレット，それにジョージ自身の 5 名であった。

反対論の側には，J. B. クラーク教授（スミス・カレッジ），コロンビア大学教授の E. R. A. セリグマン，ボストンの E. アトキンソン，ワシントンの W. T. ハリス博士（合衆国教育局長官）と，ブラウン大学の E. B. アンドルーズ総長，およびニューヨーク市の T. デヴィッドソン教授（この最後の 2 人は共にジョージの一般的見解にある程度好意をもっていた）の計 6 名であった。

この議論のうち，セリグマンとアトキンソンが 2 回発言し，2 回報告書を提出したのに対して，ジョージは彼の発言をひとつの報告にまとめている。そしてここに報告されていないペンシルヴェニア大学の E. J. ジェイムズ教授の発言は，ジョージによって彼の意見に対する賛成とみなされた。[7]

このディベイトでのクラークのペイパーは，のち 1895 年にクラークをコロンビア大学へ招聘するさいに中心的役割を果たしたセリグマンの発言と共に，とくに重要である。また，ジョージの第一の代弁者ポストは，のち 1903 年のニューヨーク，クーパーユニオンでのディベイトにおいてクラークの論争相手となる人物である。

クラークの「土地財産の道徳的基礎」は，文字通りの倫理的観点からだけのものではなく，経済学的視点からとくに重要な意味をもっている。

この論説の冒頭，クラークはジョージ主義はアナキズムであることを強調している。

---

6) このクラークと同名の Clarke は，のちジョージ主義の支持者ゆえ，コロンビア大学の教授職を失うこととなったとされている（Cf. Gaffney, 1994, 16)。

第 11 章　クラークとヘンリー・ジョージ　273

　もし，土地の私的所有が間違いであるならば，それは土地の私的保有者についてのアナキズムの色合いをもったものである。共同社会が土地に備わる価値を作り出してきたのであり，その所有権を奪う者は共同社会に打撃を与える。それどころか，彼は市民社会秩序の基礎を攻撃しているのである。というのは，政府は各生産者に彼が作り出す価値を保障する努力をし，それによって進化してきたからである。したがって，この努力に常習的に反対することは，原理上アナキズムである。(Clark, 1890e, 21)

　クラークの主張点は2つに分かれている。そのひとつは国家（あるいは政府）と土地所有権との関係に関する彼独自の見方であり，もうひとつは，1888年以来展開中の新しい資本概念に基づく土地と資本との関係に関する経済理論上の観点である。

　まず前者に関して，クラークは財産のさまざまな形態から財産の中身としての価値を区別し，これこそが本質的な財産であるとしたうえで，「国家は土地に備わる富の創造者として，財産所有に内在する自然的譲渡権をもっている」と主張している (22)。彼によれば，

---

7)　この単税論議の特別版は，アメリカ社会科学学会によって出版された（American Social Science Association, Concord, Mass., 1890）。ここに収録されたペイパー，講演，論評等は124頁にのぼる。クラークのものを除き次の通りである。
　1　Samuel B. Clarke, "What the Single Tax of Henry George is."
　2　Thomas Davidson, "The Single Tax."
　3　Remarks of William Lloyd Garrison.
　4　Benjamin Andrews, "A Single Land Tax from the Point of View of Public Finance."
　5　Address of Professor Edwin R. A. Seligman.
　6　Address of Louis F. Post.
　7　Remarks of Edward Atkinson.
　8　Remarks of Henry George.
　9　Remarks of Professor Seligman.
　10　Remarks of James R. Carret.
　11　W. T. Harris, "The Single Tax."
　12　Edward Atkinson, Final Remarks.
これまで，バーカーがこのディベイトについて簡単に紹介している（Barker, [1955], 565-67）が，個々の論説や論評の詳細な検討と共に，ディベイトの全体像を明らかにする必要がある。これは別の機会にゆずりたい。

国家は，土地に対して主権者としての究極的な権利を保留している莫大な富の創出を確保するために，そしてまた，さらにもっと重要な将来の目的を確保するために，土地を手離したのである。(22)

　初期の国家は，土地の価値の将来の増加分を，彼らが存在することによって作り出してきた人々に大部分譲渡したことに注意すべきである。……政府が彼らに与えたものは，もし彼らがその地方に入植した場合に作り出すであろう将来の価値であり，それ以外の何ものでもなかった。(23)

つまり，政府が人々に与えたのは，将来生じる土地価値の騰貴に対する権利であったことがとくに強調されている。

こうした主張に加えて，クラークが初めて導入した「純粋資本」と「具体的資本」(「資本財」)との区別に基づく土地の位置づけは，限界生産力理論家としてのクラークの独自性を明確にするものである。彼は「純粋資本は，いかなる種類のものであれ，生産用具に体現されている価値である」点を強調し，ここから土地は純粋資本のとる具体的形態――資本財――のひとつに過ぎないと断定している。

さらに，ここに純粋資本の「移動」(transmigration) という考えが強調される。「純粋資本はその形態を移動させることによって生きると言ってよい」(25)。資本の形態は問題ではなく，その中身である価値が現実にその所有者の福祉に役立つのであるから，この形態の変形 (transmutation of form) (25) をあらゆる手段によって促進するのが政府の仕事となる。これには活発な交換が必要であり，それによって資本の利子率の均等化がもたらされ，公正が達成されるとしている。したがって彼は次のように述べている。

　国家が，他の場合と同じく，土地への投資が自由になされるようにする場合には，純粋資本のファンドの急速な移動の結果と認められる同一の生産性が生じる。また，その結果を分かち合ううえで同一の衡平が存在する。

したがって，

土地所有者は資本が他の形態をとる人々よりも有利なことは何ひとつない。(25)

最後にクラークは，地主が特別なのではなく，地主と他の資本家とは，プロレタリアに対して同じ立場にあることを指摘し，問題は資本を所有するかしないかであると言う。したがって労働者がもつ不満は，本質的な富や蓄積された価値をもたないことにあるので，それは「社会主義的」なものだと述べている (27)。

そのうえで，労働者が財産所有階級から分離される障害を乗り越えることができる主な手段は，純粋資本の不動産投資への自由な流れにこそあるので，貯蓄銀行の利用による労働者の土地取得の途を指摘している。そして，このような国家が保護している労働者の小さな蓄積による土地所有とそれに基づく価値の保有を，国家が没収することは許されないと結んでいる (27)。

2)「土地保有の倫理」(1891年)

1891年の「土地保有の倫理」では，それが掲載された雑誌の性質にもよるが，「土地財産の道徳的基礎」にみられた限界生産力理論による論証はみられない。そこでは主に国家と土地所有権に関する見解が比較的分かり易く展開されている。したがって以下では，議論の重複を避け，この論説で新たに付け加えられたり強調された点に焦点を絞って，その特徴を指摘し補うことにしたい。

その第1点は土地の「独占」に関連している。クラークは，個人が土地を保有することは道徳的に間違いであり，国家の意志に反しているのかと問いかけ，独占の経済学的意味を明らかにしたのち，「形態の独占」と「中身の独占」とを区別している。彼によれば，重要な「商品に内在する価値の排他的所有」は，後者の「中身の独占」であるが，これは階級としての財産所有者による社会のすべての富の独占を意味している。しかしこの富者はその保持する一定の価値を絶えず他人に譲渡している。このように土地が継続的に売買されているならば，そこには独占は存在しない (Clark, 1891g, 68)。クラークは次のように

述べている。

　　階級としての中身の独占は包括的なものである。財産所有者階級を画す線の外では，誰も土地を持つことができない。その境界線内であれば，誰でも土地を持つことができる。……したがって，財産の本質に内在するものを除けば，土地にかかわる独占は存在しない。(68)

　しかもクラークは，土地に関する中身の独占は強化されているかを問題にし，アメリカの歴史から明らかなように，労働者を土地の入手から締め出すどころか，その扉はいつも開かれていたのであり，独占化された土地とは反対の土地の商業化が進んでいることを強調している (69)。

　第2点は，ジョージ主義者の言う土地にたいする「譲渡できない権利」とは何かに関連している。これも既に一部示唆されていたけれども，この点をクラークは次のように，より明らかにしている。

　　極端な主張によれば，ある人に一片の土地の使用を割り当てるさい，国家はその他の人々から土地にたいする譲渡できない権利を詐取すると言う。それでは，譲渡できない権利の本質とは何か。それは個人的に土地を占有し耕作する権利のことか。もしそうなら，分業と組織化された生産は，人々を農場から引きあげるが，その果実の分け前を彼らに与えるのである。明らかに，土地の分け前にあずかる人の権利は，それによって得られる権利にあるのであって，土地を占有し耕すことではない。(70)

　第3点は「不労増分」(unearned increment) の否定である。彼はこの言葉は土地所有にはあてはまらないとし，「土地に付着する価値の増分は，その所有者による不労所得ではない」(77) ことを改めて強調している。

　第4点。クラークが付け加えた重要なもうひとつの論点は，彼の次の言葉によく表れている。これがクラークの恐れたことであった。

　　土地財産に対する反対論にみられる論理は，すべての財産に対する反対論，つまり「急進的社会主義」(radical socialism) と融合する。(77)

第 5 点は,「土地価値の没収の実験」の損失は誰に及ぶのかという点である。この点も既に示唆されていたが,さらに明確にし,没収に反対している。彼は次のように述べている。

　相続財産権をもつ何百万人だけでなく,土地を担保に貸し付けたすべての人々に損害を与えることになる。それは多くの預金者と顧客をもつ貯蓄銀行と保険会社,貸付信託会社に重くのしかかるであろう。……それはすべての人にとって,国家自体の積極的な誘引に従って投資された財産の国家による没収という形になろう。(78)

これはまさに「倫理の原理」に反する行為であると,クラークは繰り返している。

3） クーパーユニオン・ディベイト

　クラークは 1895 年にアマースト大学からコロンビア大学へ移った。そのさい,クラークの推薦の中心人物となった経済学部長のセリグマンは,多年にわたる一貫したジョージ批判者であり,サラトガ・ディベイトでのクラークの盟友でもあった。1895 年にバトラー総長が 1897 年のニューヨーク市長選挙に向けて,候補者として準備していたのが S. ローであった。1886 年の市長選に落選したジョージは,1897 年に再びニューヨーク市長選の候補者となり命を落とすこととなった。このような状況下で当のバトラー総長がクラークをコロンビアに迎え入れたのは,ジョージとクラークとの論争に対応したものであったとされている。[8]

　ついで 1903 年 2 月 20 日には,クラークは単一税に関する 2 回目のディベイトをニューヨークのクーパーユニオン大ホールで行っている。今回は広く一般公衆に公開されたもので,ジョージの副官でジョージ主義普及の第一人者とさ

---

[8] ここでもギャフニーは,クラークがコロンビアへ移ったのは,ニューヨーク市長選にからむ反ジョージ主義のゆえであると強調している (Gaffney, 1994, 15)。しかしこれは余りにもイデオロギー過剰な断定と言える。理論経済学者としてのクラークの業績と名声は言うまでもないからである。

れたポスト（クラークは彼をサラトガ・ディベイトでよく知っている）との対決という形をとって行われた。以下, *The Single Tax Review* (Clark, 1903d) によってその要点をみておこう。[9]

　この討論会は，まずポストが「連邦，州，地方政府のすべての収入は，土地の価値にたいする課税から得られるべきである」という単一税の主張を説き，ついでクラークが批判を展開し，そのあとポストの返答とクラークによる反論の順で行われた。

　(1) ポストの主張。ポストは幾つかの論点に焦点を絞っている。

①まず，単一税は土地自体への個別の土地税ではなく，土地の価値に比例した「アド・ヴァローレイ土地税」とするが，これには土地に加えられたすべての改善は免除される。ところで現在の課税方法は極めて堕落したもので，よりよい課税方法が必要であり，それは「能力原則」によるものではなく，人々が社会から得る便益に比例して課税される「便益原則」に従った課税であるとされる。

②ポストはここで,「便益」について「社会的便益」(social benefits) と「社会的利点」(social advantages) とを区別している。社会のすべての人が政府から保護を受けるが，これらの社会的便益は，それらが平等なものである限り，販売可能なものではなく，価値をもたないのに対し，社会のある構成員は社会から便益を受け，販売可能な価値をもった種類の利益を受ける。これらの便益が「社会的利点」である。例えば，公共による街路の改善は一般に社会的便益を与える。しかしその街路に面したところに建物を持つ人の受ける便益は，単なる便益ではなく，より容易に販売しうるものであり，土地の価値を高める傾向をもつ「社会的利点」を得ることになる。

　このようにして，地主は他の人々が社会から得る同じ便益を得るが，彼はその上に「自然の独占」である土地価値の騰貴という利点」(5) を得ることになる。ポストは，ボストンにおける最近の土地の値上りを指摘し，同じことはあ

---

9)　これは一般公衆向けに公開された討論会という性質上，専門家によるサラトガ・ディベイトと異なり，討論は理論的というよりは，分かり易いアピールを中心としたものなので，重要と思われる要点だけを取り上げることにした。

らゆる進歩的社会に当てはまるとしている。

　こうした土地価値の増大は、社会から得られた利点に基づくものであり、地主によるその取得は不労所得である。この単一税の対象となる土地価値の増加分は、まさに社会共同の公共的な稼得だからである (5)。

　③ポストはついで、単一税の与える経済的影響について、次のように述べている。こうした土地の所有者が土地価値の増加を待つことから生じる「われわれの時代の最も強い印象を与える経済現象」(6) が、有閑地や劣悪な利用地の問題である。この「巨大な土地の独占化」は、労働の生産力、全体としての企業の生産力を抑制するだけでなく、富を稼ぐ人々からそれをただ所有するだけの人々へと向け変える社会的不正義を引き起こしている。これは単一税によって消滅させることができる。つまり、単一税が高くて土地独占は不可能となり、また有閑地の所有はできなくなる。これによって生産が増大し、富が増大して労働者の分け前を増大することになる (6)。

　④ついでポストは「土地の独占」に対する闘いについて次のように述べている。「すべての独占のうち、2つだけが根本的なものである。ひとつは人間の奴隷化であり、もうひとつは土地の独占である。前者はほぼ過ぎ去ったが、土地の独占が終るまで独占はなくならない。土地の独占もまた、力に対する権利の闘いであり、この闘いにおいて単一税が開拓者の役に立つ」(7) のだと。

　(2) クラークの主張。これに対して、クラークはまず、ジョージの名誉を重んじる点では人後に落ちないと言い、「ジョージ氏の政治経済学体系は、もし何か単一税について一言も言わなかったならば、経済学上最高の位置を彼に与えたであろう」(8) と述べている。[10]

　①本題に入って、クラークは、われわれにとって重要なのは、事実（あるいは状態）であって理論ではないとしている。そして現在注目に値する重要な事実は、土地が今や合衆国の労働者によってその貯蓄の投じられる手段となったことだと強調し、ここから議論を展開している。

---

10) これはホールの聴衆によってどのように受け取られたかは分からないが、クラークに限界生産力理論の端緒を与えたことを彼が高く評価していることからみて、クラークにとっては単なる外交辞令ではなかったと思われる。

土地自体がもともと私有財産の適切な対象であるかないかは、理論的討論の問題だが、実際的討論の事実は、もしこれらの人々〔労働者〕から土地の価値を取り上げるならば、それは彼らがそれに投じた彼らの貯蓄を取り上げることになるということだ (8)。

　②補償問題。クラークは、補償なしに特定種類の財産を直接取り上げてはならないことをとくに強調して止まない。彼は当時問題となった鉄道会社や鉱山会社の独占についても、補償なしに取り上げるべきかどうかについて、アメリカ国民に投票させれば、その答えは圧倒的に否となると述べている (8)。

　③クラークは奴隷制に関連して、保守主義者サムナーの主張を取り上げ、次のような発言をしている。それは、南北戦争開始直前に、サムナーらの特別なリーダーシップのもとに、彼らがやろうとしたことは、奴隷を解放し、主人に支払いを行うことであった。それは、彼らが奴隷制度を尊重していたからというのではなく、あの極端な場合でさえ、いまわしい制度に対して責任がある全体としての国民がそれを廃止する費用を負担すべきだというのが、彼らにとってより公正だと思われたからであった (8) と。しかしこれは誤解を招きかねない発言であるため、のちにポストからその真意について質問と批判を受けている。[11]

　④地代没収の結果について。土地の没収によって貧困になる「土地の独占者」に関して、クラークはアメリカ国民の約半分の住宅所有者が影響を受けることになると主張している。なぜなら、彼らは普通、貯蓄銀行を利用し、その土地と建物を担保に貸付けを受けているからである。とくにこのような住宅のうち、80％は5,000ドル以下のものである。このように「労働し、その賃金を貯蓄し、それを彼らが占有する住宅に投資した人々が、財産没収のために選び出される最後の階層なのである」(10) と述べ、さらに次のように聴衆に訴えている。

---

11) クラークが奴隷制廃止の場合は補償の必要はないのに、土地所有廃止の場合には、土地投資家は補償されるべきと言うのはどういうことかと、ポストがあらためて問いただしたのに対して、クラークは奴隷制廃止の場合、補償に反対論があったが、土地の場合には、補償反対のような議論は存在しないと答えている (16)。

唯一の問題は，土地を取り上げるにさいして，国民の貯蓄を取り上げるのか，それとも国民の貯蓄を尊重し，貯蓄のない土地を取り上げるのかどうかである。政府が土地を取り上げることができるか否かではなくて，それに対して支払いを行って，国民の貯蓄を尊重するかどうかである。(10)

ここでクラークは，若い頃にミネソタで暮らした経験をもとに，ミネソタでの土地所有について，入植者の例を挙げて語りかけている。それによれば，入植者たちが次々と家を建ててゆき，彼ら自身の土地の価値が増大していったが，その土地の大部分は彼ら自身が作り出したものであった。彼らはミネソタの人々の意志に反してやったのではなく，その反対に，ミネソタ州が彼らにそうするように誘うためにあらゆることを行っていたのであった。それは鉄道の建設であり，学校の土地の利用であった (11) と。[12]

⑤小農制の称賛。最後にクラークは，小農制を称賛している (11)。フランス，ドイツ，さらにアイルランドの例を取り上げている。彼は，農民に政府が貸し付け，土地を購入させ，残りを農民が支払ってゆくことで，農民が自由地保有者となることは，単一税の立場からみて，悪い結果なのかどうかと問うている (12)。

(3) 以下にみたポストとクラークの主張点によって，このディベイトのおよその輪郭は明らかになったと思われる。このあとに続いた両者の反論について簡潔に指摘しておきたい。

ポストの返答は以下の5点についてである。①クラークが労働者の貯蓄によって土地が購入されたと言ったのに対して，ポストはこれを否定し，それは貯蓄の性質をもったものではなく，土地への投資であると主張し，寡婦や孤児による水増し株の購入を挙げて反論している。

②ポストの反論の中心は補償問題に関連している。彼は「補償されるべきは，自然権を奪われた人々であって，自然権を享受してきた人々ではない」(13) と強く主張し，奴隷制廃止においては，もし補償されるべきとすれば，

---

12) ミネアポリスの土地と投機についての同様な見方は，1888年11月26日付ギディングズ宛書簡 (No. 109) でも述べられている (本書第14章を参照)。

それは奴隷所有者の将来の労働に対してではなく，奴隷の過去の労働に対してである (13) と明確に述べている。

③5,000ドル以下の住宅の所有者については，単一税によって現在よりも税は低くなる。なぜなら，単一税は土地の価値だけにかかり，建物や家具にはかからないし，彼が購入する物には間接税もかからないし，関税もないからである (13) と。

④単一税により土地を没収されて困るのは，ペンシルヴェニアの無煙炭鉱地域の所有者のような人々であり，小さな家を持ち，その大部分が抵当に入っている人ではない。

⑤アイルランド問題について。ポストは，「これには，過去何世代にもわたって他人の労働で暮らしてきた多くの人々に補償するために，イングランドやアイルランドの人々に課税する提案がある」(13) ことを指摘している。彼はまた，小農制自体に反対し，「それは正しい意味において土地を共有財産にするものではない。イングランドの土地所有者を買収するというこの提案は，アイルランドの大衆の利益にならないであろう。……それは地主の新しい装いをもった地主制の繰り返しに過ぎない」(13) と，批判している。

(4) これに対するクラークの反論のうち，重要なのは次の通りであった。①アイルランド問題については，再び補償の必要性を説いており，②寡婦と孤児の問題については，単一税は彼らの首をくくることになると答えている。③黒人問題に関しては，クラークは奴隷解放と土地所有の廃止との違いを指摘する。黒人の権利に気付いたので奴隷は解放されたが，土地は生きたものではない。土地を絶対自由にし地主をなくしてしまえば，劣等地は耕作されなくなるであろうと (13)。

④クラークは，単一税で租税負担が減少するはずがない点をもう一度次のように述べている。「もしそれ〔単一税〕が現在の税を大きく超えなかったら，奇妙なことだろう。もしそうだったら，国，州，および地方政府の全費用は，新税の収入からどうして支払うつもりなのか。それは単純な算術である」(13)と。⑤最後にクラークは，炭鉱や鉄鋼の独占に反対であるけれども，「私はそれでもなお，現存秩序に対して古きよきサクソンの公正の原理に固執したい」

(16) と述べ，そのような極端な場合でも，補償なしに取り上げるのは公正ではないと言い，ましてアメリカの勤労者によって正直に保有されている土地を補償なしに取り上げることは公正ではなかろう（16）と，繰り返し反論している。

このディベイトを全体としてみるとき，クラークの主張は，ポストのそれに較べて，むしろ大ホールの一般聴衆に直接いっそう訴えるところがあったかもしれない。クラークが初めに言ったように，理論より事実が重要という力点の置きどころに彼の主張の特徴がみられるからである。それは彼のミネソタでの経験に基づく主張となり，労働者が貯蓄銀行を通して貯蓄によって住宅や土地を入手している事実をつきつけ，こうした人々が単一税によって財産没収の憂き目をみるのだという訴えにも，クラークの作戦が感じられる。とくにクラークが力点を置いた補償なしに特定種類の財産を直接取り上げることは許されないという論点や，さらに単一税が現在の税額を超えないとすれば，政府（中央，州，地方）の全費用はどうしてまかなわれるのかという問いにも，ポストの答えは必ずしも十分とは言えない。

一方，クラークは土地投機の実態にふれることを巧みに避け，ジョージ主義者が問題とするポイントを初めから回避している。このことを鋭く指摘する点においても，ポストは成功しているとは言い難い。

この討論会のあとも，既に示しておいたように，クラークは新聞で何回か発言している。これは当時アメリカで土地税が依然として大きな問題となっていたのであり，とくに1914年には，政治における重要な生きた争点のひとつであったことを示している。これらはクラークにとって反ジョージ主義の最後の積極的発言となった。

4 むすび

以上にみてきたクラークによる一貫したジョージおよびジョージ主義批判は，全体としてどのような特徴をもつものであったのか。以下では，主として

倫理的観点からの批判と経済理論的観点からの批判とに分けて整理し，まとめに代えることにしたい。

1) 倫理的観点からの批判

とくに「土地財産の道徳的基礎」と「土地保有の倫理」においてよく表れていたように，クラークがアメリカの土地政策に基づき，国家（政府）と土地財産権との関係について述べた見解は特色あるものであった。クラークによれば，個人は土地やその地代になんら「自然的財産権」をもっていない。国家は個人に対して土地を与えたり売ったりすることができる。その結果，土地は絶対的で交換しうる，永続的な財産となる。しかも国家は，土地をいったん手離せば，その権利を取り戻すことはできない。国家は土地の価値や地代に特別の税を課すことはできない。個人は永久にわたり将来のすべての地代の現在価値を前払いで購入することができるというものであった（Cf. Feder, 2003, 385）。

クラークは，土地を生産された資本財の一種としながら，それは人間の行為によって生産されないとは，どこでも一切示唆することはなかった。彼は土地財産を全く別の原理によって説明する必要があった。それが，ここに挙げた彼の独自な倫理的議論となったといえる。[13]

2) 経済理論的観点——限界生産力理論

「土地財産の道徳的基礎」に最も明確にみられたように，純粋資本と具体的資本財との区別による，元本としての資本概念を基礎として，クラークは資本と労働という2つの生産要因による生産と分配の理論を構築したのであった。[14]

クラークによれば，労働と資本は第一次的生産要因である。これに対して，土地は本来のあるいは明確な生産要因とはみなされず，ただ一種の資本財に過

---

[13] フィーダーはこの議論をクラークの「神授」説（"divine right" theory）と呼んでいる（383）。

[14] これを「2つの生産要因の経済学」として最も強調したのがフィーダーである（Feder, 2003）。

ぎないとされた。したがって，土地は，他の資本財と同じく，純粋資本の一形態であり，地代は，資本の報酬が利子であるように，利子とされる。したがって，資本の利子が，ジョージの言うように，所得であるならば，土地の地代も所得である。土地に課税することは資本を没収することになり，ジョージ主義は社会主義だとされた。「ジョージの基本命題に挑戦したのは，限界主義ではなくて，クラークの新しい資本理論であった」(358)。

　ジョージによれば，資本は土地から区別されるべきである。なぜなら，資本はそれじたい土地に投ぜられた労働によって生産されるからである。これに対して土地じたいは生産されないが，すべての生産に必要である。これに対してクラークでは，資本は一定量として与えられており，定義によってそれは土地と同じ本質的特徴をもつものとされたため，土地は資本から区別されることがない。また，ジョージでは，土地は異質であり同質ではない。ところがクラークでは，土地は資本や労働と同じく，完全に同質とされている。

　さらに，クラークには，資本の「移動」という神秘的な議論が加えられた。クラーク体系では，資本は資本財の間だけでなく，資本財と土地との間でも自由に「移動」することとなった。

　土地を資本に組み入れることは，ジョージが最も大きな社会問題とみなした土地投機は不労所得を与えないと主張することを支えるものであった。

　さらに，クラークによる静態（静学）と動態（動学）の議論から，完全競争・静態のもとでは，浪費的な土地投機の危険は存在しない。土地価格は，土地を保有する正常な利子費用を地主に補償するにちょうど十分であるように，競争によって調整される。土地は生産された富と自由に交換されうるので，一区画の土地の均衡価格は，等しい所得を生み出すいかなる生産された資産の価格とも等しくなければならない。このようにして，地主は彼らの財産から，彼らがその貯蓄を資本財に投資することによって稼ぎうる以上のものを稼ぐことはできない。したがって土地を買い，それを遊ばせ，最終的により高い価格で売ることによって誰も利益を得ることはできないことになる。

　このようにして，クラークの理論によれば，単一税がそもそも解決しようとした現実経済の重要な問題そのものから，注意がそらされてしまう。クラーク

の静態モデルでは，投機だけでなく，ジョージの議論の大部分は完全に無視されてしまうことになる。このようにして，クラークのジョージ批判の方法上の特徴として重要なことは，その分析上の工夫とメリットがいかなるものであれ，ジョージの議論が基礎をおく経済状態を，その仮定の上で無いものにしてしまう分析モデルを選択することであった（Cf. 371）。したがって，クラークのジョージ批判は，当時の真の社会問題の本質を明らかにするにはほど遠いものであった。

　さらに最後に，クラークにおける理論と倫理との結びつきから，既に主として本書の第3章および第8章で明らかにしたように，彼は固有生産力理論に基づき限界生産力理論に倫理的インプリケイションを与えたのであった。この理論によって，「各人が生産したものを各人へ」の分配的公正のルールが守られていると主張し，労働の搾取論を否定し，公正な分配が論証されたと主張したのであった。これはまさに理論に基づく産業体制の倫理的正当化という議論となった。

第 12 章

クラークとギディングズ
―― 未公表往復書簡を中心に ――

1 クラーク経済学の展開とギディングズ

1) クラーク経済学の形成と展開

　1995年に発見されたクラーク=ギディングズ往復書簡[1]がカヴァーする期間は1886～1930年であるが,その大部分はクラーク経済学の形成と展開にとって最も重要と思われる1886～96年に集中している。そこでこの期間におけるクラーク経済学の形成・展開をごく簡潔に見,そのプロセスにおけるギディングズの位置をあらかじめ見ておくことにしたい。

　1877年から83年にかけて『ニューイングランダー』誌に発表した論文を1

---

1)　1995年夏にロンドンの古書店 Bernard Quaritch から J. B. クラークと F. H. ギディングズとの未公表往復書簡のオファーがあり,同年秋に関西学院大学図書館によって所蔵されることとなった。それには書店により次のようなタイトルが付されていた。
　　The Complete Original Correspondence of John Bates Clark written to Franklin Henry Giddings during the Marginal Revolution in America, 1886-1896. A collection of 266 unpublished and hitherto unknown letters together with related material including 25 letters from Simon Nelson Patten to Giddings.
　　それ以来大学図書館の許可を得て,この手書き書簡類の解読に着手してきたが,これらはかなり大部のものであるので,解読作業に手間取った。一応作業の区切りを得たので,ここにまずは中間報告としてさし当たりその「概要」を明らかにしておきたい。ただ最後に若干のコメントをつけ加え,その経済学史的意義をさらに本格的に明らかにする準備としたい。なお,この往復書簡が大学図書館に所蔵されるに当たってご協力いただいた,山本栄一,井上琢智の両経済学部教授,および牧正英社会学部教授に感謝の意を表したい(1997年12月)。

冊にまとめたものが初期クラークの経済学を表す 1886 年の『富の哲学』であった。競争システムに疑問をもち，キリスト教社会主義の立場から生産協同組合を中心とした新しい経済組織を目標に模索していたクラークは，やがて分配関係の理論的分析に焦点を合わせ，完全競争，静態を前提とした限界生産力的分配論の形成に転じた。これが後期のクラーク経済学の中心を表すものといえる。この初期クラークから後期クラークへの変化・転換は 1899 年の彼の主著『富の分配』において確定することになる。ただし彼の限界生産力的分配論を明確に示す最初の画期的な論文は 1888 年 5 月に発表された「資本とその稼得」であった。

このように，クラークにおける限界生産力的分配論の形成・展開および初期クラークから後期クラークへの転換という極めて重要な時期にクラークとギディングズとの親交が始まり深められていったのである。後に詳しく述べることになるが，まさにこの問題の時期の 1888 年に，クラークはギディングズとの共著『現代の分配過程——競争とその限界の研究』を刊行しているのである。

2) ギディングズ——人と著作

社会学者として著名なギディングズ (Franklin Henry Giddings, 1855-1931) は，牧師の長男として 1855 年にコネティカット州シャーマンに生まれている。大学入学前にすでにダーウィン，ティンダル，ハックスレーや，とくにスペンサーを読んでいた。1873 年に土木技師をめざしてニューヨーク州スケネクタディのユニオン・カレッジに入学するが，健康上の理由から退学し，教員となる。2 年後ジャーナリストの世界に入り，マサチューセッツ州の *Springfield Republican* やニューイングランド南西部の新聞社の記者となる。記者生活約 11 年。このかんユニオン・カレッジから AB と AM を受けている。

1888 年にクラークの推薦により，友人で経済学やその他の社会科学を教えていたウッドロウ・ウィルソン（後の大統領）の後任としてペンシルヴェニア州のブライン・モール大学の講師（政治学）となり社会学，経済学，行政学などを教える。1891 年に助教授，1892～94 年教授となる。

1880年代に入って，彼は社会科学関連の出版物に論文を寄稿し始める。1886～87年に労使関係を扱う月刊雑誌 Work and Wages を創刊し，その編集者となる。ギディングズの依頼により，これにクラークが論文を2編寄稿している。また，両者がコロンビア大学の Political Science Quarterly にそれぞれ2編の経済学論文を寄せた（ギディングズの寄稿はクラークの推薦による）ことから2人は親しくなり，これらの論文が基礎になって，1888年に2人の共著『現代の分配過程』が刊行された。両者の親交はギディングズが亡くなる1931年まで続いた。

1890年代に入って，ギディングズは「アメリカ経済学会」での活動を評価され，Publications of the American Economic Association (1891～93年) や Annals of the American Academy of Political and Social Science (1890～92年) の編集者となっている。

このように，政治学，経済学，社会学が後の時代におけるほど専門的に明確に独立していなかった当時のアメリカにおいて，ギディングズは学会活動としては，クラークと共に経済学者として出発したのであった。しかしその後，社会学に重点を移していった。そして1894年にはコロンビア大学に移り最初の社会学教授――これはアメリカの大学ではシカゴ大学の A. W. スモールに次ぐ社会学の正教授――となった。1928年に退職し，名誉教授となったが，彼はアメリカ社会学会 (American Sociological Society) 会長 (1910～11年)，Institute International de Sociologie の会長 (1913年) を務め，1926年にはユニオン・カレッジの名誉総長となった。

主要著作には次の2点がある。

The Theory of Sociology (1894).

The Principles of Sociology (1896). 遠藤隆吉訳『社会学』東京専門学校，1901年，内山賢次訳『社会学原理』（『世界大思想全集』37）春秋社，1929年。

この他には次のものがある。

Inductive Sociology (1901).

The Elements of Sociology (1906).

Readings in Descriptive and Historical Sociology (1906).

Studies in the Theory of Human Society (1922).

The Mighty Medicine (1929).

ギディングズはアメリカ社会学形成期を代表する優れた社会学者の1人であった。サムナーの次の世代にあって，L. F. ウォード，スモールらによるシカゴ社会学に対して，ギディングズはコロンビア社会学の伝統を築いたとされている。

しかしその初期には経済学者であり，クラーク，アダムズ，イーリーらと共に初期の「アメリカ経済学会」で活躍したにもかかわらず，今日では経済学者ギディングズの側面はまったくといってよいほど忘れられてしまっている。以下では，クラーク経済学との関連からみて重要と思われるギディングズの主要な経済学論文などにまず光を当てることにしたい。

1886年に『富の哲学』について，ギディングズはクラーク宛の手紙でそれを "by all odds the most original and helpful contribution to economic theory since Jevons" と書き，[2] *Work and Wages*, Nov. 1886 に書評を書いている。

これに対してクラークはギディングズからの依頼を受けて，彼の編集する雑誌 *Work and Wages* に次の2論文を寄稿している。

"The Labor Problem, Past and Present", *Work and Wages*, vol. 1, no. 3, Jan. 1887.

"What are Profits ?", *Work and Wages*, vol. 1, no. 3, Feb. 1887.

さきに触れたが，以下に挙げるクラーク，ギディングズそれぞれの2編の論文が共著『現代の分配過程』となった。このうち1887年3月のクラークの論文「競争の限界」は，競争組織および競争原理に対する態度の根本的変化という意味での初期クラークから後期クラークへの転換を示す重要な論文である。なおギディングズの2論文は，クラークと同じく，いずれも潜在競争論を中心とした競争維持を目指す，有効競争論の方向を示している。

Clark, "The Limits of Competition," *PSQ*, vol. 2, no. 1, March 1887.

Giddings, "The Persistence of Competition," *PSQ*, vol. 2, no. 1, March 1887.

---

2) Giddings' letter to Clark, Oct. 24, 1886. これはコロンビア大学図書館所蔵の J. B. Clark Papers のなかにある。

Clark, "Profits under Modern Conditions," *PSQ*, vol. 2, no. 4, Dec. 1887.
Giddings, "The Natural Rate of Wages," *PSQ*, vol. 2, no. 4, Dec. 1887.

『現代の分配過程』が出た同じ 1888 年に，クラークの限界生産力理論を初めて明確に示す画期的なモノグラフである「資本とその稼得」が発表されている。「純粋資本」概念とその限界生産力による利子率決定の理論に次いで，翌 1889 年 3 月には労働の限界生産力による賃金率の決定論が「科学的賃金法則の可能性」として展開された。

このようにクラークにおける限界生産力的分配論の展開過程のなかでそれと密接に関連しつつ，同年 7 月にギディングズは彼の最初の資本理論に関する論文 "The Cost of Production of Capital" (Giddings, 1889) を発表している。引き続き翌 1890 年初めに書かれた「資本理論」(The Theory of Capital) はベーム-バヴェルクとの資本・利子論争を呼び起こすこととなった。のちこの論争はクラーク，フィッシャーなどを巻き込んでオーストリア学派 対 アメリカ学派の本格的な資本・利子論争へと展開されることとなった。

ギディングズの資本・利子論をイギリスのボナーとベーム-バヴェルクが批判し，それに反論したのが次の論文である。

James Bonar, "Professor Giddings on the Theory of Capital," *QJE*, vol. 4, April 1890 (Bonar, 1890).

Böhm-Bawerk, "Professor Giddings on the Theory of Capital," *QJE*, vol. 4, April 1890 (Böhm-Bawerk, 1890).

Giddings, "The Growth of Capital and the Cause of Interest," *QJE*, vol. 5, Jan. 1891 (Giddings, 1891a).

クラークの限界生産力的分配論はさらに展開をみ，「賃金・利子法則」(Clark, 1890d)，「レント法則により決定される分配」(Clark, 1891c)，ならびに「分配の静学と動学」(Clark, 1891f) が発表されてゆく。

この時期にギディングズは価値論に関連した論文，"The Concepts of Utility, Value and Cost" (Giddings, 1891b)，および "The Idea and Definition of Value" (Giddings, 1893) を書くと共に，「資本の成長と利子の原因」(Giddings, 1891a) を発表している。

これは 1893 年のクラークの論文「資本の発生」(The Genesis of Capital) (Clark, 1893e) によって始まったクラーク対ベーム-バヴェルク資本・利子論争の第 1 ラウンドの開始時期のことであった。

『富の分配』以後，ギディングズはクラークの 80 歳を祝う記念論文集に "Alternatives seen as Basic Economic Facts" (in Hollander (ed.), [1927a] 1967) を寄稿すると共に，1927 年 1 月 26 日に開催された記念祝賀会の席上，N. M. バトラー，F. A. フェッター，E. R. A. セリグマンと並んで親友としてスピーチをしている（これは同書に記録されている）。

以上，クラークとギディングズの経済学論文を中心に両者の関係を概観したが，この往復書簡はこうした両者の学問的関係に深く関連した重要な資料ということができる。

2　クラーク゠ギディングズ未公表往復書簡の概要

この往復書簡の構成内容は，書簡が 299 通（ギディングズの長文メモ 1 点を含む）とその他を加え，合計 302 点からなり，全体として 900 頁を超える。このうち，クラークのギディングズ宛自筆書簡は 266 通（うち 1 通はギディングズ夫人宛）であり，約 850 頁にのぼる。ギディングズのクラーク宛書簡（コピー）は 5 通と既述の長文メモ 1 点である（論文の最後にクラークとギディングズの書簡の一部を挙げておいたので参照されたい）。[3]

これに関連した資料として，次の 4 点が含まれている。①『現代の分配過程』に対する幾つかの書評の切り抜き，②同共著の公式著作権関係書類，③ *Work and Wages* の 1 号など，④イーリーのギディングズ宛自筆書簡 1 通（アメリカ経済学会問題に関連したもの）。

さらに，同じくクラーク゠ギディングズ往復書簡に関連して，両者の共通した友人 S. N. パッテンのギディングズ宛自筆書簡 25 通（1888〜89 年），約 50 頁

---

3) クラーク゠ギディングズ往復書簡については，Tanaka, 2000a ; 2000b を参照されたい。

がある。

　このパッテンの書簡は経済学史観点からみて重要であり興味深い。パッテンは限界主義理論の展開においてクラーク，ギディングズと密接な関連を保っていた。当時の「アメリカ経済学会」の状況について，クラーク自身はクラーク，ギディングズ，パッテンの3人を「理論トラスト」(the theory trust) (Clark's letter to Giddings, April 28, 1892) と呼ぶほどであった。

　パッテンはオーストリア学派タイプの限界主義の確固たる信奉者であり，限界主義をめぐるギディングズの重要な討論者であった。一方ギディングズはクラークの「社会有機体的」価値論の重要な支持者の1人であり，これを彼の社会学の基礎概念である「種の意識」(consciousness of kind) によって基礎づけていたのである。[4]

　これらの書簡に見られる興味深い点としては，①効用概念について，②社会科学の構造について，③パッテン自身の著作の特異な性格についての彼自らのコメント，④ドイツ留学と関連して，メンガー，ベーム-バヴェルク，ヴィーザー，コンラート，ブレンターノ，ワグナー，シュモラーなどのドイツやオーストリア学派の経済学者に触れていることであろう。

　とくにパッテンがギディングズ宛1891年6月27日付書簡で，クラークの論文 "The Statics and Dynamics of Distribution" (Clark, 1891f) を再読したことに関連して重要と思われるコメントを残している。それはクラークが静学と動学の区別を行ったことについて，ギディングズ以外の影響を考えることはできないと述べているからである。「あなた以外に誰が彼の考えを根本的に変えることができるでしょうか？」と彼は書いている。

　またパッテンは，すでにコロンビア大学へ移っていたギディングズに対して，1895年2月10日付の手紙で，クラークがコロンビア大学へ来るようにできるだけ強く要請するようアドヴァイスしている。[5]

　最後に，資本・利子論争に関連して，ベーム-バヴェルクのギディングズ宛自筆書簡1通（1890年6月27日付）約3頁が含まれている。この手紙でベー

---

4) この「種の意識」という基礎概念をギディングズは，アダム・スミス『道徳感情の理論』の「同感」概念にヒントを得て展開している。

ム-バヴェルクは，ギディングズの論文「資本の理論」(1890年1月) のコピー送付に対して礼を述べ，資本理論に関する両者の類似点と相違点にふれ，相違点をボナーに知らせたこと，そしてそれは *QJE* に掲載されるボナーの論文に組み込まれることになったこと，そのコピーを送ることを書き送っている。この論文は，先に挙げたボナーとベーム-バヴェルクのギディングズ資本理論への批判を指している。

3　クラーク=ギディングズ往復書簡の経済学史的意義について

もちろんこれら往復書簡のすべてが等しく重要というわけではないが，経済学史の観点からとくに重要と思われるものは，クラークの書簡約80通とギディングズのもの5通プラス長文のメモ1点と思われる。

1) クラークの人柄と活動・人間関係

しかしこれらの書簡から浮かび上がってくる第1のことは，クラークの人柄と活動である。

(1) 人柄については，クラークの他の書簡（たとえばマーシャル宛書簡)[6] にみられる誠実で謙虚な理論研究者，思いやりのある友人としてのクラークをこれらの書簡でも再確認することができる。

次にクラークの活動に関連して簡単に重要な項目だけを挙げるにとどめたい。

(2) 経済学関係から見た当時のアメリカの大学間の関係などについて。

---

5)　パッテンの書簡25通も含めてパッテンとクラークの関係については第13章を参照されたい。コロンビア大学の J. B. Clark Papers にはパッテンのクラーク宛書簡が3通入っている。その1通（1892年4月6日付）で，パッテンは，「私たちは，ギディングズの助けを得て本当のアメリカ人学者による学派を創り出し，『アメリカの経済学者』という用語にオーストリア学派やイギリス学派と同様な確実な意味を与えることができると思う」と書いている。

6)　クラークとマーシャルについては，本書第9章を参照。

(3) クラークおよびギディングズと「アメリカ経済学会」との関わりについて。

(4) クラークと当時のアメリカの主要な経済学者たちとの関係とその評価をめぐって。

クラークの書簡で言及されているアメリカの経済学者には Edward Atkinson, Edward Bemis, Richard T. Ely, W. W. Folwell, George Gunton, F. B. Hawley, J. L. Laughlin, Richard Mayo-Smith, C. W. McFarlane, S. M. McVane, F. W. Taussig, Stuart Wood などがみられる。しかし重要なのは，F. A. Walker, Henry George, Simon N. Patten, Arthur Twining Hadley であろう。

(5) 同じく外国の経済学者たち（とくにイギリス，ドイツ，オーストリアなど）との関係とその評価については，イギリスでは C. F. Bastable, James Bonar, J. R. Hobson, Alfred Marshall, William Smart, Sidney Webb がみられ，ヨーロッパ大陸（ドイツ，オーストリア，スイス，フランス）では，C. Gide, Molinari, G. Simmel, A. Wagner, L. Walras を挙げることができる。しかしとくに重要なのは Böhm-Bawerk, F. von Wieser, Wittelshöfer である。

2) クラーク経済学の形成・展開過程の一層の明確化

第2点として，これらの書簡はクラーク経済学の形成・展開過程をこれまでよりも一層明確に把握することに役立つことである。前述したようにクラークとギディングズとの往復書簡のうち，その大部分の259通（全書簡の約98％に当たる）は，クラーク経済学の重要な展開期である1886年から96年にわたる約10年間に集中している。したがって，これらの書簡に最も大きな関心が寄せられ，かつ大きな価値をもつと思われるのは，それが限界生産力的分配論を中核とした，アメリカの限界革命期におけるクラーク経済学の展開過程を，これまで以上に詳細かつ具体的に理解することができる点である。したがって，これらの書簡は，アメリカにおける新古典派経済学の形成・展開に光を投じる固有の経済学史的価値をもつと言ってもよい。さらにまた，これまでほとんど取り上げられなかったギディングズが，クラーク経済学の展開に果たした役割も明らかにすることができよう。さしあたり以下，具体的にその論点だけを挙

げておこう。
 (1) クラークを中心にしたアメリカにおける限界生産力的分配論の形成過程に一層の光を投じる。
 (2) 労働の限界生産力による賃金率決定理論の形成とその理論の同時発見者といわれるステュアート・ウッドとの関係について。
 (3) レント論の展開過程について。
 (4) とくに資本の限界生産力理論の形成・展開過程について。
 (5) なかでも資本概念と利子論の展開について。
 (6) さらにベーム-バヴェルクやその他のオーストリア学派経済学者との資本・利子論争に関連して。

4　クラーク経済学の展開とギディングズの役割

　では次に，これらの往復書簡から浮かび上がってくるクラークとギディングズとの関係を通して，ギディングズがクラーク経済学の展開の上で果たした役割は何であったかが問題となる。
　(1) クラークとギディングズの出会いと交友関係を通して，まずクラーク経済学の展開上ギディングズはどのような役割を担ったのであろうか。この往復書簡の発見が示しているように，ギディングズは実質的にクラークからの手紙のすべてを遺し大切に保管していたのであり，このことは彼のクラークに対する感情をよく表しているといえる。ギディングズからのクラーク宛書簡は，ここにはわずか5通とメモ1点しか遺されておらず，確かに書かれたと思われる多くの書簡は発見されていない。ギディングズのクラーク宛書簡はこのほかには，J. B. Clark Papers（コロンビア大学図書館所蔵）のなかにわずか7通しか遺っていない。[7]
　ギディングズが果たした役割として指摘できる点を簡単に挙げるとすれば，次のように考えることができよう。
　①共著での協力者，②知的親友，③とくに経済理論の重要問題に関するク

ラークの論文原稿の批判・討論者，④クラークの精神的支持者。

これらの書簡からわかるように，ギディングズはこれまでのように先に挙げたクラークとの共著との関係でのみ取り上げられる人物ではなく，彼がクラーク経済学の展開に果たした役割と影響は，これまで知られていた範囲をはるかに超えている（これは例えば往復書簡の No. 69, 110, 111, 137, 143 によく表れている。なかでもとくに No. 69〔1888年2月7日付〕が極めて重要といえる。この書簡のナンバーはオリジナルに基づく）。

(2) 共著『現代の分配過程』出版の詳細な経緯とその意義について。

(3) クラーク経済理論（とくに限界生産力的分配論）の展開とギディングズとの関連（これは例えば賃金論，レント論，利潤論，資本・利子論，価値論，収益逓増，限界主義理論と静学・動学問題等にわたる）。

(4) とくに資本・利子論をめぐる論争。ベーム-バヴェルクやその他のオーストリア学派経済学者，アメリカの F. A. ウォーカー，イギリスのジェイムズ・ボナー等との論争のなかでギディングズが占めた位置と役割を明らかにする必要がある（これにはとくに No. 137, C-G, p. 17, G-C, p. 12 の分析が不可欠とみられる）。

(5) クラークにおける静学・動学の区別と彼の動学展開におけるギディングズの影響。

(6) 経済学方法論をめぐるギディングズの自然科学的方法論の影響の問題。

(7) その他，産業組織，競争，協同組合運動，土地問題，経済への政府介入，労資関係等の諸問題。

(8) とくにクラークの経済・社会思想・イデオロギー面に対するギディングズの影響について。初期のキリスト教社会主義から「進歩的自由主義」(Progressive Liberalism)[8] の枠組みへの変化・転換の問題。とくに書簡の No. 69 (1888年2月7日付8頁) がこの影響をよく示していると思われる。

---

7) コロンビア大学図書館（Manuscripts and Rare Books Library）には，F. H. Giddings Papers がある。しかしこれには，クラークとの往復書簡は含まれていない。これらの資料は 1890～1933 年をカヴァーしており，それにはかなりの数の重要な書簡類がみられる。例えば，H. C. Adams (6), R. T. Ely (22), S. N. Patten (29), F. W. Taussig (15), F. A. Walker (3) などである。（ ）内の数字は書簡の数を示す。

①「社会主義」批判：ⓐヘンリー・ジョージの土地社会主義批判，ⓑキリスト教社会主義とその批判，ⓒマルクス主義的社会主義批判をめぐるギディングズとクラークとの関連（これは「クラークと社会主義」という固有のテーマの追究にとって重要である）。

②経済学と倫理との関連の問題。

5　今後の課題

これらの往復書簡全体の詳細な分析によって，明らかにされると思われる重要な論点として，さしあたり次の2点がある。1つは理論史的観点であり，とくに資本・利子論争に関してはギディングズやボナー等も加え，これまでの枠組みを拡大して再整理し見直すことが必要であろう。

第2は思想史的観点である。1870年代から80年代前半におけるアメリカの「社会主義」思想の多様であいまいな実態[9]——これにはキリスト教社会主義，ドイツ流の「講壇社会主義」，ヘンリー・ジョージの土地社会主義，マルクス主義的社会主義などが含まれる——と，その後半におけるアメリカ社会科学（とくに経済学，社会学，政治学）の変容・保守化と「進歩的自由主義」への思想的潮流がロスなどの研究によって明らかにされている[10]が，そのなかでのクラークの位置付けがあらためて問題となる。

---

8) Ross, D. 1977/78, 7-79 ; 1991, especially chs. 4-7.

9) 当時 "socialism" と呼ばれた中身について，ロスは次のように指摘している。「1880年代初期では，クラークやアダムズやイーリーが自由主義と社会主義とのかけ橋上のどこに位置しているかを正しく判断することは，当の参加者たちに取ってそうであったように，いかなる観察者にも困難だっただろう」。労働争議調停のための公的機構，利潤分配制，消費協同組合・生産協同組合の発展などは，この時期には自由主義的改革家たちによっても弁護されていたからである。

10) 1880年代後半から1890年代に生じたこうした社会科学の保守化を，ロスは "American Exceptionalism" への復帰と解する一層広いパースペクティヴのもとに著書をまとめている。アメリカ新古典派経済学はまさにこの時期における「例外主義」への復帰であり，それが「科学主義」を内容とすることになる。

1880年代前半の"young Germans"と呼ばれ，1885年の「アメリカ経済学会」の創設に主導的役割を果たしたドイツ帰りの若い経済学者たち，とくに彼らを代表する3人，クラーク，H. C. アダムズ，イーリーの「過渡期的社会主義」思想の特色は何か。それには，①彼らの宗教的・伝道的性格，②キリスト教社会主義，③生産協同組合社会，④とくに彼らが歴史主義の影響のもとでアメリカ社会の変化を歴史的変化として敏感に捉え，旧学派を批判しようとした彼らの歴史観を検討し直さねばならない。

　しかしロスによれば，これら3人の経済学者は1890年代後半に妥協・変容し，初期の「社会主義」から急速に後退し，「進歩的自由主義」の枠内にとどまることとなった。なぜ彼らは急激に後退したのか？　そのきっかけは1886年5月のシカゴのヘイマーケット事件とその後に生じた労働組合と労働運動に対する厳しい批判と警戒感であった。こうした背景のもとで，支配者階層の社会主義に対する猛反対と，アメリカの諸大学への資本家の影響力の大きさは彼ら若い経済学者たちにキリスト教社会主義を中心とした「過渡期的な社会主義」による社会経済改革からの後退を強いることとなった。ロスはこの後退の諸相をクラーク，アダムズ，イーリーについてそれぞれ具体的に取り上げている。[11]

　彼らはそれぞれの大学における地位を自ら守るため，「社会主義者」というレッテルを張られるのを避け，ますます慎重にならざるを得なくなっていった。アメリカ社会は歴史的に大きく変化しつつあるという彼らの新しい歴史観は変更を余儀なくされるか，あるいは少なくとも彼らの認めた歴史的変化を将来に先延ばしする形の後退を表明せざるを得なくなった。

　そこで，イーリーやアダムズと比較したクラーク自身のスタンスの究明が重要となるが，これに関するロスの取扱いは必ずしも十分とは言えない。したがってとくに経済理論家クラークに即してさらに進んだ分析が必要であろう。またこの後退の諸相においてギディングズはいかなる位置を占めていたのかも問われねばならない。

　もともと初期のクラークは確かにキリスト教社会主義の立場に立って競争原理を批判し，生産協同組合社会を目指していたが，競い合いとしての「真の競

争」の意義を完全には放棄しない微妙な発言を残しており，イーリーのような熱烈なキリスト教社会主義者ではなかったといえる。この意味では初期クラークはキリスト教社会主義者には違いなかったが，3人のなかでは最も保守的な位置を占めていたといえる。したがって，「進歩的自由主義」への後退においては，クラークは最も早く転換したのであった。ただ早かっただけではなく，彼は優れた経済理論家として完全競争，静態を前提とした限界生産力的分配理論の構築に成功し，資本主義的分配関係を理論的に正当化するという最も明確な形で変容していったといえる。[12]

　クラーク，アダムズ，イーリーの3人をイデオロギーの観点から比較すれば，最も分析力に優れたクラークは自由競争市場にたいしてより大きな信頼を寄せていたといえよう。3人のうちでは，イーリーは最も左翼に位置し，のちにコモンズによって制度派経済学として展開されるひとつの源となる性格をもっている。これに対してアダムズはクラークとイーリーの中間に位置するといえよう。

---

[11] ヘイマーケット事件とその後の反動に対応していち早く後退を開始したのがクラークだった。これにはすでにドーフマンが示唆したように，イェールのハドリーから公にクラークは「社会主義の誤り」をまき散らしていると非難されたことも関係していた。彼は弁明を余儀なくされ，一層慎重になっていった（Dorfman, 1946-59, II, 1949, 195）。

　クラークはまたアダムズやイーリーに対しても一層の慎重さを求めた。とくにイーリーから前もって送られてきた原稿に目を通し，ラディカルととられる可能性のある見解を指摘し，イーリーに対しては社会主義的傾向がどこで止まるのかを明確にするように望んでいる。アダムズとイーリーはヘイマーケット事件後しばらくは労働組合に同感的であった。しかし，アダムズはコーネル大学での労働問題に関する公開シンポジウムの席上労働騎士団支持を表明したため，理事会の圧力により，格下げされ非常勤講師にされた。彼はミシガン大学に希望をつなぎ，総長に個人的な弁明を書き送り，労働騎士団の過大評価を反省し後退していった。

　イーリーは社会的福音に関連した多くの友人に守られてジョンズ・ホプキンズ大学に留まることができたが，やがて厳しい試練にさらされウィスコンシン大学へ移るが，1894年には裁判を受けることとなった。これ以後彼は自由主義の範囲内での社会経済改革を主張するという，クラークとアダムズの取ったコースに同調することとなった。Cf. Ross, D. 1977/78, 45-52.

[12] ロスは，次のように述べている。「自由主義下の平等の最も率直な分析家はジョン・ベイツ・クラークだった。アダムズやイーリーと違って，クラークは今や競争的自由市場の正当性を確信し，それのもつインプリケイションに尻込みすることなく直面することができた」（Ross, D. 1977/78, 72）。

筆者の名付けるいわゆる「J. B. クラーク問題」（初期と後期におけるクラークの思想的変容問題）[13] との関連における明確な説明はロスによっては与えられていない。したがって，筆者としては，ロスの研究によりながら，とくにクラークにおける初期から後期への根本的変化をより具体的に明らかにする必要がある。これは次に取り上げられるべき課題である。

　この「クラーク問題」との関連におけるギディングズの役割はどのようなものであったのか。ギディングズは一般的に言って，クラークよりも保守的であり個人主義的色彩が濃厚と言える。クラークは，ギディングズの分析力を高く評価しただけでなく，こうしたより一層個人主義的色彩の濃厚な自由主義的立場に立っていたギディングズからも影響を受けたと思われる。このことは，これらの往復書簡によってある程度明らかになるであろう。

---

13)　ヘンリーはクラーク研究を以下の単行本としてまとめた。しかしこれは初期と後期の間に根本的な社会哲学的変化をまったく認めず，連続性の仮説の上に展開されている。筆者はすでにこうした理解に疑問を呈しており（本書第8章），まとめられた著書（Henry, 1995a）に対しても，その批判において基本的に変更の必要は認められない。

From J. B. Clark's letter to F. H. Giddings, February 2, 1888. No. 69a of the J. B. Clark-F. H. Giddings Correspondence.

> To J. B. Clark
>
> Springfield Feb 7 1888
>
> Dear Professor Clark:
>
> Have you read Sidney Webb's remarkable article on The Rate of Interest and the Laws of Distribution in the Jan'y Harvard Quarterly?
>
> Webb's Economic interest is plainly market-interest plus your pure profit, and some of his points are so nearly identical with yours as to afford a striking confirmation of the accuracy of your

From F. H. Giddings' letter to J. B. Clark, February 7, 1888. No. 69b of the Correspondence above mentioned.

第 13 章

パッテン，ギディングズ，クラーク
——パッテンのギディングズ宛自筆書簡を中心に——

1 パッテンのギディングズ宛自筆書簡について

　前章で，関西学院大学図書館に所蔵されているクラークとギディングズとの往復書簡を取り上げたが，そのさいそれに関連して，両者の共通の友人であるパッテン (Simon Nelson Patten, 1852-1922) のギディングズ宛自筆書簡25通 (1888～99年) がその往復書簡集に含まれていることを指摘し，とりあえずその経済学史的意義について簡単に触れておいた。

　この章では，パッテンのギディングズ宛書簡じたいを活字化し公表することを第1の目的とし，若干の注を付してその内容を具体的に明らかにしたい。次にこれらの書簡の内容を理解するうえで必要あるいは参考となることがらを解題の形で述べることとする。そして最後に，クラーク研究を補うという視点から，パッテン，ギディングズ，クラーク三者の関係について考察を加えることにしたい。[1]

　言うまでもないが，経済思想史研究のうえで経済学者の書簡は資料として重要な価値をもっている。一般にこうした書簡は，①公刊された論著のよりよい理解に役立つ。とくにそれらの形成過程について光を当てる。②公刊された論著だけでは分からない新しい資料を提供する。③個人的な書簡であるため，感

---

[1]　コロンビア大学図書館 F. H. Giddings Papers には，パッテンからギディングズ宛書簡29通が入っているが，これらはここに取り上げた書簡よりも後の時期に書かれたものである。これらについては別の機会に取り上げることにしたい。

情も含め，著者の真意をよりよく知ることができる。また，④個人的な関係を通じて，当時の学界の状況などの理解に役立つことにもなる。こうした観点からみるとき，パッテンの書簡も彼の経済思想を知るうえの資料の1つとして重要といえよう。

以下に取り上げる25通のパッテンの書簡のうち，個人的な短い書簡6通 (No. 8, 17, 19, 21, 22, 24) を除く19通がパッテンとギディングズの経済学・社会学研究に直接関連した重要なものといえる。なかでも，そのうち13通は興味深い。とりわけ経済学史の観点からみて重要なのは，No. 2, 3, 5, 7, 9, 12, 13, 15, 18, 23 とおもわれる。

これらの書簡で取り扱われている問題は多岐にわたっている。例えば，アメリカ経済学会の地方部会におけるパッテンとギディングズの活躍を伝えるもの (No. 1, 1888年11月23日付) に始まり，No. 4にあるように，オーストリア学派に関するパッテンの論文の遅延について，「経済学上の大きな賞はまだ勝ち取られていない。最後に語るものが最上のものを手にするからだ」と書いている (No. 4, 1891年4月7日付) ものもある。

また，No. 6 (1891年12月25日付) では，『コンラート年報』(*Conrad's Jahrbücher*) 上でのパッテンの論文がメンガーや他のオーストリア学派経済学者たちによって称賛されたことを報告し，「それはあの論文にあった困難な論点に関する私の体系の全般的な勝利を意味するものと思う」と，自信のほどをのぞかせたりしている。

しかし経済学史の観点からみて，とくに興味深いと思われるものとして，次の諸点を指摘しておきたい。

(1) No. 2, 3にみられるパッテンのドイツ，オーストリア旅行の一端を伝えるドイツのハレからの書簡や，No. 7にみられる現在財と将来財の区別の重要性の議論，先に触れたNo. 4, 6におけるパッテンとオーストリア学派経済学との関連などは，若い時にドイツ留学の経験をもつパッテンとドイツ歴史学派経済学およびオーストリア学派経済学との関係の評価という問題と結びついてくるといえる。

(2) No. 1との関連で，パッテンとアメリカ経済学会 (AEA)，とくにその

創設における彼の役割との関連について知っておく必要がある。

(3) No. 5 にみられるクラークの静態と動態の区別に対するギディングズの影響。

(4) ペンシルヴェニア大学ワートン・スクール（経済学部）のコロンビア大学への合併・統合に関するギディングズの秘密提案。これは No. 12, 13（および一部 No. 14）にみられる。

(5) パッテンとギディングズの両者に共通した社会学にたいする関心，とくに経済学と社会学との関係をめぐる問題。これは No. 9, 15, 18, とくに「具体的科学」と「抽象的科学」との相違点に関する No. 23 に関連している。

これらの論点と，それらを理解するために必要な背景については，あらためて第 3 節で取り上げることにしたい。

2　書簡にみられる重要な諸問題

1）はじめに

ヴィジョンと理論の双方から独特の仕方で経済学者の業績を評価するシュンペーターによれば，パッテンの評価は高くない。ヴィジョンも，「あるとしても極めてわずかしか匹敵するものをもたない」し，かといって「分析の技術」でも，「彼の占める地位はどこにも見当たらないであろう」と。シュンペーターはこのように評しながら，パッテンが「記憶されているのは，主としてその保護主義の弁護と，収穫逓減も節約ももはや第一級の重要性をもっていない『豊富の経済』の認識とによってである」，と鋭い捉え方をみせている。ただシュンペーターはパッテンの経済思想のうちに，一方にディレッタンティズム，他方に「後代の思想潮流の立派な先駆」となった側面のあることを認めながらも，当時の専門家たちによってディレッタンティズムと見られたことを指摘するにとどまっている（Schumpeter, 1954, 876, 邦訳第 5 巻 1852-53）。シュンペーターにはパッテンのユニークな経済発展論さえも，評価の対象にはならなかった。

経済学史の領域で最初にパッテンの経済思想をそれじたいとして取り上げたのはボズウェル (Boswell, 1934) である。この最初のパッテン研究は彼の論著を「全体として」取り上げたが，その取り上げ方は平板であり，その形成・展開という観点に弱く，理論家パッテンの理解もミクロ経済学に関連した側面にほぼ限られていた。しかも社会学的側面についてはほとんど触れられることがなかった。

その後パッテン経済学の特徴を，「豊富の発見」という彼の経済発展論を中心として捉え，その形成と展開を明らかにしようとしたフォックスの研究 (Fox, 1967) が知られている。[2] 以下では，とくに新しいパッテン研究というよりは，パッテンのギディングズ宛書簡の理解を助けるという目的のために，主にこれまでのパッテン研究に依拠しつつ，解題の責任を果たすことにしたい。

2) パッテンの略歴とドイツ留学

「同世代のアメリカの経済学者のうち，最も独創的で特異な経済学者の 1 人」(Coats, 1987a) とされるパッテンは，イリノイ州のサンドウィッチというシカゴの西約 60 マイルにある小さな町に生まれた。[3] 彼自身，農耕を手伝い，家畜の世話をして育ったが，その農場はピューリタン的道徳に基礎を置いた農民の勤勉・節約と農業技術の改良への高い関心に基づいた経営によって生産性が高く，豊かな農業が営まれ，生活水準は大きく向上しつつあったとされている。パッテンが後に「稀少の時代」から「豊富の時代」への移行期という概念を育てるもとになった状況がそこに存在したのであった。

地域の小学校を終えた後，パッテンはオーロラにあるメソジスト系のジェニングズ学院で中等教育を受けた。そして 1874 年にエバンストンのノースウエ

---

2) なおその他のパッテン研究については，フォックスのビブリオ "A Note on Sources" を参照。古いが，Dorfman, 1946-59, III, 1949 と Fine, 1958 は今も有益である。新しくは，Ross, D. 1991 が参考になる。邦語文献では，高橋和男, 1999, および 2000 がある。前者ではフォックスと異なり，パッテン経済学の課題としての新移民の「アメリカナイゼーション」を明らかにし，ケアリの影響を指摘している。後者ではこの観点からパッテンをヴェブレンと対比したもので，興味深い。
3) パッテンの伝記については，Fox, 1967 および Tugwell, 1923 を参考にした。

スタン大学に入学したが，1年半経った2回生の時に，学院で出会った友人のJ. F. ジョンスンのすすめでノースウェスタンを中退してドイツ留学に向かった。1876年の秋にパッテンはハレ大学に入学し，3年間のドイツ留学が始まった。アメリカの政治や宗教の伝統に飽き，古典の勉強を嫌っていたパッテンは，より広い見方が得られることを期待し，道徳的・知的冒険の機会としてドイツへ渡った。このドイツ留学は，彼が育ったイリノイの豊かな農場とそこでの道徳的・知的環境と共に，彼の生涯にとって大きな影響を与えるものとなったことは確かである。

ドイツ留学で彼は学問の基礎を学び思想的成長の機会を得たが，同時に彼は仕事の上での貴重な友人を得ることになった。それはとくにE. J. ジェイムズであり，イーリ，J. B. クラーク，H. C. アダムズその他の，後に「若手ドイツ帰り」の経済学者と呼ばれる人たちであった。さらに彼は経済学の専門職業化が進展する中で，専門家としての信用を証明するPhDをハレ大学から得たのであった。

当時のドイツの大学は，アメリカの大学と異なり，硬直的なカリキュラムに縛られず，履修条件はかなり自由だった。またゼミナール制度が確立され，大学院に力が注がれており，外国人留学生，なかでも優れたアメリカ人留学生は歓迎されたのであった。

ドイツでパッテンの思想に最も大きな影響を与えたのは，ハレ大学のヨハネス・コンラートだった。コンラートは，たとえばシュンペーターが書いているように，「多数のアメリカ人の訪問者に対する親切な忠言者」[4]であり，アメリカからの留学生の面倒をよくみる教授として広く知られていた。

だがそれだけではなく，フォックスが言うように，パッテンと同様に，大農場で青年期を過ごし，農業技術に大きな関心をもち，経済学に向かう前に農業と化学を学んだコンラートは，彼の将来社会に対する楽観主義と共に，パッテンを個人的に引きつけるものをもっていたと思われる（Cf. Fox, 1967, 21-22）。

コンラートは，シュモラーやワグナーなどと共に，後期歴史学派に属す経済

---

4) Schumpeter, 1954, 851, 邦訳第5巻1795.

学者だった。パッテンがハレで学んだ1870年代は，後期歴史学派経済学者たちには，前期歴史学派と異なり，イギリス古典派経済学やオーストリア学派経済学を受け入れる用意があった。この時期は，ドイツ歴史学派とオーストリア学派との方法論争によって演繹と帰納の分裂・対立がもたらされる以前であった。彼らにあっては，理論と歴史・統計は対立するものではなく，そのメリット・デメリットを一応理解したうえで，それらを一定の有益な形で結合し，一体のものとして利用しようとしていたといえる。したがって，アメリカ人留学生たちは，こうした環境のもとで，一方的に歴史・統計に偏り，理論を軽視することはなかったし，理論により大きな関心をもつ学生も，歴史・統計的方法の意義を否定することはなかったといえる。

　パッテンは，クラークと同様に，第一義的に理論家であり，思想史・学説史は別として，歴史・統計的方法という点ではドイツの直接の影響はみられない。クラークはパッテン以上の理論家であるが，歴史・統計的方法の意義を熟知していたのであり，このことは彼がイーリーの指導のもとにコモンズらによってまとめられた *A Documentary History of American Industrial Society* (1909) に，長文の "General Introduction" を寄せていることからも明らかである。

　クラークや他のドイツ帰りの経済学者たちがドイツで受けた影響を具体的に確定することは一般に困難であり，断定には慎重を要する。パッテンはドイツ留学から影響を受けたのは当然であり，確かであろう。しかし何を受け入れ，何に共感し，何を拒否したのかが重要であることは言うまでもない。パッテンが拒否したものの中には，ほとんどのドイツ帰りの新学派経済学者がそうであったように，ドイツ歴史学派にみられたドイツ流の社会有機体観がある。この点では，パッテンもドイツ歴史主義に対して懐疑的であった。

　しかし，例えば，人間本性の見方に関しては，パッテンはドイツ歴史学派がもっていた人間本性の複雑性の認識，つまり慣習，道徳，宗教，文化などの重要性の指摘には共感を覚えたのであった。またこれに関連して，個人の利益だけを追求するのでなく，社会全体の福祉を強調する考え方に共感したのであった。

後期歴史学派は極端な古い英米流の個人主義と，極端な有機体主義の双方を廃し，それらの中間を目指して「社会政策学会」を設立したのであった。労働組合とストライキを認める立法，労働時間と労働条件の規制，社会保険といった公共政策を政府に進言した。細目は別にして，こうした考え方じたいを若いパッテンは，他のドイツ帰りのアメリカ人経済学者と同様に，受け容れたのであった。

　ただ本来理論家だったパッテンは，限界主義経済学を受け容れ，とくにオーストリア学派の心理主義的経済学から大きな影響を受け，この理論的基礎のうえに彼の「豊富の経済学」としての経済発展論を展開することになった。こうしたオーストリア学派経済学の影響と比較すれば，ドイツ経済学の影響を過大に評価し過ぎることは避けられねばならないであろう。パッテンは1876年から79年の3年間，コンラートの講義を聴いたが，1878年にアメリカの地方税に関するわずか60頁の論文「アメリカ合衆国および都市の財政制度」をコンラートに提出して，ハレ大学からPhDの学位を得ることになった。これは異例に早い学位の取得だったとされている。

　1879年にアメリカに帰国したパッテンは，望んでいた大学の教授職につくことができず，視力に障害をもった期間は別にして，約10年間を小・中学校の教員として過ごした。1885年に彼は独創的な最初の著作，『経済学の諸前提』(*The Premises of Political Economy*)（Patten, [1885]）を自費で出版した。やがてこれが認められて，ハレ大学以来の友人ジェイムズの推薦によって，ペンシルヴェニア大学の経済学教授になったのは，出版から3年後の1888年のことであった。

　このように1876年から79年にかけて3年間を留学生としてドイツで過ごしたパッテンが，今やペンシルヴェニア大学経済学教授となって，1890年にドイツ，オーストリアを訪問することは特別な意味をもっていた。若いドイツ留学生のころの先生たちや友人，新しい世代の，とくにオーストリア学派経済学者たちの活躍にじかに触れる機会となった。このことが彼のハレからのギディングズ宛書簡（1890年6月）2通のなかで具体的に生き生きと描かれている。

　歴史学派ではブレンターノ，パッテンの先生だったコンラート，シュモ

ラー，ワグナー，ディーツェル，オーストリア学派では，メンガー，ベーム-バヴェルク，エミール・ザックス，ヴィーザーなどについて触れられている。断片的で印象的なものだが，パッテンのオーストリア学派経済学への傾斜と関心の高さと，この時期におけるドイツ歴史学派経済学者やオーストリア学派経済学者の状況を知るひとつの資料として興味深い。

3）アメリカ経済学会（AEA）とパッテン

　パッテンは，書簡 No. 1（1888年11月23日付）にみられるように，アメリカ経済学会の大会の準備のために，ギディングズに相談したいと依頼している。ギディングズは，当時すでに大会だけでなく，早くも1886年1月に組織されたスプリングフィールドに本部を置く「最も盛んだった地方部会の1つである」Connecticut Valley Economic Association で，クラークやベーミスと共に活躍していたのであった（Ely, 1938, 162）。

　パッテンとアメリカ経済学会（AEA）との関係で特筆すべきは，ドイツ帰りの若い経済学者たちによって1885年に設立された AEA の創立にかかわる大きな貢献であった。

　既に序章でふれたが，パッテンは1883年にイーリーとジェイムズと共に，コンラートの示唆を受けて，ドイツ「社会政策学会」（1872年創立）をモデルとして「国民経済研究学会」（Society for the Study of National Economy）という名称で，アメリカ経済学会を設立することを話し合っていた。そして1884年にパッテンはジェイムズと共に学会の綱領草案を作成したのであった。

　パッテンとジェイムズが彼らの綱領を経済学者たちに送付した2, 3日後に，彼らの友人であるイーリーは，コロンビアのセリグマンに対して，「私は経済学会を組織しようとしています。その綱領をあなたに送ります」と，書き送ったのであった。ここに経済学者たちは2つの異なる組織の綱領をほぼ同時に受け取ることとなり，混乱を招くこととなった。この混乱は3ヵ月ほど続いたが，イーリーが彼の企画に対する大きな支持を得たので，パッテンとジェイムズは自分たちの綱領を取り下げ，イーリーの提案する AEA を支持すると約束した時に，この混乱は終わることとなった。

しかし真相は，パッテンとジェイムズの提案は死んでしまったというイーリーの主張が事実を歪曲していたのであった。1885年の夏に，パッテン，ジェイムズ，イーリーの3人が集まって綱領を「修正」することを約束していたにもかかわらず，イーリーはパッテンのこの助言を無視したのであった。AEA 設立の呼びかけは，この1885年9月にアメリカ歴史学会のサラトガ大会時に出された。10人の経済学者が最初の会合に出席し，イーリーの綱領が支持されたのであった。

　こういうわけで，もともとコンラートの示唆でパッテン，ジェイムズ，イーリーの3人が一緒に企画していた学会の創立だったが，パッテンとジェイムズが1884年に提案した学会創立の動きが，イーリーの一方的な判断によって曲げられ，結局イーリーが中心となる形で AEA が生まれることとなったという事情が，今では明らかになっている（Cf. Fox, 1967, 36-39）。この事実を考えれば，パッテンの学会創立への貢献は，ジェイムズと共に，これまで考えられていた以上に大きかったと言わねばならない。

　確かにパッテンとジェイムズによる綱領は，イーリーが書いた綱領とその基本的性格において大きく異なるものではなかった。2人が書いた綱領によれば，学会には3つの広い目的があった。その第1は専門学会であること，第2は専門学者として経済学上の主題に関する専門論文を出版することであった。そして第3の目的は，通念となっている古い個人主義的自由放任経済学——アメリカの経済問題はおのずから解決されるのであり，集団主義ではなく，個人の行為に味方する現在の法律や制度が物的資源の最適利用を促進すると主張する——と闘うことであった。

　国家は国民経済に対して中立ではなく，積極的要因をなすものとみなされた。これはドイツで訓練を受けた若手経済学者たちには明明白白たるところであった。パッテンとジェイムズは，ドイツモデルに従い，労働，農業，および自然資源の配分のための綱領を述べた。彼らは労働者の衛生状態と労働条件の改善，高賃金，労働時間の短縮，および精神的・道徳的成長の機会を用意することを勧告した。自然資源の保護保全，農業実験所の設立，望ましい農産物の生産を刺激するための政府補助金，自然資源および新産業開発の最善の手段に

関する情報の伝播等を求めたのであった。

4) 静態と動態の区別

　パッテンは書簡 No. 5（1891年6月27日付）で次のように書いて，クラークによる静学と動学との明確な区別に対するギディングズの影響を高く評価する言葉を残している。

> 私はハーヴァードの *Quarterly* 〔*Journal of Economics*〕に出たクラークの論文をちょうど読み返したところです。私のみるところ，彼は静態と動態の区別を十分展開しています。あなたがそれを彼にたたき込んだのですか。それは彼の理論化の方法を中断させるので，彼がそれをどこか他のところで手に入れたとは私には考えられません。クリスマスに私は彼とじっくりと話をしましたが，そのときには彼は静態的であることに気づいていませんでした。いったいあなた以外に誰が彼の考えを根本的に変えることができるでしょうか。

　ここで触れられているクラークの *QJE* の論文とは，「レント法則により決定される分配」（Clark, 1891c）である。この論文で彼は初めて静態と動態をより明確に区別し，のちに『富の分配』でよく知られるようになった5つの動態条件を示したのであった。パッテンはこのことに注目しているのである。

　なお，クラークのこの論文を批判した F. A. ウォーカーに対して，クラークは「分配の静学と動学」（Clark, 1891f）で反論することになり，これは静学と動学というタイトルをもったクラークの最初の論文となった。

　むろん，クラークに即して言えば，静学と動学の区別じたいは，ギディングズの影響だけによるものとは言えない。そこには経済学と社会学との関係をめぐる状況の変化があったからである。1870年代，80年代のアメリカでは，経済学と社会学の明確な区別はまだ存在せず，むしろ社会科学における統一性が維持されようとしていた。これはある意味で歴史学派の影響を受けたドイツ帰りのグループにほぼ共通した考え方であった。

　それが後期クラークの限界主義理論に典型的にみられるように，経済学が取

り扱う対象は再び狭く限定される方向に向かった。これに対して，アメリカにおける社会学者の最初の世代は，できるだけ広く社会の変化とその意味を解明する自由を維持しようとしたといえる。

パッテンは，専門経済学者からみれば，当時の狭い経済学の範囲を超えて社会的諸要因や歴史・文化的諸要因を強調したのであった。したがって，パッテンは当時の経済学者の間では異端とみなされることになったが，他面では社会学者の間に，このことに関する限り，支持者を見出すこととなった。したがって経済学から次第に社会学へと関心の重点を移しつつあったギディングズが，クラークに静学と動学の区別，動学の重要性の認識について影響を与えたと，パッテンがみたのはごく自然なことだったといえる。

クラークにおける静学と動学の区別は，このように広くは社会学から，そして直接的にはギディングズを通して影響を受けたとしても，その取扱いはクラーク独自のものであり，理論経済学における静学と動学の最初の区別を明確にすると共に，静学の重要性を強調するタイプのものとなったことに注意しておかねばならない。

5) ペンシルヴェニア大学経済学部とコロンビア大学との合併計画案

クラークとギディングズとの往復書簡には，大学の「政治」に関することがら，とくに人事に関連したことが出てくる。クラークがスミス大学からコロンビアへ移ったさいのいきさつもよく記録されている。それらのうち最も興味のある話は，すでにコロンビアへ社会学教授として移っていたギディングズが，パッテンの協力を得て，ペンシルヴェニア大学経済学部（ワートン・スクール）をコロンビア大学に吸収・統合するという，ギディングズによって提案された雄大な秘密の計画案であった。[5]

この同じ計画案をギディングズから聞いたパッテンの反応を見る前に，この問題に対するクラークの対応をみておこう。この計画案を聞いたとき，スミス大学にいたクラークは，ちょうどジョンズ・ホプキンズ大学とコロンビア大学

---

5) この問題については，"The Correspondence of John Bates Clark" (Tanaka, 2000a, 12-13) にすでに指摘しておいた。

——友人のセリグマンを通して——の両方から招聘を受けており，ジョンズ・ホプキンズの方が財政問題のためもたついていたが，コロンビアを選択するつもりでいたクラークは，ジョンズ・ホプキンズのギルマン学長に招聘を断る返答を延ばしていたところであった。そこでクラークは 2 月 12 日付の手紙でギディングズに次のように書き送っている。

　あなたが述べている計画は本当に立派なものです。われわれはドイツの若者が教育を完成するためにアメリカにやって来るようにするべきでしょう。〔ペンシルヴェニア大学の〕Annals〔of the American Academy of Political and Social Science〕と〔コロンビアの〕Quarterly〔Political Science Quarterly〕を何らかの方法で統合すれば，それはその部門で無類の学術誌となると思います。私はギルマン学長に回答を留保していますが，不快の念を与えずに，それをさらにもう 1 週間やそこら留保することができます。私がいま消極的な回答を送ることを，あなたが私に勧めるようなことはまずないでしょうね。1 つには，そのような決定を主張する十分な理由が私にはないのです。私はギルマン学長に，なぜ私が大きな学部の指導者の地位につくよりも，専門的な仕事と個人的な研究のための施設を選ぶのか，彼に理解できる理由を与えることが可能と思っています。

　そのうえでクラークは，「ワートン・スクールの統合は私のコロンビア行きの問題に影響しないのか，そんなに沢山の人の雇用と給与が提供できるのでしょうか」と尋ねている。そして，「フィラデルフィア学派を現在のニューヨーク学派に吸収することによって，まさに集められる仲間と一緒に仕事をすることは嬉しいことです。でも，クラークの名によって理論の限界増分を最終的につけ加える前に，ジェイムズ，パッテンと彼らの同僚，および彼らと一緒に動く学部を確保するという一層大きな問題を解決することが必要ではないでしょうか。これに関連した全体のことであなた自身の親切に私がどんなに深く感謝しているかは言うまでもありません」と書き送っている（Tanaka, 2000a, 212-13）。

　この秘密の提案をギディングズから受け取ったパッテンの反応が，書簡 No.

12（1895年2月6日付）と No. 13（同年2月10日付）および一部その名残りを留める No. 14（同年3月9日付）の3通である。「内密」と書簡のトップに特記された2月6日付の書簡でパッテンは次のように記している。

「あなたの提案は，もしそれが直ちに実行に移すことができれば，ジェイムズと私の2人にとって有利なものと感銘を受けています。われわれは何年もの間大学のために辛い仕事をした後に，非常にひどい待遇を受けていることに，当然怒りを感じています。もしジェイムズと私がその統合された大学の他の構成員と対等な立場で行くことが可能な取り決めができるのなら，われわれは大いに受け入れたいと思います。もし若手が必要であり，公正な申し出を受けるのであれば，彼らを得ることもできます。もしわれわれが行けば，われわれはその全精力を仕事に注入し，コロンビアを20世紀がアメリカにもたらし得る新しい文明の中心にすることができるものと信じます」と。

パッテンとジェイムズおよびその他若手の教員たちは，ペンシルヴェニア大学での最近の大学行政によって深く感情を傷つけられていたときだったので，パッテンはこの計画案に驚くと共に，その受け入れに非常に熱烈に反応している。そして機関誌の *Annals* の移転に関連して，「*Annals* は無理なく確保できると思うが，大学の公開講義活動の公的組織については，われわれはコントロールすることができません。しかし，実際の活動はその組織の中で仕事をしている人々にあるので，もしジェイムズが行けば，きっと彼らを確保できると思います。有能な人々が確保されれば，公式の組織はほとんど重要ではありません」と述べている。そして最後に，「ワートン・スクール——学部のことですが——が欲しいのですか。われわれはみなそのような仕事に関心をもっていますが，おそらくあなたの大学の鉱山学部のような学部は，他に提案されている企画を補うように組織することができるでしょう」と書いている。この時点では，パッテンはワートン・スクールのコロンビアへの吸収・統合に関心を示しているといえる。

しかしながら，次いで再び「秘」のしるしをもつ2月10日付の書簡では，パッテンは一転してこの計画案に消極的になっている。この書簡もそう長くないので，以下に紹介しておくことにしたい。

あなたが昨日あらまし述べた計画をよく考えれば考えるほど，それに参加することがためらわれます。〔コロンビア大学の〕バーナード〔カレッジ〕の管理者と私の双方とも意見の調整が難しい過ちを容易に犯し得るように思われます。クラーク教授はまさに彼らの必要に合致しており，私が統合全般に役立つのと同じくらい役に立つでしょう。あなたは彼があなたの方へ行くように，できるだけ強く彼に促し，私については運命のなすがままにしましょう。もしかりに私がニューヨークへ行くとすれば，それは半ば哲学者であり，半ば経済学者としてでなければならないと思います。私の最高の仕事は，これら2つの分野の境界線上にあります。ここ2年間私は「革新的な」講義として，ベイコン，ホッブズから J. S. ミルまでのイギリス思想史をやりたいと思っています。これはもちろん半ば哲学であり，半ば政治学であり，残りは帰納的科学の分野に多く脱線する経済学となるでしょう。この種の講義を私の満足の行く計画にすることは難しいので，私は自分自身が満足するまで私自身の路線をどんどん進める方がよいと思っています。一方では私にはやるべきいくつかの特別な論題もあり，ただ特別な地位のためだけに，新しい科目を設けるのをやめたり遅らせたりするのは困るのです。

要するに，パッテンは，この統合にはバーナード・カレッジとの調整という難問があり，この解消のためにはクラークがコロンビアへ行くのが一番目的にかなっていることを指摘しつつ，他方，自分は「半ば哲学者，半ば経済学者」であり，自分の仕事の特徴が「これら2つの分野の境界線上にある」ことを強調し，1899年に『イギリス思想の展開』(*The Development of English Thought*) (Patten, [1899]) として出版されることとなるイギリス思想史の講義を続けたいと述べている。さらに今手がけているいくつかの特別なテーマもあり，これらを止めたり遅らせることはやりたくないとしている。

ついで3月9日付の書簡 No. 14 では，まず，コロンビアがクラークを迎えたことを祝し，「あなたがたは他のどの大学もまねのできない賞を得たのです」。「あなたがたは今や他の大学にわれわれの路線に沿って教育を強化するか，それとも競争から離れるかを迫ることになるでしょう」とパッテンは書い

ている。

　また同じ手紙の中で,「私はここ〔ペンシルヴェニア大学〕での仕事が気にいっており，われわれは非常にいいグループなので，それが壊れるのを見たくない」と，あらためて記してもいる。

　このようにして，ギディングズ発のペンシルヴェニア大学経済学部をコロンビア大学に統合しようという思いきった秘密計画は，パッテン自身の判断によって成功に至らず消滅してしまった。クラークの言う「理論トラスト」，クラーク，ギディングズ，パッテンの3人がコロンビアに集まることはなかったのである。

　このギディングズの計画は，むろん彼一人の思いつきではなかったと思われる。クラークのコロンビアへの招聘をギディングズと共に最も熱心に進めていたセリグマンも，このことを承知していたと考えるのが自然であろう。その後のことをみれば，パッテンがワートン・スクールにとどまったことは，彼の学問研究・教育の点からみて適切な判断だったと考えられるであろう。

6) 経済学と社会学の関係

　書簡 No. 9（1894年6月2日付），No. 15（1895年4月9日付），No. 18（1895年10月11日付），および No. 23（1896年5月18日付）は，パッテンの社会学に対する関心や，経済学と社会学との関係をめぐる当時の論争，とくにギディングズとの論争に関連している。

　No. 15 では，パッテンが1896年に出版することになる『社会的要因の理論』（Patten, 1896a）を手がけ始めたことと，それが心理学に驚くほど踏み込んだことについて触れ，「それをあなたは社会研究とはまずみなさないだろう。それは事実上一種の経済心理学である」と述べている。

　No. 18 では，パッテンはギディングズが執筆中の彼の主著となる『社会学原理』（Giddings, 1896）に大きな期待を示し，その完成のスピードアップを求めている。そのうえで自らの『社会的要因の理論』の進行状況について，心理学的部分を削除したことを告げ，その4部構成の見出しについて報じている。

　しかし理論的な内容がみられるのは，経済学と社会学の関係について2人の

間に交わされた論争に関連している書簡である。No. 9 では，パッテンはまずギディングズの新著『社会学の理論』を称賛した後，社会科学における効用概念の役割に関する見解を鋭く批判している。パッテンは，「ギディングズの問題はオーストリア学派経済学者の議論と，問題の議論のすべての基礎にある功利主義学説との混同にある」と述べ，「最終効用学説は効用理論の重要な系論ではあるが，効用理論は効用度がなくても存続する」ことを指摘している。

　パッテンはこのように，最終効用理論とその基礎にある効用の一般理論との間の重要な区別を指摘しているのである。さらに彼は快楽と苦痛との関連で効用を論じ，動物と人間社会との間に，また人間社会における発展段階の間に区別を設けることを主張している。

　No. 23 は，相異なる社会科学の本質と構造に関する重要で最も実質的な理論的議論であり，パッテンは「具体的科学」(concrete science) と「抽象的科学」(abstract science) の区別と，その区別に関連した「動因的側面」と「感覚的側面」との間に区別を行っている。彼は自分のアプローチをギディングズのそれと比較し，抽象的科学としての経済学と具体的科学としての倫理学や政治学との相違点を論じ，18世紀の道徳哲学と19世紀の「科学的」経済学の発展とを比較している。

　これらの書簡にみられる経済学と社会学の本質，および経済学と社会学との関係をめぐる両者の論争については，次節において，その一般的背景と共に，あらためて取り上げることにしたい。

3　パッテンとギディングズ，クラーク

1)「理論トラスト」としてのクラーク，ギディングズ，パッテン

　クラークが彼とギディングズ，パッテンの3人を「理論トラスト」(theory trust) と呼んでいたことに筆者は注目し，とくにギディングズとクラークとの相互影響について論じたことがある。[6] そのさい注記しておいたように，クラークは1892年4月28日付のギディングズ宛の手紙で，「理論トラストが完

成するのが分かるでしょう。それはこの世の低級なトラストのように機会のあり次第壊れてしまうようなものではありません。トリオ全体をもって連合戦線を作り出しましょう」と書いている。

面白いことに，クラークはこの「理論トラスト」を彼の新しい家の設計図の中で三枚窓になぞらえ，「ひとつの主題を継続して取り扱うことにしましょう。そして1つや2つの窓を開けるのではなく，われわれ自身の三枚窓を作りましょう」[7]と書き，三枚窓のスケッチさえ描き添えている。

むろん，クラークが3人をこのように「理論トラスト」と呼ぶとき，それは広い見地からみての新しい限界主義経済学の理論的特徴という共通項を指していることは言うまでもない。ギディングズは経済理論上の細部では必ずしもすべてクラークに同意しているわけではないが，大きくはクラークの限界生産力的分配理論の形成に協力・貢献し，その意義をいち早く評価し，クラークにとくに近い立場にあった。これに対して，パッテンは，限界主義理論のうちでも，とくに価値論においてはオーストリア学派に最も大きな影響を受けており，限界生産力的分配論については必ずしもこれに積極的に賛成していない。

しかしそれにもかかわらず，3人は大きくイギリス古典派経済学を批判し，オーストリア学派とも異なる独立したアメリカにおける限界主義経済学という新しい経済理論の立場に立っていたのであった。したがって，パッテンは，たとえば1892年4月6日付のクラーク宛の手紙（これはコロンビア大学図書館所蔵のJ. B. Clark Papersに入っているパッテンのクラーク宛書簡3通のうちの1通。他の2通は1886年11月と1900年6月8日付）が示しているように（本書第12章を参照），アメリカ人経済学者による限界主義に基づく新しい経済理論を基礎とする「アメリカ学派」の中核を担うといった意味を込めて，3人を「理論トラスト」と呼び合い，3人は共同戦線を張ったといえる。

これら3人のうち，ギディングズはやがて社会学に大きく傾斜して行き，コロンビア大学の初代社会学教授としてコロンビア社会学の基礎を築くことと

---

6) 田中敏弘，1999b，99。
7) Letter No. 222, Sept. 25 [1893], "The Correspondence of John Bates Clark" (Tanaka, 2000a, 197.

なった。他方パッテンは狭い限界主義経済理論にとどまらず，広く社会学との関連や，動態的・歴史的考察に進み，「稀少の時代」と対立する「豊富の時代」における独特の消費経済学や経済発展論へと展開していった。これら2人と比較して，限界主義理論の最も鋭い体系的展開者となり，その正統派の立場を維持したのがクラークであった。ここに理論経済学者としてのクラークの特徴がみられ，クラークが「理論トラスト」の中心人物だったわけである。

2）動態経済学をめぐるパッテンとクラーク

クラークとパッテンの経済理論上の関係において最も重要なポイントの1つは，動態経済学の理解であった。本来の経済理論家であったクラークにとって，パッテンの経済思想のうち，取り上げるに値すると考えられたのは彼の動態経済学であった。もうひとつは，正統派から大きく離れたパッテンの保護主義についての議論であった。まず初めの動態経済学をめぐる両者の関係を取り上げておきたい。

パッテンが1892年に『動態経済学の理論』（*The Theory of Dynamic Economics*）（Patten, [1892a]）を出したさい，クラークは同年7月に *Annals* でその書評を行っている（Clark, 1892c）。

クラークはまず，パッテンのこの書物はわずか153頁のパンフレットだが，完成を求める動態経済学研究の発端をなすと述べた後，自らの静態（静学）と動態（動学）との区別に簡単に触れ，動態では動態要因とともに静態要因が作用していることを強調し，「最も進歩的な社会は，事実上，静態法則が最も有効に働く社会である」（31）という見解を繰り返し強調している。

そのうえで，パッテンは「進歩的社会と非進歩的社会とを対比する仕方で動態経済を孤立化した」と，クラークは捉えている。クラークによれば，パッテンは主観的な観点から費用を苦痛として捉え，それを償う余剰を利得とみている。パッテンの議論は，費用によって補償されない産業上の「余剰ないし利得」という概念が重要な出発点をなしている。

クラークは，パッテンがリカードウ地代論の拡大というイギリス古典派を越える難しい仕事を行った点を認めるが，ただパッテンの研究は，動態社会に現

れる余剰を，消費を中心とした要因に関連して展開されているとしている。

　ところでパッテンの場合，この余剰という重要な概念を構成しているのは費用と効用の概念の用いかたである。それは一般の概念と異なるものであり，ここに問題が潜んでいると，クラークは指摘している。この費用と効用の概念の使い方次第で，パッテンの言う余剰は存在したり，消滅したりするのであり，しかもこの余剰は，パッテンの場合，課税と関係するので，この点からも重要だとしている。そこで，このパッテンの言う「余剰」概念をテストしなければならないとしている。したがって，クラークの書評の大部分は，パッテンの「動態経済学」の基礎をなす彼独自の効用理論の検討に当てられている。

　パッテンの「特殊な効用概念」(36)は通常の効用概念とは異なる。パッテンの効用はある財や用役の消費に基づく「負の効用」のことであり，通常その消費に際して，それが快楽を与えるか否かいずれにせよ，生じる「絶対効用」を指している。この普通の見解では，消費されるものから生じるすべての結果——快楽であろうが不快であろうが——を考慮に入れた効用であるのに対して，パッテンの見解では財の使用から生じる「負の効用」を指している。そこで余剰の利得は快楽を与えるものから得られることになる。

　さらにパッテンのいう費用は，快楽を与えるものを確保するさいに直接含まれる犠牲であり，これは通常の費用概念と異なる。通常の概念によれば，労働日の最終部分の労働がこうむる負の効用によって測定される。それはその労働によって得られる生産物のもつ最終効用に等しいはずである。したがってパッテンのいう余剰はここでは消滅してしまう。これはジェヴォンズが明らかにしたことである。

　クラークはパッテンが使用した図——「利得の最終増分は最終の労働期間の単なる苦痛を相殺して余りある」ことを示すもの——をわざわざ修正し，労働時間の最終増分がこうむる苦痛の全体が，その労働時間の生産物から得られる快楽と等しいことを示す図に変えて，このことをあらためて説明している。

　このようにクラークは，パッテンの特殊な効用・費用理論の誤りを指摘することによって，こうした誤った前提に基づく「余剰」概念のうえに彼の動態経済である進歩的社会の議論が展開されていることを明らかにしたのであった。

クラークはパッテンの余剰概念に基づく「豊富の経済」というヴィジョンじたいには特別の関心を示すことなく，その理論的誤りの指摘によって間接的に，しかし根本的な批判を加えたのであった。こうして静態・動態の区別に関連して自らの観点から友人パッテンの理論を取り上げ，その誤りを指摘することで，自らの正当な理論的立場を示そうとしたといえる。

　『動態経済学の理論』にたいするクラークの厳しい批判を受けて，パッテンは Quarterly Journal of Economics に「『動態経済学の理論』に関連した若干の説明」を寄せている（Patten, 1892b）。ただここではクラークへの直接の反論ではなく，保守派のハドリーによる書評（Hadley, 1892）に対する反論という形をとっている。というのは，パッテンによれば，クラークの批判のように，パッテンの意図に一応の理解を示したうえで，その内在的論理の誤りを効用，費用，余剰概念の欠点として鋭く指摘したものと比較して，ハドリーの書評は，ただパッテンの分析は混乱していて推論は誤っていると批判しているからである。

　この「若干の説明」において，パッテンはまず，「『動態経済学の理論』で，私は繁栄の理論の展開を試み，効用理論をその基礎にすえた」（Patten, 1892b, 177）のであり，効用理論を従来のような価値論・分配理論との関係で取り上げるのではなく，繁栄の理論の視点から取り上げようとしたことを強調している。したがって，従来の価値論だけからみて，私の言葉の使い方を慎重に検討することを怠った点に，ハドリーの誤解があるとし，同様な誤解が生じないようにあらためて説明したいと述べている。

　パッテンの主張点は主として2点に要約できる。その1つはジェヴォンズとの相違点についてである。パッテンによれば，彼がジェヴォンズと異なるのはジェヴォンズよりもより心理的要因に訴える点だけということになる。ジェヴォンズは，労働者は限界効用が限界費用と一致する場合に生産をやめるであろうと仮定している。ところがパッテンは，労働者は有利な環境のもとでは，そのように長く働かずに，生産の限界増分がまだ消費の余剰を生み出している間に，生産をやめるであろうと仮定しているのだと主張している。

　第2点は，オーストリア学派の「主観的価値」とパッテンのそれとの相違点

についてである。パッテンは，オーストリア学派の経済学者がこの「主観的価値」という用語を間違って使用していると批判している。彼らにあってはそれは一種の客観的価値になってしまっていると。彼のいう「主観的価値」はいつも「プラスの効用」——消費によって得られる欲望満足の単位——によって測られる。パッテンは，彼が主観的価値を積極的に商品から得られる快楽の分量と定義しているのに対して，オーストリア学派は，それをわれわれが商品を失った場合に失う効用と消極的に定義しているという。この定義の違いは，一連の異なる欲望満足が一商品のみにかかっているのならば重要ではない。しかし一連の欲望満足における1つの要素の喪失はいくつかの異なるグループの商品の快楽を奪うので，この区別は根本的に重要になると，パッテンは主張している。パッテンの論理展開は十分な説得力をもつものとは言えないが，彼が強調しているのは，「この区別は，客観的価値の決定においては重要ではないが，異なる進歩段階にある社会の相対的繁栄を測定しようとする試みの場合には大きな重要性をもつ」(183) という点である。

3) 保護主義をめぐる問題

　動態経済学についてクラークがどうしても取り上げざるを得なかったのは，保護主義者としてのパッテンの議論であった。パッテンが1890年に『保護の経済的基礎』(*The Economic Basis of Protection*) (Patten, [1890a]) を刊行したさい，クラークは *Annals* にその書評を寄せている (Clark, 1890f)。

　クラークはこの小著の内容をやや詳しく紹介しており，パッテンが保護主義の取扱いをこれまでになかった高い理論水準に引き上げたことを一応認めている。しかし果たしてその議論が理論的に正しいかどうかは別物だと述べている (340)。

　この小著では著者が意図している論点が多過ぎて，それらをすべて論証することはできるものではないとしている。それは幼稚産業の一時的保護の主張でもなければ，高い原料費と高い賃金を製造業者に補償するような補償関税の主張でもないという (341)。しかし，クラークは自由貿易が分配を損ない，その利益を地主の懐に入れるという主張は真実だろうか，と問い直している。ク

ラークはいくつかの鋭い理論的な問いを連ねたのち，その結論として「この著作は最も重要な幾つかの論点で，じれったいほど不完全だ」と嘆いている。理論上の飛躍によってその主要な結論が得られているとまで評している。したがって，もっと正確で詳しい議論の展開をパッテンに求めている。

　これは友人パッテンの著作というだけでなく，正統派の自由貿易論者としてのクラークにとっては，見過ごすことのできない新しい保護主義の理論であった。しかしここでもパッテンの繁栄の理論，進歩的社会の理論にとくに関心をもたないクラークは，そのヴィジョンとの関連で展開されているパッテンの保護主義の主張を理解することはできなかった。パッテンにとっては，輸出向けの小麦を生産するだけでなく，農産物を多様化すれば，地代を引き下げ，賃金を引き上げ，労働者の生活水準を向上させるという，彼本来の「稀少の時代」から「豊富の時代」への移行という重要なヴィジョンとの関連で保護主義は重要性をもっていたのであった。

4）経済学と社会学との関係――パッテンとギディングズとの論争を中心に

　1870年代，80年代は，社会科学の転換の時期であり，転換にむけての一種の過渡期の状況を呈していたといえる。新しい経済・社会現象に直面したアメリカ社会は，もはやそれまでの社会哲学では説明できなくなっていた。経済学では，古い道徳哲学に基づいた自由放任のイギリス流古典派経済学に対して，ドイツ留学グループを中心とした「新学派」による新しい経済学の樹立が進められた。クラーク，アダムズ，イーリー，ジェイムズ，パッテンなど（それに留学経験をもたぬギディングズらも含めて），若い「ラディカル」な経済学者グループのリードにより，「社会的福音」を説くキリスト教社会主義と提携して保守派との対立が展開された。

　こうした新しい経済学の樹立と同様な状況背景のもとで，新しい科学としての社会学の樹立が問題となった。コントとスペンサーの社会学をモデルに，アメリカ社会学の樹立が試みられた。その第1段階は，経済的保守主義と同じく政治・社会的保守主義の弁護を目的としたサムナーの社会学と，社会の改革を主張するウォードの生物学的社会学の対立を生み出していた。

しかし，やがて1886年のヘイマーケット事件をほぼ境に生じたアメリカ社会の保守化は，アメリカ社会科学全体の後退——進歩的自由主義への転換——を生み出すに至った。経済学においてはマーシャルやオーストリア学派経済学と共に，クラークを先頭にしたアメリカ新古典派経済学の確立へと向かうこととなった。他方社会学では，第2段階としてキリスト教社会主義からの転換を迫られるシカゴのスモール対コロンビアの実証主義による社会学の展開を目指すギディングズとの対立という形をとりながら，社会学の確立が進められて行くことになる。[8] この段階では，限界主義経済学の正統化による経済学が取り扱う範囲の狭量化は，社会学者を経済学から離れさせ，経済学をその一部とみなす社会学の樹立へと向かわせることとなった。これが1890年代の一般的状況であった。

このような当時の経済学と社会学の一般的・歴史的状況のもとで，パッテンとギディングズの間に Annals で自由に交わされた社会学の本質，方法，社会学と他の科学，とくに経済学との関係をめぐる論争をみなければならない。

このパッテンとギディングズの論争は，以下のような論文やコメントにおいて展開された。

(1) ギディングズ「社会学の領域」("The Province of Sociology," *Annals*, July, 1890) (Giddings, 1890b)

(2) パッテン「生物学的社会学の失敗」("The Failure of Biologic Sociology," *Annals*, May, 1894) (Patten, 1894a)

(3) ギディングズ『社会学の理論』(*The Theory of Sociology*, Supplement to the *Annals*, July, 1894) (Giddings, 1894b)

(4) パッテン「効用の端緒」("The Beginning of Utility," *Annals*, September, 1894) (Patten, 1894b) ［ギディングズ『社会学の理論』への反論］

(5) ギディングズ「効用，経済学および社会学」("Utility, Economics and Sociology," *Annals*, November, 1894) (Giddings, 1894c) ［パッテンの (2) および (4) への反論］

---

8) Stern (ed.), 1932 には，ギディングズとウォード，スモールとの往復書簡が活字化されている。

(6) パッテン「経済学と社会学の関係」("The Relation of Economics to Sociology," *Annals*, January, 1895)（Patten, 1895a）［ギディングズの (5) への反論］

(7) ギディングズ「社会学と抽象的科学。社会感情の理論」("Sociology and the Abstract Sciences. The Origin of the Social Feelings," *Annals*, March, 1895)（Giddings, 1895）［パッテンの (6) への反論］

(8) パッテン「抽象的科学と具体的科学の関係」("The Relation of Abstract to Concrete Sciences," *Annals*, May, 1895)（Patten, 1895b）［ギディングズの (7) への反論］

この論争の論点は多岐にわたるが、そこでの両者の対立点を以下に整理して要約し、その意味についてコメントを加えることにしたい。

社会学の性格をめぐって、それは抽象的科学か具体的科学かという論点については、パッテンはそれを具体的科学であると考え、ギディングズもそのように考えているというが、パッテンはギディングズの社会学の定義のうちに抽象的科学としての性格を見いだし、ギディングズにその混乱を指摘したりしている。この議論は、まだ理論社会学と応用社会学の区別も明確でなかった状況下のものであり、混沌としていたことを示しているといえる。

ギディングズが上記 (3) の『社会学の理論』で自ら述べているように、彼の社会学の「理論の根本的な考え方」は1890年の論文「社会学の領域」にみられる。この論文で、ギディングズは、社会学とは何かを問うことが今ほど必要な時はないとの認識から、社会学の本質を論じている。社会学を他の社会科学との関連で、経済学、政治学、法律学、社会統計学、歴史学との相違点を問いつつ、それを「社会進化の一般法則の形成と共に、社会現象の一般的性格を分析するもの」(Giddings, 1894b, 67-68) としている。ここから社会学を社会科学のすべての部門における特定の研究の基礎となるに違いないものとみている。この意味で、「社会学は『根本的な社会科学』(fundamental social science) である」と主張している。彼はウォードやスペンサーを引きながら、心理学との関連を問い、とくに進化論的視点との関係を強調し、政治学者の強調する意志的要因との関連について説明している。

ギディングズは，社会学は論証科学ではないが，単なる「記述的科学」ではないと主張している。そして，社会学には科学的一貫性があり，それは「社会静学」と「社会動学」の形をとっていることを強調している。

　パッテンは (2) の「生物学的社会学の失敗」において，直接にはウォードの著書 *The Psychic Factors of Civilization* (1893) を批判の対象にしているのだが，そこでは彼の重要な 2 つの主張点が表明されている。すなわち，彼はその結論で次のように述べている。「社会学はその根本的な科学としての経済学に依存するが，研究すべきそれ自体の要因と材料をもっている。社会学者は彼らの材料の多くを求めて生物学や経済学という根本的な科学に手を伸ばさねばならない。しかし，彼らはこれらの科学を作り出す諸要因が，真の社会的要因であることを認めることができない。彼らは，それらの科学自体の研究の独立性は必ず覆され，それらの科学の成果を未分類の個別なものの単なる集合とみているのである」(Patten, 1894a, 947)。

　このように，パッテンにとっては経済学が「根本的な社会科学」であり，その独立性を認めない社会学を批判するが，同時に彼は，社会学がそれ自体の研究領域をもつことを認めている。「効用理論から演繹できない要因が出てくる場合に，われわれは経済学から社会学へ移行する」(947) というのが，パッテンの基本的な立場といえる。効用理論からなる「純粋経済学」を独立した「根本的な科学」だとしながら，それによって扱えない社会的要因が出てきた場合に社会学が生きてくるとしている。

　個別の社会科学はすべて社会学に依存するという社会学を「根本的な科学」とみるギディングズは，(3) で経済学は，「社会的範疇における第一義的な事実」である人間の「アソシエーション」を説明なしに仮定しているので，「根本的な科学」とはいえないと主張している。そして，「純粋経済学」は社会学の一部ないし一部門ではなく，論理的にこの部門に先行するというパッテンの主張の誤りを，「アソシエーション」を抜きにした主観的効用理論は成立しないことを説いている。「したがって，効用理論は独立した科学ではない。それは社会学の全体を構成する一部である」(Giddings, 1894b, 32) と答えている。

　これに対して，パッテンは (4) で，「社会的な生物と非社会的な生物は効用

理論の違いに依存する。非社会的な生物は最初の効用論を採用する。……これに対して社会的な生物は最終効用論に基づいて行動する」(Patten, 1894b, 258)とし，「効用の度合いの意識と最終効用論の受け入れは，このようにして社会的活動への道を開く」(259) のだと反論している。

そこでギディングズは (5) で主要な論争点を次の2つに整理し直している。第1は，経済学は論理的に理論社会学に先行するかどうか，第2は，効用はどの程度社会関係に先行するかである (Giddings, 1894c, 398) と。第1論点に対して，ギディングズは再び「純粋経済学」は社会関係を前提にするものであり，理論社会学を前提すると主張している。第2の論点についてギディングズは，パッテンの書いたものはすべての主観的効用が社会進化の産物であることを否定しているとは思えないと述べた上で，効用理論を社会進化のもとで生理学的効用の理論から，最初の主観的効用の理論となり，最後に，効用の意識的計算現象から特定の社会科学である経済学が成立するのだと説いている。

ところがパッテンが主張する経済学は社会学よりはむしろ社会の根本的な科学であり，すべての科学から区別され，それらすべての前提となる論理だということになってしまう。しかしこのようなものは存在せず，根本的な社会科学は社会学なのだと述べている (404)。

これに対してパッテンは (6) で，社会学は社会的要因を扱う仮説的（理論的）科学となるか，それとも社会的な世界の総体現象を扱う現実主義的な科学となるかを選択することが重要であると主張し，ギディングズはこの点を明確にしなければならないとしている。

そして最後に，経済学は，狭い意味で「社会的」という言葉が使用されるときは，社会科学ではないが，広い意味で使用されると共に，共通の環境に住む人間社会のすべての現象を含むならば，それは「社会」科学であると述べ，「こうした社会の現象の多くは社会に作用する経済要因に基づくものであり，経済要因を無視した説明は妥当ではない」(Patten, 1895a, 583)，と結んでいる。

最後に，ギディングズは，もう一度不十分な論点を2つに絞り，①ある社会現象は進化的にみて，「純粋経済学」が扱う現象の大部分のものに先行するこ

と，②「純粋経済学」は発展した社会の後のより複雑な現象の説明において前提されねばならないことを繰り返し主張している。ギディングズは最初の効用と限界効用の区別は，後になってできるのではなく，最初から存在するとみる。だから，主観的効用の理論はやはり社会関係を前提しているのだと。

これに対して，パッテンは承服せず，最初の効用よりも限界効用が小さいことを知ったときに，初めて仲間の動物と2匹に十分な食料を分かち合うことになるのであり，したがって，ここで社会的関係に入ることになるのだという。これに対しては，ギディングズは，食料を求める意識的な敵対的衝突は種の同一性意識に先行するのかどうかをあらためて問い，彼の種の意識→模倣の理論を再説して，模倣は同種の生物間の衝突よりも古いことを主張している。

こうした主としてギディングズとの論争を契機に，パッテンはそれらの論点をほとんどすべて含む形で，最終的に1896年に『社会的要因の理論』をまとめたのであった。

5）むすび

ギディングズは，ロスが指摘しているように，スモールと異なり，キリスト教社会主義思想とは関係なく，初めから実証主義的な立場に立ち，クラークの限界主義経済学の展開に協力したが，のち社会学に転じ，統計を重んじる実証的社会学を展開し，コロンビア社会学の基礎を築きあげた。彼は新古典派経済学が与えるよりも，現代社会のより深い正当化と社会組織のより根本的な基礎を社会学に求めたのであった（Ross, D. 1991, 222）。

このことにより，ギディングズは暗黙のうちに経済学に挑戦したといえる。本来保守的な彼は新古典派経済学から社会学に転じることによって，新しい自由主義のなかでもやや保守的な立場に位置することとなったといえる。

これに対して，パッテンは，ギディングズと交わした論争から明らかなように，社会学に，そしてとくに経済学と社会学の関係に対して大きな関心を示した。しかしパッテンは限界主義経済学に基づく経済学の独立性を主張し，ギディングズのように社会学者に転身することはなかった。しかし，彼は「純粋経済学」としての限界主義経済学が扱えない社会的要因については，経済学を

基礎に据えながら，社会学を展開することに関心をもったのであった。とくに主観的・心理的観点を重視するパッテンは，自ら社会学的著作である『社会的要因の理論』を Annals に寄せたのであった。またパッテンは彼の『繁栄の理論』(Patten, [1902]) にギディングズへの献辞を掲げてもいる。このようなパッテンは当時の経済学者のうちでは極めて例外的な存在であった。

　他方，正統派の理論家クラークは，この経済学と社会学の関係をめぐる論争にはほとんど無関心であった。彼はキリスト教社会主義の立場から，限界生産力的分配論の樹立をもって進歩的自由主義に後退することで十分とみたのであり，ギディングズともパッテンとも異なる正統派の新古典派経済学の立場を維持したといえるであろう。

4 SIMON NELSON PATTEN'S LETTERS TO FRANKLIN HENRY GIDDINGS, 1888-99

owned by the Kwansei Gakuin University Library, Nishinomiya, Japan. Transcribed and edited by Toshihiro Tanaka, Kwansei Gakuin University.

Editor's Notes

1. Parentheses ( ) show Patten's original ones.
2. Square brackets [ ] show the supplement thought necessary by the editor.
3. The spelling, punctuation, and abbreviations of the original letters have been retained, except for some obvious cases.
4. Editor's notes are limited to a minimum.

1. Nov. 23, 1888, Philadelphia.

My Dear Prof. Giddings,

　My thoughts are now on the Christmas meeting of our A. E. Association. We are organizing a local committee to receive them and as you are so near we consider you one of us. You have attended the meetings and know more than I of what is best to do and how to do it. I should like very much to have a talk with you about the matter. Could you come down Sunday afternoon or some afternoon in the forepart of next week? If not let me know when you will be at home. I shall try to come out to see you. I hope, however, you can come Sunday. I shall look for you then.

Yours sincerely,
Simon N. Patten
3722 Socust St.

2. June 7, 1890, Friedrich str. 24, Halle, Germany.

Dear Giddings,

I have gotten into about as near a state of doing nothing as a man could well do but today I have aroused myself enough to write some letters. I had big plans of studying when I came here but they are all in the air yet.

I made a long foot trip to the Harz Mountains (I sent you a card I think) and then went to Jena a few days to see Prof. Reins work in Pedagogy.

Next week I go to Berlin for a week and then I settle down here for a month at least.

I went to Leipzig and had a long talk with Prof. Brentano.[9] He carries his historical method to a degree that even surprised me. He will not allow anything

---

9) Lujo Brentano (1844-1931). 新歴史学派の左派を代表する経済学者で,「社会政策学会」の創設メンバー。ドイツのアッシャフェンブルクに生まれる。ハイデルベルク大学とゲッチンゲン大学で法律と経済学を学ぶ。1871年からベルリン, ブレスラウ, シュトラスブルク, ウィーン, ライプチヒ, ミュンヘンの各大学で教授として経済学を教えた。プロイセン統計局でのエンゲルの影響から, 資本主義の改革のために労働問題に関心を向け, とくに労働組合を重視した。同時に彼は資本主義経済システムを改善する手段として社会保障制度の導入を主張した。彼は経済学の大前提としての利潤極大化を計る抽象的な個人という古典学派の概念を批判した。彼は終始, 社会問題を資本主義システムの枠内で解決することを意図したのであり, したがってマルクスと当時のドイツ社会民主党の立場を拒否した。

theoretical in his seminar and discourages discussion or even the reading of theoretical works to any extent on the fact of students. He did not say this in so many words but, he inferred it from what he said.

I mean to touch off Schmoller[10] in Berlin to see what he has to say, on the same task.

There is a young privat-docent here (Dr. Diehl[11] that has heard Menger and belongs to his school).

He of course has a different tale to tell. He says that he regards Böhm Bawerk a better and greater man than Menger and regards the future as in him. Sax[12] he does not like and Wieser he regards as an able man.

He says that Böhm Bawerk married Wieser's[13] sister, so they are related and

---

10) Gustav von Schumoller (1838-1917). 新歴史学派を代表する「社会政策学会」のリーダー。テュービンゲン大学で博士号を取得し，のちハレ，シュトラスブルク，ベルリンの各大学の教授となり，1897年，ベルリン大学の総長となった。1890年，「社会政策学会」会長となる。彼は経済学の倫理化を主張し，歴史的・倫理的方法によって新歴史学派に方法論的基礎付けを行った。彼の経済学と社会政策の立場を進めるために自ら編集した『シュモラー年報』(Schmollers Jahrbuch, Jahrbuch für Gesetzgebung, Verwaltung und Volkswirtschaft im Deutschen Reich, 1881) は功罪両面で広く知られる。

11) Karl Diehl (1864-1943). フランクフルトに生まれ，ベルリン，ハレ，ウィーンの大学で法律学，経済学を学び，ハレ大学で学位を取得。ロストック大学 (1898年)，ケーニヒスベルク大学 (1899年) を経てフライブルク大学教授 (1908〜43年)。シュタムラーの社会哲学の流れをくみ，経済学における「社会法学派」の創始者と称した。主著は『理論的国民経済学』(Theoretische Nationalökonomie, 4 vols., 1916-33)。経済学史，社会思想史の研究者としても知られ，プルードン研究（全3巻，1888〜96年），リカードゥ研究（全2巻，1905年），社会主義，共産主義，アナキズムの研究（1906年）などがある。

12) Emil Sax (1845-1927). ベーム-バヴェルク，ヴィーザーに次ぐツッカーカンドル (1856-1926) と共に知られるオーストリア学派の経済学者。プラハ大学教授 (1879〜93年)。ザックスの主な貢献は，限界効用価値論を財政や交通の分野に拡大した点に求められている。『理論的国家財政の基礎』(Grundlegung der theoretischen Staatswirtschaft, 1887) において，彼は個人の経済と公共経済のいずれにおいても，同一の法則が作用することを明らかにしようとした。これはとくにイタリアにおける課税論に刺激を与え，課税理論の展開に影響を与えた。また『国民経済および国家経済における交通機関』(Die Verkehrsmittel in Volks-und Staatswirtschaft, 1878-79) は交通経済学の基準書となった。

intimate.

Böhm Bawerk has been intrusted with the drafting of a bill for a new direct income tax and he is in Vienna for that purpose.

Conrad[14] is the same Conrad of old — not a bit changed either in looks, manner or habits.

I am going there tonight to have a big discussion with him. Gray (of Harvard) and Rave about poor laws and Socialism.

Germany is all crazy about Socialism. I knew they had it on the brain but did not suppose it was so bad as it is. They all feel that something must be done but what no one as yet can say.

Halle is so changed that I hardly know it. It has become a great manufacturing center and much more costly to live in than formerly. In commercial matters they are following on our track as rapidly as possible.

I am anxious to see our new review which I suppose is now out. Is it up to your expectations ?

What are your plans for the summer ? Give my best wishes to Mrs. Giddings

---

13) Friedrich von Wieser (1851-1926). 通常ヴィーザーは，彼の先生のメンガーと彼の親友ベーム-バヴェルクと共にオーストリア学派創設のトリオとされている。ウィーン大学ではベーム-バヴェルクと共に，そして，ハイデルベルク，ライプチヒ，イエナの諸大学に学んだ。1903年，ウィーン大学教授。『自然価値』(*Der natürliche Werth*, 1889) では，メンガーの価値論を基礎に，限界効用理論による財の交換価値の決定，帰属価値や機会費用の観点から費用を論じた。純粋経済学の分野だけでなく，彼は『社会経済の理論』(*Theorie der gesellschaftlichen Wirtschaft*, 1914) では独自な経済社会学を展開した。クラークの依頼を受けて，ギディングズが『自然価値』の書評を行っている。

14) Johannes Conrad (1839-1915). ドイツ歴史学派の経済学者，統計学者。ベルリンとイエナの大学で自然科学を学ぶ。ブルーノ・ヒルデブラントの影響を受けて経済学に関心をもち，1864年にイエナ大学から社会科学で学位を受けた。イエナで4年教えた後，1872年にハレ大学教授となり，死ぬまでそこにとどまった。1872年以後，*Jahrbücher für Nationalökonomie und Statistik* の編集者としてヒルデブラントを助け，1878年にその後を継いだ。この『年報』はしばしば『コンラート年報』(*Conrad's Jahrbücher*) と呼ばれた。彼は主に農業政策と農業統計に関心をもち，農業保護を主張し，農業関税の縮小に貢献した。教師としての能力の点でとくに優れており，外国人，なかでもアメリカ人留学生の指導に力を尽くしたので知られる。

and to Prof. Clarke [*sic*] when you write.

Sincerely yours,
S. N. Patten

3. June 28, 1890, Halle, Germany. [written at the top upside down : What do you think of Laughlin's[15] appointment to Cornell ?]

Dear Giddings,

I have been knocking around considerably since I came back from the Harz and am now just back from a ten days visit to Berlin. I have met Brentano at Leipsig [*sic*] and had a couple long talks with him and he wanted me to dine with him.

At Berlin I met Wagner[16] and Schmoller. Wagner is a man of my liking and my talk with him was the source of much pleasure. He is the only economist of whom I know that has the same tone as to taxation that I have. It pleased me much to hear him say that the present burden of taxation was very light relatively

---

15) James Laurence Laughlin (1850-1933). 1873年ハーヴァード大学卒。1876年同大学から歴史で PhD を取得。コーネル大学経済学教授 (1890～92年) の後，新設されたシカゴ大学の経済学部長となり，1916年に退職するまで同学部発展の基礎を築いた。主な業績は貨幣・銀行論の領域で，*History of Bimetallism in the United States* (1885), *The Principles of Money* (1903) などがある。学部長としては，*Journal of Political Economy* を創刊して貢献し，またヴェブレンやミッチェルを受け入れるなどの幅の広さをもっていたが，彼は旧正統派の自由市場経済の最も保守的な信奉者であり，ニューカム，サムナー，ハドレーと共に，1885年に創設されたアメリカ経済学会への参加を拒否した保守派に属していた。1904年にシカゴ大学で AEA の大会が開催されたときに初めて入会している。

16) Adolf Heinrich Gotthilf Wagner (1835-1917). ドイツ講壇社会主義のリーダーの1人。ハイデルベルク大学とゲッチンゲン大学に学び，ウィーン，ハンブルク，ドルパート，フライブルクの各大学で教えた後，1870年にベルリン大学の教授となり，1917年まで経済学，財政学，統計学を講じた。彼の重要な貢献は財政学に関するものであった。彼の社会哲学に関する著作は，有機体的国家概念と自由放任的自由主義の拒否とに基づく，いわゆる「国家社会主義」であった。主著は『財政学』(*Finanzwissenschaft*, 4 vols., 1877-1901), 『国民経済学と社会主義』(*Die akademische Nationalökonomie und der Sozialismus*, 1895)。

to that borne by the past and that it could be easily be increased in many ways with much increase of the real burden to the people.

His whole tone was a pleasing one to me. My talk with Schmoller was not satisfactory. He was a little sick and perhaps that made him reticent but his answers were short and careless.

The next number of Conrad's *Jahrbücher* will be of the greatest interest because Prof. Dietzel[17] (now elected professor at Bonn) will have an attack on the Austrian school of economist and the theory of marginal value. Conrad has given me the proof to read so I know what is coming and it will be sure to stir up a discussion as the Austrians are only to ready for a battle.

It is a long and very able article and makes many good points against his opponents. His point of view reminds me some of yours though his line of argument is quite different. He defends the cost of labor theory of production and ends by saying that the Austrian theory is a backward movement not a forward one.

Of course my sympathies are with the Austrians and do not see that he has won the battle although it will be regarded so by many.

So I have said to you many times I think the Austrians will be compelled to modify their line of defence and broaden out their point of view before they can succeed. This attack may help to do this better than you have done because it is in their own language and thus will force their attention to their weak points. I am now making arrangements for a visit to Austria where I shall meet the

---

17) Heinrich Dietzel（1857-1935）。古典派の方法や原理を弁護し，修正するのに努力した19世紀ドイツの経済学者。ライプチヒに生まれ，ドルパート大学（1885～90年），ボン大学（1890～1935年）の教授となった。彼は新歴史学派やオーストリア学派の双方から距離を保ち，マルクス主義に反対した。にもかかわらず，ロードベルトスの優れた伝記や初期社会主義者たちに関する著作を著して貢献した。彼の最も重要な理論上の貢献は，『理論的社会経済学』（*Theoretische Sozialökonomik*, 1895）による。これは，資本主義と社会主義を，競争市場の個人主義的システムと国家の強制の集産的システムとして捉える分析であり，彼の弟子のワルター・オイケンに影響を与え，後のフライブルク学派が展開した秩序理論の基礎となった。

leaders of the new movement. Well what will you do this summer?
Best wishes to Mrs. Giddings.

Sincerely yours,
S. N. Patten

4. April 7, 1891, Philadelphia.

Dear Giddings,

I am very sorry to hear that your health has broken down. I have however seen that the crisis was near for some time. We must all learn to measure our strength and economize it. Perhaps it will be poor consolation but I have never been forced to delay the expression of my ideas but that I afterwards rejoiced because of it. I have sometime lost a few ounces of results but have gained many pounds by the clearing up of my ideas. You know what a trial it has been for me that I could not print my Austrian article[18] long ago but the clearing up of my ideas has more than paid for the delay. The big prizes in Economics are yet to be won. He who talks last talks best. He has all the little driblets of ideas to unite in a harmonious whole. James[19] and I go to Boston tomorrow.

S. N. Patten

---

18) Patten, 1891, 481-534.
19) Edmand Janes James (1855-1925). 古典派経済学の批判者。この見解は彼がイングラムの『経済学史』(J. K. Ingram, *A History of Political Economy*, 1888) につけた「序」によく表れている。ノースウェスタン大学とハーヴァード大学に学び、ドイツのハレ大学に留学、パッテンの親友となり、コンラートのもとで歴史学派の影響を受けた。帰国後、ペンシルヴェニア大学の新しいワートン・スクールで教えた後、シカゴ大学の行財政学の教授となった。彼は 1885 年の「アメリカ経済学会」の創設にかかわったパッテン、イーリーと共に、ドイツ帰りの若い経済学者 3 人の 1 人である。ペンシルヴェニア大学に新設された the American Academy of Political and Social Science の初代会長 (1889〜90 年) となり、その学術雑誌である *the Annals* の編集者となった (1890〜96 年)。パッテンをペンシルヴェニア大学へ呼んだのはジェイムズであった。のちノースウェスタン大学 (1902〜04 年) とイリノイ大学 (1904〜19 年) の総長となった。

5. June 27, 1891, Sandwich, [Ill.]

Dear Giddings,

I suppose that you have gone to sleep so many times this hot weather over my theories of value that you have forgotten how time flies. Political economy is not the most refreshing study for summer months yet I must have that Mss. before long to correct the proofs from Germany.

Please send them before long to E. T. Devine[20] at the "Annals"[21] office Philadelphia. I promised to let him read them.

If you have any spare energy I should like to have you comment on them from your point of view.

I have just reread Clark's article[22] in the last Harvard Quarterly. I see that he has developed the distinction between static and dynamic quite fully. Have you been pounding that into him? I cannot imagine where else he got it as it makes a break in his way of theorizing. I had quite a talk with him at Christmas but he was unconsciously static at that time. Who but you could revolutionize him?

Best Wishes to Mrs. Giddings.

Sincerely Yours,
Simon N. Patten
Sandwich, Illinois.

---

20) Edward Thomas Devine (1867-1948). パッテンの弟子の1人で, 社会事業家, 社会改革家。アイオワ州のユニオン近くに生まれる。同州のコーネル・カレッジを卒業後1890年まで公立学校の教師や校長を務めたが, この期間にパッテンと出会い, 社会改革思想の影響を受けた。1890年にペンシルヴェニア大学へ行きパッテンの指導を受け弟子となった。同年にはパッテンと同じくハレ大学に留学し経済学でPhDを得た。1896年にパッテンの要請で the Charity Organization Society of New York の責任者となり, 社会事業家, 社会改革者としての経歴を開始した。多くの論文と, *Social Forces* (1910), *Social Work* (1922) など16冊の著書を著した。彼は20世紀初期アメリカ社会で実際的な慈善から社会事業へと移行する時期における枢要な人物であり, 社会事業における科学と専門職業化を進め, 連邦政府の社会事業政策の展開に当たって指導的役割を果たした。パッテンとの詳しい関係については, Fox, 1967 を参照。
21) *The Annals of the American Academy of Political and Social Science.*
22) Clark, 1891c.

6. Dec. 25, 1891, Philadelphia.

Dear Giddings,

I have heard indirectly the Austrian Economists as to their opinion of my article in Conrad's.[23] A friend of mine has seen them all lately. They are well pleased with it and praise it highly. Menger is especially warm in his praise and made many inquiries about me and my work. He said that at some points he did not agree with me but that is of no consequence. It is the general effect that I care for. They must take their own time and way to state their opinions publicly.

This is private information for you, but I know you were greatly interested in the outcome ; so I write of it.

It means I think a general victory for my scheme for the knotty points were in that article. What I am now writing will follow naturally from what is written.

Merry Christmas to you and Mrs. Giddings.

Sincerely yours,

S. N. Patten

7. March 20, 1893, Philadelphia.

Dear Giddings,

I send with this my Mss. containing the criticism of Marshall on the consumer's surplus of future goods.

In discussing future good I think it would be important to mention my argument in Quarterly Journal of Economics Oct. 1889 concerning Walker's[24] theory of distribution[25] that the shares of all factors should to be consistent be measured in <u>present goods</u>. So much of the confusion about the wage fund is due to a double meaning of the term wages using it some times as present goods and some times as future goods. You will see my point clearly by reading that article again. I think that the distinction between present and future goods is of as much

---

23) Patten, 1891.

or more importance in this connection than in the interst problem. It is in this connection that I first became conscious of the need of the distinction between produce and products the two terms I used. You can see how I came to use these two terms if you notice how Walker and H. George lay upon these terms.

Take more space for your article than Palgrave assigned you. If you write a good article he will only be too glad to have the topic well developed.

Sincerely yours,
S. N. P.

8. Jan. 24, 1894, Philadelphia.

Dear Giddings,

I am sorry to have to write a testimonial which will take you away from me but as it is to take you nearer to what you want I submit and shall bear my loss with fortitude. Success to you.

You do not know what an addition to my scanty stock of pleasures my trips to Bryn Mawr make. I shall miss you more keenly than you think. And Mrs. Giddings. Her hospitable welcome, her smile, and her tea — they are simply not replaceable. The only consolation that I can get will be to go to Bryn Mawr occasionally and stand at the foot of the hill looking at the cottage at its top and think of what was but is not.[26]

---

24) Francis Amasa Walker (1840-1897). 彼の世代のアメリカにおいて最も国際的に広く知られた経済学者。アマースト大学卒 (1860年)。南北戦争で将軍として従軍。財務省統計局から，1870年および1880年のセンサス主任統計官を経て，イェール大学の経済学・歴史学教授，MIT総長 (1881～97年) となった。アメリカ統計学会会長 (1882～97年)，初代アメリカ経済学会会長を務めた。彼は古典派正統の自由放任に対する穏健な批判者であったが，ドイツ留学から帰った若いアメリカの経済学者の理解者であった。『賃金問題』で彼は賃金基金説を批判し，残差請求者賃金論を主張した。他に『土地とその地代』(*Land and its Rent*, 1883)，『経済学』(*Political Economy*, 1883) などがある。クラークによるウォーカーの利潤，賃金，地代論，および収穫逓増法則の批判は，彼の限界生産力的分配論形成の出発点となった。

25) Patten, 1889b, 34-49.

Sincerely yours,
Simon N. Patten

9. June 5, 1894, Wales Street, Pa.

Dear Giddings,

  I have been reading and rereading with great interest the proofs of your "Sociology."[27] On the whole I think you have done better than I expected. Your theory of social choices is splendid and must produce important changes in current concepts. Your theory of tradition is nearly as good although it is defective in that it has not the deductive basis which the theory of choices has. It needs more work. Of course you will not expect me to agree with you in what you say about the theory of utility and its place in the social sciences. I am surprised at the position you take and at many of your arguments. I do not see how they can be upheld and I feel certain that you will be compelled by the force of circumstances to fall in line with other ideas.

  Your difficulty seems to be in a confusion of the discussions of the Austrian economists with the utilitarian doctrine that lies at the basis of all discussion of the subject. The doctrine of a final utility is an important corollary to the theory of utility but the latter would stand if there were no degrees of utility. The real question is not at what stage in development can beings distinguish the different degrees of utility but at what stage can they distinguish between pleasure and pain. You will have hard work to show that animals cannot distinguish between pleasure and pain and try to avoid pains before they get into a social state. The growth of the element of pleasure it seems to me is earlier than the growth of intensity of pain and choices of least evils are earlier than those of greater

---

26) これは，1894年にギディングズがコロンビア大学の社会学教授の職を得てブライアン・モール大学を離れることになったので，パッテンがブライアン・モールに旅したときに感じるであろう喪失感がいかに大きいかを述べたものである。

27) これはもちろん，*The Theory of Sociology* (Giddings, 1894b) を指している。

pleasures.

You say that pleasure is dependent upon the conscious recognition of an external thing — the objective utility. This may be granted but association implies a conscious recognition of two things — the being with which the association is formed and the object for which the association is formed. Two lions in quest of prey must recognize one another and the prey. Thus association assumes all that the theory of utility demands — the importance of securing the prey and in addition requires all the conscious intelligence which association demands. It is therefore an index of a higher intellectual state and must come after a mere recognition of the importance of food.

This is too long a topic to discuss in a letter. We must talk it over when we meet. Fortunately you get on the right side again in the subsequent chapters so that the real merit of your work will not be affected by wrong notions of utility.

Sincerely yours,

Simon N. Patten

10. Sep. 29, 1894, Philadelphia.

Dear Giddings,

Your letter came this morning and I have read your note to the Annals.[28] It strikes me at first reading that your statement is frank and clear, and in its main points extremely strong. There may be some points worthy of more discussion but as I hope to be in New York next Saturday we will try and get some time then to talk over matters.

I presume you know that the committee of the Am. Eco. Association meets then.

---

28) これは "Utility, Economics and Sociology" (Giddings, 1894c) の原稿と思われる。この Briefer Communications でギディングズはパッテンの "The Failure of Biologic Sociology" (Patten, 1894a) と "The Beginning of Utility" (Patten, 1894b) に反論している。

第13章　パッテン，ギディングズ，クラーク　343

Sincerely yours,
Simon N. Patten

11. Jan. 27, 1895, Philadelphia.

Dear Giddings,

　Mr. Right will return the article of Mr. Sanders that you gave me in New York. While it has a couple good points it does not seem to me to be well enough worked out to deserve publication. We had a glorious meeting at Indianapolis. I am very sorry you were not present. Our association will soon become a power if the present unity of feeling and actions continues.

　How is the book coming on? There is great curiosity as to it everywhere. Everyone expects a treat when it comes out and I feel sure they will not be disappointed.

　Best wishes to Mrs. Giddings.

Sincerely yours,
Simon N. Patten

12. Feb. 6, 1895, Philadelphia. [letter marked 'Private' at top][29]

Dear Giddings,

　Your letter came this morning. Our affairs are, as you have learned, in a bad shape. There is likely to be a compromise in the next two weeks however unless some new hitch occurs.

　Your proposition strikes both James and me favorably if it can be acted upon immediately. We are naturally indignant to be treated so badly after so many years of hard work for the university. If you can make arrangements by which James and I can come in on equal footing with the other members of the

---

29)　この問題を扱ったギディングズ宛のクラークの書簡は，Clark's letter to Giddings, February 12, 1895, "The Correspondence of John Bates Clark" (Tanaka, 2000a, 212-13).

combination we would be strongly inclined to accept. We can get the young men if they are needed and receive fair offers. If we come, we shall throw all our energy into the work and I believe with you that we can make Columbia the heart of the new civilization which the 20th century must bring to America.

The Annals can be secured without difficulty I think but the formal organization of the University Extension movement we could not control. The real movement, however, lies in the men working in it and they can be secured if James goes I feel sure. Formal organizations are of little consequence if the efficient men are secured.

Do you want a Wharton School—an undergraduate department I mean ? We all have an interest in such work and perhaps a school like your school of mines could be organized to supplement the other proposed enterprises.

Sincerely yours,

Simon N. Patten

13. Feb. 10, 1895, Philadelphia. [letter marked 'Private' at top]

Dear Giddings,

The more I think of the plan you outlined yesterday the more I hesitate to go into it. It seems to me that both the Barnard managers and I could easily make a mistake which would be hard to rectify. Prof. Clark would just suit their needs and would be of as much service as I to the general combination. You should urge him as strongly as possible to come to you and let the fates care for me as they will.

If I ever come to New York it must be I think as a half philosopher and a half economist. My best work is on the border line between the two fields. I hope in a couple years to have for my "Storum" ["Strum"] course the history of English thought from Bacon and Hobbes to J. S. Mill.[30] This would of course be partly philosophy, partly politics and the rest economics with many digressions into the field of the inductive sciences.

It is hard to make a course of this kind as a plan satisfactory to me and I prefer to pound away on my own lines until I am myself satisfied. I have in the meantime several special topics to work up and I would hate to leave or delay them to set up new courses just for the sake of a special position.

Sincerely Yours,
Simon N. Patten

14. March 9, 1895, Philadelphia.

Dear Giddings,

I am very sorry to hear of Mrs. Giddings' illness. What is the trouble? I had not heard of it. Please give her my sympathy and say that I hope it will not be long before she is filling her usual place again.

I congratulate Columbia and you all in getting Clark. You have drawn a prize that no other university can duplicate.

You will now force other universities to strengthen their teaching force in our lines or draw out of the contest. I have been thinking over your last Annals note[31] quite a bit and I do not like some parts of it. I may answer it. It seems to me wise to prolong the discussion so that the interest may not die out.

Our affairs here seem straightened out but a spark may ignite the flame again. But I hope no more trouble will come. I like the work here and we have so nice a group that I hate to see it broken up.

Best wishes to Mrs. Giddings.

Sincerely yours,
Simon N. Patten

---

30) この講義を基礎にした著作が『イギリス思想の展開』(*The Development of English Thought*, 1899) となった。

31) これはギディングズの「社会学と抽象的科学。社会感情の起源」"Sociology and the Abstract Sciences. The Origin of the Social Feelings" (Giddings, 1895) を指している。

15. April 9, 1895, Philadelphia.

Dear Giddings,

I hear from Dr. Robinson that Mrs. Giddings is much better. This good word pleases me very much. I hope that it will be a long time before she is down again. How are you coming on with your sociology? Will it appear in the fall or does it grow so fast that another year's work stands ahead of you [?]

I have made quite a start on my theory of Social Forces[32] lately. It looks now that I could round it up in good shape if I can get a couple quiet month[s] this summer. I mean to make a mere essay of it. I must get my ideas in shape so as to have a basis for future work.

It is however working so far into psychology that you will hardly recognize it as a social study! It is in fact a sort of economic psychology. I may be in New York in a couple weeks. John Graham Brooks[33] of Boston has invited me to talk in Boston before a club of his and if I go it must be soon.

I enclose my reply to your last note in the Annals.

Best wishes to Mrs. Giddings and other friends.

Sincerely Yours,
Simon N. Patten

---

32) この『社会的要因の理論』(*The Theory of Social Forces*) (Patten, 1896a) は翌年の 1896 年に *Annals* の supplement として出版された。

33) John Graham Brooks (1846-1938). クラーク，パッテンなどと同時代のキリスト教社会改革家，社会学者。ニューハンプシャーのアクワースに生まれる。オーバリン大学卒 (1872 年)。ハーヴァード大学神学部を卒業し (1875 年) ユニテリアン教会の牧師となる。労働問題に関心を深め労働者教育を開始。1882〜85 年にドイツの諸大学に留学，ヨーロッパの労働状態を研究。帰国後ハーヴァード大学で社会主義に関する講師となる。帰国後論文の執筆や工場労働者の教育を続けたが，1891 年ドイツで社会保険制度を研究し，*Compulsory Insurance in Germany* (1895) を出版。1903 年には主著『社会不安——労働と社会主義運動の研究』(*The Social Unrest: Studies in Labor and Socialist Movements*) を出版。ブルックスはそれまで 15 年間信じてきた社会主義を退け，資本と労働との協調を求め，独占の公共規制，社会保障の確立，自発的な労働組合に対する信念を強調した。彼は「アメリカ社会科学学会」の会長 (1904〜05 年)，「全国消費者連盟」の初代会長を務めた (1899〜1915 年)。

16. April 25, 1895, Philadelphia.

Dear Giddings,

I send with this one of my pictures. I believe you said that you had none.

I am not going to Boston this spring as I planned. John G. Brooks did not get his club to invite me as he hoped they would. They have postponed action until fall.

I think our troubles have been adjusted for the year at least and perhaps a permanent settlement has been reached.

This spring has been a terror however and I hope I have not to live through another such a period.

In spite of all this I have made some headway with my new essay and if I can find a good working place this summer I shall have it ready by fall.

I hope that your 1000 words a day will hold out so that students of sociology may have some definite guide for their work next year.

Best wishes to Mrs. Giddings and other friends.

Sincerely Yours,
Simon N. Patten

17. May 1, 1895, Philadelphia.

Dear Giddings,

I am very sorry but I can not accept your invitation for a foot trip in June. I mean either to go to Switzerland or Colorado for the summer. I must find a good place to work.

In either case I shall leave here early in June and will have no time for the proposed trip.

Try me again however and we may make it go.

Sincerely Yours,
Simon N. Patten

18. Oct. 11, 1895, Philadelphia.

Dear Giddings,

I have been hoping for some time that you would report progress so that I could know how the book[34] was getting on. Is it yet in the hands of the printer? I find that there are lots of teachers waiting for its appearance and thus its success is assured.

My essay[35] is now getting in its final form. It will make a monograph about the size of the Dynamic Economics.[36] I have made it larger than I intended at first and more topics are discussed. I have cut down the discussion of race psychology somewhat so as not to let the psychological part run away with the rest of the essay. The best of it will however be the psychological part as at least the references from this part in regard to knowledge and belief.

The essay will have four parts.
    I. The influence of the environment.
    II. Race Psychology.
    III. Knowledge and Belief.
    IV. A social commonwealth.

The last is a discussion of how the social forces would act in ideal conditions.

I have now worked so long on the essay that I am getting tired of continuous application. I must get it out soon in some shape and take a mental rest.

Best wishes to Mrs. Giddings, the Robinsons and other friends.

Sincerely Yours,
Simon N. Patten

---

34) これは 1896 年に出版にこぎ着けたギディングズの *The Principles of Sociology*。
35) *The Theory of Social Forces* (Patten, 1896a).
36) これは *The Theory of Dynamic Economics* (Patten, [1892a]) を指す。

19. Dec. 1, 1895, Philadelphia.

Dear Giddings,

I am coming over to New York as I said, Tuesday next and shall unless you have something else on hand, come to your house in time for dinner that night and stay over night with you.

If anything stands in the way of this plan please let me know.

Sincerely Yours,
Simon N. Patten

20. March 11, 1896, Philadelphia.

Dear Giddings,

I am glad you are coming over here so soon. I hope however that it is not to be in Easter week as I have planned to be gone then.

Do you want to give a talk to our graduate students when here? I am sure they would be delighted to see and hear you.

I would be willing to return the favor when I come to New York.

I have already made a move at this end of the line in favor of Dr. Breckwedge.

All is going well. I have an article[37] in the next Annals which I am anxious to hear what you think of it. It is an enlargement of the paper I read at Indianapolis.

Best wishes to Mrs. Giddings and other friends.

Sincerely Yours,
Simon N. Patten

---

37) これは "The Relation of Sociology to Psychology," *Annals* (Patten, 1896b) を指すものと思われる。

21. March 30, 1896, Philadelphia.

Dear Giddings,

There is something wrong in your dates. In your letter dated March 28 you say that you will be in Bryn Mawr Saturday of next week which will be April 4th. You say afterwards that you will be there either April 11th or 18th. I shall not be home next Saturday but will be there the 11th or 18th. Will be glad to see you at either date. I go tomorrow and come back April 9th.

Sincerely Yours,
Simon N. Patten

22. April 11, 1896, Philadelphia.

Dear Giddings,

Have I missed you or is it that you come next week. I have heard nothing of your being at Bryn Mawr and hope you are yet to come.

I had a splendid week in the entirety at Easter. Got home just in time to help Dr. Swelsoy get married.

Best wished to Mrs. Giddings,

Sincerely Yours,
Simon N. Patten

23. May 18, 1896, Philadelphia.[38]

Dear Giddings,

Your letter has been to me extremely suggestive and helpful. It grows on me. One of my difficulties has been that I had no place for concrete sciences. To

---

38) この書簡での具体的科学と抽象的科学をめぐる議論は，ギディングズの "Sociology and the Abstract Sciences," a note in the *Annals*, March (Giddings, 1895) に対してなされたパッテンの反論，"The Relation of Abstract to Concrete Sciences," *Annals*, May (Patten, 1895b) に続く議論を指している。

me the term always meant a medley, no unity. Perhaps this was due to the fact that I have never studied any concrete science but I have always worked and classified from a purely abstract standpoint. I perhaps should have seen the difference between the study of phenomena on the motor and sensory sides and in some ways I had acquired the thought, but not in the way you draw the distinction. The elements of the sensory side are isolated elements that are formed apart and must gradually be united into a higher whole. On the motor side we have a few motives as elements and must tease their effects. Concrete sciences have the sensory elements dominant, the abstract sciences have the motor elements prominent. A growing science whose evidence is mainly sensory facts and dependent upon the growth and keenness of the sensory powers must be concrete. Such sciences may in their formative period overlap and occupy the same field as a series of abstract sciences who try to explain the same facts from the conscious outgoing motor forces. For the first time a double classification means something to me.

When I talk of the absorption of ethics in economics I am always careful to say utilitarian ethics. I too regard real ethics as apart from and antagonistic to economics. But I can not as you do make sciences of both ethics and politics. It is in the concrete sense that ethics and politics are distinct, that is, to keep to the distinction we have agreed on, the <u>sensory</u> phenomena are different. The concrete things <u>we see</u> in the one field is different from those of the other field. In a concrete classification they are separate and if we had names for these concrete fields it would be well. But shut out all this concrete sensory phenomena and view them on their motor side as conscious motives and their differences disappear. They are them of one kind as contrasted with the economic motives.

The trouble is that in the field of ethics and politics law etc. we have never had that abstract tendency which purified economics. Ethics and politics as abstract sciences seem to me to be related in the way that the old political economy and utilitarian ethics were. Nothing seemed more solid than the distinctions that separated them yet they vanished before the first wave of a pure abstract movement. So it will be with politics and ethics. The greater part of the present so-called sciences belong to concrete sciences. The true elements will soon blend when these concrete parts are isolated from them.

I used the phrase "conscious motives" merely to prevent a repetition of the phrase "conscious calculation." You have my meaning clearly enough. To me a conscious motive is not a motive of which we are conscious (as you seem to use it) but a motive formed under the eye of consciousness, one of which we recognize its source and cause and can see the connection.

If your thought grows on you as it does on me a note in "Science" will not hold it. Write it out in full before you decide where to print it.

I sail May 30th from here.

Best wishes to Mrs. Giddings.

Sincerely Yours,
Simon N. Patten

24. Feb. 5, 1897, Sandwich, Ill.

Dear Giddings,

I have been called West by the death of my father. On this account I cannot take part in the Spencer program Thursday night at Bryn Mawr.

I shall be back by that time however and hope that you will have time to make me a visit after the meeting. Come whenever you can.

You are always welcome.

Sincerely Yours,
Simon N. Patten

25. July 24, 1899, Philadelphia.

Dear Giddings,

Keasbey tells me that there is a possibility that you and Mrs. Giddings may come up this way during the latter part of the summer. Come by all means. You will find it a delightful trip and a great change. We are having a great time and combine work and sport in an ideal way. In both of these you can aid us and add to our enjoyment. Keasbey is coming on finely in the work he is doing for you but you must not hurry him. He tells me that you want it by the first of October. This plan would I am sure spoil it. I have gone over it many times and know just what he is trying to bring out. It is a grand piece of work and will be a credit both to him and to your university of which he is soon to become a part. Your magazine will also be benefited by opening up with a number that will attract universal attention. Better delay its appearance than to push Keasbey. Give him his time.

Best wishes to Mrs. Giddings and tell her that we want her to come and see what expert yachtsmen we are.

Sincerely Yours,
Simon N. Patten

University of Pennsylvania.
THE COLLEGE
FINANCE AND ECONOMY.
(WHARTON SCHOOL.)
PHILADELPHIA, May 18/96

Dear Giddings,

Your letter has been to me extremely suggestive and helpful. It grows on one. One of my difficulties has been that I had no sense for concrete sciences. To me the term always meant a medley, no unity. Perhaps this was due to the fact that I have never studied any concrete science but I have always worked and classified from a purely abstract standpoint. I perhaps should have seen the difference between the study of phenomena on the motor and sensory sides and in some ways I had acquired the thought; but not in the way you draw the distinction. The elements of the sensory side are isolated elements that are found apart and must gradually be united into a higher whole. On the motor

Patten's letter to Giddings, No.23, May 18, 1896.

第 14 章

クラーク=ギディングズ往復書簡からみた クラーク経済学の展開過程

　第 12 章で，1995 年に初めて発見され関西学院大学図書館の所蔵するところとなった未公表の新史料「クラーク=ギディングズ往復書簡」の概要について述べた。そこでこの章では，その概要に基づいて，さらに詳しくその経済学史的分析をすすめ，新しい知見を加えたうえでクラーク経済学の展開過程についてあらためて考えてみよう。

1　往復書簡からみた理論経済学者としてのクラーク

　この往復書簡の最も重要な側面の 1 つは，クラークの経済理論の具体的展開に関する彼自身による継続的な記述に関連している。1888 年の共著『現代の分配過程』の刊行に至るギディングズとの共同研究に始まって，クラークが彼の限界生産力的分配論の完成に至るまでに扱った重要な理論的課題のすべてが，往復書簡の中で取り上げられているといえる。競争と産業の集中，利潤論，賃金論，資本利子論，群分配，地代の一般法則，社会主義搾取論の理論的拒否などである。この観点から，まずわれわれは純粋理論家としてのクラークを一層よく確認することができる。以下ひとまずこれらを書簡の日付を追って考察をすすめることにしたい。

　(1) 1887 年 4 月 23 日付という初期の手紙（No. 33. 以下の書簡番号は Tanaka, 2000a による）で，クラークはすでに「抽象的資本」(abstract capital) と「具体的資本」(concrete capital) という概念への新たに大きな関心をギディングズに

知らせている。クラークによれば，「私は，1，2度あなたに話したことがある問題，すなわち抽象的資本と具体的資本の問題にすっかり心を奪われています。もし12月あるいはそれ以降までこの理論の全体を公表できない場合，それのちょっとした要旨をただちに公表することは慎重にするべきだというご意見をおもちでしょうか。誰か，その要旨からヒントを得，それを広く展開したものを急いで作り上げるといった危険があるでしょうか？」と書いている。もちろんこの手紙は，クラークの論文「資本とその稼得」（1888年5月）の端緒を示すものといえる。

(2) 1887年5月31日（No. 39）にクラークは，「私は分配体系を一部完成しました」とギディングズに知らせている。つまり彼の群分配の理論のことである。F. A. ウォーカーの理論を批判したのち，クラークは次のように明言している。「私にはまた『一般的地代（レント）法則』（general Rent Law）を解決する理論的根拠があります。ただ，その公表は今のところ先に延ばさねばなりませんが」。

(3) クラークが彼の限界主義的価値論・分配論を構築し始めたとき，F. A. ウォーカーは合衆国における第一級の代表的な経済理論家であった。クラークはウォーカーを尊敬しており，彼の理論はクラーク自身の限界生産力的分配論の展開にむけての重要なステップの1つとなった。クラークの批判はウォーカーに対する繊細な心づかいのもとに行われたことがよくわかる。彼の批判は，利潤論，残余請求賃金論，地代（レント）論，とくに「能力レント」（rent of ability），収穫逓増法則および，1887年1月から1891年9月にかけてのギディングズ宛の手紙に見られる。クラークの論文「レント法則により決定される分配」（Clark, 1891c）を読んだあと，ウォーカーはクラークをJ. A. ホブスンと一緒に批判しようとした。このとき，それを公表する前に，「ウォーカー会長は非常に公正かつ親切にも，私の理論に対する批判原稿を私に送ってこられました。私はこれを放置するわけにはゆきません」（No. 172, May 9, 1891）と述べ，「私は私の論文のパラグラフごとに言及してあらゆる論点に答えました」（No. 172）。ウォーカーはその批判を1891年7月の *QJE* に「レント論と残余請求賃金論」（Walker, 1891）として公表した。ウォーカーに対するクラークの

反論は「分配の静学と動学」(Clark, 1891f) において行われた。クラークはギディングズへの手紙で「これによって，彼の批判が私の理論になんら影響しないという事実が明らかになったと思う」(No. 190, Sept. 5, 1891) と書いている。

このように，ウォーカーは，ヘンリー・ジョージと同様，クラークが彼の「純粋利潤論」や，レント法則により決定される賃金・利子論を展開するに当たって重要な位置を占めていたことが確認できる。[1]

(4) われわれは1887年6月13日付の手紙 (No. 41) の中に，クラークが厳密な理論的分析へと着実に転換しようとしていることをあらためて確認することができる。彼は，「夏の間私がもっている時間は，他のもっと厳密に経済学的な事柄に当てられねばなりません」と書いている。

(5) クラーク資本理論の着実な進展は，1887年10月30日付の手紙 (No. 58) に読み取れる。彼は1888年3月かそのあたりに論文〔「資本とその稼得」を指す〕を出す手配をしたとギディングズに知らせている。

(6) クラークの1888年10月11日付の手紙 (No. 103) はきわめて重要と思われる。というのは，それは2冊の本を書く計画を明らかにしているからである。1冊は「土地問題」に関する一般読者向けであり，もう1冊は経済学者向けの「レントの原理」だと述べられている。「後者の著作を私は最も大切だと考えているのですが，どうもより一般的なものを先に書く企画に流されています。……選ばれた少数の人々にだけ語り続け，ヘンリー・ジョージに関しては新聞に任せるべきでしょうか？」と彼はギディングズに意見を求めている。しかしながら，書簡 No. 111 (Dec. 2, 1888) から分かるように，クラークはギディングズに次のように書いてこの計画を変更している。すなわち，「この秋，賃金と利子に関する著作のために，土地問題から手を引いています。……私はアメリカ経済学会で『科学的賃金法則の可能性』(The Possibility of a Scientific Law of Wages) に関する論文を発表することに同意しました。私はそれを私が

---

[1] コロンビア大学の J. B. Clark Papers には，ウォーカーのクラーク宛書簡が11通あり，ウォーカーとクラークの全体の関係を明らかにするのに必要だが，ここでは取り上げないこととする。

資本という主題全体について書こうと考えていたより大きな書物（the larger book）に適合させようとしました」(圏点は引用者。以下同じ)。

さらにこの手紙で，クラークは次のように打ち明けている。「なぜ私は社会的生産物の①一般的利子と，②一般的賃金と，③純粋利潤への分配の全体を決定する公式を概説しなかったのかどうしてもわかりません」。ステュアート・ウッドの賃金に関する論文を取り上げたのち，クラークは自身の研究の特徴を次のように強調している。「私の研究は限界的価値評価の原理を賃金と利子に拡大適用することにあります。以前私にはこれほど完全にはわかっていなかったのですが，真の限界がどこにあるのかがわかったと思います。これのすべてを明らかにすることはもっと将来のことです」。

(7) 1889年1月10日付の書簡 (No. 115) では，クラークは2つの点を明らかにしている。1つは彼がそれまで誰にも述べなかった「利子の平等性」である。「利子の構成の基準は，労働者自身によってなされる享受の延期に対する心理的割引率である」。もう1つは「レント問題」である。「いかなる具体的生産手段の直接的対価もレント法則によって測定される。レントの分量は，その生産手段が再生産不可能な場合には，その中にある純粋資本の分量を測定するであろう」と彼は書いている。

(8) クラークの「ゼロの利潤論」に関して，彼は，競争力により価格が企業者の生産費に等しくなるとき純粋利潤は消滅することを強調している。

(9) 1889年3月7日付 (No. 125) に，クラークはギディングズに知らせている。ベーム-バヴェルクの『資本および資本利子』を読み始めて，彼はそれに関する第一印象を次のように書いている。「ベーム-バヴェルク教授の本はまったく楽しい読み物だが，軽い読み物とみなすことはまずできません」。*Political Science Quarterly* に書いた近く出る短い書評 (Clark, 1889e) ——これは1889年6月に出た——における最も本質的な批判点を論じ，彼の純粋資本概念を強調し，それが賃金・利子論において不可欠であることを強調している。

われわれに必要な資本の見方はファンドとしてのそれであることを私は主張

したい。……ベーム-バヴェルク教授の論調はこの見方全体にまったく反対です。したがって，生産および分配における1要因としてのこのファンドの働きが完全に分析されるまで，問題に決着をつけることはできないと思います。それは賃金・利子理論においてまったく不可欠であるように私には思われます。*Quarterly* の論文でいくらかカヴァーしたいのはこのような論点なのです。

これは資本・利子論に関するクラークとベーム-バヴェルクとの本質的相違点を最初に記録したものとみられる。それはまた，クラークの理論体系において，彼の純粋資本概念に基づく基本理論と，彼の全体としての限界生産力的分配論との不可欠な連接環を示すものである。[2]

こうした研究状況のもとで，クラークは再び彼自身の理論追求の方向を確認しているのである。

私は *Pol. Sci. Quarterly* の9月号で，社会所得の3つの一般的分配分に関する私の理論を準一般的な形で作り上げたいと思います。私の言っているのは，純粋資本の提供者，労働者，および企業者の分配分のことです。それは資本に関する論文の幾つかを賃金に関する論文と企業者の分配分についての新しい資料と融合させたものです。

(10) 1889年3月30日に書かれた手紙 (No. 126) も，クラークの限界生産力的分配論の発見を含む論文とステュアート・ウッドの論文との関係に関して，これまで知られなかった重要な論点を示している。この手紙は彼の論文「科学的賃金法則の可能性」の公表がなぜ遅れ，ステュアート・ウッドの第2論文「賃金論」(Wood, 1889) ——1889年3月に *Publications of the American Economic Association* に掲載された——と同時に公表されることになったのかという理由を明らかにしているからである。実際には *Gunton's Magazine* の編集者ガントンが鍵を握る人物の役割を果たしたのであった。事実は次のとお

---

2) 資本利子論全体に関するクラーク対ベーム-バヴェルク論争を明らかにするためには，別稿が必要である。ここでの議論は，さしあたり往復書簡に限定される。

りであった。

　私はあなたに内密に話しておきたいのですが，ジョージ・ガントンがコロンビアの関係者たちに手紙を書き，私の賃金論を批判した論文を寄稿したいと申し出たのです。コロンビアの関係者は〔Political Science〕Quarterly の私の論文の前後に出るのがいいかどうか聞いてきました。これを彼らは9月に予想していました。12月に返答することになりました。この件についてしばらく考えたのち，彼らは結論としてこのシンポジウムないし好意的な混戦を公表しないことにし，したがって私に論文を9月に送付するように依頼してきました。ところがそのころ私は上に述べた論文を12月まで延ばさなければならないとの結論を下していました。ガントン氏が私について言ったことは，「彼はステュアート・ウッドの Quarterly Journal of Economics の論文に大いに感銘を受けたと思われる」。これは本当に述べられたことかあるいは推測です。私はその論文に感銘しました。ガントン氏は私が想像した以上に私がわが良き友人の論文に依存する取るに足りない者だと考えたようでした。ガントン氏の印象は，もし私が推測したようなことが彼の印象だったら，自然なものだったのかちょっと疑わしいと思います。ふん。これは本質的に小さなことであり，人の心の利己主義の実例なんですよ。仮にそれが法則であり生活の事実を解釈するうえで役にたつものならば，経済法則の主要な部分をAが発見するかBが発見するかは重要な問題でしょうか？

　(11) ギディングズとの討論やベーム-バヴェルク批判が進行するにつれて，クラークは資本に関する本を書く必要性を痛切に感じるようになる。1889年5月21日付の手紙（No. 129）で彼は再び書いている。「私はできるだけ早く資本に関する本を書かなければなりません」と。

　翌年の1890年2月3日付（No. 147）に，クラークは資本・利子論に関する彼の見解と，ギディングズの見解，およびベーム-バヴェルクのそれを比較した論述を17頁に及ぶ手紙の中で展開している。

　クラークはまずベーム-バヴェルクを批判し，ギディングズの見解と自分の根本的な見解を確認している。

率直に言って，私は時間の要素ただ1つだけでは利子の完全な一般原理を作り出すうえで十分ではないと思います。しかしわれわれは両方をもっており，この線で議論してきました。

しかしながら第2に，クラークは，ベーム-バヴェルクはわれわれが資本の生産力と呼ぶ事実を少しも否定していないと主張している。ベーム-バヴェルクの間違っている点は，それが依然として労働する人の生産物とみなされていることである。ジイドと同様，彼は人間が唯一の「動因」であり，資本は「条件」だと考えている。この批判はまた，利子を追加された労働費用と説明するギディングズの生産費説にも有効である。利子は待忍の報酬として説明されるべきだと書いている。そればかりかクラークはベーム-バヴェルクの資本の見方をギディングズが誤解していると指摘しさえしたのであった。

この手紙に対するギディングズの返答は，1890年2月5日付の12頁からなる優れた手紙（No. 148）からなっており，これは理論的観点からみて等しく興味深いものといえる。

ギディングズはクラークの代数的説明を論点を追って取り上げている。彼はまず，クラークの推論がいかに利子の二重計算の誤りに導かれるかを論証している。第2に，ヴィーザー[3)]とボナーによるベーム-バヴェルクの理解を紹介して，彼はいわゆる「生産物の増大と価値の増大」（more product *vs* more value）問題を提起している。「ベーム-バヴェルクの理論では資本主義的生産の『生産物の増大』は『価値の増大』ではないと理解されねばならない」とギディングズは指摘している。「それは，将来の割引を相殺する価値の増大の見込がないという事実に基づくものである」。ギディングズは，利子を説明するのに彼自身の生産費要因を考えなければ，「あなたとベーム-バヴェルクの2人ともどうして進退極まらないのか私には分かりません」とさえ書いている。

翌日クラークは手紙（No. 149）でギディングズの批判に答えている。彼は『生産物の増大』と『価値の増大』問題について余りよく知らないと述べたあと，「私がたえず念頭に置いているのは，ベーム-バヴェルク教授ではなくて，私自身の事実分析なのです」と明言している。そのあと彼はこの解決のために

2つのことを持ち出している。すなわち，この難点は，

> 2つのことによって取り除かれると思います。第1は利子を引き出すものとして純粋資本を認識することです。そして企業者に利子を免れさせる価値を作り出すものとしての生産手段の認識です。そして第2に，過程をいわば縦断的に研究するオーストリア的研究方法を横断的研究によって補足することによります。

(12) 1890年3月29日付の手紙 (No. 157) は，クラークの最も重要な論文の1つである「レント法則により決定される分配」——これは最終的に1891年4月に *QJE* に出た (Clark, 1891c)——の不運な遅延の事情を再び明らかにしている。この論文は限界生産力原理の分配論への完全な適用という彼の『一般レント法則』の最終的完成を示すものといえる。それは *PSQ* で公表されることになっていたが，その編集者によってまさに「拒否」されたのであった。

---

3) クラークは当然ヴィーザーに大きな関心をもっていた。クラークはヴィーザーが提出した「生産物の増大 対 価値の増大」問題を論じただけでなく，*PSQ* に彼の『自然価値』*Der Natürliche Werth* (1889) の書評を書くつもりだったが，ジイドの *Economie Politique* (1889) やツッカーカンドルの *Theorie des Preises* (1889) の書評を書くのに忙しく，ヴィーザーの書評をギディングズに依頼している。

クラークがオーストリア学派の経済学者として真剣に取り上げたのは，ベーム-バヴェルクとヴィーザーを除くと，ヴィッテルシェファーとツッカーカンドルであった。クラークはヴィッテルシェファーの *Untersuchungen über das Kapital* (1890) を *PSQ* (vol. 6, no. 1, March 1891) で書評している (Clark, 1891a)。

往復書簡では，3通がヴィッテルシェファーに関連している (No. 166, 167, 168)。1890年7月14日付の手紙 (No. 166) では，ヴィッテルシェファーは「私の理解では，資本の生産力を否定していない」と書いている。「それはその生産力を否定せずにベームの定式で述べることができる」。次いで話を進め，「ヴィッテルシェファーの理論は私に，それにより私が原理を交互に資本と労働に適用できる私自身の定式で同じことを述べる仕方を思いつかせてくれました。資本の用途についてこれらのオーストリア学派の経済学者が言っていることは，もし追加分が労働の増分によって作り出されるならば，真実だと私には思われる。2つの生産要因の間の類似性は，他のところと同じく，ここでも完結すると思われる」。

ツッカーカンドルの *Zur Theorie des Preises* (1889) はクラークにより (Clark, 1890a) 書評された。ベーム-バヴェルク，ヴィーザー，ヴィッテルシェファーのようなオーストリアの経済学者は，大なり小なり，クラークを彼自身の資本・利子・分配理論へと刺激し促進する源泉の1つであった。

「編集者たちは，それはその読者には余りにも難解だと書いてきました。初め私はそれをある目的のために簡単化し一般化するつもりだと彼らに述べました。……*PSQ* はその論文をまったく新しい形にすれば掲載するつもりだという，間接的な軽いほのめかしをしました」。

そこで彼が明らかにしているのは，彼はこの暗示を断り，「私はそれに含まれている新しい分配分析に対する信念を決して断念しない」との決意を明言したことだった。

(13) 1890年6月12日に書かれた手紙 (No. 165) は，分配に関する本をより具体的に「ほぼ1年以内に」書くというクラークの企画をわれわれに語っている。「私は1日に多くの人よりも少ない時間しか仕事ができません」と彼は言っている。No. 186 (June 19, 1891) の手紙が示しているように，彼がノースウエスタン大学での地位を断ったのは，まさに彼の分配論に関する著作を中断したくないことに原因があったのだった。

(14) 1891年2月18日付の手紙 (No. 176) は最も重要な手紙の1つといえる。というのは，それには彼が最終的にリカードウ地代法則の適用によって「完全な静的分配法則」を完成したという，彼の心の奥にある確信の溢れんばかりの発表が含まれているからである。これは間もなく1891年4月の *QJE* の論文「レント法則により決定される分配」として現れるはずだった。これはついで彼の『富の分配』において完成されるべきものであった。彼の生き生きとした文章は，短くはないが，ここに引用するに値しよう。

> 主観的なレント分析を押し進めて，私はかつて到達したことがなかった全体としての最も明解な分配法則に導かれたと思います。それは客観的レントとして賃金基金の全体，あるいは賃金総額を，またもう1つの適用により利子ファンド全体あるいは利子総額を与えることによって，私の以前の賃金-利子法則を補うものです。地代原理の応用は私の賃金論文〔「科学的賃金法則の可能性」(Clark, 1889d)〕に付けられた分かりにくい補注に含まれていましたが，展開されていませんでした。私が論証しているのは，論理的に適用されたレント法則は静態分配，すなわち構造的変化が存在しない場合の分配の

完全な法則なのです。純粋利潤は私には動態的所得，したがってレント法則になじまない分配の一要素と思われます。これをいい形に仕上げることができるかどうかは今後の問題です。私はそれを 3 月 10 日までに Quarterly Journal〔of Economics〕でやろうと努力しています。

(15) 最後に，きわめて興味深いのは，1892 年 6 月 9 日付のクラークの 2 通の手紙 (No. 205, No. 206) である。そこでクラークはギディングズとセリグマンにより指摘された限界生産的分配論の 3 つの難点に対して解答しているからである。

クラークは第 1 点，すなわち労働力における「最終の」人間という概念を明らかにし，彼は「その生産物が資本の助力なしに得られる唯一の人」だと答えている。「他の労働者たちは略奪されていません。というのは資本家によって受け取られるすべては，彼の助力に帰すものだからです」。

クラークによって答えられた第 2 の論点は，静態モデル 対 動態モデルに関するものである。「現実の社会は動態なので，静態法則は均整のとれた動態的動きという条件下でのみ作用するとみられます。論文の静態部分は互いに準静態的関係を保持するように，一定の均整成長率に従う必要がある」と述べている。これはクラークの動学に対する明確な認識を示している。ただし，それは本質的には比較静学であった。したがって，彼は分配論の次の段階として，彼の論文に動態モデルを提出する必要性を十分認識したのであった。しかし実際クラークはこの目標を『富の分配』でも，1907 年の『経済理論の要点』でも実現することはできなかった。

しかしながら，われわれはここに本質的な方法論として動学概念をもっていた社会学者のギディングズと，その主要な知的影響をドイツ歴史学派から得ていた経済学者であり歴史家だったセリグマンの明確な影響を認めることができよう。ギディングズとセリグマンがクラークを経済動学を構築する方向に押し進めたことは，われわれにとって新しい重要な事実のように思われる。とくにクラークに対するこの点でのギディングズの影響は，クラークによって呼ばれた「理論トラスト」[4] の 1 人である S. N. パッテンによってはっきりと確認さ

れている。パッテンは次のように書いている。

> 私はハーヴァードの *Quarterly*〔Journal of Economics〕の最新号に出たクラークの論文〔「レント法則により決定される分配」(Clark, 1891c)〕をちょうど読み返したところです。彼が静学と動学の区別をまったく完全に展開したことがわかります。あなたが彼にそれをたたき込んだのですか？ それは彼の理論化の方法を中断させるので，彼がそれをどこか他のところで手に入れたとは私には考えられません。……いったいあなた以外に誰が彼の考えを根本的に変えることができるでしょうか？[5]

第3点は「ゼロの賃金労働」に関するものである。クラークは次のように述べている。「彼は労働者として余りにも貧しく，そのため資本を手にすることができません。……これらの人はリカードウ理論のゼロ地代の土地と同様です。……結論としては，組織された産業で働くすべての人は労働に支払うレントを表しており，彼らの賃金のすべては個人的な才能に起因する剰余であり，リカードウの定式によって測定が可能です」。

(16) 1892年12月31日付の手紙 (No. 211) で，クラークは新しく産まれた娘の名前をどうつけるのか，軽い気持ちでおもしろい議論を始めている。「限界増加分」(Marginal increment) がいい。縮めると Margie になる」[6]と書いている。われわれはいまやここにクラークのほっとした実感を感じ取ることができよう。1893年3月10日付 (No. 213) にクラークは彼が書こうとしていた大著の状態についてギディングズに知らせている。

> 最も短い要旨の形でほぼすべてがスケッチされ，第1稿はだいたい4章からなっています。少なくとももう12章書くことになります。それでもこの本

---

[4] クラークは1892年4月28日付の手紙 (No. 200) で，「理論トラストが完成するのが分かるでしょう。それはこの世の低級なトラストのように機会のあり次第，壊れてしまうようなものではありません。トリオ全体をもって連合戦線を作り出しましょう」と書いている。

[5] この往復書簡に含まれているパッテンのギディングズ宛手紙 (June 27, 1891, No. P-5) (本書第13章) を参照。

[6] 彼女は Helen と名付けられた。のちの Helen Clark Lancaster である。

は全体を総合した著作の第1部の仮の版ということになります。

またここで彼は「社会的であるという見解」(the notion that is social) を強く主張している。「聞くところによると，ウィーンの人達は，価値は社会的であるという見解に非常に否定的です。しかしこれを私は限りなく愛好しています。それは私が正しいと信じる理論から彼らの研究を区別するものなのです。私は，譲歩しなければならないことが他にあっても，少なくともこの論点を維持する問題に関しては少しも間違っておりません」。われわれはここでも再び，クラークの経済思想の重要な特徴の1つを確認することができよう。

2 クラーク経済学の展開過程におけるギディングズの役割

この往復書簡はクラークとギディングズの間に展開された深くて永続的な友情をよく示しているばかりでなく，これまで通常考えられてきた以上に，クラーク経済学の展開に対するギディングズの大きな影響を示しているといえる。

ギディングズはいくつかの役割を果たした。『現代の分配過程』での共著者として，知的親友として，経済理論の重要な諸問題，とくに資本理論とレント論に関してクラークの理論的批判者であり，鋭い討論者であり，さらに精神的支援の重要な源であり，最も近くて信頼のおける友人としての役割を果たしたのであった。

生涯にわたり続いたこの親しい知的な支援者としての関係は，信頼の証拠を生み出している。クラークは，もしギディングズが先に亡くなったとき，彼がギディングズの経済学に関する原稿の執行人・編集者となるという依頼に同意し，ギディングズが用意した覚え書きに裏書きをしたのであった (Cf. No. 235, April 29, 1894)。

ギディングズのクラークに対する影響は，これまで2人の共著の時期と範囲に限定されてきた。しかしその影響は通常の理解をはるかに超えるものであっ

た。ギディングズはアメリカ合衆国のまさに分水嶺をなす時期の社会的危機に対してクラークがとった対応を導くのに役立った最も重要な直接的源の1つだったといっても決して言い過ぎではなかろう。

彼らの共著については，往復書簡によってその端緒と進展について詳細な理解を得ることができる。それには，産業構造，競争，利潤，賃金，分配についての討論だけでなく，2人の間の分業，本の端緒，本の形や表題をめぐる議論が含まれている（これは No. 2 から始まる17通以上の手紙のなかにみられる）。この共著編集過程において，2人の友情は一層深まっていったといえる。以下ギディングズの役割について，少なくとも6点について簡潔に指摘しておきたい。

(1) ギディングズは第1級の経済理論家であった。クラークの記念論文集，*Economic Essays* に寄稿されたギディングズ論文（Giddings, [1927]），"Alternatives seen as Basic Economic Facts" のなかで，彼は自分のことを控えめに「新参者」とか「二番手」と称している。彼は「彼の教師〔クラーク〕に励まされ，理論の領域で自分自身の仕事をし始めた」と述べている。

ギディングズの経済学への関心は，初めまったく実際的なものだった。彼によれば，彼の最初の経済学書はA. L. ペリーの教科書だった。その後 F. A. ウォーカーの『賃金問題と貨幣』，ジェヴォンズの『貨幣と為替のメカニズム』を読んだ。それから彼はスミス，リカードウ，ケアンズ，ジェヴォンズへと読み進んでいった。彼自身の言葉では，「それは私がクラークから得る運命にあった刺激のための私の精神的準備だった」と述べられている。ギディングズはブライン・モール大学で6年間経済学を教えた。そしてコロンビア大学の教員に加わったのち，バーナード・カレッジでもう3年教えている。こういうわけで，最も基本的な影響の源泉の1つは，ギディングズの理論経済学に対する優れた才能と，彼の知的判断力に対するクラークの信頼であった。

(2) クラークとギディングズが活発に見解を交換していたとき，ギディングズの批判的な知的支援は，確かに「新参者」や「二番手」の役割を超えていた。ギディングズはクラークが最もそれを必要としていたときに，理論的批判者として，真価を認める源泉を提供した。早くも1887年9月30日付の手紙

(No. 52) の最も印象的な言葉として，われわれはクラークの資本・レント論に対するギディングズの次のような自信のある支持を引用することが出来よう。

> 私はあなたのレント論と資本理論のことを大いに考えてきましたが，それは確かにこの世代に経済学説に対してなされた最大の貢献であることに間違いありません。[7]

(3) すでに指摘したように，クラークに動学を考えさせ，動学的変化を彼の静態的均衡法則と統合するよう影響を与えたのは，確かに進化論的動態的成長概念に対するギディングズの感受性だった。

(4) この影響は，技術者としての訓練を受けたギディングズからのものであったといってよかろう。ギディングズの理論的な見方は物理学によって形成されたのであった。

(5) クラークはまたシステムの構築者としてのギディングズにも惹かれるところがあった。社会学において，ギディングズの「種の意識」(consciousness of kind)——これはスミスの同感概念の影響を受けていた——という概念は唯一の支配原理であった。クラークにとって中心的な経済学概念は限界主義的な「経済結果変動の法則」であった。こうした方法論的観点においても両者は共通の地盤をもっていたといえるであろう。

(6) 彼ら2人が分かちもっていたもう1つの重要な共通の地盤は，有機体的社会観であった。いうまでもなく，ギディングズの社会学における出発点はハーバート・スペンサーであった。クラークの有機体的社会観は初期のクラークから後期クラークまで彼の社会・経済的接近に一貫した基礎であった。彼の価値論では，価値は何をおいても社会現象としてみられた。彼の価値論の固有の特徴は社会有機体の概念だった（Clark, [1886] 1887, 2nd edn., 56）。彼の価値論は「社会的有効効用価値論」であった。[8]

---

[7] ギディングズのクラーク宛手紙 (No. 52, Sept. 30, 1887)。
[8] Clark, [1899] 1956, 260. J. M. クラークはそれを "social effective utility theory of value" と述べている (Clark, J. M. 1968, vol. 2, 505)。

こうした特徴はまた彼の分配理論にとっても本質的なものであった。彼の分配論は「社会的有効生産力的分配論」であった。

初期のクラークでは，彼の有機体観は社会・倫理的視点と結びついており，それが彼にキリスト教社会主義への同感をもたらしたのであった。しかし，後期クラークでは，彼の社会有機体観は彼の限界生産力的分配論と結合し，それは資本主義的分配組織の正当化の役割を果たすこととなり，キリスト教社会主義は放棄されることとなった。この初期クラークから後期クラークへの転換点において，ギディングズのスペンサー的な社会有機体観および進化論的見方が重要な役割を果たしているように思われる。ギディングズは，「限界効用は〔彼の「種の意識」に基づく〕アソシエイションが個人間に定着するまでは生じえなかったと主張したのであった」(Gillin, 1927, 206)。

こうした見解は彼の論文，「効用，価値，費用の概念」のエッセンスをなすものであり，彼はそこで経済学に社会学的思考をもち込もうとしたのであった。すでに指摘したように，クラークはこうした特徴をオーストリア学派の経済学者に対して終始強調したのであった。

後年個人的な手紙のなかで，彼らの初期の大学時代を回顧して，「仕事の楽しみに満ちた年月——そう言って間違いではない——は実り多いものだった」(No. 278, March 28, 1925) とクラークは述べている。ギディングズが重病になったときにギディングズ夫人に宛てた手紙の中で，クラークは次のように書いたのだった。

　彼は私がニューイングランドで過ごした生涯に早くから入ってきて，光と幸せをもたらしてくれました。私は彼の現在の不幸がどんなに重大なものであっても，一時的なものであることを深く願っております。彼が愛と希望のメッセージを受け取ることができるのでしたら，私からの手紙が伝えるよりも，あなたのほうがそれを彼によりよく伝えてくださるものと思います。私が尊敬し愛した人はごくわずかですが，私は彼を尊敬し愛してきました。もう一度健康で幸せな彼に会いたいと思っております。あなたたちすべてに対する深い同情の念をこめて。(No. 281, May 11, 1931)

3 キリスト教社会主義，ヘンリー・ジョージの土地社会主義と進歩的自由主義

(1) この往復書簡の大部分が書かれた 1886 年から 96 年のほぼ 10 年間は，合衆国における危機とそれへの対応という転換期を表している。それは 2 つの主要な政治・社会的事件によって意味づけられたと言われている。1 つはその潮流が変わりはじめた 1886 年 5 月のヘイマーケット暴動事件であり，他は 1896 年の W. J. ブライアンに対する保守派の W. マッキンレーの勝利である。それは産業集中，トラスト，および独占の増大，労資関係の悪化という特徴を示していた。

こうした政治・社会的動乱の 10 年はヘイマーケットの反動をもって始まった。アメリカにおける社会主義の恐怖はアメリカ資本主義とアメリカの自由主義イデオロギーに対する最初の大きな挑戦であった。それはクラークやギディングズのようなアメリカの中産階級の知識人にとって自由主義と社会主義との衝突というとくに困難な時代であった。

経済学の領域では，それは限界主義の国際的発展，さまざまな種類の社会主義，および社会主義（とくに搾取の経済学）と自由主義とのイデオロギー闘争を反映した歴史的方法と演繹的方法との闘争という特徴を帯びていた。これはまた，アメリカにおいて近代的な大学システムの急速な成長と，社会科学の専門化・専門職業化をみた時期だった。

クラークがキリスト教社会主義と自由主義とのイデオロギー的衝突に直面し，現代の自由主義，すなわち進歩的自由主義に決定的な解決を見いだしたのは，まさにこの危機的な時期であった。この目的のために，彼は市場システムを正当化するために新古典派の線に沿って経済理論を展開しようとしたのであった。この課題は限界生産力的分配理論の展開によって完成したのであった。

クラークもギディングズもマルクス主義的社会主義とともに，ヘンリー・ジョージの土地社会主義の単一課税システムを一貫して批判してきた。往復書

簡では，ジョージに対するクラークの批判点にはなんら新しいものは見られないようである。クラークとジョージの関係については既に本書の第11章で取り上げたので，ここではさしあたり往復書簡の考察に限定したい。

第1に，われわれはクラークがジョージの社会主義に対していかに強い反発を抱いていたかを再確認することができる。すでに引用したように，クラークが1888年10月の手紙に書いたところによれば，彼は土地単税システムを退けることを意図した土地問題に関する一書を一般読者向けに書きたいと考えていたが，この計画は別に企画されていた一般的レント法則に関する理論的著作を優先させたために流産してしまった。

クラークはミネアポリスに小さな土地を所有していた。1888年11月26日の以下のような興味ある手紙（No. 109）のなかで，クラークは大都市における土地投機の最終的効果について論じ，ミネアポリスでの個人的経験に引き寄せ，それを弁護するためにアダム・スミスの先例に訴えている。

> 確かに土地投機は，アダム・スミスが彼の時代に小麦の投機が行われていて，それが価格変動の激しさを緩和したことを示したのと同様の影響を与えています。……ミネアポリスでは土地はあちらこちらで投機的に保有されてきています。……ミネアポリスではある点までは自然法則がすばらしい働きをしてきました。

（2）ギディングズは，本来ハーバート・スペンサーの個人主義的な社会進化論的哲学に深く影響された，最初から保守的な思想家であった。ロスが明らかにしているように，「古典派経済学とスペンサー流の社会学の弟子として，彼は社会はゆっくりと，個人的努力の道徳的規律のもとでのみ進歩すると信じていた」（Ross, D. 1991, 127）。1880年代半ばごろ社会問題にますます心を奪われたギディングズは，例えば労働者の協同組合を支持したり，利潤分配制にさらに一層熱心になったりして，保守派のW. G. サムナーよりも積極的になった。ヘイマーケット暴動後に *Work and Wages* を創刊したのはこうした目的のためであった。これは根本的には資本家的観点に導かれた労資協調を目指した雑誌であった（127-28）。

クラークと同様，ギディングズは個人的価値と集団的価値の衝突を解決したいと考えた。彼は既存の自由主義的諸制度を脅かすことなしに，進歩する保証を歴史的変化の中に見いだしたいと考えた。彼がこの衝突の解決策として最も強調したのは，とくに利潤分配制であった。ただし彼は協同組合運動にも関心を示した。クラークとギディングズが *Work and Wages* を通して知るようになったことは，1つの重要な示唆を与えるものと思われる。彼らは類似したイデオロギー的立場で交差したが，ほとんど反対方向からそこへ到達したといえるようである。

初期のクラークはキリスト教社会主義の立場に立ち，ドイツ歴史学派のもとでの訓練により補強された協同組合体制を理想の経済システムとみなしていた。しかし，彼はまた限界効用理論と市場法則を発見していた。とくにヘイマーケット暴動後，よりラディカルに変わったキリスト教社会主義を含めた社会主義の脅威のもとで，クラークはすでに資本主義に対する反感をトーンダウンさせていた。

他方ギディングズはスペンサー流の個人主義と進化論的思考の教育を受け，ドイツ歴史学派の影響をもたず，イギリスやアメリカの伝統的古典派経済学の訓練を受けていたが，現代産業における労使の問題を自由主義の枠組み内で解決する手段を見いだしたいと考えていた。ギディングズにとって最も重要な課題としてとるべき選択肢は，「創造的に思考するか，それとも搾取の経済学を受け入れるか」(Giddings, [1927], 197) だと，のちに書いたのであった。しかし，クラークもギディングズも同じくヘンリー・ジョージの土地社会主義とマルクス主義的社会主義を含めたラディカルな社会主義を拒否したのであった。彼らはヘイマーケット事件により1886年に早くも鳴り出した警告に対して同じように反応した。ギディングズにとっては自由主義への後退，すなわち進歩的自由主義はまったく自然なことであり，難しいことではなかった。彼の自信はもっと相反する感情の衝突に悩むクラークに対して必要な確信を与えたに違いない。

この意味でギディングズがクラークに与えた最も基本的な影響は，クラークがキリスト教社会主義を引き下げ，決定的に進歩的自由主義の方向へ転換した

際の確認と精神的支持のそれであったといえる。
　ここには違う方向からやってきた1886年の共通のイデオロギー的居場所があったといえる。彼らの知的親友関係が深まった最も根本的な理由はここにあったであろう。クラークは，より保守的なギディングズとの交流を通して，新しい分配理論の構築においてと同様に，彼の中の相反する感情の衝突と揺れを解決するうえで大いに助けられたのであった。理論およびアンビヴァレンスの解決の双方におけるギディングズのクラークへの影響と支持は，ギディングズからクラーク宛の手紙に示されている。

> もしこの最低限に向かう賃金の趨勢が経済進歩を枯渇させるのならば，マルクスは正しいだろうし，この賃金鉄則の作用に対する救済策は社会主義以外には存在しないでしょう。しかしあなたと私が論証したように，存続する競争によって経済利子あるいは純利潤は消滅する傾向にあります。この消滅……は耕作の限界で雇用される最低の熟練と資本の絶対額を増加させる傾向をもちます。(No. 69-2, Feb. 7, 1888)

すなわち，賃金は限界における生産力により決定され，これと同一の法則のもとで労働の限界生産力の絶対的水準は歴史的に騰貴し，理想的な率ないし経済的な率に向かう傾向があるとされる。

> 　そこで私たちの共同の討論の最終結果と私が考えるものはこれです。マルクスが剰余価値と呼ぶ富のあの大きな増大する流れは，潮流のように，いつでも元へ戻って来る傾向をもっており，したがって戻ってくるたびに耕作の限界での普通の労働者の価値を高める傾向をもっています。(No. 69-2, Feb. 7, 1888)

　次いでギディングズは次のように主張している。「それは，私たちの信じるところでは，人間社会のあの偉大な経済法則，あらゆる社会主義体系の信用を絶対的かつ永久に落とさせる法則の最初の定式化だったのであり，理論としてそれは，一人一人がその本質的なものに貢献した私たちの共同作業だった」。
　彼らがこの法則の共通の確信に到達したことは，ギディングズのクラークに

対する最大のイデオロギー的影響に違いない。

　ギディングズはまたこの手紙で，もう1つの重要な論点として，「重大な結果をもたらすウェッブ論文の非常に重要な部分」（Webb, 1888）にも注意を促している。それは，すべての産業（農業に劣らず製造業も）は収穫逓減の法則に左右されるというクラークの論証である。これはリカードウの地代概念をすべての生産要因へと適用しようとするクラークの一般化の重要な予感であるに違いない。クラークの限界生産力的分配論の最も本質的な発展経路において，ギディングズの影響は有力なものであり，決してささいなものではなかったといえよう。

　(3)　ヘイマーケット裁判ののち，人々が見たものは，不安と反動と労働組合に対する報復であり，これらは「社会主義」に反対する社会の圧力を高め，経済学者や社会改革家を後退させることになった。ロスの研究が明らかにしているように（Ross, D. 1991, 127），保守主義に向かうこの知的潮流の変化は，経済学者に限られるものではなく，合衆国全体としての社会科学者を包含するものであった。

　経済学では，「若手ドイツ帰り」と呼ばれた経済学者がアメリカ経済学会の創設で主導的な役割を果たした。とくにJ. B. クラーク，H. C. アダムズ，R. T. イーリーの3人――彼らは「過渡的な社会主義的思想」（Ross, D. 1977/78, 70）と呼ばれた社会主義，とくにキリスト教社会主義に対して，大なり小なり，アンビヴァレントな魅力を感じていた――はそれを放棄し，後退して進歩的自由主義の枠内にとどまらざるをえなかったのである。

　ヘイマーケットの反動が深まるにつれて，ドイツ歴史学派とキリスト教社会主義から最も深い影響を受けていたイーリーは，社会的福音運動の友人たちの支持によってジョンズ・ホプキンズ大学にとどまることができた。しかしながら，イーリーのウィスコンシンでの公の裁判があってのち，彼は自分が「社会主義者」であることを否定しなければならなかった。それ以来彼は沈黙を守らざるをえなかったのである。

　ロスが指摘したように，クラークとアダムズはイーリーの論著にみられる「ラディカルな社会主義的見解」の可能性を示唆する箇所を指摘せざるをえな

かった。クラークはイーリーに「社会主義的な傾きが止まる明確な線」（Clark's letter to Ely, March 17, 1891, in Ely Papers）を引くことを望んだ。イーリーはこの件についてクラークのコメントとアドヴァイスを受け入れた。イーリーの見解は彼が土地経済学に特化するにつれてより保守的となっていった（Ross, D. 1991, 54）。

　コーネルとミシガンの非常勤講師をしていて，専任の地位を希望していたH. C. アダムズは大学からの任命を得るのに面倒なことになった。コーネル大学での労働問題に関する公開シンポジウムで述べた彼の思想が原因で，コーネル大学はアダムズに対し，彼がそれまで得ていたよりも低い地位に一時的に任命した。彼は自らを弁護し，自由主義へと後退してミシガン大学で専任職を受け入れねばならなかった。アダムズはまさにクラークとイデオロギー的立場がより左のイーリーとの中間にいたといえる。

　この後退過程においてクラークをイーリーとアダムズと比較すれば，クラークのヘイマーケット反動に対する対応は，最も素早く積極的だった。「自由主義へと完全に戻る知的背景が最も強かったクラークは，彼の心の変化を認めるうえで最もオープンであり，彼の新しい立場を支持するうえで最もひたむきだった」（54）といえる。

　既にドーフマンにより明らかにされたように（Dorfman, 1946-59, vol. 3, 195），イェールの経済学教授であり，コネティカット州の労働統計局長だったA. T. ハドリーは，『富の哲学』を1887年2月10日の『インデペンデント』誌上の無署名の書評，「経済理論に関する近著」において批判した。ハドリーはクラークの新しい価値論を称賛したが，クラークは「最も粗雑な社会主義的誤謬」に陥ったと断言し厳しく批判したのであった。

　クラークはこの解釈に異議を唱えた。1887年2月15日付の手紙で，彼は次のように書いている。「それはひどい矛盾と社会主義的傾向という理由での厳しい批判です。その基礎は明らかな誤解であり，それを暴露することは少しも難しいことではありません」。しかし彼は公の論争を避け，編集者に手紙を送り，それを批判者に送ることを依頼した。もちろん彼は批判者がハドリーであると正しく推測していた。『インデペンデント』誌の編集長への手紙で，ク

ラークは社会主義的傾きという非難の基礎となった誤解について説明した。

ハドリーはこの手紙に答え,「労働はほとんど普遍的に富を作り出す」とか「トレードは一方の犠牲において他方が得をする」とクラークが述べた点を非難したのであった。ハドリーはさらにクラークを「あなたが言っていることは同じ問題に関してマルクスが言っていることと非常によく似ているように聞こえます」とさえ非難した。1887年2月21日付の手紙で明らかなように,クラークはギディングズに書いている。「『すべての労働は富を作り出す』という文章は誤解を与えやすい。それはただすべての種類の労働はその性質上生産的であることを意味したにすぎません。ハドリー教授はそれを私の企業倫理論に対する彼の奇妙な解釈の基礎としているのです……」。クラークは『富の哲学』第2章でこの点をカヴァーする注を挿入せざるをえなかったのである。

一言で言えば,クラークは「社会主義的誤謬」あるいは「社会主義的偏向」といったレッテルを払拭せねばならなかった。クラークの「社会主義的傾向」に対するハドリーの攻撃は,キリスト教社会主義から進歩的自由主義へのクラークの後退を早めることになったと思われる。

(4) 付け加えておかねばならないことは,『富の哲学』に対する初期の攻撃とは対照的に,ハドリーはクラークの「資本とその稼得」と『現代の分配過程』を称賛していることである。クラークの転換は,彼が1887年の1月と2月にギディングズの *Wark and Wages* に2編の短い論文,「労働問題,過去と現在」(Clark, 1887b) および「利潤とは何か?」(Clark, 1887c) を寄稿したときにすでに始まっていた。それらはクラークが彼の経済学的前提を再考し,新しい利潤・賃金論の萌芽を手探りし始めたことを示している。彼は「われわれは新しい賃金法則をマスターしなければならない」と書いている。ギディングズは「利潤とは何か?」の重要性を即座に明確に理解したのであった。それは「長年にわたって経済理論に対してなされた最も重要な貢献の1つなのです」。[9] ギディングズは競争を普遍的な進化過程として確認することができた。彼は資本主義市場の道徳的正当性と,その理論はまだ萌芽だったが,クラーク

---

9) Giddings' letter to Clark, Feb. 12, 1887, Appendix, no. 2.

のエレガントな新しい論証が彼の確信を強めてくれることをけっして疑わなかった。

　クラークとギディングズがひんぱんに文通を開始し，彼らに共通した見解を見いだし，彼らの共同研究を進めるに至ったのは，まさにヘイマーケットの反動後の 1886 年と 1887 年であった。クラークは全面的に個人主義的前提と経済学における自然法則へと後退し始めた。彼は競争はなお重要な残余形態で存在し，いまも「価格の有効な調整者であり，『純粋利潤』は競争が存続するかぎり，消滅するものである」ことを強調したのであった。クラークはいまや「競争じたいのもつ，より深い，より一般的な影響力」を強調し始めた。「不正は減少しつつあり，それは自然法則によるのである」（Clark, 1888, iv）と述べたのであった。

　クラークの根本的態度の変化は 1900 年に彼の友人イーリーによって非常にはっきりと指摘されている。イーリーは次のように述べている。

　　1887 年にクラーク教授の展開方向におけるはっきりとした転換を明確に認めることができる。私がとくに念頭においているのは，その年に *Political Science Quarterly* に現れた論文，「競争の限界」〔Clark, 1887d〕である。これは彼自身の別の論文と彼の現在の同僚，ギディングズ教授の 2 つの論文と一緒に『現代の分配過程』のなかに 1888 年に再録されたのである。いまやわれわれは潜伏的，潜在的，残余的競争の展開を見るに至る——ここにわれわれは実際 1 つの概念をもつことになる——。そしてこの競争は，たとい企業結合が競争を明らかに飲み込みつつあっても，正義を保証する 1 つの主要なよりどころとみなされる。クラーク教授には，この時から現在に至るまでこの線に沿った顕著な理論の展開が見られるのである。（Ely, 1900a, 99）

　このイーリーの判断は 1926 年に F. A. フェッターにより明確に確認されている。フェッターは，『富の哲学』において提出された新しい 4 つの概念の 1 つである競争に対するクラークの根本的変化について書いている。

　　彼の後期の理論では，競争に対する非難は消滅したか，あるいは弱めら

れ，その反対である競争に対する大きな信念によって大きく取り替えられている。ただクラークは，リカードウ派がそうでなかったのに，競争の働きを確保するために政府による規制の必要性を感じたのであった。(Fetter, 1926)[10]

これはクラークの限界生産力的分配論完成への旅の出発点であった。彼はその時代の最も重要な主導的経済理論家の1人となった。クラークの後退のもつ最も重要な特徴は，それが彼の分配論の完成をもってなされたことであった。彼はまた，価値・分配法則は単に市場均衡システムの機能にとどまらず，公正な自然的秩序を記述するという見解の最も率直な弁護者となった。クラーク，アダムズ，イーリーの3人のうち，完全競争と静態を前提にした限界理論の構築に成功し，資本主義社会の分配関係の正当化に成功する形で最も早く「進歩的自由主義」に後退したのがクラークであった。

結論として，ギディングズは初期から後期にかけてのクラークのイデオロギーの根本的変化において最も重要な役割を果たしたといえる。クラークによる資本主義の限界主義的弁護は，当時はもちろん，その後アメリカの社会科学者とアメリカの政治イデオロギーに大きな影響力をもった。彼の理論的結果に基づいたより深い保守主義の範囲内におけるクラークの晩年の自由主義は，彼のトラストや独占の研究に反映しており，彼の反独占政策と立法，ならびに市場システムを保持するための賃金調停に対する一層の強調のうちに反映されたのであった。彼の最終結果は彼の最後の経済学書，『社会主義によらない社会正義』(1914年)のうちに見ることができよう。

【追記】本章は Tanaka 2000a に収められた "Introductory Essay to the Correspondence : The Development of John Bates Clark's Economic Thought and Franklin Henry Giddings" の日本語版にあたる。

---

10) ここでフェッターは1886年以降オーストリアの学説の広範な影響が，確かに競争に対するクラークの態度の変化と，彼の限界分析の展開との両方に貢献したことを強調している。

文献目録

I

NEW BIBLIOGRAPHY OF THE WRITINGS OF JOHN BATES CLARK*
BY TOSHIHIRO TANAKA

There was thus far only one semi-official bibliography of the writings of John Bates Clark. It is in *Economic Essays contributed in Honor of John Bates Clark,* edited by Jacob H. Hollander. New York: Books for Libraries Press, 1927. Reprinted 1967. Appendices, 339-51. But it contains a number of omissions and errors. They were corrected in this new bibliography although it is not said to be complete one. Especially, for example, the total number of the items of articles, book reviews, essays, and others increased by 40 items than that of Hollander's bibliography. I wish this new bibliography will be service to the J. B. Clark scholars and the historians of American economic thought in general.

Toshihiro Tanaka

ABBREVIATION

AAAPSS	*Annuals of the American Academy of Political and Social Science*
AER	*American Economic Review*
AJES	*American Journal of Economics and Sociology*
AJS	*American Journal of Sociology*
CUQ	*Columbia University Quarterly*
EEcHJBC	*Economic Essays contributed in Honor of John Bates Clark.* Books for Libraries

---

*これまでJ.B.クラークのビブリオグラフィーとしては，ホランダー編『J.B.クラーク記念経済学論文集』(1927年) に付されたものしかなかった (Bibliography of the Writings of John Bates Clark. In Jacob. H. Hollander(ed.), *Economic Essays contributed in Honor of John Bates Clark.* New York: Books for Libraries Press, 1927. Reprinted 1967. Appendices, 339-51)。しかし，これには多くの脱落や誤記があることが判明したので，今回，その欠陥を是正し，補い，今後のクラーク研究の参考になることを願って，完全とはいえないが，より整備されたものを公表することにした。例えば，ホランダー・ビブリオでの著書8が9に，訳書4が6に，そして何よりも論文・論説その他はホランダー・ビブリオの219から259に40点増補されている。また，MSSについてもその主なものを挙げておいた。

なお，このビブリオグラフィーのワープロ処理は関西学院大学，上宮智之氏の協力を得ることができた。ここに記して感謝したい。

	Press (Hollander (ed.), [1927a] 1967)
EJ	Economic Journal
HOPE	History of Political Economy
JEI	Journal of Economic Issues
JEL	Journal of Economic Literature
JHET	Journal of the History of Economic Thought
JPE	Journal of Political Economy
NE	The New Englander
NEYR	The New Englander and Yale Review
PAAPS	Publications of the American Academy of Political Science
PAEA	Publications of the American Economic Association
NPDPE	New Palgrave Dictionary of Political Economy
PAPS	Proceedings of the Academy of Political Science
PDPE	Palgrave's Dictionary of Political Economy
PSQ	Political Science Quarterly
QJE	Quarterly Journal of Economics
RDDEH	Report of the Director of the Division of Economics and History
RLMCIA	Report of the Lake Mohonk Conference on International Arbitration
ZfVSV	Zeitschrift für Volkswirtschaft, Sozialpolitik und Verwaltung

MSS

John Bates Clark Papers at the Rare Book & Manuscript Library, Columbia University Library. Collections of Correspondence and Manuscript Documents. Boxed 27.

John Bates Clark Papers, in Columbiana Collection, Columbia University.

The Correspondence of John Bates Clark written to Franklin Henry Giddings, 1886-1930 in the Special Collection of Kwansei Gakuin University Library, Japan (Edited by Toshihiro Tanaka. *Research in the History of Economic Thought and Methodology*. American Economics, edited by Warren J. Samuels. JAI/Elsevier. Science, 2000, 1-245).

BOOKS

[1886] 1887. *The Philosophy of Wealth. Economic Principles Newly Formulated*. Boston: Ginn & Co. 2nd edn., 1887.

1888. With Franklin H. Giddings, *The Modern Distributive Process. Studies of Competition and Its Limits, of the Nature and Amount of Profit, and of the Determination of Wages, in the Industrial Society of To-day*. Boston: Ginn & Co.; London: Trubner & Co.

[1899] 1956. *The Distribution of Wealth. A Theory of Wages, Interest and Profits*. New York and London: Macmillan. Reprint edn., New York: Kelly & Millman, 1956.

1901. *The Control of Trusts: An Argument in Favor of Curbing the Power of Monopoly by a Natural Method*. New York: Macmillan.

1904. *The Problem of Monopoly: A Study of a Grave Danger and of the Natural Mode*

of Averting It. New York: Macmillan.
1907. *Essentials of Economic Theory, as Applied to Modern Problems of Industry and Public Policy.* New York: Macmillan.
[1912] 1914, 1971. With John Maurice Clark. *The Control of Trusts.* Rewritten and enlarged edn., New York: Macmillan. Reprint edn., New York: A. M. Kelley, 1971.
1914. *Social Justice without Socialism.* Boston and New York: Houghton Mifflin Co.
1935. *A Tender of Peace: The Terms on Which Civilized Nations Can, If They Will, Avoid Welfare.* New York: Columbia University Press.

TRANSLATIONS
1895. *Tetsuri Keizai Ron* (Japasnese translation of the *Philosophy of Wealth*), translated by Bunji Hamada. Yokohama: Methodist Publishing Co. 浜田文治訳『哲理経済論』田口卯吉序，明治28年。
1911. *Principles d'économique dans leur application aux problèms modernes de l'indusrie et de la politique économique.* Traduction de W. Oualid et O. Leroy. Paris: Giard et Briere.
1916. *La distribuzione della ricchezza. Biblioteca dell'Economista.* Quinta serie, v.3.
1924. *Bunpai Ron* (Japanese translation of the *Distribution of Wealth*), translated by Kaname Hayashi. Tokyo: Iwanami Shoten. 林要訳『富の分配』岩波書店，大正13年。
1949. Emile James, *John Bates Clark et John Maurice Clark,* Collection des Grands Économistes. Paris: Libraire Dalloz (Contains the translation of the selected chapters from *The Distribution of Wealth* and *The Essentials of Economic Theory*).
1968. Chinese translation of *The Distribution of Wealth.* 陸年青・許冀湯訳『財富配分論』経済学名著翻訳叢書28，台湾銀行，中華民国57年。

ARTICLES
1877a. The New Philosophy of Wealth. *NE,* 36-1, Jan., 170-86.
1877b. The Labor Problem and the Schools. An address delivered before the State Educational Association. *The Citizen* (Minneapolis and St. Paul), 6-37, Sept. 13.
1877c. Unrecognized Forces in Political Economy. *NE,* 36-5, Oct., 710-24.
1878a. The Scholar's Duty to the State. *The Carletonian* (Carleton College, Northfield [MI]), June, 3-4.
1878b. How to Deal with Communism. *NE,* 37-4, July, 533-42.
1879a. Business Ethics, Past and Present. *NE,* 38-2, March, 157-68.
1879b. The Nature and Progress of True Socialism. *NE,* 38-4, July, 565-81.
1880a. Spiritual Economics. *NE,* 39-3, May, 305-18.
1880b. Review of Woolsey's *Communism and Socialism. NE,* 39-3, May, 415-16.
1880c. Review of Thompson's *The Workman. NE,* 39-3, May, 416-18.
1880d. Review of Joseph Cook's *Socialism. NE,* 39-5, Sept., 704-06.
1880e. Extensive and Intensive Orthodoxy. *Christian Union* (New York), Oct. 13.
1881a. The Caprices of Musical Taste. *The Carletonian,* June.
1881b. The Philosophy of Value. *NE,* 40-4, July, 457-69.

1882. Non-Competitive Economics. *NE*, 41-6, Nov., 837-46.
1883. Recent Theories of Wages. *NE*, 42-3, May, 354-64.
1886a. The Moral Outcome of Labor Troubles. *NEYR*, N.S. 9-6, June, 533-36.
1886b. How shall Profits in Business be Divided? *NEYR*, N.S. 9, Dec., 989-1004.
1886c. Review of *The Labor Movement in America* by Richard T. Ely. *NEYR*, N.S. 9-12, Dec., 1054-55.
1887a. The Outlook for Profit Sharing. *The Age of Steel*, Jan. 1.
1887b. The Labor Problem, Past and Present. *Work and Wages* (Springfield, [MA]), 1-3, Jan.
1887c. What are Profits? *Work and Wages*, 1-3, Feb.
1887d. The Limits of Competition. *PSQ*, 2-1, March, 45-61.
1887e. Christianity and Modern Economy. *NEYR*, N.S. 11-7, July, 50-59.
1887f. Review of *The Theory of International Trade with some of its Application to Economic Policy* by C. Francis Bastable. Dublin: Hodges, Figgis & Co.; London: Simpkin, Marshal & Co. *PSQ*, 2-3, Sept., 524-26.
1887g. Profits under Modern Conditions. *PSQ*, 2-4, Dec., 603-19.
1888a. Capital and Its Earnings. *PAEA*, 3-2, May, 81-149.
1888b. Review of *Les lois naturelles de l'économie politique*, by G. de Molinari. Paris: Guillaumin et Cie., *PSQ*, 3-1, March, 190-92.
1888c. Review of *Principles of the Economic Philosophy of Society, Government, and Industry*, by Van Buren Denslow. London and New York: Cassell & Co., *PSQ*, 3-4, Dec., 693-94.
1888d. Review of *La morale économique*, par G. de Molinari. Paris: Guillaumin et Cie., *PSQ*, 3-4, Dec., 705-06.
1888e. The Certainties of the Tariff Question. In Albert Shaw (ed.), *The National Revenues*, Chicago: A. C. McClung & Co., 100-105.
1889a. Arbitration. *Christian Union*, 39-8, Feb. 21, 231.
1889b. How to prevent Strikes. Suggestions for Legislation. *Christian Union*, 39-8, Feb. 21.
1889c. Preparation for Citizenship: III (At Smith College). *Education*, 9, Feb., 403.
1889d. Possibility of a Scientific Law of Wages. *PAEA*, 4-1, March, 37-69.
1889e. Review of *Kapital und Kapitalzins* von Dr. Eugen von Böhm-Bawerk, Zweite Abtheilung: *Positive Theorie des Kapitals*. Innsbruck: Verlag der Wagnerschen Universitäts-Buchhandlung, 1889. *PSQ*, 4-2, June, 342-46.
1889f. Review of *Principes d'économie politique*, par Charles Gide, deuxième édition complètement refondue. Paris: L. Larose et Forcel, 1889. *PSQ*, 4-3, Sept., 548-49.
1890a. Review of *Zur Theorie des Preises, mit besonderer Berücksichtigung der geschichtlichen Entwickelung der Lehre*, von Dr. Robert Zuckerkandl. Leipzig: Verlag von Duncker & Humbolt, 1889. *PSQ*, 5-1, March, 170-71.
1890b. The 'Trust', a New Agent for Doing an Old Work: Or Freedom Doing the Work of Monopoly. *NEYR*, N.S. 17, March, 223-30.
1890c. De l'influence de la terre sur le taux des salaires. *Revue d'Économie politique*, 4,

Mai-Juin, 252-71.
1890d. The Law of Wages and Interest. *AAAPSS*, 1-1, July, 43-65.
1890e. The Moral Basis of Property in Land. *Journal of Social Science*, 27, Oct., 21-28.
1890f. Review of S. N. Patten's *The Economic Basis of Protection. AAAPSS*, Oct., 337-42.
1891a. Review of *Untersuchungen über das Kapital, seine Natur und Funktion. Ein Beitrag zur Analyse und Kritik der Volkswirthschaft*, von Otto Wittelshöfer. Tübingen: Verlag der H. Lauppschen Buchhandlung, 1890. *PSQ*, 6-1, March, 175-76.
1891b. Review of Alfred Marshall's *Principles of Economics. PSQ*, 6-1, March, 126-51.
1891c. Distribution as Determined by a Law of Rent. *QJE*, 5-3, April, 289-318.
1891d. The Industrial Future of the Negro. *Report of the Second Lake Mohonk Conference on the Negro Question*, June 3, 4, 5, 93-96; *The Christian Register*, June 18.
1891e. Review of *Principles of Social Economics Inductively Considered and Practically Applied, with Criticism on Current Themes*, by George Gunton, New York: G. P. Putnam's Sons, 1891. *PSQ*, 6-3, Sept., 574-78.
1891f. Statics and Dynamics of Distribution. *QJE*, 6-1, Oct., 111-19.
1891g. The Ethics of Land Tenure. *International Journal of Ethics*, 1, Oct., 62-79.
1891h. Natural Law in Political Economy. *Christian Register*, Dec. 3, 791-93.
1892a. The Theory of Rent. *Christian Register*, Jan. 7.
1892b. Review of *Notions Fondamentales d'Économie Politique et Programme Économique*, par M.G. de Molinari. Paris: Guillaumin et Cie., 1891. *PSQ*, 7-1, March, 153-54.
1892c. Patten's Dynamic Economics. A Paper submitted to the American Academy of Political and Social Science; *AAAPSS*, 3-1, July, 30-44.
1892d. Insurance and Business Profit. *QJE*, 7-4, Oct., 40-54.
1892e. The Ultimate Standard of Value. *Yale Review*, 1, Nov., 258-74.
1893a. The Surplus Gains of Labor. A Paper submitted to the American Academy of Political and Social Science. *PAAPS*, 85; *AAAPSS*, 3-5, March, 607-17.
1893b. The Present Aspect of the Farmers' Movement. *The Congregationalist*, March 16, 412-13.
1893c. Review of Gilman's *Socialism and the American Spirit. Christian Register*, April 6.
1893d. Review of *The Theory of Wages and Its Application to the Eight-Hours Question and Other Labor Problems*, by Herbert M. Thompson. New York: Macmillan, 1892. *PSQ*, 8-2, June, 361.
1893e. The Genesis of Capital. *Yale Review*, 2, Nov., 302-15.
1894a. The Study of Economics. *University Extension*, Feb.
1894b. Review of *An Analysis of the Ideas of Economics*, by L. P. Shirres. London: Longmans, Green & Co., 1893. *PSQ*, 9-1, March, 143.
1894c. A Universal Law of Economic Variation. *QJE*, 8-3, April, 261-79.
1894d. An Unfinished Study by Dr. Merriam. *AAAPSS*, 4-6, May, 969-72.
1894e. Future Distribution (Newspaper Summary of a Lecture). *Boston Transcript*, July 30.
1894f. Review of *Ueber Wert, Kapital und Rente; nach den Neueren Nationalökonomischen Theorien*, von Kunut Wicksell. Jena: Gustav Fischer, 1893. *PSQ*, 9-3, Sept., 572-74.

1894g. The Wealth of the World. *Boston Herald,* Nov. 29.

1894h. The Modern Appeal to Legal Forces in Economic Life. President's Address at the 7th Annual Meeting of the American Economic Association, Columbia Collage, Dec. 26, 1894. *PAEA,* 9-5/6, Dec., 9-30.

1894i. Distribution, Ethics of. *PDPE,* 1, 596-99.

1894j. Distribution, Laws of. *PDPE,* 1, 599-602.

1895a. The Origin of Interest. *QJE,* 9-3, April, 257-78.

1895b. The Gold Standard of Currency in the Light of Recent Theory. *PSQ,* 10-3, Sept., 59-73.

1895c. Real Issues concerning Interest. *QJE,* 10, Oct., 98-102.

1895d. Review of *Economics and Socialism. A Demonstration of the Cause and Cure of Trade Depressions and National Poverty,* by F.M. Laycock, London: Swan Sonnenschein & Co., 1895. *PSQ,* 10-4, Dec., 723-24.

1896a. Address. *RLMCIA,* 2, 36-39.

1896b. The Theory of Economic Progress. *Economic Studies,* 1-1, April, 1-22.

1896c. The Unit of Wealth. *Staatswissenschaftliche Arbeiten: Festgaben für Karl Knies zur fünf und siebzigsten Wiederkehr seines Geburtstages.* Berlin: O. Haering, 3-20.

1896d. Review of *Principles of Economics,* by Alfred Marshall. Vol.1, 3rd edn. London and New York: Macmillan, 1895. and *Studies in Economics,* by William Smart. London and New York: Macmillan, 1895. *PSQ,* 11-1, March, 190-91.

1896e. Free Coinage and Prosperity. *PSQ,* 11-2, June, 74-84.

1896f. Steadily Appreciating Currency Not Harmful (Condensed). *Public Opinion,* 21, Aug. 27, 266-67.

1896g. The Workingman's Support of International Arbitration. *Century Magazine,* 52, Aug., 634-35.

1896h. The After Effects of Free Coinage of Silver. *PSQ,* 11-3, Sept., 115-123.

1896i. After Free Coinage, What? *Springfield Daily Republican,* Oct. 12, 4.

1896j. Review of Irving Fisher's *Appreciation and Interest. EJ,* 6, Dec., 567-70.

1897a. Address. *RLMCIA,* 3, 73-77.

1897b. Trusts and the Law. *The Independent,* 49, March, 1-2.

1897c. The Scholar's Political Opportunity. An address delivered at the celebration of the 50th anniversary of the founding of a chapter of the Delta Kappa Epsilon fraternity at Amherst College. *PSQ,* 12, Dec., 589-602.

1898a. "Introduction" to *Overproduction and Crises* by Karl Rodbertus, translated by Julia Franklin. London: Swan, Sonnenschein & co., 1-18.

1898b. Natural Forces that Make for Peace. *RLMCIA,* 4, 91-4.

1898c. The Future of Economic Theory. *QJE,* 13-1, Oct., 1-14.

1899a. Peace as Assured by Economics. *RLMCIA,* 5, 72-78.

1899b. Natural Divisions in Economic Theory. *QJE,* 13-1, Jan., 187-203.

1899c. The Dynamic Law of Wages. *Yale Review,* 7, Feb., 375-82.

1899d. Salaries of Teachers. *CUQ,* 1-2, March, 111-22.

1899e. Trusts, Present and Future. *The Independent*, 51, April 20, 1076-80.
1899f. Dynamic Standards of Wages and Interest (Abstract of paper). *American Economic Association Hand-Book*, April, 105-08.
1899g. Armies and Fighting Power. *The Peace Crusade*, May 3.
1899h. The Trust Conference at Chicago. *The Independent*, 51, Sept. 28, 2602-04.
1899i. Review of *Value and Distribution. An Historical, Critical and Constructive Study in Economic Theory*, by Charles William Macfarlane. Philadelphia: J. B. Lippincott Co., 1899. *PSQ*, 14-3, Sept., 536-39.
1900a. Disarming the Trusts. *Atlantic Monthly*, 85, no.507, Jan., 47-53.
1900b. Trusts. *PSQ*, 15-2, June, 181-95.
1900c. The Latest Phase of the Trust Problem. *Gunton's Magazine*, 19, Sept., 209-15.
1900d. Review of *The Distribution of Income*, by William Smart. New York: Macmillan, 1899. *PSQ*, 15-3, Sept., 551-52.
1900e. The Necessity of Suppressing Monopolies While Retaining Trusts. *Chicago Conference on Trusts*. Chicago: The Civic Federation of Chicago, 404-09.
1901a. Professor Clark Believes in Trade Expansion. Prof. Clark's Lecture (Summary). *Brooklyn Citizen*, Feb. 1.
1901b. The Conditions of Prosperity. Prof. Clark's Lecture (Summary). *Brooklyn Citizen*, Feb. 9.
1901c. Expansion and Its Probable Effects. *Ethical Record*, 2, Feb.-Mar., 106-10.
1901d. How Not to Deal with Trusts. *The Independent*, 53, April 25, 929-30.
1901e. How to Deal with Trusts. *The Independent*, 53, May 2, 1001-04.
1901f. Trade Relations with South America. *The Criterion*, 2-2, May, 6-7.
1901g. Review of *The Social Philosophy of Rodbertus*, by E.C.K. Gonner. London: Macmillan, 1899. *PSQ*, 16-2, June, 365-66.
1901h. The Society of the Future. *The Independent*, 53, July 18, 1649-51.
1901i. Address. *RLMCIA*, 7, 45-49.
1901j. Monopolies and the Law. *PSQ*, 16-3, Sept., 463-75.
1901k. How shall Labor and Capital be Reconciled? Ideal Condition of Capital and Labor a Future Possibility. *New York Journal*, Sept. 2.
1901l. Wages and Interest as Determined by Marginal Productivity (Notes). *JPE*, 10, Dec., 105-09.
1902a. Recollections of the Twentieth Century. *The Atlantic Monthly*, 89, Jan., 4-16.
1902b. The Referendum in the United States. *The Independent*, 54, Feb. 20, 429-31.
1902c. A Modified Individualism. The Outcome of Wealth (In Concentration of Wealth, a discussion by Carroll D. Wright, Charles R. Flint.... John Bates Clark). *The Independent*, 54, May 1, 1066-68.
1902d. Feudalism or Commonwealth. *The Independent*, 54, May 29, 1275-79.
1902e. New Aspect of the Trust Problem. *New York Evening Post*, Oct. 4.
1902f. Compulsory Training in Economics. *The Independent*, 54, Oct. 23, 2503-04.
1902g. The Latest Phase of the Trust Problem. *The National Magazine* (Boston), 17-1, Oct.,

63-66.
1902h. Do We Want Compulsory Arbitration? *The Independent*, 54, Nov. 13, 2681-82.
1902i. Is Authoritative Arbitration Inevitable? *PSQ,* 17-4, Dec., 553-67.
1902j. What is Compulsory Arbitration? *The National Magazine*, 17-3, Dec., 396-98.
1903a. Employers and Employees. *Public Opinion* (Chicago), 41-57.
1903b. The World's Peace as Assured by Economic Tendencies. *The Christian Observer,* Jan. 28; *New York Observer,* Jan. 29; *The Western Journal of Education,* N. S. 8-4, April, 155-57.
1903c. The Dynamics of the Wages Question. *PAEA,* 4-1, Feb., 130-42.
1903d. The Cooper Union Debate on the Single Tax between Louis F. Post and John B. Clark. *The Single Tax Review,* 2, April 15, 7-12; 14-16.
1903e. Religious Obligations of Our Democracy. An Address before the New York State Conference of Religion, New York, Nov. 20, 1902. *Publications of the New York State Conference of Religion,* June.
1903f. Monopoly and the Struggles of Classes. *PSQ,* 18-4, Dec., 599-613.
1903g. Log-Rolling the Danger of Latter-Day Politics. *New York World,* Dec. 27.
1904a. A Plea for a Court of Arbitration. Is Arbitration Practicable? A Symposium of Opinions from Labor Leaders and Students of Labor Problems Apropos of Mr. H. T. Newcomb's Address. In Reply: *Public Opinion,* Jan. 14, 45-47.
1904b. Coöperation in the Realm of Philanthropy. *Charities,* 12, March 5, 251-52.
1904c. Monopoly and Tariff Reduction. *PSQ,* 19-3, Sept., 376-90.
1904d. Concerning the Tariff. *New York Evening Post,* Oct. 13.
1904e. The Real Dangers of the Trusts, with Some Suggestions as to Remedies. *The Century Magazine,* 68-6, Oct., 954-59.
1905a. Profit-Sharing, Old and New. *Harper's Magazine,* 90, April, 772-76.
1905b. Gifts and the Moral Law. *Congregationalist and Christian World,* April 20, 575-76.
1905c. The New Grab-Sharing (A Summary of J. B. Clark's Views as expressed in an article in Harper's). *Public Opinion,* April 29.
1905d. The Field of Economic Dynamics. *PSQ,* 20-2, June, 246-56.
1905e. Money, Interest Rates and Prosperity. *Moody's Magazine,* 1-1, Dec., 31-34.
1906a. Economic Theory in a New Character and Relation. In Howard Jason Rogers (ed.), *Congress of Arts and Science; Universal Exposition, St. Louis, 1904,* 8 vols. Boston and New York: Houghton, Mifflin & Co., vol.7, 47-56.
1906b. Ethics of Competition. *Washington Herald,* Feb. 8.
1906c. Makes for Honesty (Comment on 'A proposed common platform for Christians, by President Hyde'). *Congregationalist and Christian World,* Nov. 17, 646.
1907a. Our Prosperity due to a Series of Good Harvests, to Industrial Concentration, etc. *Journal of Commerce and Commercial Bulletin,* Jan. 2.
1907b. Inexpensive Reciprocity. *The Forum,* 38, Jan., 413-23.
1907c. Concerning the Nature of Capital: A Reply [to Dr. Eugen von Böhm-Bawerk]. *QJE,* 2-3, May, 351-70.

1907d. Über das Wesen des Kapitales. Eine Entgegung von Prof. John B. Clark (Columbia University). Übersetzt von Dr. Josef Schumpeter. *ZfVSV*, Bd.16, S.426-40.
1907e. Who's to Blame for the Panic? *New York Globe*, Nov. 13.
1907f. The Relations of the Social Sciences. A Symposium. Answer to a letter sent to twenty-seven prominent scholars. *AJS*, 13, Nov., 394-95.
1907g. On What Principles should a Court of Arbitration Proceed in Determining the Rate of Wages? *PAEA*, 8, 23-28.
1908a. The Part of Organized Labor in the Arbitration Movement. *RLMCIA*, 14, 59-62.
1908b. Education and the Socialistic Movement. *Atlantic Monthly*, 102-4, Oct., 433-41.
1909a. Trusts and the People—Competition must be Preserved. *Journal of Commerce and Commercial Bulletin*, Jan. 4. Reprinted in *ibid.*, 30, May, 1909.
1909b. The Proper Rule for Tariff Reduction. *New York Times*, Jan. 10.
1909c. A New Depression Theory. Comment. *Banker's Magazine*, 78-2, Feb., 256-57.
1909d. The Theory of Collective Bargaining (with others). *PAEA*, 10, April, 24-39.
1909e. Present Day Socialism: I, What It Is. *Congregationalist and Christian World*, April 24, 546.
1909f. Present Day Socialism: II, What It Would Do. *Congregationalist and Christian World*, May 1, 581.
1909g. Present Day Socialism: III, What We Should Do About It. *Congregationalist and Christian World*, May 15, 645.
1909h. Report of Governor Hughes' Committee on Speculation in Securities and Commodities. June 7, 1909. Signed: Horace White.... John B. Clark, etc.
1909i. What is to be done with the Trusts? *New York Times*, Dec. 5 (contains J. B. Clark's opinion).
1909j. Report of Mayor McCellan's Committee 'Teachers' Salary Commission. Signed: Gustav H. Schwab, J. B. Clark, C. H. Keep. Dec. 28.
1909k. 'General Introduction' to *A Documentry History of American Industrial Society* edited by John R. Commons and others, 10 vols. New York: Russell & Russell, vol.1, 33-53.
1910a. Exhausting our Resources. *New York Times*, Jan. 2.
1910b. The Cost of Living, V, Prices and Incomes. *The Independent*, 68, March 10, 514-18.
1910c. Eliminate Irresponsible Speculation or Face Legislative Annihilation (Prof. Clark's Views). *New York Herald*, March 27.
1910d. The Claims of Socialism. *The Christian Endeaver World*, May 5, 623-24.
1910e. Economics for Children. *JPE*, 18-6, June, 432-34.
1910f. An Economic View of War and Arbitration. An address before the 16th annual Lake Mohonk Conference. *RLMCIA*, 39-44; *International Conciliation*, 32, July, 3-10.
1910g. The Economics of Waste and Conservation. *The Atlantic Monthly*, 106, Sept., 325-31.
1911a. *RDDEH*, Washington, D.C.: Carnegie Endowment for International Peace, 26 Oct., 75-83.
1911b. Suggestions as to Possible Questions for Investigation, in 1911a above, 86-89.

1911c. Réglementation de la Grève. *Le Bulletin de la semaine*, June 14.
1911d. Taxation and Natural Law. *The Atlantic Monthly*, 108, Oct., 485–90.
1911e. Taxation on Buildings (Letter to the Editor). *New York Tribune*, Nov. 21.
1911f. After the Trusts, What? *The World Today*, 21–5, Nov., 1292–98.
1911g. Land and Building Taxation (Letter to the Editor). *New York Tribune*, Dec. 2.
1911h. Hearings before the Committee on Interstate Commerce, U. S. Senate, 62nd Congress, Dec. 11 and 12, 1911, Part 14, Statement of Prof. John Bates Clark, 971–85. Printed for the use of *the Committee on Interstate Commerce*, Washington: Government Printing Office.
1912a. Dealing with Trusts by Natural Method. *Journal of Commerce and Commercial Bulletin*, Jan. 3.
1912b. Debate Socialism with Mildness. Morris Hillquit and Prof. Clark admit they have a large area of agreement. *New York Times*, Feb. 28, 10.
1912c. Does Congress Represent the People? *New York World*, March 5.
1912d. Concerning Deans. *Smith Alumnæ Quarterly*, 3, April, 123–25.
1912e. A Commission on Industrial Relations. *The Survey*, 28, July 6, 493–95.
1912f. A Federal Commission on Industrial Relations—Why It is Needed. *PAPS*, 2–4, July, 545–48.
1912g. The Possibility of Competition in Commerce and Industry. *AAAPSS*, 42, July, 63–66.
1912h. The Parties and the Supreme Issue. *The Independent*, 73, Oct. 17, 891–94.
1912i. Review of J. Schumpeter's *Theorie der wirtschaftlichen Entwickelung*. *AER*, 2–4, Dec., 873–75.
1913a. Proposed Surtax Erroneous in Principle. *Real Estate Record and Builder's Guide*, Feb. 1.
1913b. Shall We Tax the Unearned Increment? (Newspaper summary). *New York Globe and Commercial Advertiser*, Feb. 1.
1913c. Signs of Prosperity when Employers Seek Men. *Business America*, March (Written in answer to the question propounded by *Business America*: Which is better, that men should have to hunt for jobs, or that jobs should have to hunt for men?).
1913d. What Everybody Wants to Know. Reply to the question put by the *Annalist*: Is the present an opportune time to by good securities? *Annalist*, 2, Aug. 18, 198.
1913e. The Minimum Wage. *The Atlantic Monthly*, 112–3, Sept., 289–97.
1914a. Forces that Make for Progress. *The Christian Work and Evangelist*, Jan. 3, 20–21.
1914b. Dangers of Increased Land Tax (pointed out by noted economists). *New York Globe and Commercial Advertiser*, Jan. 17.
1914c. Concerning Wealth that Resides in Land. *New York Globe and Commercial Advertiser*, Jan. 24.
1914d. Realty Experts Warn against New Tax Bill (Summery). *New York Press*, Feb. 1.
1914e. Introductory Note to *The Causes of Mexico's Revolution*, by John Reid. Reprinted from the *New York Times*, April 27, 1914. *International Conciliation Special Bulletin*, 3–6.

1914f. The Economic Effects of War (a Conversation with Prof. John Bates Clark). *The Annalist* 3, May 4, 556.

1914g. Professor Clark Dissects Mexico's Difficulties (Newspaper Summery of J. B. Clark's Views as expressed in an Address before the City Club of Brooklyn). *Brooklyn Standard Union*, May 6.

1914h. A Proposed Standing Committee of the Powers. Joint Address of Sir. George Paish and John Bates Clark. *RLMCIA*, May 28, 118-24.

1914i. The Crises in Colorado and Its Lessons. *Business America*, 15-6, June, 502-04.

1914j. European War not Last Great Strife (Newspaper Summery). *New York Evening World*, Sept. 24.

1914k. The Remote Effects of the Panama Canal. *Commercial and Financial Chronicle*, Nov. 28.

1914l. Frank's Last Appeal. *New York Times*, Dec. 11.

1915a. Address on a League of Peace to the members and the constituency of the New York Peace Society, Jan. 6, 1915. Pamphlet, 2 leaves. Signed: George W. Kirchwey, Chairman plan of action committee, John Bates Clark, Chairman executive Committee.

1915b. Policies and Plans of the New York Peace Society, Jan. 1915. *Report of Chairman of the Executive Committee*, 19-22. Reprinted from the *Year Book*.

1915c. Professor Clark Sees in Entente Firm Basis for Peace Union (Summery of address at Independent Hall). *Philadelphia Evening Telegraph*, June 17.

1915d. Division of the People's Income. Report to the National Civic Federation by a Committee of which J. B. Clark was chairman. June 28.

1915e. The League to Enforce Peace. *Advocate of Peace*, 77, July, 168-69.

1915f. Existing Alliances and a League of Peace. An address before the twenty-first annual Lake Mohonk Conference, July 1915. *RLMCIA*, 57-61; *International Conciliation*, Special Bulletin; In Randolph Silliman Bourne (ed.), *Bases of An Enduring Peace*. New York: 1916, 135-42.

1915g. Economics of War. *CUQ*, 17-4, Sept., 316-22.

1915h. The Balance Sheet of War. *Everybody's Magazine*, Nov., 593-95.

1915i. The Economic Costs of War. Proceedings of the 27th annual meeting of the American Economic Association, 85-93. Reprinted in *AER*, 6, Supplement, March, 85-93.

1916a. A League of Nations to Enforce Peace. *Syracuse Herald*, Feb. 9.

1916b. *RDDEH*, 89-91.

1916c. Possible Guarantys of Peace. *The World Court*, 4, April, 216-19.

1916d. European Nations and the League Problem, in 'Enforced Peace'. *Proceedings First Annual Assemblage of the League to Enforce Peace, American Branch*, May 26-27, 1916, 85-92.

1916e. Entente Powers as Nucleus for Allies of the Future. A Reply to Prof. Hugo Muensterberg's article in the *New York Times Sunday Magazine* of July 30. *New York Times*, Aug. 6.

1916f. The Economic Dynamics of War. *Scientia* (Bologna), 20, Aug., 115-123.

1916g. The Entente in Peace. *New York Times*, Dec. 7.
1917a. Changes in accepted Conclusions as to International Trade due to (1) Asiatic development and (2) War. Paper presented before the 2nd Pan American Scientific Congress, Washington, Dec. 27, 1915—Jan. 8, 1916. Washington D. C.: Government Printing Office.
1917b. Americans Urged to Enter Fight for Liberty. *New York Times*, March 4, 12.
1917c. Present War must end War if Possible. *Worcester Gazette*, June.
1917d. The Shipping Imbroglio. *New York Times*, July 23.
1917e. An American League to Enforce Peace (Communication). *EJ*, 27, Sept., 442-44.
1917f. Shall there be War after the War? The Economic Conference at Paris. *American Journal of International Law*, 11-4, Oct., 790-92.
1918a. Entente Nucleus of Peace League. *Christian Science Monitor*, Jan 23.
1918b. Professor Clark says Central Powers would again break the Peace (News-paper comment on a lecture before the New York Peace Society). *New York Tribune*, Feb. 21.
1918c. *RDDEH*, 20, March, 105-09.
1918d. On Germany and a League of Nations. A Letter to Theodore Marburg. *The Humanitarian*, April.
1918e. A Workable League (Letter to the Editor). *New York Times*, Nov. 11.
1918f. Would See Allies Continue in Pact (Interview). *New York Evening Post*, Dec. 23.
1918g. The Economic Interpretation of the War. In Montaville Flowers (ed.), *What Every American Should Know about the War*. New York: George H. Doran, 115-25.
1919a. *RDDEH*, 89-101.
1919b. Shall We Accept, Veto or Amend? *League of Nations Magazine*, 5, March, 145-47.
1919c. A League of Nations and the Alternative. *New York Times*, June 1.
1919d. Will there be a Greater Armageddon? *New York Tribune*, Nov. 16.
1920a. *RDDEH*, 67-81.
1920b. A Record of Inaction; Failure of the American Government since the End of the World War. *New York Times*, March 28.
1920c. A Surrender that means Victory. *New York Times*, March 28.
1920d. Is a Corner a Crime? *The Independent*, 102, May 1, 168-70.
1920e. Review of Culbertson's *Commercial Policy in War Time and After*. *American Journal of International Law*, July, 473-75.
1920f. Trifling with the People. *New York Times*, Oct. 31.
1921. Statement of Purposes of the New York Peace Society, May 20, 1921 (Leaflet signed: John Bates Clark, Stephen P. Duggan, George W. Kirchwey).
1922a. Concentrated Peace Action (Interview). *Christian Science Monitor*, Jan. 11.
1922b. Memorial to Former President Henry C. Adams. *AER*, 12-3, Sept., 413-14.
1923a. *RDDEH*, 89-91.
1923b. Professor Patten. *AER*, 13-1, Sup. March, 267.
1923c. Paper Money and the Cost of War. An address before the Academy of Political Science in the City of New York. *PAPS*, 10-2, Jan., 19-25.

1923d. Hope of Future Peace. *New York Times,* July 15.
1924a. Labor and the Surtax. *New York Times,* Feb. 8.
1924b. The Issues and the Men (Letter to the Editor). *New York Times,* Oct. 22.
1924c. The Connecticut Senatorship (Letter to the Editor). *New York Times,* Dec. 9.
1926. Private and Public Debts. Would Individual Creditor in our Position insist on Payment? *New York Times,* Oct. 1.
1928. Ein altes Prinzip in neuer Zeit. *Wirtschaftstheorie der Gegenwalt,* vol. 3. Vienna, 328-33.

II

Adams, Henry C. 1886. "Review of J. B. Clark's *The Philosophy of Wealth*." *PSQ,* 1-4, 687-90.
——, 1891. "Ten Years of Political Economy in the United States." *The Inlander,* 1, 16-24.
Adriance, Walter M. 1914-15. "Specific Productivity." *QJE,* 29, 149-76.
American Social Science Association. 1890. *The Single Tax Discussion* (held at Saratoga, Sept. 5, 1890). Concord (MA); *Journal of Social Science,* 27.
Andelson, Robert V. (ed.) 2003. *Critics of Henry George. An Appraisal of Their Stricturers of Progress and Poverty,* 2 vols., 2nd edn, Malden (MA): Blackwell Publishing.
Anderson, B. M. 1913. "Patten's *Reconstruction of Economic Theory*." *PSQ,* 28, March, 123-29.
Backhouse, Roger. [1985] 1987. *A History of Modern Economic Analysis.* Oxford: Basil Blackwell. 2nd edn., 1987.
Bain, J. S. [1959] 1968. *Industrial Organization.* New York, London, Sydney: John Wiley. 2nd edn., 1968. 宮沢健一監訳『産業組織論』上・下, 丸善株式会社, 1970 年。
Baldwin, W. L. 1961. *Antitrust and the Changing Corporation.* Durham (NC): Duke University Press.
Barber, William J. (ed.) 1988. *Breaking the Academic Mold: Economics and American Learning in the Nineteenth Century.* Middleton (CT): Wesleyan University Press.
——, 1991. "British and American Economists and Attempts to Comprehend the Nature of War, 1910-1920." In C. D. Goodwin (ed.), *Economics and National Security.* Durham (NC): Duke University Press, 61-86.
Barker, Charles Albro. [1955] 1991. *Henry George.* New York: Oxford University Press. New York: Robert Schalkenbach Foundation, 1991.
Barnett, George E. [1927] 1967. "The Entrepreneur and the Supply of Capital." In Jacob H. Hollander (ed.), *EEcHJBC,* 14-21.
Baumol, William. 1985. "On Method in U. S. Economics a Century Earlier." *AER,* 75-6, Dec., 1-12.
Bernard, L. L. and Bernard, Jessie. 1943. *The Origins of American Sociology.* New York: Thomas Y. Crowell.
Biddle, J. and Samuels, Warren J. 1991. "Thorstein Veblen on War, Peace and National

Security." In C. D. Goodwin (ed.), *Economics and National Security*. Durham (NC): Duke University Press, 87-117.

Blaug, Mark. [1962] 1973. *Economic Theory in Retrospect*. London: Heinemann Educational Books. 関恒義・浅野栄一・宮崎犀一訳『経済理論の歴史』上・中・下，東洋経済新報社，1966〜1968 年。

Bliss, W. D. P. 1894. *What Christian Socialism Is*. The Dawn Library, no. 1 (Pamphlet). Boston.

Böhm-Bawerk, Eugen von. [1889a] 1921. *Positive Theorie des Kapitales. Kapital und Kapitalzins*, Bd. 2. Jena: Gustav Fisher.

——, 1889b. "Aus der neuesten nationalökonomischen Literatur Englands und Nordamerikas." *Jahrbücher*, 52, 672-81.

——, 1890. "Professor Giddings on the Theory of Capital." *QJE*, April.

——, 1906-07. "Zur neuesten Literatur über Kapital und Kapitalzins." *ZfVSV*, 15, 443-61; 16, 1-38.

——, 1906. "Capital and Interest once more: I, Capital vs Capital Goods." *QJE*, 21, Nov., 1-21.

——, 1907a. "Capital and Interest once more: II, A Relapse to the Productivity Theory." *QJE*, 21, Feb., 247-82.

——, 1907b. "Gegenbemerkungen zu Prof. Clark's Replik betreffend Das Wesen des Kapitales." *ZfVSV*, 16, 441-57.

——, 1907c. "The Nature of Capital: A Rejoinder." *QJE*, 22, Nov., 28-47.

Bonar, James. 1890. "Professor Giddings on the Theory of Capital." *QJE*, 4, April.

Boswell, James L. 1934. *The Economics of Simon Nelson Patten*. Philadelphia: The John C. Winston Co.

Bowley, A. L. 1924. *The Mathematical Groundwork of Economics*. Oxford: Clarendon Press.

Braeman, John. 1986. "Edwin R. A. Seligman." *Dictionary of Literary Biography*. Detroit (MI): Gale Research Co.

Braff, A. J. 1988. "Distribution: Neo-Classical." In A. Asimakopulos (ed.), *Theories of Income Distribution*. Boston: Kluwer Academic Publishers, 75-103.

Brandis, Royall. 1985. "Distribution Theory: Scientific Analysis or Moral Philosophy?" *JEI*, 19-4, Dec., 867-78.

Bronfenbrenner, Martin. 1985. "Early American Leaders—Institutional and Critical Tradition." *AER*, 75-6, Dec., 13-27.

Bullock, Charles J. 1901. "Trust Literature: A Survey and a Criticism." *QJE*, 15-1, Feb., 167-217.

Carver, Thomas Nixon. 1901. "Clark's *Distribution of Wealth*." *QJE*, 15, Aug., 578-602.

——, [1904] 1919. *The Distribution of Wealth*. New York: Macmillan. 大山千代雄訳『カアバア分配論』岩波書店，1925 年。

——, 1915. *Essays in Social Justice*. Cambridge: Harvard University.

Chicago Conference on Trusts, September 13-16, 1899. [1900] 1973. New York: Arno,

1973.

Clark, A. H. and Clark, John Maurice. 1938. *John Bates Clark: A Memorial*. New York: Columbia University Press, privately printed.

Clark, J. D. 1931. *The Federal Trust Policy*. Baltimore: Johns Hopkins Press.

Clark, John Maurice. 1914. "Davenport's Economics." *PSQ*, 29-2, June, 315-23.

――, 1923. *Studies in the Economics of Overhead Costs*. Chicago: University of Chicago Press.

――, 1926. *Social Control of Business*. Chicago: University of Chicago Press.

――, [1927] 1967. "The Relations between Statics and Dynamics." In Jacob H. Hollander (ed.), *EEcHJBC*, 46-70.

――, 1940. "Toward a Concept of Workable Competition." *AER*, 30-2, June, 241-56.

――, 1952. "On J. B. Clark." In H. W. Spiegel (ed.), *The Development of Economic Thought, Great Economists in Perspective*. New York: John Wiley. スピーゲル編, 越村信三郎・山田長夫監訳『経済思想発展史』IV, 春秋社, 1954年。

――, 1961. *Competition as a Dynamic Process*. Washington: The Brookings Institution. 岸本誠二郎監修, 瀬地山敏他共訳『有効競争の理論』日本生産性本部, 1970年。

――, 1968. "Clark, John Bates." In David L. Sills (ed.), *International Encyclopedia of Social Sciences*. Macmillan & Free Press, vol. 2, 504-08.

Coats, A. W. 1960. "The First Two Decades of the American Economic Association." *AER*, 50-4, 555-74.

――, 1985. "The American Economic Association and the Economic Profession." *JEL*, 23.

――, 1987a. "Patten, Simon Nelson". *NPDPE*. London: Macmillan Press.

――, 1987b. "Seligman, Edwin Robert Anderson". *NPDPE*.

――, 1992a. *On the History of Economic Thought: British and American Economic Essays*, vol. I. London and New York: Routledge.

――, 1992b. "Economics in the United States, 1920-70." In *On the History of Economic Thought: British and American Economic Essays*, vol. I. London and New York: Routledge.

――, 1999. "Review of John Bates Clark: The Making of a Neoclassical Economist. By John F. Henry." *HOPE*, 31-4, Winter, 773-74.

Collier, Charles F. 1979. "Clark and Patten. Exemplars of the New American Professionalism." In R. V. Anderson (ed.), *Critics of Henry George*. Cranbury (NJ): Faieleigh Dickinson University Press, 261-72.

Conrad, Johannes. 1885. *The German Universities for the Last Fifty Years*, translated by J. Hutchison. Glasgow: Bryce.

Cossa, Luigi. 1893. *An Introduction to the Study of Political Economy*. English translation. London: Macmillan.

Creedy, John. 1986. *Edgeworth and the Development of Neoclassical Economics*. Oxford: Blackwells.

Davenport, Herbert Joseph. [1908] 1964. *Value and Distribution. A Critical and Constructive Study*. Chicago: University of Chicago Press. Reprint edn., New York: A. M. Kelly,

1964.

——, [1913] 1968. *The Economics of Enterprise*. New York: Macmillan. Reprint edn., New York: A. M. Kelly, 1968.

Davis, A. K. [1944] 1993. "Veblen's Study of Modern Germany." *ASR*, 9, Dec., 603–09. In J. Cunningham Wood (ed.), *Thorstein Veblen. Critical Assessments*, vol. III. London and New York: Routledge, 1993.

Davis, Leo. 1968. "Franklin H. Giddings: An Overview of a Fogotten Pioneer." *Journal of the History of the Behavioral Sciences*, 4, 62–73.

Dennis, K. G. 1977. *"Competition" in the History of Economic Thought*. New York: Arno Press.

Dewey, Donald. 1987. "Clark, John Bates (1847–1938)." *NPDPE*, 1. London: Macmillan Press, 428–31.

——, 1999. "Clark, John Bates." *American National Biography*, 4. New York: Oxford University Press, 4, 934–36.

Diehl, Karl. 1900. "Review of S. N. Patten's *The Development of English Thought*." *Jahrbücher*, 20, 279–80.

Dombrowski, James. 1966. *The Early Days of Christian Socialism in America*. New York: Octagon Books.

Dorfman, Joseph. [1934] 1961. *Thorstein Veblen and His America*. New York: The Viking Press. Reprinted edn., New York: A. M. Kelley, 1961. 八木甫訳『ヴェブレン――その人と時代』ホルト・サウンダーズ・ジャパン，1985年。

——, 1946. "Introduction" to *Imperial Germany and the Industrial Revolution* by Thorstein Veblen. New York: The Viking Press.

——, 1946-59. *The Economic Mind in American Civilization, 1606–1933*, 5 vols. New York: The Viking Press (Especially vols. 3 and 4).

——, 1955. "The Department of Economics." In R. Gordon Hoxie et al., *A History of the Faculty of Political Science, Columbia University*. New York: Columbia University Press.

——, 1971. "John Bates and John Maurice Clark on Monopoly and Competition." As an Introductory Essay in J. B. Clark and J. M. Clark, *The Control of Trusts* [1912]. Reprint edn., New York: A. M. Kelly, 1971, 5–17.

Douglas, Paul H. [1927] 1967. "Elasticity of Supply as a Determinant of Distribution." In Jacob H. Hollander (ed.), *EEcHJBC*, 71–118.

Downey E. H. 1910. "The Futility of Marginal Utility." *JPE*, 18, April, 253–68.

Dunbar, Charles F. 1891. "The Academic Study of Political Economy." *QJE*, July, 397–416.

Dwyer, Terence M. [1982] 1992. "Henry George's Thought in Relation to Modern Economics." *AJES*, 41-4, Oct. In Mark Blaug (ed.), *Henry George*, Aldershot, Hants: E. Elgar, 1992, 132–142.

Edgeworth, F. Y. 1915. *On the Relations of Political Economy to War: A Lecture*. Oxford: Oxford University Press.

Ely, Richard T. 1889. *Social Aspects of Christianity and Other Essays*. New York: T. Y.

Crowell.
―, 1900a. "A Decade of Economic Theory." *AAAPSS*, 15, March.
―, [1900b] 1902. *Monopolies and Trusts*. New York: Macmillan.
―, 1910. "The American Economic Association, 1885-1909. With Special Reference to Its Origin and Early Development. An Historical Sketch." *American Economic Association Quarterly*, 11, April.
―, 1936. "The Founding and Early History of the American Economic Association." *AER*, 26, Supplement, March.
―, 1938. *Ground Under Our Feets. An Autobiography*. New York: Macmillan.
Everett, John Rutherford. 1946. *Religion in Economics: A Study of John Bates Clark, Richard T. Ely, Simon N. Patten*. New York: Kings Crown Press.
Feder, Kris. 2003. "Clark: Apostle of Two-Factor Economics." In R. V. Andelson (ed.), *Critics of Henry George. An Appraisal of Their Strictures on Progress and Poverty*, 2 vols., vol. 1. 2nd edn., Malden (MA): Blackwell Publishing, 353-93.
Fellner, W. 1953. "Significance and Limitations of Contemporary Distribution Theory." *AER*, 43, Proceedings.
Fetter, Frank A. 1926. "Present State of Economic Theory in the United States of America." Paper contributed to the Wieser Festschaft, 1926 (From his typewritten manuscript).
―, [1927] 1967. "Clark's Reformulation of the Capital Concept." In Jacob H. Hollander (ed.), *EEcHJBC*, 136-56.
Fine, Sidney. 1958. *Laissez-Faire and the General Welfare States*. Ann Arbor (MI): University of Michigan Press.
Fisher, Irving. 1896. "What is Capital ?" *EJ*, Dec.
Fite, Warner. 1899. "Professor Patten's Psychological Doctrines." *JPE*, 7, June, 384-91.
Fox, Daniel. M. 1967. *The Discovery of Abundance: Simon N. Patten and the Transformation of Social Theory*. Ithaca (NY): Cornell University Press.
Furner, M. O. 1975. *Advocacy and Objectivity: A Crisis in the Professionalization of American Social Science, 1865-1905*. Lexington: University Press of Kentucky.
Gaffney, Mason. 1987a. "George, Henry." *NPDPE*. London: Macmillan Press.
―, 1987b. "Single Tax." *NPDPE*. London: Macmillan Press.
―, 1994. "Neoclassical Economics as a Stratagem against Henry George." In Mason Gaffney and Fred Harrison (eds.), *The Corruption of Economics*. London: Shepheard-Walwyn.
Garegnani, Pierangelo. 1960. *Il Capitale nelle Teorie della Distribuzione*. 山下博訳『分配理論と資本』未来社，1966 年。
―, 1970. "Heterogeneous Capital, the Production Function and the Theory of Distribution." *Review of Economic Studies*, 37-3, July, 407-36.
George, Henry. [1879] 1956. *Progress and Poverty*. New York: Robert Schalkenbach Foundation, 1956. 山嵜義三郎訳『進歩と貧困』日本経済評論社，1991 年。
―, 1973. *The Complete Works of Henry George*, 10 vols. New York: AMS Press.
Gerdes, Carl. 1977. "The Fundamental Contradiction in the Neoclassical Theory of Income

Distribution." *The Review of Radical Political Economics*, 9-2, Summer, 39-64.
Giddings, Franklin Henry. 1886. "Co-operation." In George E. McNeil (ed.), *The Labor Movement. The Problem of Today*. Boston: 508-31.
——, 1887a. "Two Views of the Labor Movements." *Work and Wages*, 1, May.
——, [1887b] 1888. "The Persistence of Competition." *PSQ*, 2, March, 62-78. In J. B. Clark and Franklin H. Giddings, *Modern Distributive Process*. Boston: Ginn, 1888.
——, 1888. "Sociology and Political Economy." *PAEA*, 3, March.
——, 1889. "The Cost of Production of Capital." *QJE*, 3, July, 503-07.
——, 1890a. "The Theory of Capital." *QJE*, 4, Jan., 172-206.
——, 1890b. "The Province of Sociology," *Annals*, July.
——, 1891a. "The Growth of Capital and the Cause of Interest." *QJE*, 5, Jan., 242-48.
——, 1891b. "The Concepts of Utility, Value and Cost." *PAEA*, 6, 41-46.
——, 1893. "The Idea and Definition of Value." *PAEA*, 8, 87-101.
——, 1894a. "Relation of Economics to Sociology by S. N. Patten." *AAAPSS*, 5.
——, 1894b. *The Theory of Sociology*. Supplement to *AAAPSS*, July.
——, 1894c. "Utility, Economics and Sociology." *AAAPSS*, Nov.
——, 1895. "Sociology and the Abstract Sciences." *AAAPSS*, 5, March, 746-53.
——, 1896. *The Principles of Sociology*. New York: Macmillan.
——, [1927] 1967. "Alternatives seen as Basic Economic Facts." In *EEcHJBC*, 194-203.
Gide, Charles and Rist, Charles. 1915. *A History of Economic Doctrines*. London: George G. Harrap & Co.
Gillin, John L. 1927. "F. H. Giddings." In Howard W. Odum (ed.), *American Masters of Social Science*. New York: H. Holt and Co.
Gladden, Washington. 1876. *Working People and Their Employers*. Boston: Lockwood, Brooks and Co.
——, 1886. *Applied Christianity*. Boston: Lockwood, Brooks, and Co.
Goodwin, Craufurd D. 1972. "Marginalism Moves to the New World." *HOPE*, 4-2, 551-70.
——, 1988. "The Carnegie Endowment for International Peace: The Search for an Alternative to War." (Paper presented to the HES annual meeting at the University of Tronto on the 20th June, 1988).
—— (ed.), 1991. *Economics and National Security: A History of Their Interaction*. Durham (NC): Duke University Press.
Goodwyn, Lawrence. 1976. *Democratic Promise: The Populist Movement in America*. New York: Oxford University Press.
Groenewegen, Peter. 1990. "Neo-Classical Value and Distribution Theory: The English Speaking Pioneers." In Klaus Hennings and Warren J. Samuels (eds.), *Neoclassical Economic Theory, 1870-1930*. Boston, Dordrecht, London: Kluwer Academic Publishers.
——, 1999. "Reflections on the Centenary of John Bates Clark *The Distribution of Wealth* (1899)." *History of Economics Review*, 30, 82-88.
Gruchy, A. C. 1947. *Modern Economic Thought. The American Contribution*. Englewood

Cliffs (NJ): Prentice-Hall.
Guillebaud, C. W. [1971] 1982. "Some Personal Reminicences of Alfred Marshall." *HOPE*, 3-1, Spring. Reprinted in J. C. Wood (ed.), *Alfred Marshall. Critical Assessments*, London: Croom Helm, 1982.
Haddow, Anna. 1939. *Political Science in American Colleges and Universities, 1636-1900*. New York and London: D. Appleton-Century.
Hadley, Arthur T. 1892. "Review of S. N. Patten's The Theory of Dynamic Economics." *PSQ*, 7, Sept., 562-63.
———, 1894. "Recent Tendencies in Economic Literature." *Yale Review*, 3, Nov., 251-60.
———, 1897. "Some Fallacies in the Theory of Distribution." *EJ*, Dec.
Haney, L. H. [1911] 1920. *History of Economic Thought*. New York: Macmillan. Revised ed., 1920.
Hankins, Frank H. 1931. "Franklin H. Giddings, 1855-1931: Some Aspects of His Sociological Theory." *AJS*, 37, Nov., 349-67.
Harcourt, G. C. 1969. "Some Cambridge Controversies in the Theory of Capital." *JEL*, 7-2, June, 369-405.
———, 1972. *Some Cambridge Controversies in the Theory of Capital*. Cambridge: Cambridge University Press. 神谷伝造訳『G. C. ハーコート，ケムブリッジ資本論争』日本経済評論社，1980年。
Hardy, Charles O. 1948. "Liberalism in the Modern State. The Philosophy of Henry Simons." *JPE*, 56-4, Aug.
Hatfield, H. R. 1899. "The Chicago Trust Conference." *JPE*, 8-1, Dec., 1-18.
Hennings, Klaus and Samuels, Warren J. (eds). 1990. *Neoclassical Economic Theory, 1870 to 1930*. Boston, Dordrecht, London: Kluwer Academic Publishers.
Henry, John F. 1981. "An Omission in the Semiofficial Bibliography of John Bates Clark." *The History of Economics Society Bulletin*, 2-2, 15-17.
———, 1982. "The Transformation of John Bates Clark: An Essay in Interpretation." *HOPE*, 14-2.
———, 1983. "John Bates Clark and the Marginal Product: An Historical Inquiry into the Origins of Value-free Economic Theory." *HOPE*, 15-3, Fall, 375-89.
———, 1990. *The Making of Neoclassical Economics*, London: Unwin Hyman.
———, 1995a. *John Bates Clark. The Making of a Neoclassical Economist*. London: Macmillan and New York: St. Martin's Press.
———, 1995b. "God and the Marginal Product: Comparative Perspective Religion and the Development of J. B. Clark's Theory of Distribution." *Research in the History of Economic Thought and Methodology*. vol. 13, 75-101.
Herbst, Jurgen F. H. 1958. *Nineteenth Century German Scholarship in America: A Study of Five German-trained Social Scientists*. Dissertation, Harvard University.
———, 1965. *The German Historical School in American Scholarship*. Ithaca: Cornell University Press.
Hobson, John A. 1892. "Review of S. N. Patten's *The Theory of Dynamic Economics*." *EJ*,

―, 1904. "Marginal Units in the Theory of Distribution." *JPE*, 12-4, Sept., 449-72.
―, [1909] 1969. "Marginal Productivity as Basis of Distribution." Appendix, *The Industrial System* (1909). London: Longmans, Green & Co. Reprint edn., New York: A. M. Kelley, 1969, 112-20.
Hofstadter, Richard. 1955a. *The Age of Reform*. New York: Alfred A. Knopf. 斉藤眞・清水知久他訳『改革の時代』みすず書房, 1988 年。
―, [1955b] 1960. *Social Darwinism in American Thought*. Boston: Beacon Press. Revised edn., 1960. 後藤昭次訳『アメリカの社会進化思想』研究社, 1973 年。
Hollander, Jacob H. 1923-26. "American School of Political Economy." *PDPE*, I, 804-11.
― (ed.), [1927a] 1967. *Economic Essays contributed in Honor of John Bates Clark* (*EEcHJBC*). New York: Macmillan. New York: Books for Libraries Press, 1967.
―, [1927b] 1967. "John Bates Clark as an Economist." In *EEcHJBC*, 1-13.
Homan, Paul T. 1927. "John Bates Clark: Earlier and Later Phases of His Work." *QJE*, 42, Nov., 39-69.
―, 1928. *Contemporary Economic Thought*. New York and London: Harper & Brothers.
Hopkins, Charles Howard. [1940] 1961. *The Rise of the Social Gospel in American Protestantism 1865-1915*. New Haven: Yale University Press. 宇賀博訳『社会福音運動の研究』恒星社厚生閣, 1979 年。
Howey, Richard S. 1960. *The Rise of the Marginal Utility School 1870-1889*. Lawrence (KS): University of Kansas Press.
Hunt, E. K. 1970. "Simon N. Patten's Contributions to Economics." *JEI*, 4, Dec., 38-55.
Hutchison, T. W. 1953. *A Review of Economic Doctrines 1870-1929*. Oxford: Clarendon Press. 長守善他訳『近代経済学説史』東洋経済新報社, 1957 年。
Jalladeau, Joël. 1975. "The Methodological Conversion of John Bates Clark." *HOPE*, 7-2.
James, Emile (ed.), 1948. *John Bates Clark et John Maurice Clark*, Paris: Librairie Dalloz.
Jenks, J. W. [1900] 1903, 1917. *The Trust Problem*. New York: Doubleday, Page & Co.
Jevons, W. S. [1871] 1957. *The Theory of Political Economy*. London and New York: Macmillian. Reprint edn., New York: A. M. Kelley, 1957.
Johnson, Alvin S. 1895. "John Bates Clark." *Columbia College in the City of New York, University Bulletin*, 11, July, 139-41.
―, 1902. "Patten's Theory of Prosperity." *PSQ*, 17, June, 313-19.
―, [1927] 1967. "The Farmer's Indemnity." In *EEcHJBC*, 215-28.
―, 1938a. "John Bates Clark, 1847-1938." *AER*, 28-2, June, 427-29.
―, 1938b. "John Bates Clark." *EJ*, 48, Sept., 572-76.
―, 1952. *Pioneer's Progress. An Autobiography*. New York: The Viking Press.
Jorgensen, Elizabeth Watkins and Jorgensen, Henry Irwin. 1999. *Thorstein Veblen: Victorian Firebrand*. Armonk (NY) and London: M. E. Sharpe.
Kauder, Emil. 1965. *A History of Marginal Utility Theory*. Princeton: Princeton University Press.
Keasbey, Lindley M. 1903. "Prestige Value." *QJE*, 17, May, 456-75.

Kingsley, Henry C. 1886. "Review of J. B. Clark's *The Philosophy of Wealth*." *NE*, Dec.
Kipnis, Ira. 1952. *American Socialist Movement, 1897-1912*. New York: Columbia University Press.
Klebaner, Benjamin J. 1962. "Trusts and Competition: A Note on John Bates Clark and John Maurice Clark." *Social Research*, 29-4, Winter, 473-79.
Lamoreaux, Naomi R. 1985. *The Great Merger Movement in American Business, 1895-1904*. New York: Cambridge University Press.
Landry, Adolphe. 1909. "Review of J. B. Clark's *Essentials of Economic Theory* (1907)." *Rivista di Scienza "Scientia"*, 5, N. 9-1.
Laughlin, J. Laurence. 1887. "Marshall's Theory of Value and Distribution." *QJE*, 1, Jan. and April.
——, 1892. "Courses of Study in Political Economy in the United States in 1876 and in 1892-93." *JPE*, Dec., Appendix I, 143-51.
Letwin, William L. 1956. "Congress and the Sherman Antitrust Law: 1887-1890." *University of Chicago Law Review*, 23-2, Winter, 221-58.
Macfarlane, Charles W. 1903. "Distribution by a Law of Rent." *PAEA*, ser. 3, vol. 4, 154-72.
Macvane, S. M. 1887. "The Theory of Business Profits." *QJE*, 2, Oct.
Marshall, Alfred. 1887a. "On the Theory of Value." *QJE*, 1, April.
——, 1887b. "The Theory of Business Profits." *QJE*, 1, July.
——, 1888. "Wages and Profits." *QJE*, 2, Jan.
——, [1890] 1961. *Principles of Economics*. London: Macmillan; 9th variorum edn. by C. W. Guillebaud, 2 vols., 1961.
——, 1893. "Consumer's Surplus." *AAAPSS*, 3, March, 618-21.
——, 1898. "Distribution and Exchange." *EJ*, March.
May, Henry F. [1949] 1963. *Protestant Churches and Industrial America*. New York: Harper & Brothers. Reprint edn., New York: Octagon, 1963.
Maynard, Tony. 1999. "The Review of Jorgensen, E. W. and Henry I, *Thorstein Veblen: Victorian Firebrand*." *JEI*, 33-4, Dec., 1037-39.
McCormick, K. [1989] 1993. "Veblen on the Nature of Capital." *Rivista Internazionale di Scienze Economiche e Commerciali*, 3617, July, 609-22. In J. C. Wood (ed.), *Thorstein Veblen. Critical Assessments*, vol. II. London and New York: Routledge, 1993, 659-71.
Mitchell, Wesley C. 1910. "The Rationality of Economic Activity I, II." *JPE*, 18, Feb./March, 97-113, 197-216.
——, 1967, 1969. Joseph Dorfman (ed.), *Types of Economic Theory from Mercantilism to Institutionalism*, 2 vols. New York: A. M. Kelley.
Moore, Henry L. 1906. "Paradoxes of Competition." *QJE*, Feb.
——, 1911. *Laws of Wages*. New York: Macmillan.
Morgan, James. 1874. *German Universities*. New York: G. P. Putman and Sons.
Morgan, Mary S. 1993. "Competing Notions of 'Competition' in Late Nineteenth-Century American Economics." *HOPE*, 25-4, 563-604.
——, 1994. "Marketplace Morals and the American Economists: The Case of John Bates

Clark." *HOPE*, 26, Supplement, 229-52.
Morgan, Mary S. and Rutherford, Malcolm. 1998. "American Economics: The Character of the Transformation." In Mary S. Morgan and Malcolm Rutherford (ed.), *Interwar Pluralism to Postwar Neoclassicism*, Annual Supplement to vol. 30. *HOPE*.
Morss, Noel. 1926-27. "The Distribution Equilibrium under the Specific Productivity Theory." *QJE*, 41, 349-52.
Moss, Scott. 1980. "The End of Orthodox Capital Theory." In E. J. Nell (ed.), *Growth, Profits and Property*. New York: Cambridge University Press, 64-79.
Mugridge, D. H. and McCrum, B. P. 1960. *A Guide to the Study of the United States of America: Representative Books Reflecting the Development of American Life and Thought*. Washington: Library of Congress.
Noble, David W. 1958. *The Paradox of Progressive Thought*. St. Paul (Minn): University of Minesota Press.
Norman, Edward. 1987. *The Victorian Christian Socialists*. Cambridge: Cambridge University Press.
Normano, J. F. 1943. *The Spirit of American Economics: A Study in the History of Economic Ideas in the United States prior to the Great Depression*. New York: Distributed by the John Day Co.
Nuti, D. M. 1970. " 'Vulgar Economy' in the Theory of Income Distribution." In E. K. Hunt and Jesse G. Schwartz, *A Critique of Economic Theory*. Kingsport (TN): Kingsport Press, 222-32.
Oshima, H. T. [1943] 1993. "Veblen on Japan." *Social Research*, 10, Nov., 487-94. In J. C. Wood (ed.), *Thorstein Veblen. Critical Assessments*, III. London and New York: Routledge, 1993, 26-33.
Padan, R. S. 1901. "J. B. Clark's Formulae of Wages and Interest." *JPE*, 9, March, 161-90.
Parish, John B. "Rise of Economics as An Academic Discipline: The Formative Years to 1900." *The Southern Economic Journal*, 34-1, July, 1-16.
Pasinetti, L. L. 1969. "Switches of Technique and the Rate of Return in Capital Theory." *EJ*, 79, Sept., 508-31.
Patten, Simon Nelson. 1878. *Das Finanzwesender der Staaten und Städte der Nordamerikanischen Union*. Jena (Germany), Ph. D. Dissertation.
———, [1885] 1968. *The Premises of Political Economy: Being a Re-Examination of Certain Fundamental Principles of Economic Science*. Philadelphia: J. B. Lippincott. Reprint edn., New York: A. M. Kelley, 1968.
———, 1888. *The Stability of Prices*. Baltimore: American Economic Association.
———, [1889a] 1901. *The Consumption of Wealth*. Philadelphia: T. & J. W. Johnson & Co. 2nd edn., Philadelphia and Boston: Ginn & Co., 1901.
———, 1889b. "President Walker's Theory of Distribution." *QJE*, 4, Oct., 34-49.
———, [1890a] 1974. *The Economic Basis of Protection*. With an Introduction by Michael Hudson. Philadelphia: J. B. Lippincott. New York and London: Garland Publishing, 1974.

―――, 1890b. *The Principles of Rational Taxation*. Philadelphia: Philadelphia Social Science Association.
―――, 1890c. "Educational Value of Political Economy." *PAEA*, 1st ser., 5, 473-502.
―――, 1891. "Die Bedeutung der Lehre vom Grenznutzen." Conrad's *Jahrbücher für Nationalökonomie und Statistik*, 57, Oct., 481-534.
―――, [1892a] 1974. *The Theory of Dynamic Economics*. Philadelphia: University of Pennsylvania. In *Essays in Economic Theory*. New York and London: Garland Publishing, 1974. 井関孝雄訳『動態経済学原論』文修堂, 1925年 (*The Consumption of Wealth* (1889) 訳を含む)。
―――, 1892b. "Some Explanations Relating to the 'Theory of Dynamic Economics'." *QJE*, 7, Jan., 177-86.
―――, 1894a. "The Failure of Biologic Sociology." *AAAPSS*, May.
―――, 1894b. "The Beginning of Utility." (Briefer communications). *AAAPSS*, 5, Sept., 257-60.
―――, 1895a. "The Relation of Economics to Sociology." *AAAPSS*, 5, Jan., 577-83.
―――, 1895b. "The Relation of Abstract to Concrete Sciences." *AAAPSS*, 5, May, 942-48.
―――, 1896a. *The Theory of Social Forces*. Philadelphia: *AAAPSS*. 秋葉隆訳『社会原力の理論』社会学叢書第5巻, 1922年。
―――, 1896b. "The Relation of Sociology to Psychology." *AAAPSS*, Nov.
―――, [1899] 1974. *The Development of English Thought. A Study in the Economic Interpretation of History*. New York and London: Macmillan. New York and London: Garland Publishing, 1974.
―――, [1902] 1974. *The Theory of Prosperity*. New York and London: Macmillan. New York and London: Garland Publishing, 1974.
―――, 1903. *Heredity and Social Progress*. New York: Macmillan.
―――, 1907. *The New Basis of Civilization*. New York: Macmillan.
―――, 1910. "The Phenomena of Economic Dynamics." *PAEA*, 3rd ser. 11.
―――, [1911] 1974. *Social Basis of Religion*. New York: Macmillan. New York and London: Garland Publishing, 1974.
―――, [1912] 1974. *The Reconstruction of Economic Theory*. Philadelphia: *AAAPSS*, Supplement, Nov. New York and London: Garland. Reprint edn., 1974.
―――, [1924] 1971, 1974. *Essays in Economic Theory*. New York: A. A. Knopf. Reprint edn., Port Washington (NY) and London: Kennikat Press, 1971. New York: Garland edn., 1974.
Peterson, Shorey. 1957. "Antitrust and the Classic Model." *AER*, 47-1, March, 60-78.
Pigou, A. C. (ed.) 1925. *Memorials of Alfred Marshall*. London: Macmillan.
Pirou, Gaëtan. 1939-43. *Les nouveaux courants de la theorie économique aux États-Unis*, 4 vols. Paris: Domat-Montchrestien.
―――, [1938] 1945. *L'utilité Marginale de C. Menger a J.-B. Clark*. Paris: Domat-Montchrestien.
Pochman, Henry A. 1957. *German Culture in America—Philosophical and Literary Influ-

ences 1600-1900. Madison: The University of Wisconsin Press.
Pollack, Norman. 1962. *The Populist Response to Industrial America. Midwestern Populist Thought*. Cambridge (MA): Harvard University Press.
Porter, T. H. 1995. *Trust in Numbers: The Pursuit of Objectivity in Science and Public Life*. Princeton (NJ): Princeton University Press.
Prasch, Robert E. 2000. "John Bates Clark's Defense of Mandatory Arbitration and Minimum Wage Legislation." *JHET*, 22-2, June, 251-63.
——, 2002a. "An Introduction to 'Anachism, Socialism and Social Reform'." *JHET*, 24-4, Dec., 443-49.
——, (transcribed), 2002b. John Bates Clark "Anarchism, Socialism and Social Reform." *JHET*, 24-4, Dec., 451-61.
Rader, B. G. 1966. *The Academic Mind and Reform. The Influence of Richard T. Ely in American Life*. Lexington: University of Kentucky Press.
Rauschenbusch, Walter. 1916. *The Social Principles of Jesus*. New York and London: Association Press.
——, 1917. *A Theology for Social Gospel*. New York: Abington.
Riesman, David. 1964. *Abundance for What? and Other Essays*. New York: Doubleday & Co. 加藤秀俊訳『何のための豊かさ』みすず書房，1968年。
Robinson, Joan. 1953-54. "The Production Function and the Theory of Capital." *Review of Economic Studies*, 21, 81-106.
——, 1971. *Economic Heresies*. New York: Macmillan. 宇沢弘文訳『異端の経済学』日本経済新聞社，1973年。
Roll, Eric. [1938] 1974. *A History of Economic Thought*. Englewood Cliffs (NJ): Prentice-Hall, 1974. 隅谷三喜男訳『経済学説史』有斐閣，1951-52年。
Ross, Dorothy. 1977/78. "Socialism and American Liberalism: Academic Social Thought in the 1880's." *Perspectives in American History*, 11, 7-79.
——, 1991. *The Origins of American Social Science*. Cambridge: Cambridge University Press.
Ross, Frank A. 1944. "Franklin H. Giddings." In *Dictionary of American Biography*, Supplement, I, II, 339-40.
Rozwadowski, F. 1988. "From Recitation Room to Research Seminar: Political Economy at Columbia University." In W. Barber (ed.), *Breaking the Academic Mold*. Middleton (CT): Wesleyan University Press, 169-202.
Samuelson, P. A. 1951. *Economics*, 2nd edn., New York: McGraw-Hill. 都留重人訳『経済学』上・下，岩波書店，1977年。
Schröder, Edward F. 1947. *The Marginal Utility Theory in the United States of America*. Nymegen: Centrale Drukkery.
Schumpeter, Joseph. 1906. "Professor Clarks Verteilungstheorie." *ZfVSV*, 15, 325-33.
——, 1954. *History of Economic Analysis*. New York: Oxford University Press. 東畑精一訳『シュムペーター経済分析の歴史』全7巻，岩波書店，1955-62年（とくに第5巻）。
Screpanti, E. and Zamagni, S. 1993. *An Outline of the History of Economic Thought*,

translated by David Field. Oxford: Clarendon Press (Ch. 6).
Seager, Henry R. 1902. "Professor Patten's Theory of Prosperity." *AAAPSS*, 19, 239-55.
―, [1913] 1917. *Principles of Economics*. New York: Henry Holt & Co. 2nd edn., 1917.
Seligman, Ben B. 1962. *Main Currents in Modern Economics, Economic Thought since 1870*. New York: Free Press of Glencoe.
Seligman, Edwin R. A. 1901. "*Social Elements in the Theory of Value*." *QJE*, 15, May, 321-47.
―, 1925. *Essays in Economics*. New York: Macmillan (Ch. 4).
―, [1927a] 1967. "The Early Teaching of Economics in the United States." In *EEcHJBC*, 283-320.
―, [1927b] 1967. "Dinner in Honor of Professor John Bates Clark." In *EEcHJBC*, 353-67.
―, 1931. *A Bibliography of the Faculty of Political Science of Columbia University 1880-1930*. New York: Columbia University Press.
Shotwell, James T. 1938. "John Bates Clark, 1847-1938. A Tribute." *PSQ*, 53-2, June, 239-48.
Shute, Lawrence. 1997. *John Maurice Clark: A Social Economics for the Twenty-First Century*. London: Macmillan.
Small, Albion W. 1896. "The State and Semi-Public Corporations." *AJS*, 1, Jan.
―, 1896. "Scholarship and Social Agitation." *AJS*, 1, March.
―, 1913. "Review of S. N. Patten's *The Reconstruction of Economic Theory*." *AJS*, 17, Jan. 580-83.
Solow, Robert M. 1963. *Capital Theory and the Rate of Return*. Amsterdam: North-Holland.
Spiegel, H. W. (ed.) 1952. *The Development of Economic Thought. Great Economists in Perspective*. New York: Wiley. 越村信三郎・山田長夫監訳『経済思想発展史』春秋社，1954年。
Spengler, Joseph J. 1972. "The Marginal Revolution and Concern with Economic Growth." *HOPE*, 4, 469-511.
Stabile, Donald R. 1995. "Henry George's Influence on John Bates Clark." *AJES*, 54-3, July, 373-82.
―, 1997. "The Intellectual Antecedents of Thorstein Veblen: A Case for John Bates Clark." *JEI*, 31-3, Sept., 817-25.
―, 2000. "Unions and the Natural Standard of Wages: Another Look at 'the J. B. Clark Problem'." *HOPE*, 32-3, 585-606.
Stern, Bernard J. (ed.) 1932. "Giddings, Ward, and Small: An Interchange of Letters." *Social Forces*, 10, March.
Stigler, George J. [1941] 1959. *Production and Distribution Theories, the Formative Period, 1870-1895*. New York: Macmillan. 松浦保訳『生産と分配の理論――限界生産力理論の形成期』東洋経済新報社，1967年。
―, [1942] 1966. *The Theory of Price*. New York: Macmillan.
―, [1947] 1965. "Stuart Wood and the Marginal Productivity Theory." *QJE*, 61-4, Aug.

640–49. Reprinted in *Essays in the History of Economics*. Chicago: University of Chicago Press, 1965.

———, 1950. "Monopoly and Oligopoly by Merger." *AER*, 40-2, May.

Storr, Richard J. 1953. *The Beginnings of Graduate Education in America*. Chicago: University of Chicago Press.

Sumner, William Graham. 1883. *What Social Classes Owe to Each Other*. New York: Harper & Brothers.

———, 1934. A. G. Keller and M. R. Davie (ed.), *Essays of William Graham Sumner*, 2 vols. New Haven: Yale University Press.

Suranyi-Unger, T. 1931. *Economics in the Twentieth Century*, edited by Edwin R. A. Seligman, translated from the German by N. D. Moulton. New York: W. W. Norton.

Tanaka, Toshihiro. 1990. "The Economic Thought of J. B. Clark: An Interpretation of 'The Clark Problem'." In *Perspectives on the History of Economic Thought*: Selected Papers from the History of Economics Society Conference 1988, vol. III, edited by Donald E. Moggridge. Cheltenham (UK) and Northampton (MA, USA): Edward Elgar.

———, 1996. "J. B. Clark and Alfred Marshall: Some Unpublished Letters." *Kwansei Gakuin University Annual Studies*, 44, March, 143–155.

———, 2000a. "The Correspondence of John Bates Clark Written to Franklin Henry Giddings, 1886–1930." In Warren J. Samuels (ed.), *Research in the History of Economic Thought and Methodology—American Economics*, vol. 18B. Greenwich (CT): JAI/Elsevier, 39–245.

———, 2000b. "The Development of John Bates Clark's Economic Thought and Franklin Henry Giddings." Introductory Essay to the Correspondence of John Bates Clark Written to Franklin Henry Giddings, 1886–1930. In *Research in the History of Economic Thought and Methodology*, vol. 18B. Greenwich (CT): JAI/Elsevier, 7–31.

Taussig, Frank W. 1892. "Recent Literature on Protection." *QJE*, 7, Jan., 162–76.

———, 1893. "Value and Distribution as treated by Professor Marshall." *PAEA*, 8, 95–101.

———, 1908. "Review of *Essentials of Economic Theory as Applied to Modern Problems of Industry and Public Policy*, by John Bates Clark. New York: The Macmillan, 1907." *JPE*, 16, Jan., 38–42.

———, 1910. "Outlines of a Theory of Wages." *PAEA*, April, 142–53.

———, 1912. "Moore's Laws of Wages." *QJE*, May.

———, [1915] 1939. *Principles of Economics*, 2 vols. New York: Macmillian.

Taylor, O. H. 1948. "The Economics of a Free Society. Four Essays." *QJE*, 62–5, Nov.

Thorelli, Hans B. 1955. *The Federal Antitrust Policy: Origination of an American Tradition*. Baltimore: Johns Hopkins Press.

Tobin, James. 1985. "Neoclassical Theory in America: J. B. Clark and Fisher." *AER*, 75-6, Dec., 28–38.

Tugwell, Rexford G. 1923. "Notes on the Life and Work of Simon Nelson Patten." *JPE*, 31-2, April, 153–208.

Tuttle, Charles A. 1894. *Outline of Course in Economic Theory*. Crawfordsville (IN):

Privately printed.
―――, 1901. "Review of J. B. Clark's *The Distribution of Wealth* (1899)." *Yale Review*, Aug.
―――, [1927] 1967. "A Functional Theory of Economic Profit." In *EEcHJBC*, 321-36.
Veblen, Thorstein. 1899a. *The Theory of the Leisure Class*. New York: The Viking Press. 小原敬士訳『有閑階級の理論』岩波書店，[1961年] 1999年。髙哲男訳，筑摩書房，1998年。
―――, 1899b. "Review of S. N. Patten's *The Development of English Thought*." *AAAPSS*, 14, July, 125-31.
―――, 1904. *The Theory of Business Enterprise*. New York: Scribner's. 小原敬士訳『企業の理論』勁草書房，1965年。
―――, [1908a] 1930. 1961. "Professor Clark's Economics." *QJE*, 22, Feb., 147-95. Reprinted in *The Place of Science in Modern Civilisation and Other Essays*. New York: Russell & Russell, 1930, 1961, 180-230.
―――, [1908b] 1919, 1961. "On the Nature of Capital: The Productivity of Capital Goods." *QJE*, 22, Aug., Reprinted in *The Place of Science in Modern Civilisation and Other Essays*. 1919, 1961.
―――, [1908c] 1919, 1961. "On the Nature of Capital: Investment, Intangible Assets, and the Pecuniary Magnate." *QJE*, 23, Nov. Reprinted in *The Place of Science*. New York: B. W. Huebsch, 1919. New York: Russell & Russell, 1961.
―――, [1909] 1919, 1961. "The Limitations of Marginal Utility." *JPE*, 17, Nov., 620-36. Reprinted in *The Place of Science,* 1919, 1961.
―――, [1914] 1964, 1989. *The Instinct of Workmanship and the State of the Industrial Arts*. New York: Macmillan. Reprint edn., New York: A. M. Kelley, 1964. New Brunswick (NJ): Transaction Publishers, 1989. 松尾博訳『経済的文明論――職人技術能と産業技術の発展』ミネルヴァ書房，1997年。
―――, [1915a] 1939. *Imperial Germany and the Industrial Revolution*. New York: Macmillan. Reissued with an introduction by Joseph Dorfman. New York: The Viking Press, 1939.
―――, [1915b] 1943. "The Opportunity of Japan." *The Journal of Race Development*, 6, July. Reprinted in *Essays in Our Changing Order*. New York: The Viking Press, 1943.
―――, [1917a] 1964. *An Inquiry into the Nature of Peace and the Terms of Its Perpetuation*. New York: Macmillan. Reprint edn., New York: A. M. Kelley, 1964.
―――, [1917b] 1943. "Japanese Lose Hope for Germany." *The New Republic*, 11, June 30. Reprinted in *Essays in Our Changing Order*, 1943.
―――, [1919] 1990. *The Place of Science in Modern Civilisation and Other Essays*. New York: Huebsch. New Brunswick (NJ): Transaction Books, 1990.
―――, [1920] 1943. "Review of The Economic Consequences of the Peace, by John Maynard Keynes." *PSQ*, 35, Sept. Reprinted in *Essays in Our Changing Order*. New York: Viking Press, 1943.
―――, 1943. *Essays in Our Changing Order*, edited by Leon Ardzrooni. New York: The Viking Press.

Von Halle, Ernst. 1895. *Trusts or Industrial Combinations and Coalitions in the United States.* New York: Macmillan.
Walker, Francis A. 1887. "The Source of Business Profits." *QJE*, 1, April.
———, 1891. "The Doctrine of Rent, and the Residual Claimant Theory of Wages." *QJE*, 6, July, 417–37.
———, 1971. *Discussions in Economics and Statistics,* edited by D. R. Dewey. New York: A. M. Kelley.
Ward, Lester F. 1896. "Review of S. N. Patten's *The Theory of Social Forces.*" *AJS*, 1, March, 632–39.
Webb, Sidney. 1888. "The Rate of Interest and Laws of Distribution." *QJE*, 2-1, Jan.
Whitaker, J. K. (ed.), 1975. *The Early Economic Writings of Alfred Marshall, 1867–1890,* 2 vols. London: Macmillan.
———, 1996. *The Correspondence of Alfred Marshall, Economist,* 3 vols. Cambridge: Cambridge University Press.
Wicksell, Knut. 1893. *Über Wert, Kapital und Rente.* Jena: Gustav Fischer.
Wicksteed, P. H. 1894. *An Essay on the Coordination of the Laws of Distribution.* London: Macmillan.
Wills, Elbert Vaughan. 1925. "Political Economy in the Early American Colledge Curriculum." *The South Atlantic Quarterly*, April, 131–53.
Wood, Stuart. 1888. "A New View of the Theory of Wages." *QJE*, 3-1, Oct.
———, 1889. "Theory of Wages." *PAEA*, 4-1, March.
(No signature) 1900. "A Wealthy Volume. Review of J. B. Clark's *Distribution of Wealth* (1899)." *Commerce*, Feb. 26.
———, 1901a. "Review of J. B. Clark's *Distribution of Wealth.*" *Guardian*, Feb. 6.
———, 1901b. Ditto, *Journal of Commerce and Commercial Bulletin,* Nov. 14.
———, 1901c. "Review of J. B. Clark's *The Control of Trusts.*" *Pilot*, Dec. 14.
———, 1901d. Ditto, *Unity*, Dec. 19.
———, 1901e. "Monopolies and Their Cure." Ditto, *Chicago Tribune*, Dec. 28.
———, 1902a. Ditto, *Daily Chronicle*, Jan. 7.
———, 1902b. Ditto, *City and State*, Jan. 16.
———, 1902c. "Can 'Trusts' be controlled ?" Ditto, *Liberty Review*, Feb. 15.
———, 1902d. "Monopolies." Ditto, *Syracuse Herald*, March 16.
———, 1902e. Ditto, *Annals of American Academy*, March.
———, 1904a. "Review of J. B. Clark's *The Problem of Monopoly* (1904)." *Wall Street Journal*, Sept. 19.
———, 1904b. "Sane Work on Monopoly." Ditto, *Chicago Record Herald*, Oct. 29.
———, 1904c. Ditto, *Scotsman*, Sept. 19.
———, 1927. "The New Economics—The Tribute to John Bates Clark." *The Chronicle*, 124, Feb. 12, 843–44.
———, 1928. "The Growth of Economics as a Science in America." *Financial Chronicle*, 126, Jan. 14, 153–54.

III

秋元英一，1995．『アメリカ経済の歴史――1492〜1993』東京大学出版会。
越後和典，1965．『反独占政策論』ミネルヴァ書房。
古屋美貞，1932．『米国経済学の史的発展』内外出版印刷。
波多野鼎，1940．『現代の経済学』日本評論社。
関西アメリカ史研究会編著，1973．『アメリカ革新主義史論』小川出版。
北野熊喜男・黒岩洋昌，1956．「J. B. クラーク」，北野熊喜男編『近代経済学の展開』（経済学説全集 6），河出書房。
小西唯雄，1975．『反独占政策と有効競争（増補版）』有斐閣。
三宅鹿之助，1924．「クラアクの分配理論の研究」，『経済研究』Ⅰ-1，10月。
中川雄一郎，1984．『イギリス協同組合思想研究』日本経済評論社。
中路 敬，2002．『アーヴィング・フィッシャーの経済学――均衡・時間・貨幣をめぐる形成過程』日本経済評論社。
西岡幹雄，1990．「マーシャル経済学の形成」，橋本昭一編著『マーシャル経済学』ミネルヴァ書房。
小原敬士，1949a．『アメリカ経済学の諸形態』実業之日本社。
――，1949b．「アメリカにおける限界理論の出発点――J. B. クラークの経済学」，小原敬士『アメリカ経済学の諸形態』。
――，1949c．「アメリカ経済学の潮流」，高垣寅次郎編『アメリカ経済学研究』有斐閣。
――，1951．『アメリカ経済思想の潮流』勁草書房。
――，1965．『ヴェブレン』勁草書房。
――，1966．『ヴェブレンの社会経済思想』岩波書店。
佐藤光宣，1983．「ソースタイン・ヴェブレンの J. B. クラーク経済学批判」，『日本大学経済学部経済科学研究所紀要』第 7 号。
――，1984a．「ソースタイン・ヴェブレンの限界効用学派批判――論文「限界効用の限界」を中心にして」，同上，第 8 号。
――，1984b．「ソースタイン・ヴェブレンのフィッシャー経済理論批判――資本，所得および利子の諸理論をめぐって」，同上，第 8 号。
荘原 達，1928．「クラーク」，『経済学』大思想エンサイクロペヂア15，春秋社。
高 哲男，1978-79．「19 世紀末アメリカにおける経済学の動向(I)〜(III)――アメリカ経済学会の『綱領』問題を中心に」，『広島大学経済論叢』2-1，2-2，3-1。
――，1991．『ヴェブレン研究――進化論的経済学の世界』ミネルヴァ書房。
――，1999．「アメリカにおけるドイツ歴史学派の影響――「アメリカ経済学会」の成立と展開」，田中敏弘編著『アメリカ人の経済思想――その歴史的展開』日本経済評論社。
――，2004．『現代アメリカ経済思想の起源――プラグマティズムと制度経済学』名古屋大学出版会。
高木暢哉，1942．『利子学説史』日本評論社。
高橋和男，1999．「パッテンとアメリカナイゼーションの経済学――『繁栄の理論』における「経済的権利」論を中心に」，『立教経済学研究』53-2，10月。
――，2000．「何のための豊かさ――パッテンとヴェブレン」，同上，54-2，10月。

高田保馬，1921．「経済静態観——クラアクを中心として見たる」，『国民経済雑誌』32-3，32-4。
——，［1923］1924．「クラアクの資本観」，同上，34-1．『経済学研究』（岩波書店，1924年）に収録。
田中敏弘，1966．「J. B. クラークの経済学——『富の哲学』を中心に」，『経済学論究』20-3，3月。
——，1969．「J. B. クラークにおける限界効用価値論の形成——社会的有効効用価値論について」，同上，22-2，1月。
——，1970．「J. B. クラークの限界生産力理論とその倫理的インプリケイション」，同上，24-2，7月。
——，1973a．「限界主義」，久保芳和・多田顯編著『経済学史』図説経済学体系 6，学文社。
——，1973b．「J. B. クラークと限界主義——限界生産力的分配論の形成過程」，『甲南経済学論集』14-2，9月。
——，1977．「アメリカにおける限界主義理論」，杉原四郎・鶴田満彦・菱山泉・松浦保編『限界革命の経済思想』経済思想史 3，有斐閣。
——，1978．「アメリカの経済学——アメリカ近代経済学の成立」，玉野井芳郎・早坂忠編『経済学史』青林書院新社。
——，1979．「J. B. クラークにおける競争と独占——『J. B. クラーク問題』と独占形成」，『経済学論究』33-3，11月。
——，1980a．「「限界主義の意義」および「限界主義理論の確立」」，田中敏弘・山下博編著『テキストブック近代経済学史』有斐閣。
——，1980b．「J. B. クラークの反独占政策論——1つの有効競争論」，『経済学論究』34-1，6月。
——，1988．「『クラーク問題』の一解釈——J. F. ヘンリーの所説にふれて」，同上，42-2，7月。
——，1989．「J. B. クラークの特殊〔固有〕生産力的分配論をめぐる諸批判——限界生産力理論批判史のひとこま」，同上，43-3，10月。
——，1992．「アメリカ新古典派経済学——J. B. クラークを中心に」，経済学史学会編『経済学史——課題と展望』経済学史学会創立40周年記念論文集，九州大学出版会。
——，1993．『アメリカ経済学史研究——新古典派と制度学派を中心に』晃洋書房。
——，1994-95．「J. B. クラークとマーシャル——未公表書簡を中心に(1)(2)」，『経済学論究』48-3，10月，49-1，4月。
——，1997a．「J. B. クラークと F. H. ギディングズ——未公開往復書簡を中心に」，関西大学『経済論集』47-5，12月。
——，1997b．「クラークとアメリカ新古典派」，田中敏弘編著『経済学史』八千代出版。
——，1998．「独占の形成とアメリカ新古典派経済学——J. B. クラークの独占分析と反独占政策を中心に」，小西唯雄編著『産業と企業の経済学』御茶の水書房。
——，1999a．田中敏弘編著『アメリカ人の経済思想——その歴史的展開』日本経済評論社。
——，1999b．「J. B. クラーク経済学の展開過程——クラーク-ギディングズ未公開往復書簡からみた」，田中敏弘編著『アメリカ人の経済思想——その歴史的展開』日本経済評論社。

―, 1999c.「アメリカ経済学史研究断章」,『一橋大学社会科学古典資料センター年報』19, 3月。
―, 2000a.「クラーク」, 経済学史学会編『経済思想史辞典』丸善株式会社。
―, 2000b.「限界生産力」, 同上。
―, 2000c.「アメリカ経済学史研究の潮流と私」,『経済学史学会年報』38, 11月。特集「私の経済学史研究――20世紀の学史研究をふりかえって」。
―, 2002.『アメリカの経済思想――建国期から現代まで』名古屋大学出版会。
―, 2003.「パッテンとギディングズ, J. B. クラーク――パッテンのギディングズ宛自筆書簡を中心に(1)(2)」,『経済学論究』56-4, 3月, 57-1, 4月。
―, 2005a.「ジョン・ベイツ・クラーク――その人と業績」, 同上, 58-4, 3月。
―, 2005b.「J. B. クラークとヴェブレン」, 同上, 59-1, 6月。
宇田川璋仁, 1958.「J. B. クラークの賃銀論」,『上智経論集』5-2, 12月。
山嵜義三郎, 1961.『ヘンリー・ジョージの土地制度改革論』泉屋書店。
吉田昇三, 1958.「競争と独占(二)――スミス, マーシャル, クラークの競争・独占理論の再検討」,『経済理論』(和歌山大), 7-44。

人名索引

ア 行

アシュレー　Ashley, William James　216
アダムズ　Adams, Henry Carter　3, 7-8, 53-54, 290, 299-300, 308, 325, 374-375
アダムズ　Adams, H. B.　7
アトキンスン　Atkinson, Edward　272, 295
アドリアンス　Adriance, Walter M.　111, 116-123
アンダスン　Anderson, B. M.　20
アンドルーズ　Andrews, Benjamin　272
イーリー　Ely, Richard Theodore　3, 6-9, 20, 28, 164-165, 178, 182, 290, 295, 299-300, 308, 311-312, 325, 374-375, 377
ヴァン・ハイゼ　Van Heise, Charles　161
ヴィクセル　Wicksell, Johan Gustaf Knut　65, 123, 197
ヴィーザー　Wieser, Friedrich　1, 3, 5, 55, 80, 197, 203-204, 293, 295, 311, 334, 361-362
ウィックスティード　Wicksteed, Philip Henry　75, 197
ヴィッテルシェファー　Wittelschöfer, von O.　295, 362
ウィルソン　Wilson, Woodrow　127, 160-162, 288
ウェイランド　Wayland, Francis　235
ウェスタガール　Westergarrd, Harald　18
ウェッブ　Webb, Sydney　204, 295, 374
ヴェブレン　Veblen, Thorstein Bunde　i, iv, 25, 30, 46, 182, 234-237, 240-253, 256-263
ウォーカー　Walker, Francis Amasa　1, 7-8, 111, 130, 197-198, 200, 203-204, 207, 295, 297, 313, 340, 356-357, 367
ウォード　Ward, Lester Frank　290, 325, 328
ウッド　Wood, Stuart　87, 107, 222, 295-296, 357-360
ウールジー　Woolsey, Theodore D.　178, 239

エヴェレット　Everett, John Rutherford　144
越後和典　162
エッジワース　Edgeworth, Francis Ysidro　123, 197-198, 255
オウエン　Owen, Robert　40
小川郷太郎　18
小原敬士　25, 241, 253

カ 行

カーヴァ　Carver, Thomas Nixon　20, 111-116, 121-123
カーネギー　Carnegie, Andrew　17
ガレニャーニ　Garegnani, Pierangelo　123
ガントン　Gunton, George　295, 360
北野熊喜男　25
ギディングズ　Giddings, Franklin Henry　iii-vi, 9-10, 13, 19-20, 144, 148, 168-169, 184, 199, 204, 207, 270, 287-299, 301, 304-306, 310, 313-315, 318-320, 325-331, 355-358, 360-361, 364-374, 376-378
ギャフニー　Gaffney, Mason　265, 270-271, 277
ギャリソン　Garrison, William Lloyd　272
キャレット　Carret, James R.　272
ギルボー　Guillebaud, C. W.　218
ギルマン　Gilman, D. C.　315
キングズリー　Kingsley, Henry C.　41, 178
キンリー　Kinley, David　19
クック　Cook, Joseph　178
グッドウィン　Goodwin, Craufurd D.　17, 19
クニース　Knies, Karl Gustav Adolf　3-4, 12, 29, 48
クラーク　Clark, John Maurice　i, 6, 19, 20, 25, 27, 29, 45, 63-64, 82, 119, 122, 127, 129, 132-142, 150, 156, 161, 163, 173, 187-188, 193, 218
クラーク　Clarke, Samuel B.　272

グラッデン　Gladden, Washington　7, 178
クリーヴランド　Cleveland, Stephan Grover　15, 148
クリバナー　Klebaner, Benjamin J.　160
グレーヘン　Greven, H. B.　18, 254
黒岩洋昌　25
グロンヴェーゲン　Groenewegen, Peter　124
ケアリ　Carey, Henry Charles　1, 200, 307
ケアンズ　Cairnes, John Elliott　144, 204, 367
ケインズ　Keynes, John Maynard　263
小西唯雄　167
コモンズ　Commons, John Rogers　i, 300, 309
コリア　Collier, W. H.　164
コント　Comte, I. A. M. F. X.　325
コンラート　Conrad, Johannes　6, 293, 305, 308, 310-311, 334

サ 行

阪谷芳郎　18
ザックス　Sax, Emil　311, 333
佐藤光宣　242
サムエルズ　Samuels, Warren J.　iv
サムエルソン　Samuelson, Paul Anthony　125
サムナー　Sumner, William Graham　7, 182, 200, 266-267, 280, 290, 325, 371
ジイド　Gide, Charles　18, 20, 45, 254, 295, 361-362
ジェイムズ　James, Edmand Janes　6-8, 272, 308, 310-312, 315-316, 325, 337
ジェヴォンズ　Jevons, William Stanley　1, 36, 45-46, 53-54, 56-57, 64-65, 68, 98, 103, 124, 197, 204, 243, 322-323, 363
ジェンクス　Jenks, Jeremiah W.　164-165, 189
シーガー　Seager, Henry R.　19
シジウィック　Sidgwick, Henry　204
シーニア　Senior, Nassau William　243
シーマン　Schiemann, Theodor　18
ジャラドー　Jalladeau, Joël　129, 138-139, 144, 173, 193
シュモラー　Schmoller, Gustav von　18, 254, 293, 308, 310, 333
シュンペーター　Schumpeter, Joseph　122, 197, 306, 308
ジョージ　George, Henry　iv, 1, 4, 15, 28, 38, 43, 69, 89-92, 101, 105-106, 130-131, 174, 237, 264-273, 277-279, 283, 285-286, 295, 298, 357, 370-372
ショットウェル　Shotwell, James T.　19, 256
ジョルゲンセン　Jorgensen, E.W.　263
ジョルゲンセン　Jorgensen, H. I.　263
ジョンストン　Jonston, A.　7
ジョンスン　Johnson, Alvin Saunders　5, 14, 20, 23, 55, 110
ジョンスン　Johnson, J. F.　308
シーリー　Seelye, Julius H.　3
ジンメル　Simmel, G.　295
スティグラー　Stigler, George Joseph　ii, 23-24, 82, 87, 122
ステイビル　Stabile, D. R.　237
スパーゴ　Spargo, J.　181
スペンサー　Spencer, Herbert　34, 288, 325, 327, 368-369, 371-372
スマート　Smart, William　295
スミス　Smith, Adam　33, 47, 51, 106, 205, 293, 367, 371
スミス　Smith, Myra　4
スモール　Small, Albion　289-290, 326-327, 330
セリグマン　Seligman, Edwin R. A.　7-8, 13, 19-20, 136, 225, 256, 272, 277, 292, 311, 315, 318, 364
ソレリ　Thorelli, Hans B.　143, 169

タ 行

ダーウィン　Darwin, Charles Robert　248, 288
ダヴェンポート　Davenport, Herbert Joseph　111, 116
タウシッグ　Taussig, Frank William　10, 111, 197, 199, 219, 295
高 哲男　7, 241
高橋和男　307
タグウェル　Tugwell, Rexford Guy　19
田口卯吉　31
ダグラス　Douglas, Paul Howard　20
タトル　Tuttle, Charles A.　20
田中敏弘　Tanaka, Toshihiro　ii, 3, 20, 314-315, 378

人名索引

タフト　Taft, William Howard　17
ターベル　Tarbell, Ida M.　151
ツッカーカンドル　Zuckerkandl, Robert　362
ディヴァイン　Devine, Edward Thomas　338
ディーツェル　Dietzel, Heinrich　311, 336
ディール　Diehl, Karl　333
ティンダル　Tyndall, John　288
デヴィッドソン　Davidson, Thomas　272
デューイ　Dewey, Donald　iv, 1
テューネン　Thünen, Johann Heinrich von　77, 108, 185
ドーフマン　Dorfman, Joseph　i, ii, iv, 6, 25, 128-129, 132, 134, 136, 138-139, 147, 151, 160, 162, 173, 237, 241, 246, 262, 264-273, 277-279, 283, 285-286, 375
トムスン　Thompson, Joseph P.　178, 239

ナ 行

西岡幹雄　198-199
ニューカム　Newcomb, Simon　7
ニューランズ　Newlands, Francis　162

ハ 行

ハウェイ　Howey, Richard S.　45, 55
バーカー　Barker, Charles Albro　273
バージェス　Burgess, John　13
バスタブル　Bastable, C. F.　295
ハースト　Hirst, Francis　18
ハチスン　Hutchison, T. W.　45
ハックスレー　Huxley, T. H.　288
パッテン　Patten, Simon Nelson　iv, 6-7, 110, 204, 292-295, 304-331, 364
バトラー　Butler, N. M.　19, 277, 292
ハドリー　Hadley, Arthur T.　10, 182, 199, 295, 300, 323, 375-376
ハネー　Haney, L. H.　19
バーバー　Barber, William J.　253-255
浜田文治　31
林要　i
パンタレオーニ　Pantaleoni, Maffeo　18, 197, 204, 254
ピグー　Pigou, Arthur Cecil　211
ピータースン　Peterson, Shorey　128
ヒューズ　Hughes, Thomas　41, 178
フィーダー　Feder, Kris　269, 284

フィッシャー　Fisher, Irving　10, 19-20, 88, 124, 197-199, 240-241, 245, 291
フィリポヴィッチ　Philippovich, Eugen　18, 254
フェッター　Fetter, Frank A.　19-20, 245, 269, 292, 377-378
フォックス　Fox, Daniel　307-308
フォルウェル　Folwell, W. W.　295
フォン・ハレ　Von Halle, Ernst　164-166, 189
ブライアン　Bryan, William Jennings　370
フラックス　Flux, A. W.　75
ブラン　Blanc, Jean Joseph Louis　106, 270
ブリス　Bliss, W. D. P.　28
ブルックス　Brooks, John Graham　346
古屋美貞　25
ブレンターノ　Brentana, Lujo　18, 254, 293, 310, 332
ベイコン　Bacon, Francis　317
ペイシュ　Paish, George　16-17
ペイダン　Padan, R. S.　111
ベーミス　Bemis, Edward W.　295, 311
ベーム-バヴェルク　Böhm-Bawerk, Eugen von　iv, 1, 3, 11-12, 18, 55, 60-61, 88, 98, 131, 197, 203, 254, 291-297, 311, 357-362
ペリー　Perry, Arthur Latham　367
ヘンリー　Henry, John F.　i, ii, 16-17, 19, 25, 129, 173-175, 178-179, 185, 192-193, 301
ホイッテイカー　Whitaker, J. K.　233
ホーグ　Hauge, Gabriel　132
ボズウェル　Boswell, James L.　307
ポスト　Post, Louis F.　272, 278-283
ポーター　Porter, T. H.　236
ホッブズ　Hobbes, Thomas　317
ボナー　Bonar, James　20, 291, 295, 297, 361
ホプキンズ　Hopkins, C. H.　179
ホフスタッター　Hofstadter, Richard　175
ホブスン　Hobson, John Atkinson　116, 295, 356
ホーマン　Homan, Paul T.　24-25, 129-132, 136-139, 173, 193
ホランダー　Hollander, Jacob H.　iv, 19-20
ホーリー　Hawley, F. B.　295

ポルグレイヴ　　Palgrave, R. H. I.　　270
ボレル　　Borel, Eugene　　18

マ 行

マクヴィッカー　　McVickar, John　　235
マクヴェイン　　MacVane, S. M.　　198, 295
マクファーレン　　Macfarlane, Charles W.　　110-111, 295
マーシャル　　Marshall, Alfred　　iii, 1, 10-11, 18, 88, 103, 126, 147, 197, 199-220, 254, 294-295, 326
マーシャル　　Marshall, Mary Paley　　198, 216
マッキンレー　　McKinley, William　　370
マルクス　　Marx, Karl　　106, 122, 131, 270, 373, 376
マルサス　　Malthus, Thomas Robert　　10, 95, 204
ミッチェル　　Mitchell, Wesley C.　　i, 19
ミル　　Mill, John Stuart　　6, 10, 33, 98, 198-199, 204-205, 317
ムーア　　Moore, Henry L.　　13
メイヨ-スミス　　Mayo-Smith, Richard　　13, 295
メンガー　　Menger, Carl　　1, 36, 46, 49, 55, 65, 68, 197, 204, 220, 293, 311
モーガン　　Morgan, T. J.　　171
モーガン　　Morgan, Mary S.　　182
モグリッジ　　Moggridge, Donald E.　　iv
モーリス　　Maurice, F. D.　　41, 178
モリナリ　　Molinari, G. de　　295

ラ・ワ行

ラインシュ　　Reinsch, Paul　　18
ラ・フォンテーヌ　　La Fontaine, Henri　　18
ラフリン　　Laughlin, James Laurence　　198, 295, 334
リカードウ　　Ricardo, David　　10, 95-97, 99-103, 204-205, 208, 217, 321, 363, 365-367
リスト　　Rist, Charles　　45
ルツァッティ　　Luzzatti, Luigi　　18
ルドロー　　Ludlow, John M.　　41
ルロワ-ボーリュー　　Leroy-Beaulieu, Paul　　18, 254
ロー　　Low, Seth　　277
ロス　　Ross, Dorothy　　298-300, 330, 371, 374
ローズヴェルト　　Roosevelt, Franklin Delano　　149
ローズヴェルト　　Roosevelt, Theodore　　161
ロードベルトゥス　　Rodbertus, Johann Karl　　106, 270
ロートワイン　　Rotwein, Eugene　　iv
ロビンスン　　Robinson, Joan Violet　　123-125
ロール　　Roll, Eric　　45
ワグナー　　Wagner, Adolf Heinrich Gotthilf　　293, 295, 308, 312, 334
ワルラス　　Walras, M. E. Leon　　1, 36, 45-46, 55, 65, 68, 123, 295

《著者略歴》

田中敏弘（たなかとしひろ）

1929年　神戸市に生まれる
1953年　大阪商科大学卒業，関西学院大学経済学部助手
その後，同講師，助教授を経て
1970年　同教授
1959-61年　米国シラキュース大学およびコロンビア大学大学院に留学（MA）
1974-75年　グラスゴウ大学，ケンブリッジ大学客員研究員
1988年　コロンビア大学客員研究員
現　在　関西学院大学名誉教授（経済学博士）
著訳書　『アメリカの経済思想』（名古屋大学出版会，2002年）
　　　　『アメリカ経済学史研究』（晃洋書房，1993年）
　　　　『ヒュームとスコットランド啓蒙』（晃洋書房，1992年）
　　　　『社会科学者としてのヒューム』（未来社，1971年）
　　　　『アメリカ人の経済思想』（編，日本経済評論社，1999年）
　　　　『ヒューム政治経済論集』（訳，御茶ノ水書房，1983年）
　　　　A. S. スキナー『アダム・スミスの社会科学体系』（共訳，未来社，1981年）他

アメリカ新古典派経済学の成立

2006年2月10日　初版第1刷発行

定価はカバーに表示しています

著　者　田　中　敏　弘
発行者　金　井　雄　一

発行所　財団法人　名古屋大学出版会
〒464-0814　名古屋市千種区不老町1　名古屋大学構内
電話(052)781-5027/FAX(052)781-0697

Ⓒ Toshihiro TANAKA, 2006　　　　　Printed in Japan
印刷・製本　㈱クイックス　　　　　　ISBN4-8158-0530-X
乱丁・落丁はお取替えいたします。

Ⓡ〈日本複写権センター委託出版物〉
本書の全部または一部を無断で複写複製（コピー）することは，著作権法上での例外を除き，禁じられています。本書からの複写を希望される場合は，日本複写権センター（03-3401-2382）にご連絡ください。

田中敏弘著
アメリカの経済思想
―建国期から現代まで―
A5・272頁
本体3,500円

高　哲男著
現代アメリカ経済思想の起源
―プラグマティズムと制度経済学―
A5・274頁
本体5,000円

高　哲男編
自由と秩序の経済思想史
A5・338頁
本体2,800円

G・M・ホジソン著　八木紀一郎他訳
現代制度派経済学宣言
A5・368頁
本体5,600円

植村博恭／磯谷明徳／海老塚明著
社会経済システムの制度分析
―マルクスとケインズを超えて―
A5・384頁
本体3,500円

P・デビッドソン著　永井進訳
ケインズ経済学の再生
―21世紀の経済学を求めて―
四六・208頁
本体2,500円

鍋島直樹著
ケインズとカレツキ
―ポスト・ケインズ派経済学の源泉―
A5・320頁
本体5,500円

J・A・シュンペーター著　八木紀一郎編訳
資本主義は生きのびるか
―経済社会学論集―
A5・404頁
本体4,800円